2008/2009

中国棉花年鉴

CHINA COTTON ALMANAC

中储棉花信息中心 编

Edited By China National Cotton Information Center

中国经济出版社
CHINA ECONOMIC PUBLISHING HOUSE

北 京

（京）新登字041号

图书在版编目(CIP)数据

中国棉花年鉴.2008~2009/中储棉花信息中心编

—北京：中国经济出版社，2010.5

ISBN 978-7-5017-9791-2

Ⅰ.中… Ⅱ.①中… Ⅲ.①棉花—经济作物—中国—2008~2009—年鉴 Ⅳ. ①F326·12-54

中国版本图书馆CIP数据核字(2010)第037024号

中国棉花年鉴 2008/2009

作　　者/中储棉花信息中心

责任编辑/乔卫兵　崔清北　于　宇

责任印制/石星岳

封面设计/巢新强

出版发行/中国经济出版社

经 销 者/各地新华书店

承　　印/三河市佳星印装有限公司

开　　本/880mm×1230mm　1/16

印　　张/22.75　　56彩页

字　　数/584千字

版　　次/2010年5月第1版

印　　次/2010年5月第1次印刷

书　　号/ISBN 978-7-5017-9791-2/Z·927

定　　价/480.00元

中国经济出版社 网址 www.economyph.com 社址 北京市西城区百万庄北街3号 邮编100037

本版图书如存在印装质量问题，请与本社发行中心联系调换(联系电话：010-68319116)

中 国 棉 花 年 鉴 CHINA COTTON ALMANAC

中国储备棉管理总公司

CHINA NATIONAL COTTON RESERVES CORPORATION

中国储备棉管理总公司(简称中储棉公司)于2003年3月成立。受国务院委托，中储棉公司具体负责中央储备棉的经营管理。中储棉公司为国务院国有资产监督管理委员会直接监管的大型国有企业，注册资金10亿元。在国家宏观调控和监督管理下，实行自主经营、统一核算、自负盈亏。中储棉公司负责对中央储备棉经营管理系统的人、财、物实行垂直管理，公司直属储备库主要分布于全国各主要棉花产销区，初步形成了布局合理、设施先进、管理规范的棉花仓储体系。

成立7年来，中储棉公司在国家有关部门的指导和支持下，扎实工作，艰苦创业，充分利用国内、国际两个市场、两种资源，圆满完成国家下达的棉花市场调控任务，企业核心竞争力不断增强。2009年公司储备棉吞吐量超过400万吨，不仅创下国内收储和抛储量历史之最，也成为全球棉花流通量最大的企业，在国内外市场享有广泛影响。

中纺棉花进出口公司

CHINATEX COTTON IMP.& EXP.CORP.

中纺棉花进出口公司是大型国有企业中国中纺集团公司的全资子公司，是一家集棉花进出口贸易和国内棉花经营于一体的大型棉花企业，也是全国棉花交易市场的第二大股东。公司拥有一支享誉业界的优秀管理团队和年轻的专业化队伍，自成立以来在中国棉花进出口贸易行业中一直保持着排头兵的地位。

公司业务范围包括：棉花进出口、代理棉花进口、棉花国内销售、棉花收购和加工、仓储业务和境内外期货套期保值业务。公司自成立以来，作为执行国家大宗棉花采购和出口业务的代理企业，长期发挥着棉花进出口的主渠道作用，承担并出色完成了国家棉花进出口统一经营的任务。

为顺应国内棉花经营体制改革和履行我国入世承诺，公司在保持原有进出口优势的同时，不断开拓国内业务，并逐渐完善经营管理机制和市场网络体系。公司在济南、南京、河北、新疆等国内棉花主产、主销区均设立有办事处，下辖控股企业有东营河口中纺银星棉花有限公司、连云港中纺东耘棉花有限公司、滨州中纺银泰实业有限公司，实现了从货源到最终销售的供应链控制。公司积极发展海外市场，并在澳洲投资农场参与棉花种植经营。凭借日益成熟的供应链控制模式，中纺棉花已形成了较为完善的市场网络体系。

作为中国入世承诺中指定的国家国有贸易代理商之一，中纺棉花将继续秉承锐意创新的经营理念，与棉花和纺织业的朋友携手共进，为中国棉花产业的发展做出更大贡献。

The Best One You Can Trust

YOU CAN SEE
CHINA FROM THE EYES
OF CHINATEX COTTON

NATEX

中国·北京 建国门内大街19号中纺大厦七层
邮 编：100005 电 话：86-10-85112255 86-10-65281122
传 真：86-10-65285011 86-10-65285022 电子邮箱：cotton@chinatex.net

分支机构

济南办事处
电 话：86-531-85198120
传 真：86-531-85198228/118
通信地址：山东省济南市马鞍山路2号山东大厦8618室
邮 编：250002

河北办事处
电 话：86-311-86219636/6421
传 真：86-311-86219639
通信地址：河北省石家庄市建设北大街228号东海国际9层A室
邮 编：050011

南京办事处
电 话：86-25-86899238
传 真：86-25-86899241
通信地址：江苏省南京市洪武路23号隆盛大厦15层1501/02
邮 编：210005

新疆办事处
电 话：86-991-2830200
传 真：86-991-2830025
通信地址：新疆乌鲁木齐市中山路339号中泉广场13座G层
邮 编：830002

BAODING GALAXY COTTON INDUSTRY CO., LTD

保定银河棉业有限公司

保定银河棉业有限公司是由河北保定银河棉麻集团有限公司改制而成的股份有限公司，成立于2006年7月，注册资金1000万元，法定代表人：高韵岐。公司经营范围：皮棉、棉短绒、针纺织品销售，道路货物运输，房屋租赁、仓储经营。目前的主营业务：承担国家棉花储备及商品棉的代存保管业务、房屋租赁、皮棉购销及物流业务。

公司座落于保定市建国路440号，现有四个下属单位：保定棉库、定州棉库、固城棉库、棉纺织分公司。总占地面积272883平方米，其中仓储总面积256239万平方米，仓储总容量达12万吨。三个仓库设施完善，地理位置优越，均毗邻107国道，公路铁路运输十分便利。保定、定州两个棉库均是国家储备棉代储库和全国棉花交易市场指定交割仓库，都配有铁路专用线，现存国家储备棉5万吨，商品棉1万吨。

热忱欢迎广大有识之士及有合作意向的朋友来公司投资、洽谈业务。

库尔勒 利华 棉业有限责任公司

Company profile

库尔勒市，又称“梨城”，地处新疆腹心地带，位于天山南麓，塔里木盆地边缘，总面积7117平方公里。库尔勒在中国历史上就是丝绸之路中道的咽喉之地，是新疆南北疆的交通枢纽。314国道和218国道在这里交汇，南疆铁路的中心站和飞机场在其境内。现已形成完整的公路、铁路、航空立体交通网。库尔勒市曾荣获全国文明城市、中国优秀旅游城市、国家卫生城市、国家园林城市等20多项国家级荣誉称号。库尔勒利华棉业有限责任公司就坐落在这座美丽富饶的城市。

董事长张齐海13909969672　总经理赵清才18909964678　销售经理秦军杰13849511606

待发运皮棉

棉花加工籽棉棉垛

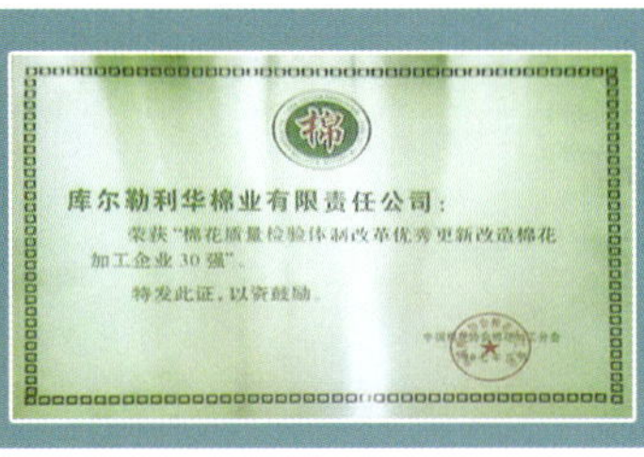

法人代表 总经理
赵清才

办公楼

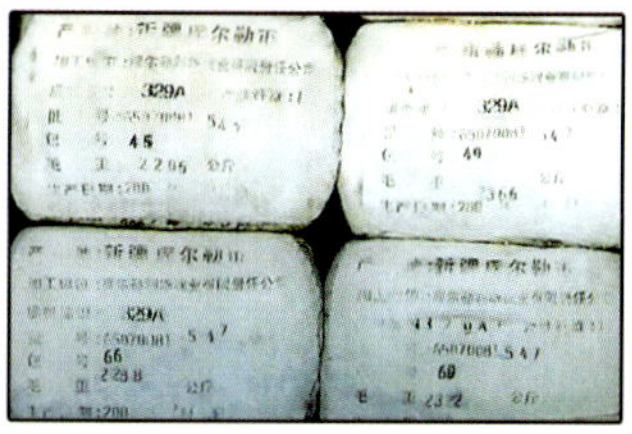

棉花加工厂待发运皮棉 棉包唛头

公司董事长张齐海、总经理赵清才诚挚欢迎全国各地棉纺、粮油企业等有识之士莅临指导并来人、来电洽谈业务。

棉花加工厂96型皮棉轧花机

油脂加工厂加工车间

油脂加工厂成品油罐

棉花加工400型打包车间

棉花加工厂96型皮棉轧花机

库尔勒利华棉业有限责任公司成立于2004年，经过几年的发展，现有八个棉花加工厂十条加工生产线，年产皮棉8万吨、短绒1万吨、国标三级棉油1.5万吨、棉粕5万吨，产品远销到河南、河北、山东、广东、湖北、湖南、深圳等地棉纺企业，多年来未发生任何质量及经济纠纷。我公司生产的棉花品质优良，“三丝”等有害杂物控制严格，特别是雇佣大量人力及机械挑拣，使得棉花“三丝”含量达到“无”和“少”的标准，深受广大客户的欢迎。同时我公司棉花质量稳定、常年供货，与铁路运输部门紧密合作，货物运输方便快捷，保证客户在短时间内使用上质优、价廉的纺织原料。

我公司被巴州农业发展银行评为A级信用企业。2007年被中国棉花协会评为“棉花质量检验体制改革优秀更新改造棉花加工企业30强”，2008年被巴州人民政府授予自治州级“守合同重信用”单位，连年被库尔勒市人民政府评为“重合同守信用”企业。2009年公司被巴音郭楞蒙古自治州州委、人民政府评为“2009年自治州‘农村改革发展年’十佳重点农业产业化龙头企业”。2010年被新疆自治区农业产业化领导小组评为“自治区农业产业化重点龙头企业”。

油脂厂待发运棉粕

油脂厂待发运棉粕

质量第一 诚信经营

电话/传真：0996-2618997/2618991　**地址：**新疆库尔勒市团结南路75号　**邮箱：**lihua111520@163.com　**网址：**www.xjlihuamianye.cn

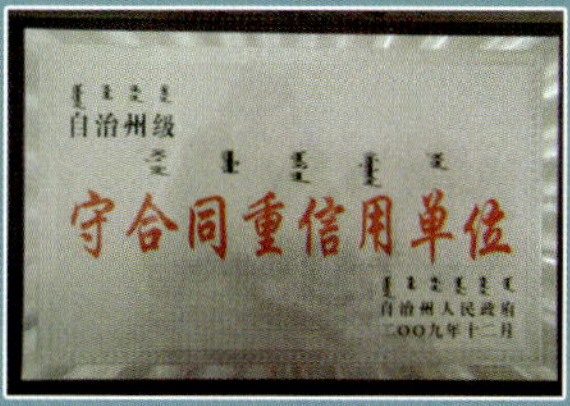

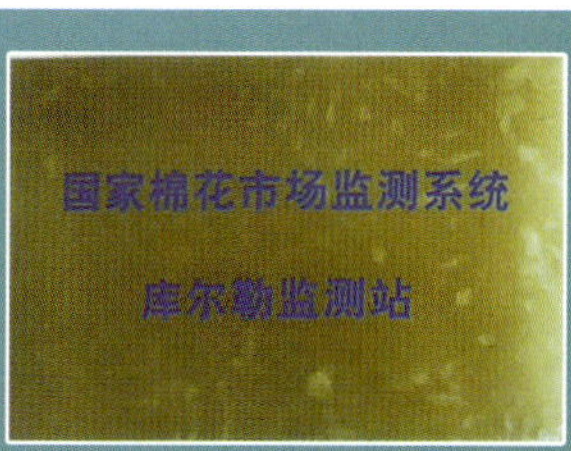

集团公司

集团公司

集团公司

山东光大日月油脂股份有限公司

山东光大日月油脂股份有限公司食用油灌装车间

地址：山东省东平县佛山街037号 邮编：271500 电话：0538-2128669 传真：0538-2898380

山东光大日月集团

SHANDONG GUANGDARIYUE GROUP

山东光大日月集团创建于1998年10月，注册资本6000万元，总资产10亿元，占地面积1000余亩，现有员工2000人。集团旗下拥有山东光大日月油脂股份有限公司、山东光大肥业科技有限公司、山东光大科技发展有限公司、山东光大日月集团置业有限公司、安徽光大农副产品有限公司、新疆新光油脂有限公司、新疆前进光大油脂有限公司、新疆光大山河化工科技有限公司等八家子公司，是一家以食用油生产为主导，不断延伸产业链条，逐步向高科技领域发展的现代化集团企业。

山东光大日月油脂股份有限公司 位于集团驻地，占地面积170亩，注册资本6000万元，拥有日华油脂厂、月华油脂厂、星华油塑厂、棉花加工厂和综合服务公司五个单位。主要产品有棉籽油、大豆油、花生油、色拉油、调和油、棉籽粕、棉籽壳、大豆粕、皮棉、棉短绒和各种塑料制品。其中年加工籽棉3万吨，加工毛棉籽10万吨。公司通过了ISO9001国际质量管理体系认证、HACCP认证，为国家级扶贫龙头企业、省级农业产业化重点龙头企业和省级农产品加工骨干企业。“智育”、“光大智育”牌食用油被评为山东名牌产品，“智育”、“光大智育”商标荣获山东省著名商标称号。

山东光大肥业科技有限公司 位于山东东平工业园区，占地面积150亩，注册资本7000万元，拥有肥料生产线四条，年生产能力30万吨。主要产品有“光大田园”牌系列生物有机肥、复合肥、有机无机复混肥和专用肥，为省政府采购中心认定的生物有机肥定点生产厂家。

山东光大科技发展有限公司 位于山东东平工业园区，占地面积110亩，注册资本1亿元，是一家集淀粉醚、纤维醚系列产品的研发、生产、销售于一体的现代化高科技企业。目前拥有羟丙基甲基纤维素生产线一条，年生产能力1.5万吨，主要产品有“英瑞”牌、“赛璐王”牌纤维素醚。

安徽光大农副产品有限公司 位于安徽省宿州市墉桥区，占地面积126亩，注册资本600万元，拥有棉籽榨油、菜籽榨油、脱绒、色拉油生产线各一条，主要产品有棉籽油、菜籽油、色拉油、棉籽粕、棉籽壳、菜籽粕、棉短绒，为市级农业产业化重点龙头企业。

新疆新光油脂有限公司 位于新疆五家渠市工业园区，占地面积600亩，注册资本1800万元，拥有五家渠、新湖、芳草湖和红旗四个分公司，主要产品有棉籽油、红花油、葵花籽油、色拉油、高烹油、中小包装各种食用油、棉籽粕、棉籽壳、棉短绒，为兵团级农业产业化重点龙头企业，是农六师乃至新疆地区最大的油脂加工企业。

新疆光大山河化工科技有限公司 位于新疆五家渠市工业园区东区，占地面积228亩，注册资本8000万元，拥有精制棉、棉浆粕、纤维素醚生产线各一条，年产精制棉2万吨，棉浆粕2万吨，羟丙基甲基纤维素1.5万吨。

山东光大日月集团

山东光大日月油脂股份有限公司棉花加工车间

山东光大日月油脂股份有限公司棉花加工设备

山东光大肥业科技有限公司

山东光大肥业科技有限公司 车间

山东光大科技发展有限公司

新疆新光油脂有限公司五家渠分公司

新疆新光油脂有限公司新湖分公司

新疆新光油脂有限公司芳草湖分公司

新疆新光大山河化工科技有限公司

安徽光大农副产品有限公司

电话：0538-2128669

山东光大日月集团

传真：0538-2898380

江苏天霸集团

Tempo

董事长/总经理：陈洪法

江苏天霸集团是一家以纺织为主业，集纱线面料开发、生产、贸易于一体，兼有房地产业的综合性集团公司。占地面积800余亩，职工3000余人，共有纱线生产能力21万锭，喷气织机96台。集团主要产品分为两大类别（纱线和坯布）、八个品种（色纱、全棉氨纶包芯纱、涤纶包芯纱、混纺纱线、包覆线、包覆丝、弹力布、色织布）。具有年产纱线3.8万余吨、坯布1000万米的能力，产品畅销全国各地，出口香港、东南亚和欧美等地。

集团秉承“艰苦奋斗、百折不挠、迎难而上、勇争一流”的企业精神，跨跃式发展，目前已经成长为国内最大的氨纶纱生产企业之一；始终坚持“做专、做精、做优”的产品理念，生产设备均为目前国际国内领先产品，2000年在同行业中率先通过IS09002质量体系认证，“天霸”牌氨纶纱线被江苏省评定为“省名牌产品”；始终坚持以“产业报国”为已任，大力开展科技创新活动，集团弹性纤维研究所先后开发出XLA弹力纱、赛络竹节纱等新产品500多个，注册实用新型专利14件、发明专利14件；始终坚持以“做大、做强、做长”为终极目标，深化改革、精细管理，2005年起推动管理体系再造，通过强化管理谋长远。

集团先后被授予 “中国大型工业企业”、 “江苏省高新技术企业”、“江苏省民营企业纳税大户”、“苏州市百强民营企业”、“张家港市十强民营企业”、 “江苏省质量诚信标兵单位”等重要荣誉。

地址：中国 江苏省张家港市金港镇德积工业开发区天霸路

电话：0512-58727851　　传真：0512-58722382

网址：http://www.jstempo.com

董事长、总经理陈洪法携全体员工
热忱欢迎海内外客户
光临合作，共创双赢

兵团农四师棉麻公司位于北疆伊犁地区，成立于1991年，是一个集棉花收购、加工、储备、销售、服务为一体的国有中型企业，管理着五个自有棉花加工综合企业，拥有19年的产业、机构和个人投资者的服务经验。公司经过近二十年的市场风雨和努力奋进，目前已成为年销售皮棉8万吨、产值超过亿元、创利税千万元的棉花专业性企业。

多年来，农四师棉麻公司始终以“企业增效、棉农增收”为工作目标，以“至真、至诚、至信”为经营理念，并以雄厚的资金实力、高素质的专业人才队伍和优质高效的服务在业内树立起了良好的企业形象，受到了社会各界与广大客户的普遍信赖与支持。公司多次荣获伊犁州“重合同，守信用”和“质量信得过单位”称号。公司业务覆盖到山东、河南、浙江、江苏、广州、福建、四川等纺织企业密集的地区。2007年以来，我们组建了农四师棉业集团公司，着力提高棉花质量，积极寻求市场，扩大销售网络，加大销售力度，实现棉花产业的联合经营，已建成产、供、销一条龙的服务格局。

农四师棉麻公司将以做大做强四师棉花产业为己任，以争创“创锦”品牌为新的起点，不断强化内部管理，拼搏奋进，开拓进取，努力为四师棉花事业做出新的贡献。诚邀有识之士和业内朋友前来洽谈业务，共谋发展！

（上图）国家纤维检验局领导来我师检查指导工作

（上图）农四师长李立平和农四师供销社总经理袁国军一同视察棉花生长情况

（上图）棉麻公司总经理徐安成向师长李立平介绍棉花加工工艺流程

（上图）副师长王建民检查我师棉花生产加工情况

（上图）农四师建设局局长调研

（上图）农四师供销合作社党委书记罗泽勇在测量棉花衣分

（上图）组批好的皮棉

（右图）新疆生产建设兵团农四师棉麻公司下属分公司-奎屯创锦棉业有限公司

新疆生产建设兵团农四师棉麻公司

地址：新疆伊宁市解放路221号棉麻公司 邮编：835000 电话：0999-8120273 传真：0999-8120273

（上图）调运皮棉现场

（右图）棉花收购高峰期场景

（下图）我师下属六十五团轧花厂

广东省广业纺织物流产业（集团）有限公司

广东省广业纺织物流产业有限公司于2001年在广东省纺织工业总公司基础上重组成立，长期担任广东省纺织协会、广东省纺织工程学会的会长、副会长单位，主要从事棉花、棉纱、化纤等纺织原料的生产、贸易和仓储配送业务，已形成了“原料收购—生产加工—流通贸易—物流配送—科研支援”完整的纺织产业链条。棉花、化纤等纺织原料的贸易流通量位居广东省前列，2008年营业规模超18亿元。

下属企业、事业单位

1. 广东省纺织供销有限公司
2. 鹤山市美业棉纺织企业有限公司
3. 广东新联粤棉花有限责任公司
4. 广东迪泰纺织有限公司
5. 广东省岭南工业总公司
6. 广东省化纤工程有限公司
7. 广东省华升包装有限公司
8. 广东省东轻实业有限公司
9. 广东嘉东实业有限公司
10. 广东省化学纤维研究所
11. 中国交通物资华南公司等

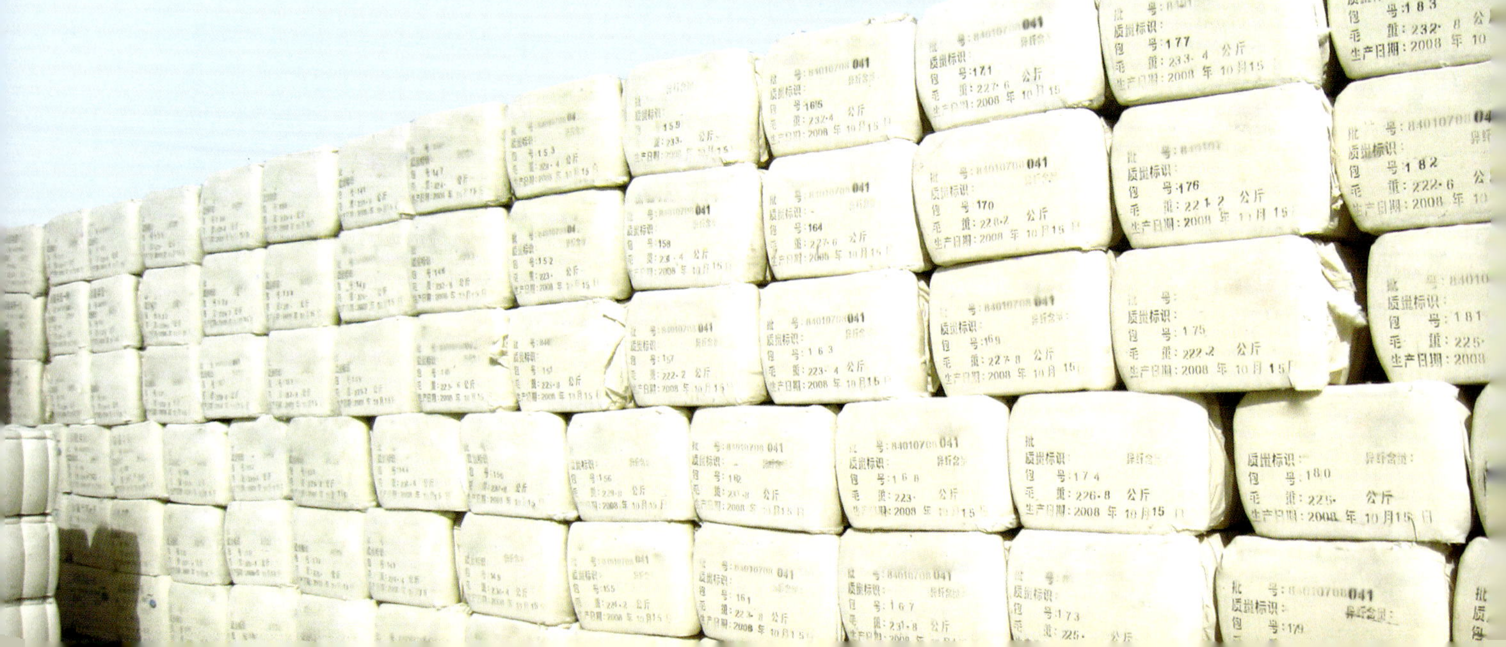

公司简介
Gongsijianjie

LUMIAN
山东省鲁棉集团有限公司
Shandong Lumian Group Limited

山东省鲁棉集团有限公司

铁路专运线

棉花仓库

轧花车间

天元纺织

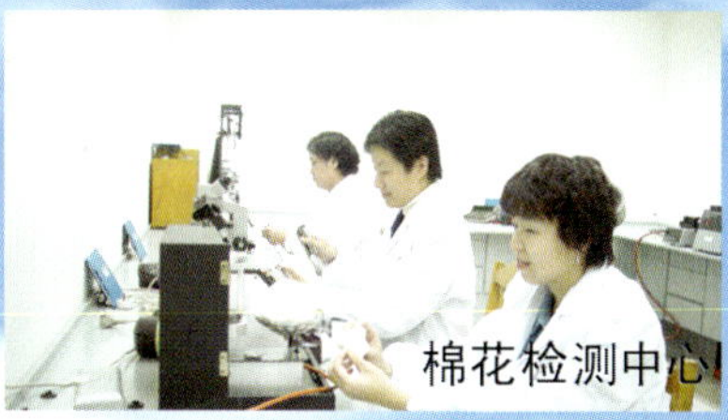
棉花检测中心

山东省鲁棉集团有限公司成立于2006年9月，注册资本1亿元人民币。主要从事棉花收购、加工和购销经营及仓储运输业务。集团现拥有独资、控股企业24家，其中棉花储备库5座，拥有货场面积36万平方米，库房面积12万平方米，铁路专运线5条；省内棉花加工厂7处，拥有大型棉花加工设备22台套，年加工能力5万吨。公司还拥有中型棉纺企业一处，棉花检测中心一处。公司资产总值40余亿元。2008年度被省政府确定为“山东省流通企业30强”企业，被山东省经贸委、山东省商会评为“山东省流通改革发展三十年功勋企业”，被供销总社评为“全国供销合作总社荣誉企业”。

集团公司成立后，通过有计划的资产重组，棉花经营的业务构架已初具规模。所属七个大型棉花加工基地分布在省内各棉花产区，承担着地产棉的收购、加工任务。以济南库为中心、以青岛、高密库和聊城、平原库为两翼的棉花储运网络，发挥棉花储存中转等仓储物流功能。公司的棉花采购和销售网络，在新疆棉合作经营和省内外重点棉纺企业服务和进口棉经营方面上都起到了越来越重要的作用。2009年度，在遭遇国际金融危机冲击、棉花市场环境复杂的形势下，公司经营工作仍取得了积极的成效，实现商品销售收入45亿元。

热忱欢迎广大客户朋友前来公司指导、洽谈业务。

董事长：郭明泉

总经理：颜景芹

地　址：济南市历城区祝舜路1501号

电　话：0531—82599769

传　真：0531—82599762

浙江特产新天地纺织原料有限公司

ZHEJIANG TOPCHANCE XINTIANDI TEXTILE RAW MATERIALSCO.,LTD

办公环境

棉纱、化纤

棉花仓库

集团控股的北仑兴合货柜有限公司

浙江特产新天地纺织原料有限公司是浙江特产集团的控股子公司，注册资金5000万，为浙江省内最大的专业棉花流通企业。常年销售国内外各品种、各等级的棉花。公司棉花货源稳定、价格合理、服务周到。目前公司主要供应：新疆一、二、三级细绒棉、长绒棉，河北、湖北、山东二、三、四级棉，以及美棉、印度棉品种，多等级的棉花，公司于2008年被授权印度百德瑞思贸易有限公司棉花销售浙江省总代理。

公司通过资源、业务的整合，构筑完善的财务、人力、管理、信息等平台，着力培育市场拓展、资源获取和服务能力，与国内外棉花、化纤主要经销商建立战略合作关系，不断拓展业务经营范围，在未来5年内，公司将致力于为棉花、化纤及相关纺织原料行业的省内龙头企业，并成为全国具有较大影响力的纺织原料供应商。

公司秉承“企业生产的是产品，而销售的是品牌”的理念，对稳定客户提供价格优惠和信息服务，以我们的诚信经营致力于事业的发展壮大，以“新天地”这个新的品牌“突出重围”，在市场竞争中创造独一无二、可持续发展的优势。

联系电话:0571-87827052

E-Mail:wdf@zjtcjt.com

公司网址:www.zjtcjt.com

西湖-雷峰塔独家供应全部钢

甘肃省棉麻总公司

诚信为本 守法经营 文明经商

总经理 戴道中

深入一线调查研究

储备库

敦煌宏石厂

地址：兰州市中山路28号（棉麻大厦） 邮编：730300 电话（传真）：0931-8401064

Gansu linen-cotton corporation

甘肃棉麻大厦

甘肃省棉麻总公司是甘肃省供销社直属的、具有独立法人资格的全资棉花经营企业。公司成立于1984年，注册资金4612万元，资产总额4.6亿元。公司主要经营棉花收购、加工、储存和销售，以及办公、仓储设施租赁等业务。近年来，公司年经营棉花约2万吨，经营额达3亿元。

目前，企业在册职工273人。公司总部机关下设5个职能管理部门、5个业务经营分公司（其中3个为总公司控股的有限责任公司）。下属单位有5个占地面积达45000平方米的棉花仓库、3个全资企业和1个农副产品质量检验站。

1999年以后，公司为顺应市场经济的要求，积极转变观念，创新思路，调整经营策略，制订并实施了“西进东出，两头延伸”的棉花经营战略，一手抓货源基地建设，向收购环节延伸；一手抓营销网络建设，积极扩大销售，为公司实施棉花产业化经营进行了积极的探索。尤其在2006年，公司在敦煌市投资1500万元建成省内一流的棉花加工企业——敦煌宏石棉花加工厂，逐步建立了“公司＋农户”的经营模式，为公司实施“西进东出、两头延伸”的棉花经营战略奠定了坚实基础。在营销方式上，从直购直销、传统调销、一站式销售、合作代理到国家储备、电子撮合、期货交易等形式都进行了大胆尝试，且取得了良好的效果，初步形成了多条腿走路的经营格局，也为公司今后实施产业化经营和集团化经营积累了可贵的经验。

公司在长期的经营管理中，始终坚持诚信为本、守法经营、文明经商，形成了一整套科学系统的经营管理规范，为企业的稳定持续发展提供了制度保证。公司在棉花经营领域享有良好的商誉和一定的知名度，先后被省、市、区工商局多次评为“重合同守信用”企业，被省农发行授予AA资信企业，被省政府发展研究中心确定为重点调研单位。

公司真诚希望并热忱欢迎社会各界朋友光临本公司，考察指导，洽谈业务，携手并进，共谋发展。

经营模式

公司＋农户

A 安徽省棉麻有限责任公司

安徽省棉麻有限责任公司由原安徽省棉麻公司改制后于2004年12月注册成立，是安徽省供销商业总公司控股企业。公司注册资本1800万，实际拥有资产1.8亿元，是安徽省规模最大、实力最强的产、购、销一体化的大型综合型棉花企业。

近年来，公司牢固树立“为农服务”的宗旨，不断拓展业务范围，延伸产业链，大力实施“农工贸一体、内外贸并举”战略，积极参与和推动棉花产业化经营，在大力发展棉花基地、巩固棉花资源、探索与棉农结成利益共同体的同时，努力发展战略合作伙伴，努力向棉花生产及纺织业延伸。

公司业务覆盖安徽全省主要产棉区，以所属的轧花厂为依托，以棉花专业合作社为纽带，以“公司+农户”的形式先后在当涂、宿松、东至、含山、肥西、全椒等地建立了12个棉花产业基地，实行棉花收购、加工、经营“一条龙”服务；在新疆、甘肃、山东等棉花主产省区也开辟了棉花收购、加工网点，积极发展同中央涉棉单位及其他产棉省相关单位之间的联系。

公司经营客户遍及全国300多家企业，购销网络遍布全国各棉花主产和主销区，棉花进口代理的范围拓展到美洲、澳洲、亚洲及非洲等多个国家，年销售额为10亿元左右，公司拥有的“皖棉”牌棉花品牌在省内外拥有较高的信誉。公司拥有合肥、蚌埠、巢湖、宿州、无为、东至、安庆7个直属棉花库和分库，总仓储量达20万吨棉花、2008/09年度，公司直属合肥、巢湖、宿州、蚌埠四个仓库先后申报成为国家储备棉代储仓库。

电　话/传　真：0551-3443210
地　址：安徽省合肥市徽州大道1603号
邮　编：230051

菏泽市国花贸易有限公司

COMPANY PROFILE

菏泽市国花贸易有限公司主要从事棉花的产、销、调、存业务，常年经营棉花、棉短绒、棉纱、鲁锦、包装布等。

多年来国花公司凭借位于苏、鲁、皖、豫四省交界的优越地理位置、借助纵横南北与东西的京九、新石铁路干线交汇处之便利、交通和运输条件，以质量为根本、以诚信为理念，内强质量、外塑形象，现已发展成为国内初具规模的涉棉公司。

公司人员大部分具有中级以上职称。公司除核心层外，还在省内外设立子公司或业务代办处，拥有菏泽市国花棉业有限公司、菏泽中泰棉业有限公司两处400型轧花厂，连同参股的十几处棉花加工厂，一处五万锭纺织厂，共同组成了国花公司紧密层。

菏泽是山东省棉花生产和纺织的大市，常年种植棉花350万亩左右，纺纱能力300万锭以上，这为国花公司的发展奠定了坚实的基础。 公司同国内80余家棉纺厂、200余家轧花厂，常年保持业务联系和操作，棉花业务年成交量在30000吨左右。同时，国花公司重视信息工作，是“国家棉花市场监测系统”成员，并同国内多家棉花网站常年互通棉花信息。

国花公司具备网络开发能力，通过提供软件开发服务，帮助涉棉企业提高企业管理水平。我们将本着“优势互补，互惠双赢”的原则，与各地棉花企业加强联合与协作，共谋发展。 合作方式如下：

1、用棉企业可与国花公司签定棉花、短绒、棉纱、落棉的代采协议，国花公司将按具体要求，保质保量完成采购任务，代采费为50-100元/吨。

2、经营企业可委托国花公司销售棉花、短绒、棉纱、落棉等，国花公司将按具体要求保质保量完成销售任务，代理费为100元/吨。

3、缺少棉花专业技术人员的企业，可由国花公司培养并推荐一些专业技术人员。

4、可为棉花加工企业、购销企业、纺织企业设计开发制作精美网页、网站，把企业带入互联网世界，帮助企业提高知名度，并可为企业开发高档管理软件，公司管理人员足不出户可以随时掌握本企业的各种数据，为管理者提供决策依据。

我们以真诚的合作 、优质的服务面向国内广大涉棉企业，

祝我们合作早日成功、友谊地久天长。

地址：山东省菏泽市长江路166号菏泽棉麻转运站 **邮编：**274000

电话：0530-5332277 **传真：**0530-6167738

联盛物流
Lian sheng wu liu

山东锦和棉麻有限公司

SHANDONG JINHE COTTON CO.,LTD

济南市经四纬八路465号（原棉麻站老办公地址）

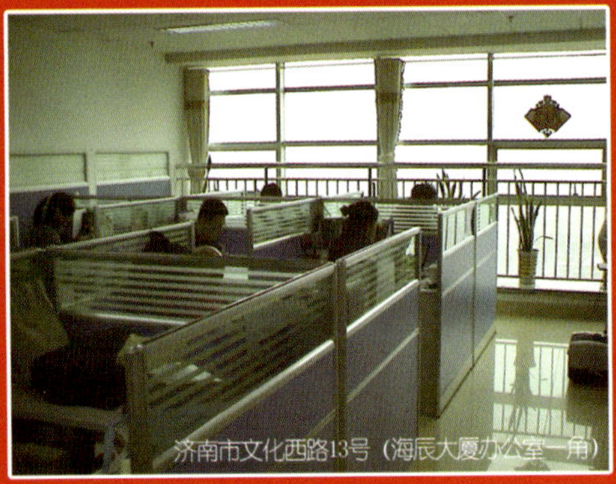
济南市文化西路13号（海辰大厦办公室一角）

桑梓店仓库

桑梓店仓库库区

黄台仓库

以人为本 激励竞争 精诚互助 团队协作

唯有创业 没有守业 日清日高 追求卓越

山东锦和棉麻有限公司是棉麻生产经营的传统企业，在2007年依法由山东省棉麻公司济南采购供应站（建站于1956年）改制为有限责任公司，公司注册资金1288万元，是以棉花收购、加工、经营、储备、进出口为主，兼营化纤原料、棉短绒、棉纱、纺织品的中型综合性企业。公司占地面积68000平方米，拥有资产近2亿元，年调销棉花5万吨，销售收入5亿多元，经济效益2千多万元，公司经营品牌“锦和”享誉省内外，是山东省农业发展银行重点支持企业和黄金客户。

公司下属5个经营部门、2个职能部门、商河棉花加工厂、黄台棉花储备库、桑梓店棉花储备库5个分支机构，在省内重点产棉区和新疆设有棉花收购点，在印度古吉拉特邦设有联络处，全国棉花交易市场常设席位。公司棉花加工、打包（400型）设备先进、棉检设施齐全，籽皮棉标准货场30000多平方米，棉花专业储备库15000平方米，拥有棉花加工、纤检专业素质的员工数十名，棉花储备能力8万吨以上。

公司坚持“求真、务实、开拓、创新”的企业精神；倡导“以人为本、激励竞争，精诚互助、团队协作，唯有创业、没有守业，日清日高、追求卓越”的企业文化；坚守“真诚为本、守信为金、客户至上、质量第一”的经营理念；以建设规模更大、服务更优、竞争力更强的现代企业为目标，愿与社会各界携手，共创辉煌！

真诚为本 守信为金 客户至上 质量第一

公司地址：山东省济南市经四路465号 邮政编码：250021
法人代表：胡其和
电话：0531-86018602 86017588
传真：0531-86011858
电子邮件：sdjhmmyxgs@126.com

商河棉花加工厂

商河棉花加工厂皮棉加工车间

编 写 说 明

2008/2009年度是棉花产业历史上极不平凡的一年，是国家储备棉调控力度最大的一年。《中国棉花年鉴2008/2009》用详实的文字和数据记录了这一历史瞬间。本书主要内容涵盖行业发展概况、主要产棉省区概况、年度报告、统计资料、大事记、政策法规和附录七个部分。

《中国棉花年鉴》（以下简称《年鉴》）是由中储棉花信息中心编撰整理的，我国唯一一部集中反映棉花行业年度发展与趋势的工具书，是集权威性、史实性、研究性、收藏性为一体的专业年鉴。《年鉴》主要面向国内外棉花加工流通、纺织企业，金融与投资、贸易与咨询、科研与教育机构，以及各级政府管理部门和行业社团组织。

本书涉及大量统计数据和史实资料，基本上按照棉花年度计算。除国家棉花市场监测系统外，统计数据主要来源于国家统计局、棉花主产省（市、自治区）统计局、中国海关总署、美国农业部（USDA）、国际棉花咨询委员会(ICAC)、美国洲际交易所（ICE）、郑州商品交易所、北京全国棉花交易市场、合肥国家棉花交易中心和中国纺织品进出口商会等相关机构。

为增强可读性，我们在编写过程中对部分数据进行了二次整理，相应部分的原始数据以原出版单位为准，年度报告中所涉及的数据、资料、观点均由文章作者提供，政策法规部分均采用相关部门的政策原文。未标明作者的文章均由《年鉴》编辑部编撰。

在编写过程中，国家发展改革委等主管部门给予我们大力支持，各相关单位、地方有关机构也给予了热情帮助，我们在此表示诚挚的感谢！

由于编写时间较紧，书中难免有不足之处，望各位读者不吝赐教，我们将认真改进，把《年鉴》做得更好，为推动中国棉花行业发展贡献力量！

《中国棉花年鉴》编委会

2010年2月

目录

第一部分　行业发展概况

第二部分　主要产棉省区概况

第三部分　年度报告

第四部分　统计资料

第五部分　大事记

第六部分 政策文件

第七部分　附录

行业发展概况

第一部分

行业运行概况

2008/2009 棉花年度(2008 年 9 月 1 日—2009 年 8 月 31 日),我国棉花行业呈现出棉花产量与上年度持平、纺织出口下滑、棉花消费需求下降的特点。国家通过加大储备吞吐力度、严格控制进口等措施,保障了棉农利益、纺织用棉及市场运行基本平稳。

棉花产量与上年度基本持平　据国家统计局统计,2008/2009 年度全国棉花播种面积 8640 万亩,同比减少 240 万亩;棉花产量 750 万吨,同比减少 12 万吨。根据新疆棉外运情况,新疆棉花实际产量比公布的数量多 50 万吨左右,全国棉花实际产量在 800 万吨左右,与上年度基本持平。

棉花消费需求下降　受国际金融危机影响,2008/2009 年度我国纺织品出口下滑,棉花需求减弱。根据国家棉花市场监测系统测算,全年度棉花消费量 989.6 万吨,同比下降 11.0%。据国家统计局统计,本年度全国纱产量 2266.1 万吨,同比增长 7.2%,增速同比下降 3.4 个百分点。据海关总署统计,纺织品服装出口额 1711.7 亿美元,同比下降 5.5%。其中,纺织品出口额 589.2 亿美元,同比下降 8.2%;服装出口额 1122.5 亿美元,同比下降 4.1%。

国家严格控制棉花进口　为防止价格下跌、农民收益受损,国家严格控制棉花进口。2009 年共发放棉花进口配额 129.4 万吨,较上年减少 220 万吨。2008/2009 年度共进口棉花 145 万吨,同比减少 99 万吨。在保持总量平衡、满足纺织用棉需求的同时,优先保证国产棉销售。截至 2009 年 8 月底,棉花企业手中的棉花已基本销完,农发行实现贷款和利息“双结零”。

国家加大储备棉调控力度　2008/2009 年度,国家充分发挥储备吞吐调节的作用,稳定了棉花市场价格。2008 年 10 月下旬至 2009 年 4 月上旬棉花集中上市期间,国家累计收储棉花 272 万吨,为历史上最多的一年。2009 年 5 月下旬至 8 月底,为保障市场供应、满足纺织用棉需求,国家向市场投放储备棉 152.3 万吨。储备棉调控取得明显成效,籽棉收购于 2009 年 4 月底基本结束,内地籽棉交售均价在 2.60 元/斤左右,新疆为 2.50 元/斤左右,均较最低时上涨 0.40 元/斤;2009 年 5—8 月皮棉销售价格基本稳定在 13000 元/吨左右,较上年底上涨 2400 元/吨。由于储备棉投放及时且数量充足,年度后期市场稳定运行,新旧棉花年度实现平稳过渡。

棉花质检体制改革稳步推进　2008/2009 年度,全国各级质检部门和纤检机构加大棉花质量监督管理力度,全力推进棉花质检体制改革。经仪器化检验大包棉 427 万吨,是上年度检验量(166 万吨)的 2 倍多,超过全国棉花产量的一半。

棉　花　生　产

棉花种植面积略有下降　2008/2009 年度是我国加入世贸组织以来植棉面积波动最小的一年。据国家统计局统计,全国棉花种植面积 8640.0 万亩,同比减少 2.9%。其中,黄河流域棉区种植面积 3537.8 万亩,占全国植棉总面积的 41.0%,同比减少 4.6%;长江流域棉区 2285.3 万亩,占比 26.5%,同比增长

0.7%；西北内陆棉区2686.9万亩，占比31.1%，同比减少4.6%；北部特早熟棉区105.9万亩，占比1.2%，同比增加2.9%。2008/2009年度，棉花种植面积占同期农作物种植面积的3.7%，同比下降0.2个百分点。

总产稳定在历史较高水平 2008/2009年度，我国棉花总产量维持在历史较高水平，其中，西北内陆棉区产量最高，占全国总量份额最大，在总面积减少的情况下产量略增。据国家统计局统计，棉花总产量750.0万吨，同比减幅1.7%。其中，长江流域棉区棉花总产量160.8万吨，占全国棉花总产量的21.5%，同比减少5.2%；黄河流域棉区263.7万吨，占比35.2%，同比减少1.6%；西北内陆棉区314.9万吨，占比42.0%，同比增加0.2%；北部特早熟棉区8.5万吨，同比减少10.7%。

棉花单产继续提高 2008/2009年度，我国棉花单位面积产量继续提高。据国家统计局统计，棉花平均单产86.8公斤/亩，同比提高1.2%。三大棉区平均单产最高的仍然是西北内陆棉区，平均单产115.1公斤/亩，同比提高4.0%；增幅最大的是黄河流域棉区，平均单产76.0公斤/亩，同比增加6.3%；长江流域棉区平均单产86.3公斤/亩，同比增加3.1%。分省来看，2008/2009年度全国棉花单产超过100公斤/亩的省区有新疆、甘肃和江西，单产分别为117.4公斤/亩、112.9公斤/亩和112.1公斤/亩。

棉　花　收　购

籽棉价格走势呈“U”形，收购成本同比下降 据国家棉花市场监测系统数据，2008/2009年度籽棉开秤价格相对较高，内地3级籽棉收购均价2.97元/斤，新疆收购均价2.80元/斤。但是，在新棉上市初期，受国际金融危机的冲击，市场出现恐慌心理，籽棉收购价格大幅下跌。截至2008年12月上旬，内地3级籽棉收购均价最低跌至2.35元/斤，新疆收购价格跌至2.13元/斤。2008年12月中旬以后，在国家大规模棉花收储政策的带动下，籽棉收购价格开始稳步回升，截至2009年4月初，内地3级籽棉收购均价回升至2.61元/斤，较年度最低点上涨11.1%；新疆收购价格回升至2.38元/斤，较最低点上涨11.7%。

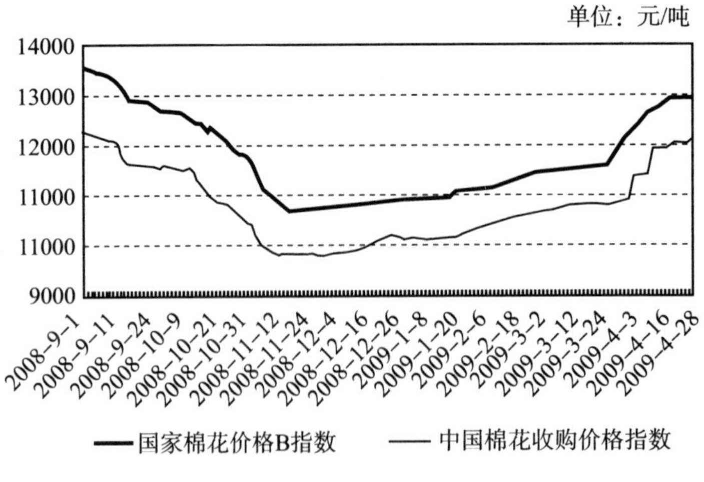

图1—1 2008/2009年度国家棉花价格B指数、中国棉花收购价格指数走势对比

据国家棉花市场监测系统发布的数据，2008/2009年度3级籽棉收购均价2.49元/斤，同比下跌0.54元/斤，跌幅17.8%；中国棉花收购价格指数均价10671元/吨，同比下跌2167元/吨，跌幅16.9%。

表1—1 2008/2009年度中国棉花收购价格指数及同比情况

单位：元/吨，元/斤

棉花年度	中国棉花收购价格指数	3级籽棉收购均价
2008/2009	10671	2.49
2007/2008	12838	3.03

数据来源：国家棉花市场监测系统。

棉花收购进度较慢　2008/2009年度的大部分时间里，籽棉收购进度均慢于上年度同期。新棉上市初期，由于国际经济环境恶化，纺织业销售前景不佳，棉花消费量大幅下降，皮棉价格下跌，棉花企业开秤较迟，甚至开秤后一度出现暂停收购的行为，籽棉收购进度缓慢。据国家棉花市场监测系统发布的数据，2008年11月下旬至2009年1月上旬，2008/2009年度收购进度慢于上年度同期超过10个百分点。年度后期，受国家棉花收储政策的提振，皮棉价格触底之后逐渐回升，籽棉收购进度也有所加快，到3月中旬以后，基本与上年度同期持平。

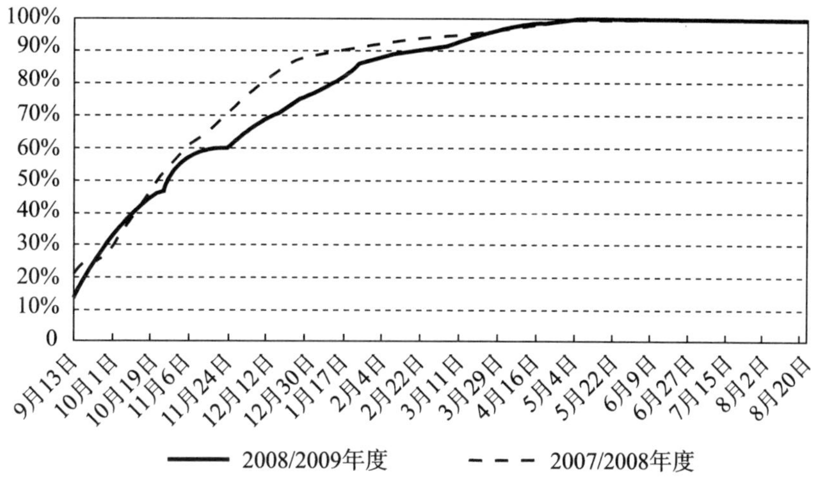

图1—2 2007/2008和2008/2009年度我国棉花收购进度对比

中国农业发展银行继续发挥收购资金供应主渠道作用　2008/2009年度，中国农业发展银行各级机构共投放棉花贷款1162.9亿元，其中，国家储备棉贷款353亿元，支持收储5440万担，这是农发行自成立以来投放国储棉贷款数量最多的一年；棉花收购贷款511.3亿元，支持企业收购皮棉8691万担，支持收购量约占当年全国棉花总产量的58%；棉花产业化龙头企业贷款188.6亿元，棉花调销、良种、流转、技改等其他贷款约110亿元。该年度中国农业发展银行新疆分行共发放收购贷款304.5亿元，同比增加20.8亿元；支持企业收购皮棉4865万担，同比增加515万担；支持收购量占当年新疆地区棉花总产量的81%左右。

棉　花　加　工

新体制棉花加工企业数量增加　随着棉花质量检验体制改革不断深入，棉花加工企业参与意愿不断增强，新体制企业规模明显扩大。2008/2009年度全国完成改造476家，是上年度338家的1.4倍，呈加速发展态势。

参加仪器化公检的企业数量持续攀升　截至2009年8月31日，全国累计完成改造1246条生产线。其中，有1210家企业按照棉花质量检验体制改革方案的要求加工棉花并进行公证检验，占比达97%，是近五年来最高的一年。

全国专业纤维检验机构的建设水平提高　截至2009年8月31日，全国已经建成仪器化公证检验实验室93家，配备445台HVI，年检测能力700万吨，覆盖全部产棉地区。我国已基本建成科学、统一，与国际接轨的权威性棉花仪器化检测网络，全国专业纤维检验机构建设水平跨越到一个新的层次。

新体制棉花企业信息化管理特征明显　国家在实施收储过程中执行严格的质量规定，这引导新体制棉花加工企业加大技术改造力度，采取完善加工工艺、强化加工过程控制等措施，保证棉包质量符合收储要求。同时，随着企业对棉包条码信息管理系统的深入使用，企业信息化的特征表现明显。截至2009年8月31日，全国累计进行了6800多人次的技术和信息化培训，有5265人取得棉花检验信息工资格证书。企业生产管理方式也表现出数据电子化、管理信息化的特征。

棉花加工企业利润情况两极分化　2008/2009年度，新体制棉花加工企业得益于国家收储政策的实施，开工率提高，效益明显好于上年度。200型棉花加工企业的生存空间则被进一步压缩，直接参与收购加工的企业数量大幅减少，部分企业被迫退出棉花加工市场。

400型打包机及配套加工设备持续热销　2008/2009年度，新体制企业规模明显扩大。除部分企业是对原生产线进行改造外，大部分是新建企业或新建加工生产线，这直接拉动以400型打包机为核心的棉花加工设备、辅助设备和加工耗材的销售。按每条生产线平均投入500万元计算，本年度企业用于采购棉花加工设备的资金约为25亿元，设备制造企业因此获得2亿—3亿元的利润。

新体制棉花企业技术改造拉动棉花加工新技术的推广应用　2008/2009年度，国家收储政策对入库棉包质量进行规定：回潮率超过9%的棉包不收，回潮率在8.5%—9%之间的棉包每吨扣400元，这促使棉花加工企业加大了技术改造力度，增加了对棉花调湿设备的投入。同时，纺织用棉和期货棉对成包皮棉的质量要求进一步提高，特别是对异性纤维含量要求较高，棉花加工企业不得不购置了异性纤维清理设备。技术改造需求拉动了棉花加工新技术的推广应用，也使从事相关技术研发的研究机构和棉机企业受益匪浅。

棉　花　质　量

2008/2009年度，我国棉花质量总体情况较上年度略有提高。平均品级3.10级，平均长度29.30毫米，马克隆值级为A的棉花所占比重为35.1%，长度整齐度指数平均值82.8%，断裂比强度平均值28.8cN/tex。

棉花平均品级比上年度小幅提高，高等级棉花比重继续下降　2008/2009年度全国棉花平均品级3.10级，比上年度提高0.10级。品级主要集中在2—4级，以3级为主，3级棉比率为57.0%；2级及以上的高品级棉花比率为15.7%，同比下降0.8个百分点；4级及以下棉花的比率为27.3%，同比下降4.9个百分点。

棉花长度同比上升　2008/2009年度全国棉花平均长度29.30毫米，较上年度上升0.60毫米。长度主要集中在30毫米、29毫米和28毫米，30毫米棉花的比率为15.3%，29毫米棉花的比率为47.7%，28毫米棉花的比率为31.9%。30毫米及以上长度棉花的比率为16.8%，同比上升7.1个百分点；27毫米及以下长度棉花的比率为3.6%，同比下降1.9个百分点。

棉花马克隆值同比上升　2008/2009年度全国马克隆值为A级的棉花比率为35.1%，同比上升7.1个百分点；B级棉花最多，比率为60.8%，同比上升4.3个百分点，其中B2档棉花占58.3%；C级棉花比率为4.2%，同比下降11.4个百分点。

棉花长度均匀性好于上年　2008/2009年度全国棉花长度整齐度指数平均值82.8%，同比增加0.2个百分点。长度整齐度指数等级集中于中等级、高级，其中中等级最多，比率为52.9%，高级比率为46.1%；长度均匀性较好的棉花比率为46.3%，同比增加5.3个百分点，长度均匀性较差的棉花比率为0.8%，同比降低1.9个百分点。

棉花断裂比强度以中等及以上级为主　2008/2009年度全国棉花断裂比强度平均值为28.8cN/tex。断裂比强度集中在中等及以上级别，所占比率达到95.6%，其中断裂比强度中等的棉花比率最多，占48.9%；断裂比强度强的棉花比率为36.1%；断裂比强度很强的棉花比率为10.5%；断裂比强度较好的棉花比率为46.7%，同比上升6.9个百分点；断裂比强度较差的棉花比率为4.5%，同比下降1.3个百分点。

棉　花　消　费

棉花消费量大幅下降　受国际金融危机影响，2008/2009年度我国棉花消费需求减弱。根据国家棉花市场监测系统测算，全年度棉花消费量989.6万吨，同比下降11.0%。

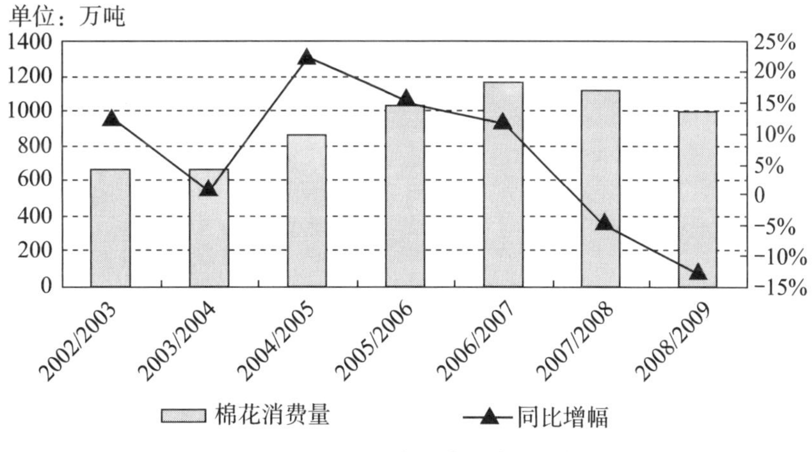

图1—3　2002/2003—2008/2009年度我国棉花消费量及同比增幅水平

纺纱产量在时间结构上前低后高　通过分析国家统计局纺纱产量历史数据发现，我国棉花消费季节性波动明显，通常表现为每年1、2月份产量较低，6月份达到峰值，且3—8月份纺纱产量通常高于9—12月份。2008/2009年度基本遵循这个规律，值得说明的是，尽管年度初期我国纺织行业受到全球性金融危机的冲击，但是2009年3月以来，在国内外经济企稳以及纺织行业振兴规划等政策的扶持下，我国纺织生产仍保持了良好势头。

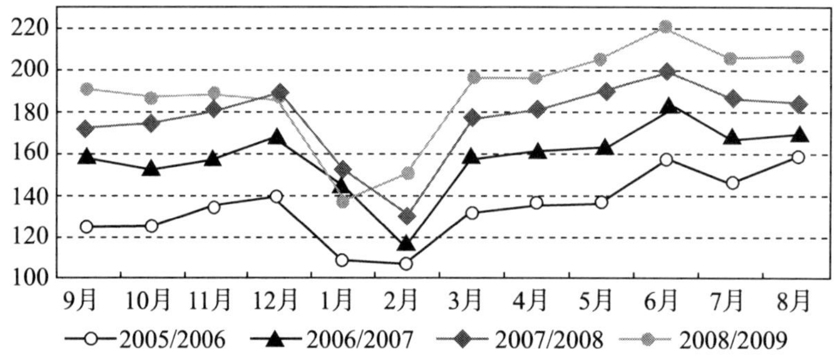

图 1—4　2005/2006—2008/2009 年度我国纺纱产量分月对比

棉花消费在空间分布上集中于中东部地区　分省来看，2008/2009 年度，山东、江苏、河南三省纱产量位居全国前三位，分别为 644.6 万吨、393.6 万吨和 320.8 万吨。在纱产量全国排名前十位的省市中，江西、福建和湖南三省纱产量同比增速较高，分别为 27.9%、20.3%和 14.5%。其他主要省区中，广东、新疆和辽宁纱产量呈负增长，分别同比下降 10.4%、9.4%和 3.2%。

表 1—2　2008/2009 年度分省纺纱产量及占比情况

单位：万吨

排名	地　区	纱产量	同比(%)	各省区占比(%)
1	山　东	644.6	5.1	28.4
2	江　苏	393.6	3.4	17.4
3	河　南	320.8	10.2	14.2
4	浙　江	179.5	12.7	7.9
5	福　建	141.5	20.3	6.2
6	湖　北	132.2	6.4	5.8
7	河　北	101.1	11.7	4.5
8	湖　南	59.6	14.5	2.6
9	江　西	51.7	27.9	2.3
10	安　徽	45.1	8.9	2.0
11	四　川	42.5	22.5	1.9
12	新　疆	35.1	−9.4	1.5
13	广　东	33.9	−10.4	1.5
14	陕　西	22.5	6.7	1.0
15	辽　宁	16.8	−3.2	0.7
合计	**全　国**	**2266.1**	**7.2**	**100.0**

数据来源：国家统计局。

纺织品服装出口同比下降　据海关总署统计，2008/2009 年度纺织品服装出口额 1711.7 亿美元，同比下降 5.5%。其中，纺织品出口额 589.2 亿美元，同比下降 8.2%；服装出口额 1122.5 亿美元，同比下降 4.1%。分月来看，自 2008 年 12 月以来，我国纺织品服装出口同比增速整体呈波动下滑走势，其中，2009 年 4—8 月，纺织品服装出口持续低迷，出口额连续五个月同比下降。

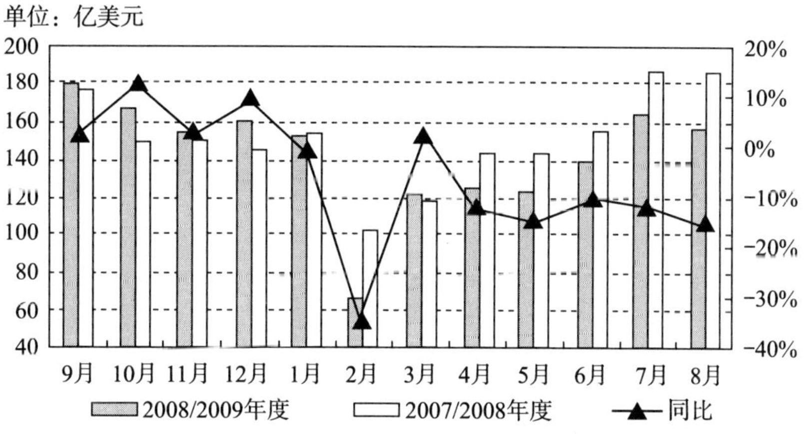

图 1—5　2007/2008 和 2008/2009 年度纺织品服装出口额分月统计及同比情况

棉花进出口

2008/2009 年度，我国棉花进口量同比减少 40.7%，棉花出口量同比增加 14.6%。

一、棉花进口量同比减少 40.7%

1. 按贸易方式统计

2008/2009 年度，我国棉花进口量为 144.6 万吨，同比减少 99.1 万吨，减幅 40.7%。

表 1—3　2008/2009 年度中国棉花进口分贸易方式统计

单位：吨

项目＼年度	2008/2009	2007/2008	同比（±）	幅度（%）
合计	1445972	2437079	−991107	−40.67
一般贸易	500672	1011835	−511163	−50.52
保税仓库进出境货物	151660	316179	−164519	−52.03
保税区仓储转口货物	239423	580387	−340965	−58.75

续表

项目＼年度	2008/2009	2007/2008	同比（±）	幅度（%）
来料加工装配贸易	3753	6601	−2849	−43.15
进料加工贸易	550463	522076	+28387	+5.44
其他	0.5	0.1	+0.4	+265.07

数据来源：中国海关总署。

2. 按时段统计

2008 年 9—11 月棉花进口量持续下降，11 月是全年度进口量最少的月份，仅为 7.6 万吨；12 月棉花进口量反弹至 16.8 万吨；2009 年 1—6 月，棉花进口量持续增加，其中 6 月份进口量为全年度最大值 16.9 万吨。2009 年 4—8 月，我国棉花进口量均在 10 万吨以上。

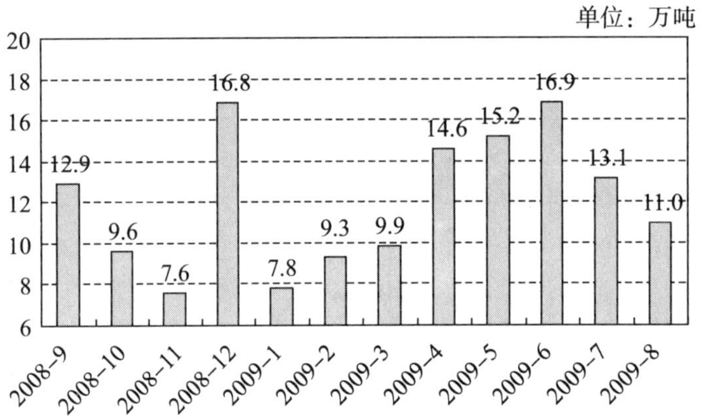

图 1—6　2008/2009 年度我国棉花进口量分月变化

3. 按港别统计

2008/2009 年度，我国棉花进口的主要港口是青岛、上海、南京和天津，分别累计进口棉花 71 万吨、33 万吨、14 万吨和 6 万吨，共占全年度我国棉花进口总量的 86%。

表 1—4　2008/2009 年度我国棉花进口分港别统计

单位：吨

港　别	数　量	港　别	数　量
合　计	1445597	武汉海关	25639
天津海关	64823	广州海关	1890
大连海关	20999	黄埔海关	27337
上海海关	326814	深圳海关	2335
南京海关	135393	拱北海关	3786
杭州海关	2200	汕头海关	841
宁波海关	22356	湛江海关	27310
合肥海关	3650	江门海关	9859
福州海关	3635	重庆海关	471
厦门海关	5269	西安海关	4485
青岛海关	709259	乌鲁木齐海关	40895
郑州海关	6349		

数据来源：中国海关总署(不含已梳的棉花)。

4. 按国别统计

2008/2009 年度，美国、印度、乌兹别克斯坦、澳大利亚、巴西和布基纳法索为主要棉花进口国，分别向我国出口了 83.7 万吨、15.2 万吨、13.4 万吨、8.9 万吨、5.0 万吨和 4.4 万吨棉花，共占全年度我国棉花进口总量的 90%。值得注意的是，印度棉在中国市场所占份额大幅缩小，2006/2007 年度印度棉所占份额为 23%，2007/2008 年度增长至 33%，2008/2009 年度下降至 11%。

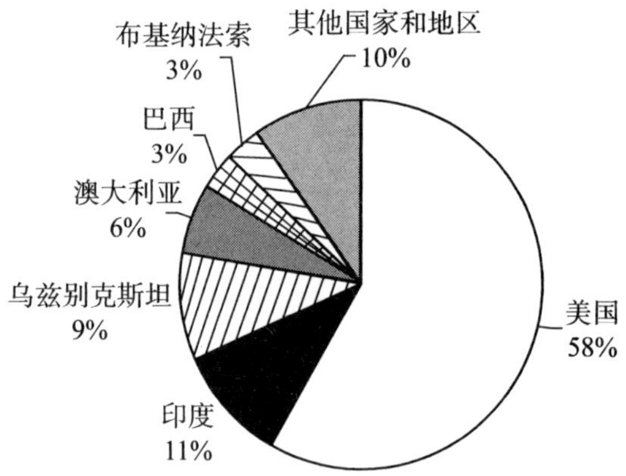

图 1—7　2008/2009 年度我国棉花进口分国别统计

二、棉花出口量同比增加 14.6%

1. 按贸易方式统计

2008/2009 年度，我国棉花出口量 17371 吨，同比增加 2527 吨，增幅 14.6%。

表 1—5 2008/2009 年度我国棉花出口按贸易方式统计

单位:吨

项目＼年度	2008/2009	2007/2008	同比(±)	幅度(%)
合计	17371	14844	+2527	+14.55
一般贸易	6557	5444	+1113	+16.98
保税区仓储转口货物	3717	6600	−2882	−77.54
保税仓库进出境货物	1255	1632	−377	−30.03
边境小额贸易	5841	1168	+4673	+80.00

数据来源:中国海关总署。

2. 按时段统计

2008/2009 年度,棉花出口主要集中在 2008 年 9—12 月和 2009 年 3 月,这五个月我国累计出口棉花 12526 吨,占全年度总量的 72%。

3. 按港别统计

天津和青岛是 2008/2009 年度我国棉花出口的主要港口,其中,天津累计出口 5934 吨,占全年度出口总量的 38.4%;青岛累计出口棉花 4307 吨,占出口总量的 24.8%。

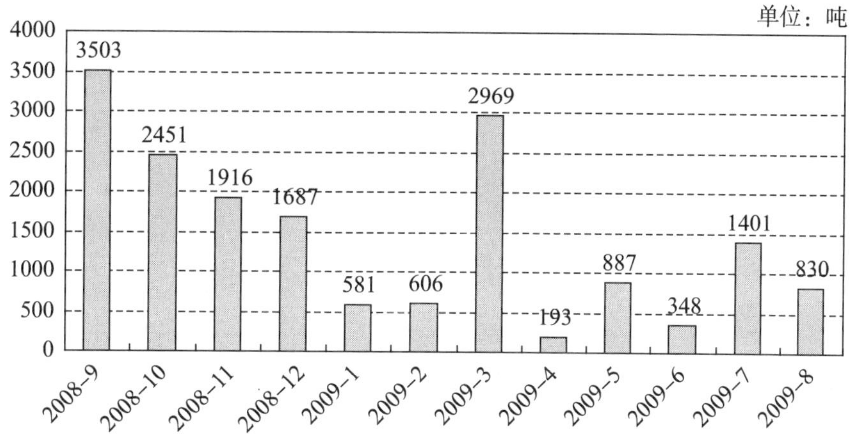

图 1—8 2008/2009 年度我国棉花出口量分月变化

表 1—6 2008/2009 年度中国棉花出口分港别统计

单位:吨

港别	数量	港别	数量
合计	17369	上海海关	1440
天津海关	5934	南京海关	1885
大连海关	3803	青岛海关	4307

数据来源:中国海关总署(不含已梳的棉花)。

4. 按国别统计

2008/2009 年度,印度、巴基斯坦、孟加拉国、泰国和韩国是我国棉花出口的主要目的地,分别对其出口 3240 吨、2418 吨、1654 吨、1466 吨和 1226 吨,共占全年度我国棉花出口总量的 58%。

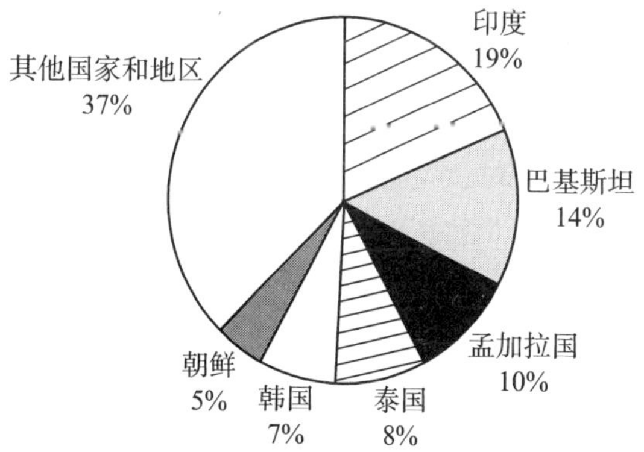

图 1—9 2008/2009 年度我国棉花出口分国别统计

棉 花 库 存

期初库存增加，期末库存减少　根据国家棉花市场监测系统 2009 年 12 月份对中国棉花产销存的预测，2008/2009 年度我国棉花期初库存 351.6 万吨，同比增加 4.2%；消费量 989.6 万吨，同比减少 11.0%；期末库存 323.2 万吨，同比减少 8.1%；库存消费比 32.6%，同比上升 0.6 个百分点。在期末库存中，工商库存所占比重较上年度大幅下降。

纺织企业棉花库存水平波动加大　2008/2009 年度纺织企业原料库存经历了四个波动周期：第一阶段是 2008 年 9—12 月，受全球金融危机影响，纺织出口萎缩，资金紧张，不得不压缩原料库存；第二阶段是 2009 年 1—3 月，随着宏观经济形势的好转，纺织生产逐渐恢复，企业原料采购量明显增加；第三阶段是 2009 年 4—7 月，由于棉花价格持续上涨，纺织企业普遍采取随用随买的策略，原料库存逐月下降；第四阶段是 2009 年 8 月，随着纺织旺季的到来，纺织企业开机率明显增加，加之接近棉花青黄不接时期，企业集中补库高峰到来，原料库存明显上升。据国家棉花市场监测系统统计，2009 年 9 月初，纺织企业棉花库存折天数 32.6 天，较上年同期下降 3.3%，按照 2008/2009 年度全国棉花消费量 989.6 万吨、日均消费量 2.7 万吨测算，全国棉花工业库存为 88.4 万吨。

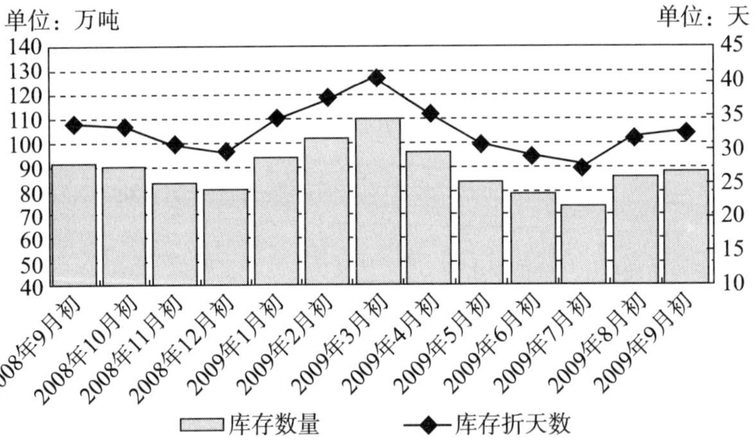

图 1—10　2008/2009 年度国内纺织企业棉花库存变化情况

棉 花 价 格

收购初期籽棉价格持续下滑　2008/2009 年度新棉上市初期，受国际金融危机影响，棉花购销各方信心不足，籽棉收购价格迅速下滑。2008 年 9 月至 11 月中旬，籽棉收购价格由 2.88 元/斤最低降至

2.30元/斤附近，降幅超过20%；在国家收储政策的拉动下籽棉收购价格跌势趋缓，2008年11月中旬至2009年1月中旬收购价格在2.30元/斤上下小幅波动，最低触及2.28元/斤；随着收储政策力度不断加大及政策效应的进一步释放，2009年1月中旬籽棉收购价格开始缓慢回升，4月中旬上涨至2.55元/斤左右；在收购将近结束时，受皮棉价格大幅上涨的带动，籽棉收购价格大幅攀高，达到2.90元/斤，甚至超过年度初期的水平。

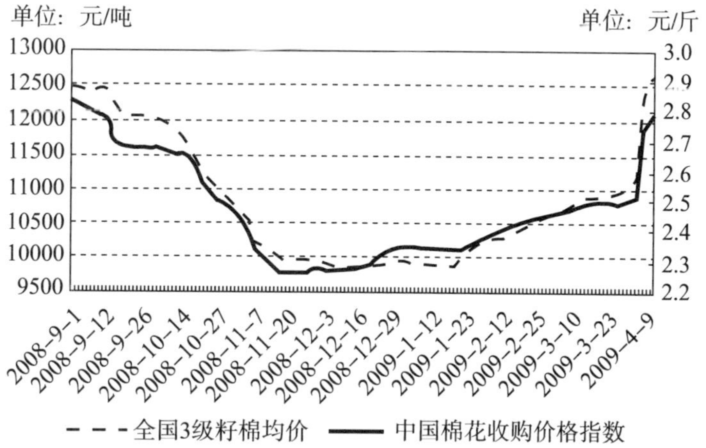

图1—11 2008/2009年度中国棉花收购价格指数及籽棉价格对比

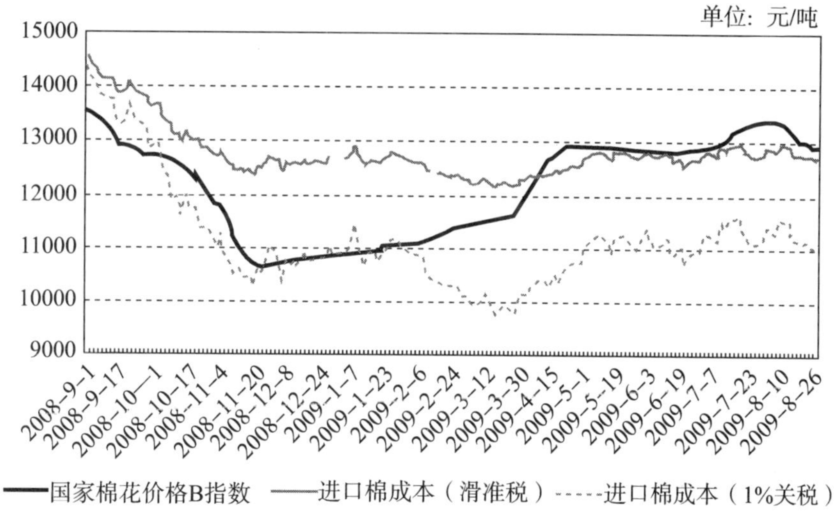

图1—12 2008/2009年度国内外棉花现货价格走势对比

皮棉销售价格探底回升 2008/2009年度初期，国内棉价直线下滑，据国家棉花市场监测系统数据，2008年9—11月，国家棉花价格B指数跌幅超过15%，最低跌至10662元/吨；自11月底起，受棉花收储政策及纺织用棉需求增加的支撑，国内棉价进入回升通道，至2009年4月底，国家棉花价格B指数突破12900元/吨；5—6月，为稳定市场、保证供给，国家抛储政策开始实施，国内棉价基本保持平稳；7月，国储棉成为供给主体后，用棉企业竞拍激烈，棉价再次上涨；8月，受国家相关部门公布新增60万吨抛储计划

的影响，国内棉价小幅回落。

年度后期国内棉价高于外棉折人民币成本 2008/2009 年度，国际棉花指数(M)按征收滑准税折成人民币成本平均 12774 元/吨，1%关税下折进口棉成本平均 11164 元/吨，国家棉花价格 B 指数年度均价 12162 元/吨。2008 年 9 月—2009 年 4 月，国内棉价低于外棉折人民币成本，2009 年 4 月之后，国内棉价大幅上涨，逐步超过按滑准税计算的折进口棉成本。2009 年国家对进口棉配额的发放控制较为严格，仅发放了 89.4 万吨的 1%关税下进口棉配额和 40 万吨的加工贸易配额。

国　际　市　场

一、概述

2008/2009 年度，全球性金融危机使棉花市场供需发生了巨大变化，全球棉花产量、消费量和贸易量同比均大幅减少。其中，全球棉花产量和消费量均减少 10%，棉花进口量同比减幅达 23%。

2008/2009 年度，美国洲际交易所(以下简称 ICE)棉花期货近月合约平均价 51.89 美分/磅，同比下跌 15.33 美分/磅，跌幅 22.8%；国际棉花指数(M)平均价 63.89 美分/磅，同比下跌 9.74 美分/磅，跌幅 13.2%。2008 年 11 月 11 日，ICE 棉花期货主力合约(2008 年 12 月合约)收盘价跌至 39.14 美分/磅，创近四年来最低水平，较 2008 年 3 月 5 日的当年最高点 95.53 美分/磅下跌了 56.39 美分/磅。

表 1—7　2008/2009 年度全球产销存预测

单位：万吨

年　度	期初库存	产　量	进口量	消费量	出口量	期末库存
2008/2009	1365.8	2342.2	652.6	2419.0	647.8	1350.1
2007/2008	1374.6	2623.8	847.7	2687.6	837.6	1365.8
同比(±)	−8.8	−281.6	−195.1	−268.6	−189.8	−15.7

数据来源：美国农业部(USDA)。

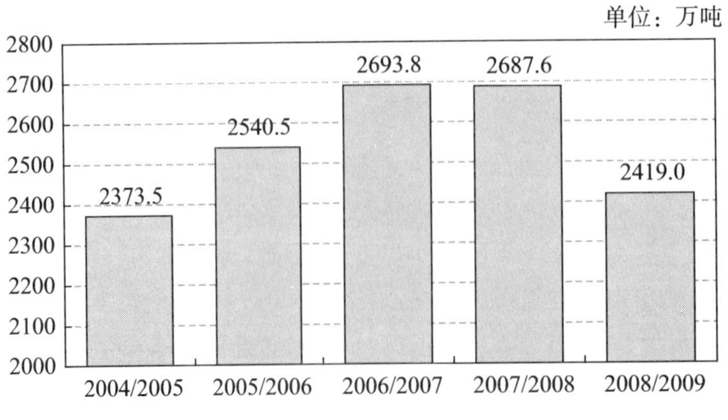

图 1—13　2004/2005—2008/2009 年度全球棉花消费量变化趋势

二、产需状况

1. 产量

2008/2009年度，多数主产棉国的棉花产量同比均明显减少。其中，印度、美国、乌兹别克斯坦、巴西和土耳其分别减少了45.7万吨、140.2万吨、16.3万吨、40.5万吨和25.5万吨；中国、巴基斯坦和西非地区的产量变化不大，澳大利亚增加了18.8万吨。

表1—8　2008/2009年度主要国家棉花产量变化对比

单位：万吨

年　度	中　国	印　度	美　国	巴基斯坦	乌兹别克斯坦	巴　西	土耳其	澳大利亚	西　非
2008/2009	799.1	489.9	278.0	196.0	100.2	119.7	42.0	32.7	52.5
2007/2008	805.6	535.6	418.2	193.8	116.5	160.2	67.5	13.9	53.6
同比(±)	−6.5	−45.7	−140.2	+2.2	−16.3	−40.5	−25.5	+18.8	−1.1

数据来源：美国农业部(USDA)。

2. 消费量

2008/2009年度，主要用棉大国的棉花消费量全部减少，其中，中国、印度、巴基斯坦、土耳其、巴西和美国分别减少了141.5万吨、15.3万吨、10.9万吨、21.7万吨、8.8万吨和21.8万吨。在亚洲，除孟加拉国的消费量增加了5.4万吨以外，其他主要用棉大国的棉花消费量均有所减少。

表1—9　2008/2009年度主要国家棉花消费量变化对比

单位：万吨

年　度	中　国	印　度	巴基斯坦	土耳其	巴　西	美　国
2008/2009	979.8	389.7	250.4	108.9	91.4	78.1
2007/2008	1121.3	405.0	261.3	130.6	100.2	99.9
同比(±)	−141.5	−15.3	−10.9	−21.7	−8.8	−21.8

数据来源：美国农业部(USDA)。

3. 进口量

2008/2009年度，除孟加拉国以外，主要棉花进口国的棉花进口量同比均明显减少。其中，中国、土耳其、巴基斯坦、印度尼西亚、泰国和墨西哥分别减少了98.7万吨、8.3万吨、37.2万吨、6.6万吨、7.1万吨和4.7万吨。

表1—10　2008/2009年度主要国家棉花进口量变化对比

单位：万吨

年　度	中　国	孟加拉国	土耳其	巴基斯坦	印度尼西亚	泰　国	墨西哥
2008/2009	152.3	82.7	62.9	47.9	43.5	34.9	28.6
2007/2008	251.0	76.2	71.2	85.1	50.1	42.0	33.3
同比(±)	−98.7	+6.5	−8.3	−37.2	−6.6	−7.1	−4.7

数据来源：美国农业部(USDA)。

4. 出口量

2008/2009年度，美国、印度、乌兹别克斯坦、西非地区和澳大利亚的棉花出口量较上年度分别减少了8.2万吨、103万吨、34.8万吨、10万吨和0.4万吨，巴西出口量增加了10万吨。

表1—11　2008/2009年度主要国家棉花出口量变化对比

单位：万吨

年　度	美　国	印　度	乌兹别克斯坦	西　非	澳大利亚	巴　西
2008/2009	289.1	50.1	56.6	47.9	26.1	59.6
2007/2008	297.3	153.1	91.4	57.9	26.5	48.6
同比(±)	−8.2	−103.0	−34.8	−10.0	−0.4	+10.0

数据来源：美国农业部(USDA)。

5. 期末库存

2008/2009年度，印度和美国的期末库存变化较大，同比分别增加了63.7万吨和减少了80.7万吨；中国和巴西的期末库存同比分别增加了18.8万吨和减少了27万吨。

表1—12　2008/2009年度主要国家棉花期末库存变化对比

单位：万吨

年　度	中　国	印　度	美　国	巴　西
2008/2009	454.3	221.2	138.0	109.1
2007/2008	435.5	157.5	218.7	136.1
同比(±)	+18.8	+63.7	−80.7	−27

数据来源：美国农业部(USDA)。

三、价格走势

2008/2009年度，ICE棉花期货走势主要分为三个阶段：第一阶段(2008年9月至10月)，棉价急速下跌；第二阶段(2008年11月至2009年2月)，棉价在触底反弹后再次下跌确认底部；第三阶段(2009年3月至8月)，棉价摆脱颓势进入上涨周期。和ICE棉花期货相比，代表国际现货价格的国际棉花指数(M)走势较为平缓，主要经历了两个阶段：第一阶段(2008年9月至2009年3月)，国际棉花指数处于下跌过程；第二阶段(2009年4月至8月)，国际棉花指数处于缓慢上涨阶段。

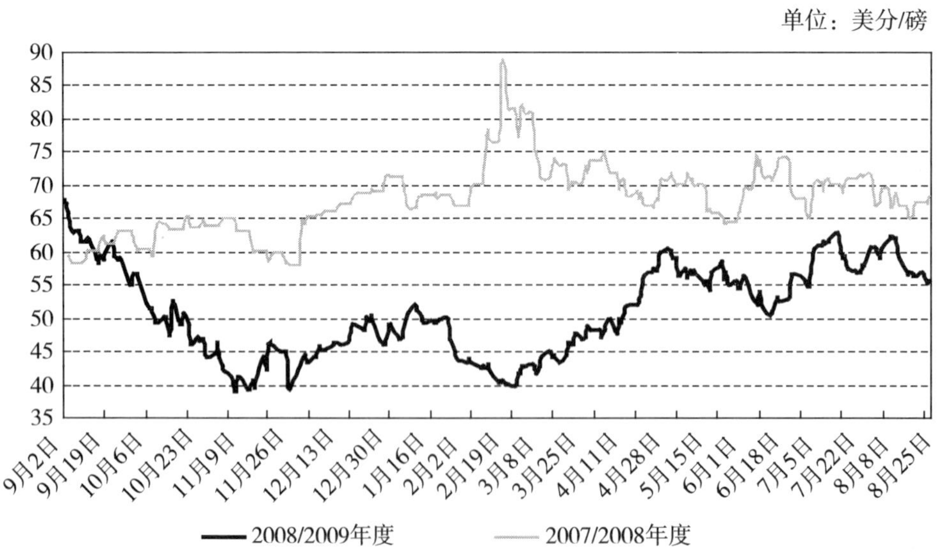

图1—14　2007/2008和2008/2009年度ICE棉花期货近月合约价格走势对比

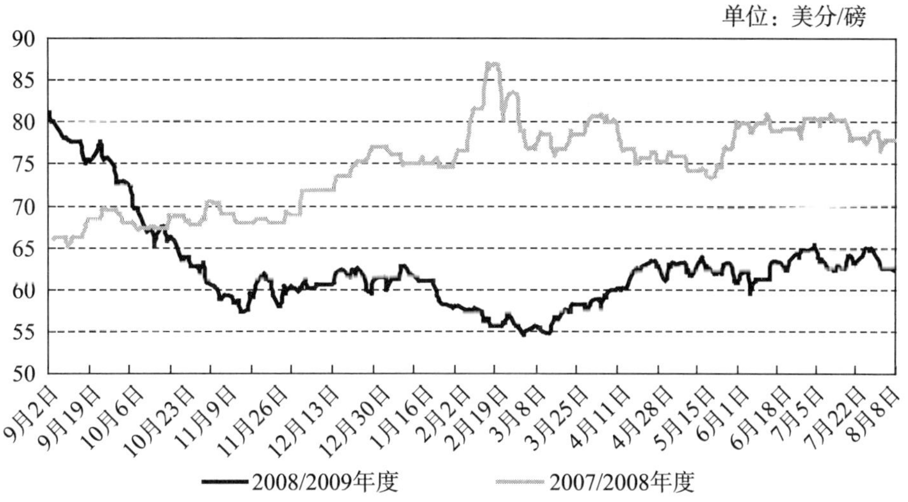

图 1－15　2007/2008 和 2008/2009 年度国际棉花指数(M)走势对比

主要产棉省区概况

第二部分

新疆维吾尔自治区

一、棉花生产

1. 播种面积和总产量

2008/2009年度，国家多项惠农政策的出台调动了广大棉农的植棉积极性，加之精准农业技术的推广和应用，新疆棉花总产和单产再创历史新高。据新疆维吾尔自治区统计局公布，2008/2009年度棉花播种面积2502.02万亩，同比减少6.43%，其中地方1545.12万亩，同比减少18.80%；棉花总产量301.55万吨，同比增长3.98%，其中地方总产量170.21万吨，同比增加11.26%。

2. 植棉成本和收益

2008/2009年度，新疆地方多数植棉农户出现亏损。据新疆维吾尔自治区发展改革委成本调查监审局数据，每亩棉花种植成本1186.56元，同比增加63.75元；每亩棉花主产品产值1071.80元，同比减少284.24元；每亩净利润80.05元，同比减少413.60元。

3. 种植品种

据新疆维吾尔自治区农业厅统计，2008/2009年度新疆地方良种覆盖率达98%，新品种覆盖率达90%，以新陆早、中棉、新海等系列品种为主栽品种。其中，北疆以新陆早12号、13号、19号、24号、26号、31号、33号、36号等为主栽品种；南疆以新陆中21号、22号、26号，中棉所35号、43号、49号等为主栽品种；长绒棉以新海21号、25号为主栽品种。

4. 棉花种植技术

2008/2009年度，新疆维吾尔自治区在普及棉花种植技术方面取得显著成绩：一是全面普及棉花"高密度"栽培技术。2008/2009年度全区实现棉花高密度栽培模式1100万亩，棉花增产20%左右，其中皮棉单产在120公斤/亩以上的种植面积有700万亩，150公斤以上的种植面积有250万亩；二是大力推广"高密度"栽培与高新节水为主的综合配套技术，实现地方推广棉花"高密度"栽培与高新节水的综合配套技术面积400多万亩；三是加大棉花测土配方施肥、病虫害综合防治力度；四是通过实施国家四个"农业科技入户"示范县项目，实现了从示范户扩大到示范村、从示范县扩大到示范州的转移。通过创新工作方法，以提高单产、降低成本为目标，实现科技推广不留死角，基本形成了"科技人员直接到户，良种良法直接到田，技术要领直接到人"的科技成果转化新机制。

二、棉花收购和加工

1. 棉花收购加工企业构成及变化情况

自1998年国家推行棉花流通体制改革，特别是2001年实施"一分、二放、三加强，走产业化经营路子"的市场化改革以来，供销社棉麻企业独家经营的局面被打破，形成了多元化经营、多渠道竞争的格局。近两年，自治区地方供销社系统棉花企业（包括控参股企业）的棉花收购、加工及经营量约占地方总收购量的40%左右，私营和其他股份制棉花企业的收购、加工及销售约占45%，区内地方棉纺企业自购自用及经销的棉花约占15%。

2. 棉花加工设备更新改造情况

根据国家棉检体制改革方案的总体安排，2004年自治区地方有3家棉花加工企业和3家承检机构参加了全国棉检体制改革试点工作。在总结试点工作经验的基础上，2005年棉花加工设备更新改造和仪器化公证检验工作在新疆自治区全面铺开。截至2009年8月31日，自治区地方13个地州（市）62个产棉县有524家棉花加工企业的533条生产线列入全国棉花加工设备更新改造规划行列，改造企业占全区棉花加工企业总量的80%，占全国更新改造规划的22%；全区有516家棉花加工企业的525条生产线按照国家棉花质量检验体制改革要求完成了改造任务，完成五年改造计划的98%。其中，426家棉花加工企业按新体制运行要求加工大包型棉花并进行仪器化公证检验，参检率81%，公检棉花167万吨，占全国公检总量的40%。

为配合新疆维吾尔自治区棉检体制改革的顺利实施，自治区纤维检验部门已在全区20个棉花主产县(市)建成20家仪器化公证检验实验室，配备大容量HVI测试仪132台，公证检验能力达225万吨。

三、棉花购销特点

1. 收购价格高开低走

2008/2009年度新棉上市初期，全区籽棉收购价格在5.40—5.50元/公斤，最高上涨至5.75—5.80元/公斤，标准级皮棉销售价格在13500元/吨左右。受国际金融危机、纺织行业低迷等不利因素的影响，棉花需求减弱，棉价迅速走低，10月底跌至4.80—4.90元/公斤，标准级皮棉销售价为10500元/吨左右。2008/2009年度，全区籽棉平均收购价为5.12元/公斤(平均衣分38.40%)。

2. 籽棉收购进展顺利

受国家收储政策的拉动，籽棉收购顺利完成。2008/2009年度，全区共收购棉花330万吨，同比增加45.8%。其中，自治区供销社系统收购新棉64万吨，同比减少4.6%；兵团供销社系统收购新棉137.3万吨，同比增加23.6%；其他渠道收购新棉129万吨，同比增加165.7%。

3. 收储政策带动皮棉销售

2008/2009年度，全区累计向国家交储皮棉154.1万吨，占收购总量的46.7%。由于国家收储政策的实施有效缓解了市场阶段性供大于求的矛盾，市场棉价开始回升，自治区有关部门积极督促涉棉企业抓住市场回暖的有利时机加紧销售，各涉棉企业也采取各种措施加快销售，截至年度末期，新疆棉全部售出。

4. 农发行贷款确保棉花收购

2008/2009年度，中国农业发展银行新疆分行的贷款投放量和棉花收购量同创历史新高，并实现了贷款本息“双结零”。本年度，农发行新疆分行向全区棉花收购加工企业累计发放棉花收购贷款304.5亿元，同比多投放20.8亿元，支持企业收购皮棉243.3万吨，同比多收25.7万吨，占全区新棉收购的73.7%。

5. 铁路运输保障棉花销售顺利进行

2008/2009年度，受金融危机的影响，新疆铁路运输需求大幅减少，乌鲁木齐铁路局抓住时机积极抢运棉花。据新疆维吾尔自治区经济和信息化委员会运行局统计，该年度乌鲁木齐铁路局累计调运出疆棉花296万吨，铁路运输的顺畅保证了新疆棉的顺利销售。

四、纺织生产与棉花消费

近年来，新疆自治区棉纺工业依托资源优势和产业基础实现了较快增长。据新疆自治区纺织行业办公室提供数据，棉纺生产能力从2000年的183万环锭纺、3万锭气流纺发展到2008年的380万环锭纺、9.5万锭气流纺；棉纱生产能力由2002年的33万吨增至2008年的44万吨；纺棉用量从2000年的35万吨增至2008年的50万吨。截至2009年8月底，全区生产的棉纱支数平均达到34支以上，超过全国平均水平，纺纱生产能力已位居西部12省区之首，棉纺生产规模占全国的3.45%左右。

随着一批重点项目的实施，国产和进口的先进装备大批投入运行，纺织产业总体装备技术水平显著提升，20世纪90年代及以后的装备台数占总装备的69%，高出全国同期水平21个百分点。在总体装备水平提升的同时，装备结构也发生了很大的变化，精梳机、自动络筒机、无梭织机等代表当今棉纺织行业先进生产的关键装备所占比重逐年增加。

据新疆自治区纺织行业办公室提供的数据，2008年，全区地方规模以上的纺织企业累计完成工业增加值33.89亿元，同比增长11.99%；实现主营业务收入156.00亿元，同比下降1.26%；产品综合产销率97.62%，同比增长0.31个百分点；生产棉纱39.74万吨，同比下降2.57%。

(新疆维吾尔自治区发展改革委经济贸易处)

新疆生产建设兵团

2008/2009年度，受国际金融危机影响，纺织品出口受阻，棉花市场低迷，新疆兵团棉花市场整体呈产量和收购量增加、销售加快、库存减少、发运加快、价格下跌的态势。

一、棉花生产

1. 播种面积、总产量和单产

2008/2009年度，按照新疆兵团党委提出的“减棉、增粮、增畜、增果”战略，各植棉师大力推进农业结构调整。据《2009新疆生产建设兵团统计年鉴》数据，棉花种植面积844.74万亩，同比减少74.84万亩，减幅8.1%；总产量131.34万吨，同比增加6.62万吨，增幅5.3%；单产155.47公斤/亩，同比增加19.87公斤/亩，增幅14.7%。

近年来，受拾花费用大幅上升的影响，兵团大力推行农业机械化，机采棉种植面积大幅增加。2008年，新疆兵团拥有采棉机428台，较上年新增113台，完成机采棉面积116万亩。

2. 棉花品种管理

棉花质量的重要指标是纤维一致性，但近年来兵团棉花品种多、乱、杂，致使棉花品质下降，直接影响兵团棉花的销售。2008年12月，兵团《关于做好当前棉花销售和调减明年棉花播种面积有关工作的通知》的发布对提高棉花品质发挥了重要作用。文件提出，必须由师直接管理棉花品种，确定主栽品种，实行在师的范围内统一供种。棉花种植面积较大的师，主栽品种3—5个；种植面积较小的师，棉花主栽品种2—3个，各师主栽品种面积比例要在60%以上；团场棉花品种务必做到一主一副，主栽品种面积比例在80%以上。

二、棉花购销

2008/2009年度，新疆兵团皮棉销售价格大幅下跌，均价在12600元/吨左右，同比下降8.5%。截至2009年8月31日，兵团棉麻系统累计收购2008年度棉花137.2万吨（含地方），同比增加7万吨；累计销售棉花92.8万吨，同比减少22.9万吨；累计交储棉花44.4万吨，占总产量的33.8%；库存为零，同比减少14.5万吨；新疆兵团6个棉花铁路发运站累计发运棉花78.7万吨（18306车），同比多发运9.2万吨（2129车）。

新疆兵团高度重视棉花购销工作，三次召开专题会议，分析形势、研究对策，制定科学合理的营销策略，明确要求克服存棉惜售心理，努力提高棉花仪器化公证检验效率，要求做到“四快”，即快收、快轧、快销、快运。国家棉花收储政策出台后，新疆兵团一方面加大棉花公证检验力度，努力促进棉花交储；另一方面努力开拓市场，千方百计扩大内销。截至2009年5月底，兵团棉花售罄，为近六年来销售速度最快的一年。

三、棉纺织行业发展

据新疆兵团发展改革委提供的数据，截至2008年底，兵团共有棉纺织企业39家，全部为纯棉纱生产企业，纺织规模184万锭，较上年增加近20万锭，全年用棉量在20万吨左右。2009年1—10月，新疆兵团棉纺织行业经济运行呈现以下特点：

1. 棉纺织企业两极分化

纳入监测的17家重点棉纺企业共生产棉纱13.3万吨，同比增长19.8%，其中规模以上企业生产棉纱12.9万吨，同比增长12.3%。华芳公司、天盛实业公司、银纺棉业公司生产规模扩大，生产能力增强，棉纱产量增长较多，但其他大部分棉纺织企业开工不足，纱产量均有不同程度的下降。

2. 棉纺产品出口下降

棉纺产品出口呈价格持续走低、数量小幅减少、金额大幅下降的态势。累计出口纺织纱线、织物及棉制纺织品数量比上年同期下降2.7%，实现出口额4.6亿美元，同比下降19.9%。

3. 棉纺织企业经营亏损

纳入监测的17家重点棉纺企业中有14家亏损，亏损面达82%，累计亏损额2166万元。仅天盛实业公司、华芳公司、银纺棉业公司实现盈利，其中天盛实业和华芳公司分别实现利润总额6963万元和1576万元。17家企业产品销售收入总和同比增长9.9%，应收账款同比增长26.6%，占同期产品销售总额的13.6%，比上年同期增加1.8个百分点。

（新疆兵团发展改革委商贸处）

山　东　省

一、棉花生产与成本收益

1. 播种面积、总产量和单产

据山东省统计局统计，2008/2009年度全省棉花种植面积1332.4万亩，同比减少1.3%；平均单产78.1公斤/亩，同比提高5.4%，创历史最高水平；总产量104.1万吨，同比增加4.0%。

2. 种植成本及收益

据山东省农业厅对全省24个主要产棉市（县）2996户棉农调查，2008/2009年度平均籽棉单产474斤/亩，平均销售价格2.49元/斤，植棉总成本776元/亩，其中物化成本399元/亩，人工费用377元/亩，纯收入402元/亩，与种植小麦和玉米相比少117元/亩。

3. 植棉品种

2008/2009年度，山东省继续实行棉花良种补贴，覆盖面积630万亩，优良棉种的推广有效提高了棉花单产。全省抗虫杂交棉种植面积达300多万亩，占棉田面积的20%以上。2008/2009年度棉花主要种植品种有鲁棉研28号、15号、21号、27号和中植棉2号，种植面积占全省总面积的70%。

4. 生产特点

2008/2009年度，山东省棉花生产特点整体概括为“两增两减”，即棉花单产提高，总产增加，棉花价格下降，植棉收益下滑。全省在植棉面积下降的情况下，实现了单产和总产同步提高，其原因主要有四个方面：一是优良品种面积大；二是植棉实用技术普及率高；三是气候有利；四是2007/2008年度棉花收购价格较高，棉农增加了植棉物化投入。

二、棉花收购与加工

1. 棉花收购加工企业构成及变化情况

2008/2009年度，山东省棉花收购加工企业整体状况发生两大变化：一是数量进一步减少。受上年度部分棉花企业经营亏损的影响，相当多的企业退出了棉花收购加工市场，全省参与收购加工的企业不足50%，以德州市为例，棉花收购加工企业最多时有830多家，到2008/2009年度只剩下690家，而开秤企业还不到总数的20%；二是企业结构进一步优化，突出表现在全省完成质检体制改革设备改造的企业达180家，比上年度增加80家，许多规模小、设备差的棉花加工厂被淘汰。

2. 棉花购销价格

2008/2009年度，山东省棉花购销工作大体上经历了四个阶段：第一阶段价格大幅下滑。受全球经济危机的影响，年度初期棉花市场从现货到期货、从籽棉到皮棉均快速下跌，籽棉价格从9月初的3.00元/斤下跌到11月中旬的2.20元/斤，皮棉价格从9月末的12950元/吨下滑到11月下旬的10750元/吨左右，个别地方一度跌破万元关口，市场陷入恐慌；第二阶段价格止跌回升。国家出台收储政策后，棉花市场逐步趋于稳定，棉花价格从11月下旬开始回升，籽棉价格上涨到2.50—2.60元/斤，购销进度随之加快，截至2009年4月底皮棉价格上涨幅度约2200元/吨；第三阶段价格相对稳定。从4月底到6月底，棉花价格波动幅度仅有百元左右；第四阶段价格再度上涨，7—8月棉花购销价格已上涨至年度初期水平。

3. 棉花经营特点

2008/2009年度山东省棉花企业的经营状况明显分化。受国家收储政策的影响，400型企业交储利润从几百元到千元以上不等；200型企业因不能入储而利润微薄，一部分竞争力较差的企业被淘汰。

三、纺织生产与棉花消费

1. 棉纺织企业构成及变化

据山东省统计局统计，截至2009年8月底全省规模以上棉纺织企业共2158家，较上年同期减少4家。

2. 纺织生产及销售情况

根据山东省纺织工业办公室提供资料，2008/2009年度全省纱产量633.4万吨，同比增加2.6%，其中棉纱产量占比93%，混纺纱和化纤纱共占比7%；布产量122.7亿米，同比下降6.8%；实现销售收入2944.1亿元，同比增长9.3%；利税250.5亿元，同比下降0.6%；利润158.6亿元，同比下降0.06%；企业亏损面6.1%，同比提高0.5个百分点；亏损额累计4.1亿元，同比增加71.8%；截至2009年8月底，产销率98.3%，较上年同期提高0.1个百分点。全省纺织品服装出口创汇142.4亿美元，同比下降6.5%。全省规模以上纺织行业完成固定资产投资348.24亿元，同比下降18.2%。

3. 纺织经济运行特点

2008/2009年度，山东省纺织行业经济运行特点可以概括为六个方面：一是纺织生产触底回升。受全球性经济危机的影响，纺织企业生产一度下滑，2008年12月和2009年1月连续两个月纱产量负增长，之后在纺织工业调整和振兴规划等政策扶持下，纺织生产逐渐恢复增长；二是出口订单大幅下降，纺织品服装出口持续负增长；三是企业运营成本压力增大，利润下降，盈利能力降低；四是融资难始终困扰企业运营，中小企业基本靠农村信用社贷款，融资渠道单一，利率较高；五是企业优胜劣汰速度进一步加快；六是纺织企业普遍出现用工紧张的状况，工人流动性增大，对企业稳定生产和提高产品质量造成不利影响。

（国家棉花市场监测系统山东办事处　张共伟）

河　南　省

一、棉花生产

1. 播种面积、总产量和单产

据河南省统计局统计，2008/2009年度全省棉花种植面积909.0万亩，同比减少13.4%；单产71.6公斤/亩，同比增加0.3%；总产量65.1万吨，同比减少13.2%。

近年来，河南省气候逐渐变暖，无霜期延长，麦茬棉种植面积增加，棉花生长因此而躲过黄萎病高发期，病虫害减轻。目前，麦茬棉主要集中在南阳盆地、豫北夏棉区及豫东棉区。此外，由于棉花价格波动较大、植棉效益连年下滑，棉农植棉积极性下降，竞争作物面积不断扩大。从调查情况来看，周口市棉花的主要竞争作物是大豆、玉米，商丘市、开封市棉花的主要竞争作物是花生、玉米。

2. 种植成本

据《2009年全国农产品成本收益资料汇编》，2008/2009年度河南省每亩棉花产值791.38元，同比下降28.4%；平均总成本923.40元，同比增加10.8%，其中每亩物质与服务成本 276.10 元,同比增加 27.2%,每亩人工成本 551.38 元,同比增加 3.7%;每亩净利润 −132.05元,较上年下降 403.73 元。

3. 种植品种

近几年,河南省棉花品种类型不断增多,为了满足多种种植模式的需要,由中熟品种发展到早熟、中早熟、特早熟等品种;随着棉花生产的发展,由单一常规棉发展到低酚棉、杂交棉、抗虫棉、抗旱棉等多个类型并举。2008/2009 年度河南省棉花主要种植品种有:豫杂 35 号、晋棉 38 号、奥瑞金、豫棉 10 号、豫棉 11 号等。

二、棉花加工和购销

据中国纤维检验局网站公布的信息,2008/2009 年度,河南省有 56 家棉花加工企业按照棉花质量检验体制改革方案的要求加工并进行了公证检验,检验量达 426756 包,95967 吨,占全国检验总量的 2.3%。

2008/2009 年度,河南省籽棉行情持续低迷,3 级籽棉收购价格从新棉开秤初期的 3.00 元/斤下跌至 2008 年 12 月中旬的 2.30 元/斤,跌幅达 23.3%,之后在国家收储等因素的提振下,3 级籽棉收购价格缓慢回升至年度末的 2.85 元/斤。

年度初期,河南省部分地区棉花销售一度陷入僵持局面。棉农方面,由于农资价格、劳动力成本上涨明显,植棉成本增加,普遍对新棉价格期望较高。但是新棉上市初期棉价不断下跌,棉农惜售情绪越来越重,大部分选择储存籽棉,交售进度明显慢于上年度。棉花企业方面,9 月份皮棉价格一路下滑,棉花销售不畅,加之资金回笼困难,农发行贷款未全部到位,收购多采取快加工快销售策略,部分企业甚至暂停收购籽棉。棉纺织企业方面,受国内外经济环境、资金、成本等因素影响,产品销售不畅,经营困难,企业关停现象增加,用棉需求不旺。

三、纺织经济运行

在全国纺织工业由东南沿海地区向中西部转移的过程中,河南省的基础条件、资源条件、区位市场与流通条件成为承接国际和国内纺织工业转移的有利因素。据了解,河南纺织工业职工平均小时工资比东部地区低 1/3,而成本费用利润率和总资产贡献率比全国平均值高出 80%。据国家统计局统计,2008/2009 年度,河南省纺织业实际完成投资额 197.6 亿元,同比增加 7.8%;棉纺织业实际完成投资额 135.4 亿元,同比增加 15.0%;服装业实际完成投资额 88.6 亿元,同比增加 33.9%。全省棉纺织产能达到 1500 万锭,居全国第三位;纱产量 320.6 万吨,同比增加 9.9%;棉纱产量 310.7 万吨,同比增加 11.1%;布产量 27.7 亿米,同比增加 12.4%;棉布产量 24.3 亿米,同比增长 16.5%;服装产量 3.6 亿件,同比增加 7.6%。

据国家统计局统计,2009 年 1—8 月,河南省规模以上企业 1350 家,亏损 98 家,亏损面 7.3%;主营业务收入 867.6 亿元,同比增加 13.5%;利润总额 66.0 亿元,同比增加 19.1%;工业销售产值 889.3 亿元,同比增加 9.2%,其中出口交货值 34.5 亿元,同比下降 17.7%,内销交货值 854.9 亿元,同比增加 10.6%。

(国家棉花市场监测系统河南办事处　姚学义)

河　北　省

一、棉花生产

1. 棉花面积、总产量和单产

2008/2009 年度,河北省棉花生育期内气候条件较为有利,光照充足,降水充裕,棉种质量高,播种基础好,田间管理及病虫害防治及时,棉田长势正常,与上年度相比表现为“一平两增”,即单产平、面积增、总产增。据国家统计局农业普查统计,河北省植棉面积 1035.0 万亩,同比增加 15.0 万亩,增幅 1.5%;平均单产 71.3 公斤/亩,基本与上年持平;总产量 73.7 万吨，同比增加1.3万吨，增幅1.7%。

2. 种植成本及收益

据河北省农业厅提供的数据，2008/2009年度全省棉花每亩平均产值1017.06元，其中主产品产值815.29元，副产品产值201.77元；生产总成本1051.10元，其中生产成本839.64元（包括物质及服务费用383.46元，人工成本456.18元），土地成本211.46元（包括流转地租金3.31元，自营地折租208.15元）；净利润一34.04元。

3. 种植品种

2008/2009年度，由于良种补贴项目连续实施，全省棉种质量明显提高，棉花出苗情况好于往年。据河北省农业厅提供的资料，2008/2009年度全省春棉种子脱绒包衣面积占93.6%，同比增加5.5个百分点。

2008/2009年度，植棉品种“多、乱、杂”的局面初步得到遏制，主栽品种为国欣3号、邯103号、冀2000号、鲁棉研28号、邯4849号、邯6208号、沧198号、邯802号、邯109号、邯5158号，其中国欣3号种植面积达147万亩，约占全省总面积的14%；居第二位的邯103号也达到60万亩，约占全省总面积的6%。2008/2009年度，河北省开展了棉花优良品种展示活动，由供种企业和育种单位提供的54个棉花品种参加了展示；安排在20个县进行了杂交棉育苗移栽试验示范。

4. 生产特点

一是关键技术得到普遍推广。全省地膜棉面积占棉田总面积的96%以上，抗虫棉面积占99.9%；种子脱绒包衣面积占93.6%；机播面积将近90%；棉田间套种达到了20%以上。

二是优势区域、规模生产日趋明显。黑龙港流域优势棉区邯郸、邢台、沧州、衡水四个棉花主产市植棉面积占全省总面积的83.1%，比上年度增加1.5个百分点。

三是棉花良种补贴工作扎实到位，成效显著。2008/2009年度是河北省承担国家棉花良种推广补贴项目的第二个年度，下达河北省的棉花良补任务为380万亩，补贴资金5700万元，每亩补贴15元。安排在邯郸等5市的19个县实施，惠及226个乡镇、6839个行政村的859333家农户。经过全省各级农业部门的共同努力，圆满完成了29个品种375.19万公斤棉种的政府采购供种工作。项目区内基本实现了良种覆盖率、统一供种率、配套技术到位率、棉种脱绒包衣率四个100%，基本做到了棉农、地方政府和中标企业三方满意。

四是杂交棉种植大面积推广。由于“杂交棉种植推广行动”的实施以及棉花良种补贴项目的推动，杂交棉面积有了较大增加。据河北省农业厅提供的数据，2008/2009年度全省杂交棉种植面积共74.3万亩，同比增加17.3万亩，增幅30%。其中，邯郸市面积最大为32.4万亩，同比增加近8万亩；衡水市增幅最大，2008/2009年度杂交棉种植面积达14.9万亩，同比增加1.5倍。

二、棉花购销

2008/2009年度开秤后，受现货价格及期货、撮合市场价格下跌的影响，籽棉收购价格一路下跌，最低达到2.10元/斤，2008年11月份以后在国家收储政策的拉动下，棉价止跌企稳并缓慢回升，春节后回升速度加快，后期籽棉收购价格达到收购初期的2.90—3.00元/斤。

2008/2009年度，河北省棉花企业累计收购皮棉70万吨左右，占总产量的95%。仪器化公检结果显示，全省棉花平均品级3级，平均长度29.50毫米，与上年度基本持平。2008/2009年度，河北省农业发展银行累计投放各类棉花贷款19.49亿元，支持企业收购、调入皮棉19.1万吨，其中发放棉花收购贷款9.9亿元，支持企业收购皮棉9.5万吨。截至2009年7月底，累计销售皮棉9.4万吨，购销比达到99.1%；收购贷款全额收回，提前一个月实现了贷款本息“双结零”。

三、棉花质检体制改革

2004年以来，按照棉花质检体制改革方案总体要求，河北省相关部门高度重视，狠抓各项工作落实，改革取得明显成效。一是棉花加工企业生产设备更新改造、实验室建设稳步推进。截至2009年8月底，河北省规划改造的240家企业已有185家完成设备更新改造。已建成8个棉花仪器化实验室，购置了21台棉纤维大容量测试仪(HVI)，棉花质量检测体系初步形成。二是棉花加工小、散、乱的局面得到了初步扭转。三是棉花加工质量总体得到提高，尤其是大包棉批量大、一致性好的优势得到体现，“大包棉、放心棉”逐步得到纺织企业认可。

存在的主要问题：一是企业数量多，竞争压力大；二是400型企业经营能力有限，仍不足以覆盖整个棉花市场；三是棉花仪器化检验能力还未达到规划要求；四是棉花加工企业公检积极性不高，送检率偏低或有选择送样；五是个别企业诚信度差，公证检验机制存在漏洞；六是新棉花标准在棉纺、棉花加工行业使用中存在技术障碍。

四、纺织经济运行

据河北省发展改革委调查数据，2009年1—8月，规模以上纺织企业完成工业增加值118亿元，同比增长10.6%；实现利税32.9亿元，同比增长14.3%。被调查企业共774家，其中亏损企业98家，亏损面为12.7%；亏损企业亏损额达2.6亿元，同比增长2.0%。主产品产量为：纱64.8万吨，同比增长13.1%；布21.7亿米，同比降低3.0%。2009年1—8月全省纺织品出口额5.53亿美元，同比下降20.1%；服装出口额10.82亿美元，同比下降0.6%。

（王彦章　王　利　邓祥顺）

天　津　市

一、棉花生产

1. 播种面积、总产量和单产

据天津市统计局统计，2008/2009年度全市棉花播种面积103.8万亩，同比增加2.5%，总产量8.3万吨，同比减少11.0%，平均单产79.9公斤/亩，同比下降13.1%。

2. 种植成本和收益

受2008/2009年度棉花种植成本大幅提高、棉花产量大幅减产以及皮棉销售价格持续下滑等因素的影响，棉农收益大幅下降，多数处于亏损状态。据《2009年全国农产品成本收益资料汇编》数据，2008/2009年度天津市棉花种植每亩总成本876.61元，同比下降2.04%，低于全国平均水平每亩203.36元；每亩产值合计922.75元，同比下降61.68%，低于全国平均水平140.51元；平均每亩现金收益518.91元，同比下降52.65%；成本利润率5.26%，同比下降61.92个百分点。

3. 种植品种

2008/2009年度，天津市棉花主要种植品种有新杂1号、3号，冀668号、33b、99b等。

二、棉花收购和加工

1. 收购概况

受国内外综合因素影响，2008/2009年度天津市籽棉收购价格大幅下跌，3级籽棉收购均价2.45元/斤，同比下跌18.4%，折皮棉成本10667元/吨，同比下降20.8%。年度初期籽棉收购价格快速下跌，由开秤时的3.05元/斤跌至11月初的2.05元/斤，最大跌幅48.8%。由于经营亏损以及风险太大，天津市绝大多数棉花加工企业停止了收购，全市近190家有加工资格的棉花企业中勉强维持或断断续续收购的企业不足30家，下乡收购的棉贩大为减少，棉农出现卖棉难问题，植棉收益受损。11月中旬以后，在国家收储政策的支撑下，天津市籽棉价格快速回升至2.40—2.60元/斤的水平。

2. 棉花质检体制改革概况

据中国纤维检验局网站公布的信息，2008/2009年度，天津市有7家棉花加工企业按照棉花质量检验体制改革方案的要求加工棉花并进行了公证检验，检验量达89471包，20095吨。

三、纺织经济运行

2008/2009年度，天津市纺织生产明显萎缩，纺织品服装出口大幅下降。据国家统计局统计，全市纱产量45411吨，同比下降31.5%；棉纱产量30608吨，同比下降25.7%；布产量24134万米，同比下降10.2%；棉布产量22692万米，同比增长0.7%；服装产量17143万件，同比下降9.1%。据海关总署统计，2008/2009年度，天津市纺织品服装进出口总额19.57亿美元，同比下降12.7%，其中，纺织品服装出口额16.96亿美元，同比下降12.2%；纺织品出口额5.91亿美元，同比下降10.4%；服装出口额11.05亿美元，同比下降13.2%。

2008/2009年度，天津市纺织固定资产投资和利润总额明显下降。据国家统计局统计，全市纺织业实际完成投资额80885万元，同比下降41.6%；棉纺织业实际完成投资额31887万元，同比下降60.3%。2009年1—8月，天津市规模以上企业467家，亏损168家，亏损面36.0%；主营业务收入1469002万元，同比增加8.3%；利润总额90619万元，同比减少13.0%。

（国家棉花市场监测系统）

山 西 省

一、棉花生产

1. 播种面积、总产量和单产

根据山西省统计局、国家统计局山西调查总队发布数据，2008/2009年度山西省棉花种植面积133.7万亩，同比减少14.4%；总产量10.7万吨，同比减少7.3%；平均单产80.1公斤/亩，同比提高6.3公斤/亩，增幅8.6%。

2. 种植品种

2008/2009年度，山西省棉花种植品种主要为晋棉21号、24号、25号、26号。

3. 种植成本和收益

2008/2009年度，山西省棉花种植成本大幅提高，开秤以后籽棉收购价格持续下滑，因此棉农种植收益较上年度下降幅度较大。据《2009年全国农产品成本收益资料汇编》数据，棉花总产值为921.40元/亩，同比下降14.37%；总成本为1037.87元/亩，同比增长10.18%。其中，生产成本847.99元/亩（包括物质与服务费用360.73元/亩，人工成本487.26元/亩），同比增长9.33%，土地成本189.88元/亩，同比增长14.12%。每亩净亏损116.47元/亩，而上一年度净利润为134.06元/亩。

二、棉花购销

据国家棉花市场监测系统对山西省临汾和运城2个主要产棉县市的调查统计，2008/2009年度山西省3级籽棉收购均价2.35元/斤（折皮棉522元/担），低于全国均价0.14元/斤，同比下降0.44元/斤（折皮棉下降74元/担），降幅15.9%。

三、棉花消费和纺织经济运行

1. 纺织生产

据国家统计局统计，2008年1—11月山西省纺纱产量4.8万吨，同比下降33.7%；棉纱产量4.5万吨，同比下降31.0%；布产量0.80亿米，同比下降43.5%；棉布产量0.76亿米，同比下降39.9%。

2. 纺织品服装出口

据海关总署统计，2008/2009 年度山西省纺织品服装出口总额 6112 万美元，同比下降 29.8%。其中，纺织品出口额 4340 万美元，同比下降 21.8%；服装出口额 1772 万美元，同比下降 43.8%。

3. 纺织经济运行

据国家统计局统计，2009 年 1—8 月，山西省规模以上纺织服装企业 76 家，其中亏损企业 38 家，亏损面 50.0%；规模以上企业工业总产值 24.9 亿元，同比下降 25.0%；工业销售产值 23.0 亿元，同比下降 29.6%；出口交货值 1.2 亿元，同比下降 73.3%；主营业务收入 24.6 亿元，同比下降 23.7%；利润总额－1.8 亿元，同比减少 1.0 亿元；亏损企业亏损总额 2.3 亿元，同比增加 79.0%。

（国家棉花市场监测系统）

陕 西 省

一、棉花生产概况

1. 播种面积、总产量和单产

据陕西省统计局统计，2008/2009 年度全省棉花播种面积 127.7 万亩，同比减少 4.5%；总产量 10.1 万吨，同比增加 12.1%；平均单产 78.9 公斤/亩，同比提高 17.5%。渭南市种植棉花 112 万亩，占全省植棉面积的 87.8%。棉花生产大县大荔县种植棉花 46.5 万亩、蒲城县 28.2 万亩、临渭区 17.5 万亩、澄城县 8 万亩、合阳县 10.6 万亩，5 县（区）共植棉 110.8 万亩，占全省植棉面积的 86.8%。

2. 种植成本及收益

2008/2009 年度，棉花种植成本大幅提高，棉农收益大幅下降。《2009 年全国农产品成本收益资料汇编》数据显示，2008/2009 年度陕西省棉花种植每亩总成本 1101.8 元，同比提高 11.7%，高于全国平均水平每亩 21.8 元；每亩产值合计 915.7 元，同比下降 20.6%，低于全国平均水平 147.5 元；平均每亩现金收益 555.1 元，同比下降 33.0%；成本利润率－16.9%，同比下降 33.9 个百分点。

3. 种植品种

2008/2009 年度，陕西省棉花良种覆盖率达到 95%以上。其中，以中棉所 41 号为主，占比 51.6%，鲁棉所 21 号、28 号占比 16.4%。在棉花生产上，陕西省主要推广了“种、膜、肥、调、防、改”六项技术，棉花覆膜面积占 80%以上。

二、棉花收购和加工

2008/2009 年度，陕西省棉花收购面临纺织企业需求低迷、流通企业收购谨慎、棉农价格预期较高的复杂局面，籽棉收购价格较上年度明显下跌。根据国家棉花市场监测系统数据，陕西省 3 级籽棉收购价格年度均价 2.43 元/斤，同比下跌 14.8%；折皮棉成本 10657 元/吨，同比下跌 11.5%。从全年度来看，籽棉收购价格呈现 V 形走势，3 级籽棉收购价格从年度初期的 2.95 元/斤一路下跌至 12 月中下旬的 2.10 元/斤，跌幅达 28.8%，之后呈现反弹走势，截至 2009 年 4 月底，3 级籽棉收购价格涨至 2.78 元/斤，较年度最低点上涨 32.4%。

面对错综复杂的棉花购销形势，陕西省农发行筹措 10 亿元资金，专门用于扶持棉花加工企业收购新棉。同时，有关部门依法加强收购、加工环节的质量监督管理，坚决取缔小轧花机、土打包机等非法加工设备，切实保障棉花质量。另据中国纤维检验局网站公布的数据，2008/2009 年度，陕西省有 93 家棉花加工企业按照棉花质量检验体制改革方案的要求加工棉花并进行了公证检验，检验量达 1517407 包，341604 吨。

三、纺织生产与棉花消费

2008/2009年度，陕西省纺纱产量稳定增长，布产量明显下降。据国家统计局统计，全省纱产量22.8万吨，同比增长6.4%；棉纱产量17.8万吨，同比增长6.4%；布产量7.3亿米，同比下降13.0%；棉布产量5.9亿米，同比下降12.8%；服装产量0.1亿件，同比增长76.8%。

2008/2009年度，陕西省棉纺织行业固定资产投资显著增加，利润总额仍为负值，但较上年度略有好转。据国家统计局统计，省纺织业实际完成投资额22.8亿元，同比增长73.6%；棉纺织业实际完成投资额19.3亿元，同比增长158.5%；服装业实际完成投资额5.4亿元，同比下降21.8%。2009年1—8月，陕西省规模以上企业166家，亏损69家，亏损面41.6%；主营业务收入60.6亿元，同比增加9.5%；纺织工业总产值69.9亿元，同比增加12.0%；利润总额亏损1.0亿元，略好于上年同期的亏损1.2亿元。

（国家棉花市场监测系统）

江　苏　省

一、棉花生产

1. 播种面积、总产量和单产

据江苏省统计局统计，2008/2009年度全省棉花播种面积450.7万亩，同比减少39.7万亩，减幅8.1%，自2004年以来该省棉花面积连续四年下滑；皮棉总产量32.6万吨，同比减少2.2万吨，降幅6.2%；皮棉平均单产72.3公斤/亩，同比提高1.4公斤/亩，增幅2.0%。

2. 种植成本及收益

2008/2009年度，江苏省棉花单产略有增长，成本提高幅度较大，同时开秤以来籽棉收购价格持续下滑，因此棉农种植收益同比大幅下降。据《2009年全国农产品成本收益资料汇编》数据，棉花总收益为1033.94元/亩，同比下降12.73%；总成本为1066.39元/亩，同比增长14.91%。其中，生产成本984.02元/亩（包括物质与服务费用325.31元/亩，人工成本658.71元/亩），同比增长15.91%，土地成本82.37元/亩，同比增长4.2%。每亩净亏损32.45元/亩，而上年度净利润为237.57元/亩。

3. 生产特点

2008/2009年度，江苏省棉花生育期前后生长不平衡，前期较差，后期恢复较好。2008年8月中旬之前，受不利气候条件影响，棉花长势弱，苗情相对较差，导致棉花生育期比往年偏迟10天左右；8月中下旬以来，天气以晴热高温为主，棉花长势加速恢复。由于病虫害发生面积较小，程度较轻，加上各地加强了棉花中后期的生产管理，棉花单产有所提升。

二、棉花收购和加工

1. 籽棉收购价格不断下滑

2008/2009年度，江苏省籽棉收购价格相对较低，平均收购价格同比下跌0.50元/斤左右。2008年9月中旬，全省3级籽棉平均价格在2.70—2.80元/斤，此后一路走低，部分棉区甚至跌破2.40元/斤。

2. 棉花质检体制改革快速推进

据中国纤维检验局统计，截至2009年7月31日，江苏省按照棉花质量检验体制改革方案的要求加工棉花并进行公证检验的棉花加工企业有64家，比上年增加26家；检验量达到567036包，共128173吨。

三、纺织经济运行

2009年全球金融危机的影响仍在持续，世界经济低迷，纺织品服装出口恢复缓慢。在国内经济企稳回升的支撑下，江苏省纺织经济运行总体呈现良好态势。

据国家统计局统计，2008/2009年度江苏省规模以上企业的纱产量388.3万吨，同比增长2.3%；棉纱产量283.8万吨，同比增长3.6%；布产量52.9亿米，同比下降41.7%；棉布产量44.2亿米，同比增长2.3%；服装产量37.21万件，同比增长5.4%；梭织服装23.3万件，同比增长8.4%。

从纺织企业经济运行情况来看，2009年1—8月，江苏省规模以上纺织企业12678户，亏损面17.2%；主营业务收入5434.8亿元，同比增长7.6%；利润总额46.4亿元，同比增长18.5%；工业总产值5631.0亿元，同比增长8.3%；工业销售产值5526.6亿元，同比增长8.2%；出口交货值964.9亿元，同比下降8.5%。

（国家棉花市场监测系统）

安 徽 省

一、棉花生产

1. 播种面积、总产量和单产

据安徽省统计局统计，2008/2009年度全省植棉面积572.1万亩，同比增加1.5%；单产64.5公斤/亩，同比下降2.9%；总产量36.9万吨，同比减少1.4%。

2. 种植成本及收益

据安徽省物价局统计，2008/2009年度全省每亩棉花平均总成本934.21元，同比增加12.68元，增幅1.38%。其中，生产成本863.66元，与上年度基本持平；土地成本70.55元，同比增加17.27元，增幅32.41%；每亩棉花净利润100.86元，同比减少314.66元，减幅73.96%。

3. 种植品种

2008/2009年度，安徽省棉花品种更新速度较快，纤维长度、强度及细度协调一致的优质高产品种占主体地位。主要种植品种有中棉所29号、皖杂40号、美国棉铃棉、鄂杂棉9号，播种面积总和占全省总种植面积的45%以上。

二、棉花加工

2008/2009年度，安徽省拥有棉花加工能力130万吨，是正常年份棉花总产量的4倍左右。其中，有棉花加工资格认证的企业300多家，加工能力60万吨；没有棉花加工资格认证的企业400多家，加工能力达70万吨。经安徽省发展和改革委员会批准，全省规划参与棉花质量检验体制改革、棉花加工生产设备更新改造的企业106家，截至2009年1月1日，有47家完成改造并投产。

三、棉花购销

2008/2009年度，安徽省棉花在生长前期受到阴雨天气等不利因素影响，成熟较慢，品质及产量也较往年有所下降，收购工作推迟，直到9月底才正式开秤，3级籽棉平均收购价格最高达到3.00元/斤。国庆节期间，3级籽棉均价由2.90元/斤一路下跌至2.20元/斤，棉花加工企业为规避风险，纷纷放缓收购步伐。在国家收储政策刺激下，自2008年11月中旬起，3级籽棉均价又缓慢回升，到收购末期一度上冲至2.80元/斤。

2008/2009年度，皮棉销售价格也出现较大波动。受纺织企业需求减少的影响，3级皮棉销售价格从年度初期的13500元/吨跌至2008年12月1日的10694元/吨左右，跌幅超过30%。此后，由于纺织企业实际开工情况好于预期，加上国家大量收储高等级皮棉，现货价格又缓慢回升，截至年度末，棉价上涨至13100元/吨左右。

四、纺织经济运行

1. 纺织生产和出口

据安徽省统计局数据，2008/2009 年度，全省规模以上纺织企业拥有棉纺锭(环锭纺)284.3 万锭，气流纺锭 13.5 万锭，棉织布机 6.5 万台。全省纱产量 45.4 万吨，同比增长 9.1%；棉纱产量 40.1 万吨，同比增长 8.4%；布产量 4.8 亿米，同比下降 20.4%；棉布产量 3.7 亿米，同比下降 17.5%；服装产量 3.4 亿件，同比增长 33.5%。据海关总署统计，安徽省纺织品服装进出口总额 18.6 亿美元，同比增长 1.6%，其中，纺织品服装出口额 17.7 亿美元，同比增长 0.9%；纺织品出口额 8.0 亿美元，同比下降 6.4%；服装出口额 9.6 亿美元，同比增长 7.9%。

据安徽省统计局数据，全省纺织从业人数大幅上升，截至 2009 年 8 月底，全省规模以上纺织企业从业人员数量达到 23 万人，同比增长 10%。纺织行业经济效益大幅增长。2009 年 1—8 月，全行业累计实现利润 3.6 亿元，较上年同期增长近 1 倍。不过，棉纺织企业亏损严重，在 110 户规模以上棉纺企业中，盈利的只有 19 户，亏损面在 80%以上。

2. 纺织产业结构调整升级加快

近年来，东部纺织服装业加快向中西部地区转移，安徽省纺织产业结构得到调整，升级速度不断加快。据国家统计局统计，2008/2009 年度，全市纺织业实际完成投资额 786735 万元，同比增长 50.6%；棉纺织业实际完成投资额 32.5 亿元，同比增长 31.6%；服装业实际完成投资额 82.7 亿元，同比增长 43.5%。2009 年 1—8 月，服装及制成品产值占该省全行业产值比例达到 28%和 16%，分别比上年同期提高 6 个和 4 个百分点；服装行业利润总额占全行业利润总额的 36%，比上年同期提高 9 个百分点。

3. 存在的问题

一是资金不足，融资难的状况依然突出，尤其是中小纺织企业融资难度更大；二是出口困难局面没有明显改观，大单、长单及常规品种订单较少；三是棉纺织企业处境仍比较困难；四是行业发展面临较多的不确定因素，市场竞争更加激烈。

（国家棉花市场监测系统安徽办事处　陶劲春）

湖　北　省

一、棉花生产概况

1. 播种面积和总产量

按湖北省统计局统计，2008/2009 年度全省棉花播种面积 814.5 万亩，同比增加 5.6%；总产量 51.3 万吨，同比下降 7.9%。

2. 生长特点

据湖北省农业厅提供资料，2008/2009 年度全省棉花生产育苗期出苗好，苗齐，苗壮，病死苗少。移栽后，受伏前降雨偏多的影响，光温不足，现蕾开花的有效积温较上年同期下降，棉花生长发育推迟，伏前棉花长势弱于上年同期，生育进程推迟。入伏后，由于加大了棉田管理，田间墒情较好，花铃肥足量施用，加之气温上升快，光照充足，棉田弱苗转化快。8 月初全省棉花逐步进入盛花结铃期，长势稍弱于上年同期。2008 年 7 月 28 日，平均株高 106.2 厘米，果枝 15.6 个，蕾 36.2 个，花 1.7 个，幼铃 4.2 个，成桃 7.4 个，烂铃 0.15 个，脱落 14.5 个，脱落率 22.6%。全省棉田一类苗面积占 23.4%，主要为两膜棉和部分早栽早发营养钵，同比减少 2.6%；二类苗面积占 61.7%，主要为营养钵棉为主，同比减少 3.8%；三类苗面积占 14.9%，主要为迟栽迟发的油后棉、麦后棉和部分营养钵棉，同比增加 6.4%。

3. 种植成本及收益

2008/2009年度，受植棉成本增加、新棉收购价格降低、加上气候、灾害等因素的影响，棉农植棉收益大幅下降。《2009年全国农产品成本收益资料汇编》数据显示，2008/2009年度湖北省棉花种植每亩总成本1065.6元，同比提高15.9%，低于全国平均水平每亩14.4元；每亩产值合计948.5元，同比下降28.7%，低于全国平均水平114.8元；平均每亩现金收益519.5元，同比下降45.9%；成本利润率－10.9%，同比下降55.4个百分点。

二、棉花收购和加工

据中国纤维检验局网站公布的信息，2008/2009年度，湖北省有93家棉花加工企业按照棉花质量检验体制改革方案的要求加工棉花并进行了公证检验，检验量达1517407包，34.2万吨。

2008/2009年度初期，湖北省籽棉收购价格高开低走，收购市场一度形成棉农不愿卖、企业不愿收的局面。截至2008年12月底，3级籽棉收购价格由9月初的2.80元/斤跌至2.50元/斤以下。随着收购价格持续下跌，棉农为减少损失，急于交售剩余籽棉。然而，受纺织企业采购量下滑以及棉籽价格下跌影响，棉花企业利润空间极小，部分前期收购加工的皮棉已出现亏损。湖北大部分棉花收购企业收购进度较上年明显下降，特别是10月中旬后明显减缓。122万吨的国家收储政策出台之后，市场信心逐渐恢复，棉花企业收购趋于活跃，籽棉收购价格缓慢回升。截至2009年4月初，3级籽棉收购价格涨至2.55元/斤。

三、纺织经济运行

湖北省是我国重要的纺织品生产基地。新中国成立以来，特别是改革开放以来，湖北省纺织工业得到了健康发展，产能规模逐年扩大，技术装备大幅进步，产品标次明显提高，产业结构逐渐合理。截至2009年8月底，全省拥有棉纺纱锭900多万枚，织机近9万台，规模以上企业近1500家，基本形成了包括棉纺织、麻纺织、毛纺织、化纤、服装、纺机纺器在内的较为完整的工业体系。

2009年以来，在一系列“保增长，扩内需，调结构”政策作用和金融部门的支持下，湖北省大力推进《湖北省纺织工业状态和振兴实施方案》，克服了国际金融危机影响下行业面临的资金紧缺、成本上升、市场疲软、价格下滑等诸多困难，适应了全球经济一体化的竞争要求。在近三年来高速增长的基础上，2008/2009年度纺织经济继续保持着良好的发展势头，主要呈现以下几个特点：

一是纺织生产稳步增长，尤其是服装产量较上年度显著增加。据国家统计局统计，湖北省纱产量136.3万吨，同比增长8.4%；棉纱产量95.4万吨，同比增长10.3%；布产量37.6亿米，同比增长7.7%；棉布产量31.7亿米，同比增长6.9%；服装产量4.5亿件，同比增长42.5%。

二是纺织品出口增长，服装出口下降。据海关总署统计，2008/2009年度，湖北省纺织品服装进出口总额16.0亿美元，同比下降1.1%。其中，纺织品服装出口额14.8亿美元，同比下降0.8%；纺织品出口额4.3亿美元，同比增长8.8%；服装出口额10.5亿美元，同比下降4.2%。

三是效益大幅提高。据国家统计局统计，2009年1—8月，湖北省规模以上企业1537家，亏损293家，亏损面19.1%；主营业务收入558.9亿元，同比增加23.1%；利润总额15.8亿元，同比增加51.0%。

四是棉纺行业支撑作用明显。2009年1—6月，湖北省棉纺织行业完成工业总产值203.3亿元，同比增长16.6%；销售收入197.5亿元，同比增长17.9%；出口交货值6.0亿元，同比下降16.0%，其中，棉纺织行业工业总产值、销售收入分别占到了纺织全行业的46.4%和46.7%。

（国家棉花市场监测系统武汉办事处　李之汉）

湖　南　省

一、棉花生产

1. 总产量和单产

据湖南省统计局统计，2008/2009 年度全省棉花总产量 24.2 万吨，平均单产 94.6 公斤/亩。

2. 种植成本及收益

2008/2009 年度，湖南省棉花生产呈现单产降低、质量降低、收益降低、成本增高的“三低一高”严峻局面。受全球经济危机影响，籽棉收购价格大幅下跌，平均收购价为 2.20 元/斤，同比下跌 28%，为六年来最低水平；植棉成本 500—680 元/亩(不含人力成本)，同比增加 210 元/亩。尽管国家及时出台收储政策托市，但春节后籽棉价格才开始上涨，而棉农已将 80%以上的籽棉以低于 2.30 元/斤的价格销售，植棉热情大受打击。

3. 种植品种

2008/2009 年度，湖南省有棉花品种 40 多个，以湘杂 3 号、5 号、8 号，鄂棉，荆杂棉，农杂棉等杂交棉为主。

二、棉花购销

2008/2009 年度，在国家收储政策的引导下，棉花收购加工基本以 400 型棉花企业为主体，4 级籽棉平均收购价格在 2.25 元/斤左右，平均衣分 36.5%，棉花加工成本在 11000—11500 元/吨之间，交储棉花每吨可获得 1000 多元的毛利润。2008/2009 年度，全省 400 型棉花加工企业共收购加工皮棉约 15 万吨，交售储备棉 7.9 万吨。受国际金融危机影响，棉纺企业遭遇内销疲软和出口不畅，对皮棉的需求减少。当地棉花现货销售大受影响、陷入低迷，4 级锯齿棉销售价格仅在 10500—11500 元/吨。2008 年 11 月初，4 级锯齿小包棉销售价格跌至 10200 元/吨，200 型棉花加工企业基本没有利润，管理不善的甚至亏损，400 型企业没有交储的棉花只能保本销售。

据湖南省纤维检验局统计，截至 2008 年底，全省拥有棉花收购加工企业 288 家(含暂停收购加工企业)，规划 400 型技改企业 62 家(2008 年已完成技改 44 家，验收合格 42 家，已开展棉花质量仪器化检验 41 家)，锯齿 200 型企业 119 家(有加工资质的 91 家，没有资质的 28 家)，皮辊加工企业 80 多家；湖南省专业纤维检验机构 400 型棉花仪器化公检 10.3 万吨。2008/2009 年度，湖南省棉花品级以 4 级为主，占 83%；长度以 28 毫米为主，占 70%左右，29 毫米占 25%；马克隆值以 B 级为主，占 90%左右。

三、纺织经济运行

2008 年，湖南省棉纺行业经济运行总体情况比较平稳。1—3 月受冰雪灾害影响，部分棉纺织企业用电受到限制，不能正常生产，5 月份以后恢复正常。据湖南省纺织行业管理办统计，全省年产值在 500 万元以上规模的纺织企业有 480 家，其中苎麻纺织企业 47 家，棉纺织企业年生产能力 300 万锭。2008/2009 年度，湖南省纱产量 51.6 万吨，其中棉纱 32.6 万吨、混纺纱 19.0 万吨；用棉量 47.5 万吨，其中棉纱用棉 35.2 万吨、混纺纱用棉 12.3 万吨。

(国家棉花市场监测系统岳阳办事处　冯立军)

江 西 省

一、棉花生产

1. 播种面积、总产量和单产

据江西省统计局统计，2008/2009 年度全省植棉面积 99.8 万亩，同比减少 2.6%；总产量 11.2 万吨，同比增长 4.0%；平均单产 112.1 公斤/亩，同比提高 6.7%。

2. 种植成本及收益

据江西省农业厅统计，2008/2009 年度，棉花种植成本在全省主要农作物中最高，达 1133.2 元/亩，同比增长 13.7%；平均纯收益 242 元/亩，同比下降 65.3%；成本收益率在全省各品种中最低，为 21.4%，同比下降 69.5%。

3. 种植品种

2008/2009 年度，江西省就棉花种植品种定向提出“三个主推品种、六个宜种品种”的指导意见，其中，三个主推品种为赣棉杂 1 号、鄂杂棉 10 号(太 D5)、中 CJ7—9(中棉所 55 号)，六个宜种品种为赣杂棉 3 号、鄂杂棉 11 号、红鹤 3 号、金农棉 2 号、赣棉杂 11 号、鄂杂棉 24 号。

二、棉花行业发展情况

2008 年 12 月 23 日，由江西省经济贸易委员会和省民政厅监督管理的江西省棉花协会成立，这标志着该省棉花产业走向抱团发展。随着沿海纺织企业纷纷在江西省投资办厂以及建立优质原料生产基地，全省纺织用棉量大大增加。经过多年的发展，南昌、九江、赣州已初步形成了服装出口三大核心区，棉花行业经济正逐步成为该省未来经济发展的重要支柱之一。据不完全统计，截至 2008/2009 年度末，江西省拥有纱锭达 200 万枚，年需求纺织用棉量 400 万担以上，但目前全省原棉产量仅有 150 万担左右，尚不足需求的一半。

三、纺织经济运行

2008 年，在努力克服了全球金融危机导致国际市场需求下降、主要原料成本和劳动力成本上升以及融资环境趋紧等不利因素的影响下，江西省纺织服装行业运行整体实现了平稳增长，其中，服装和针织行业业绩尤为突出。

据江西省经济贸易委员会提供资料，2008 年全省纺织行业规模以上企业完成工业增加值(现价)122 亿元，同比增长 22%；实现主营业务收入 450 亿元，同比增长 25%。棉纺、针织、服装等 8 个子行业的产销均实现同步增长。全行业规模以上企业完成纱产量 44.56 万吨，同比增长 19.28%；布产量 4.70 亿米，同比增长 2.15%；服装产量 8.3 亿件，同比增长 14.08%；化纤产量 16.87 万吨，同比下降 39.65%。

2008 年，江西省服装行业规模以上企业实现工业增加值 45 亿元，同比增长 25%；实现利税总额 8.3 亿元，同比增长 18.57%，其中实现利润 5.76 亿元，同比增长 22.75%。针织行业规模以上企业完成工业增加值 25.95 亿元，同比增长 49.79%；实现利税总额 5.45 亿元，同比增长 27.12%，其中利润 2.65 亿元，同比增长 24.59%；针织服装出口 7.28 亿美元，同比增长 28.59%，以出口为导向的针织行业成为江西省继服装、棉纺行业之后第三个年主营业务收入突破百亿元的子行业。

2008 年，江西省纺织品服装实际出口额 13.74 亿美元，同比增长 15.64%，其中服装出口额 10.68 亿美元，同比增长 16.47%；纺织品出口额 3.07 亿美元，同比增长 12.84%。纺织品服装出口增幅高于全国同行业平均水平 7.49 个百分点，居全国同行业第八位、中部六省同行业第二位。

在全省 48 户重点联系企业中，江西共青鸭鸭(集团)有限公司、江西回圆服饰有限公司等25家企业效益实现增长,同比增幅均超过30%。2009年8月8日,中国纺织工业协会在广州隆重举行的“2008—2009中国纺织服装企业竞争力500强”活动中,江西恩达家纺有限公司、江西回圆服饰有限公司、鸿达纺织有限公司、新余远东纺织有限公司等四家江西企业入选,分列第185、187、419、491位。

(国家棉花市场监测系统九江监测站 张祥熠)

浙 江 省

一、棉花生产

1. 播种面积、总产量和单产

据浙江省统计局统计,2008/2009年度全省棉花产量平稳增长,品质较好,种植面积30.5万亩,同比增长8.1%;总产量2.8万吨,同比增长11.0%;平均单产92.3公斤/亩,同比增长2.5%。

2. 棉花生长特点

2008/2009年度,浙江省棉区的天气变化未对棉花生长造成很大影响,棉花纤维较常年偏粗。该省从2008年3月底开始陆续播种,虽然6、7月份的强降雨对棉花生产造成了一定的影响,但是8月份的高温天气有利于棉花生长,夏季高温(≥35℃)日数达27天,比往年同期多11天。

3. 种植品种和质量

2008/2009年度,全省棉花种植主要品种为湘杂3号,该品种具有单产高和抗病能力强的特点;棉花品级、长度与上个年度基本相同。据对全省主要产棉点的监测数据显示,棉花平均品级达2.74级,平均纤维长度28.50毫米,平均衣分率37%,平均回潮率8.25%,平均含杂率2.2%。

二、棉花收购

从2008年9月上旬开始,各棉区新棉陆续上市。受全球性金融危机影响,业内对未来出口形势普遍担忧,纺织用棉需求明显下降。从10月份起,省内棉花收购价格暴跌,从3.00元/斤一路下跌至1.85元/斤,跌幅近40%;棉籽价格仅为0.55元/斤,达到棉花市场放开后的底部。棉价快速下跌使棉花收购加工企业面临边收购、边跌价、边加工、边亏损的窘境,甚至被迫停收等待市场回暖。随后在国家出台棉花收储政策的提振下,棉花价格才止跌回稳。年度后期,随着棉花资源减少和出口形势有所好转,棉花价格大幅回调,甚至突破了前期高点。

三、纺织经济运行

2008年,浙江省纺织品服装出口和棉花消费均保持增长。据浙江省商务厅提供资料,当年全省纺织品服装出口额达437.02亿美元,同比增长17.900%,位居全国第一位,其中纺织品出口额221.21亿美元,同比增长19.8%;服装出口额215.81亿美元,同比增长16.1%。全省纱产量166.6万吨,同比增长5.7%;布产量124.5亿米,同比增长2.9%;化纤产量1057.7万吨,同比增长10.4%。

(国家棉花市场监测系统浙江办事处 徐平波)

甘　肃　省

一、棉花生产

1. 植棉面积、总产量和单产

据甘肃省统计局统计，2008/2009年度全省棉花种植面积109.1万亩，同比减少9.8万亩，降幅8.3%；总产量12.3万吨，同比减少0.6万吨，降幅4.8%；单产112.9公斤/亩，同比提高3.8%。五个主产县市的棉花种植面积均呈下降趋势，其中瓜州县降幅最大，达22.1%。

经分析，棉花种植面积下降的主要原因有：一是增产不增收。近年来该省农资价格持续高位运行，棉花种植成本增加，农民增产不增收。据调查，2008/2009年金塔县棉花生产成本平均每亩1183.5元，同比增加25.9%，其中机械作业、化肥和地膜费用均同比增加4%—10%；亩均净利润为451元，同比下降13%；二是棉花种植费工费时。由于棉花从种植到采摘工序较多，尤其是棉花采摘费工费时，加之近几年拾花工费用提高，2008/2009年度局部地区拾花费用增至1元/公斤以上，且难以雇到拾花工。同时，随着外出务工人员的逐年增加，留守劳动力减少，棉花的按时采摘及土地的耕翻和冬灌受到影响；三是病虫害逐年加重。经过多年的大面积重茬种植，棉铃虫灾害有逐年加重趋势，部分县市棉花产量有所下降，不少农户逐年调减植棉面积；四是种植结构调整。近年来部分植棉县市的农业结构调整力度加大，扩大了蜜瓜、加工型番茄、枸杞、甘草、孜然、茴香等特色经济作物的种植面积，缩减了棉花种植面积。

2. 种植成本与收益

受农业生产资料价格大幅上涨、人工费用增加的影响，棉花种植成本不断提高，收益下降。据甘州区对临泽、高台两县18户植棉户的调查结果显示，2008年亩均物化费用434.24元，同比增加21.71元，增幅5.3%。其中，每亩化肥费182.32元，同比增加23.92元，增幅15.1%；农膜费66.28元，同比增加19.26元，增幅41.0%；排灌费49.12元，同比增加14.34元，增幅41.2%；种植棉花平均亩收益545.92元，同比减少193.83元，降幅26.2%。

3. 棉花生产特点

一是品质不断提升。2008/2009年度，甘肃省棉花平均品级达3.36级，同比提高0.50级，在全国主产棉省区中上升了4位；平均长度达29.01毫米，同比提高0.50毫米，在全国棉花主产省区中上升了2位。

二是加大良种推广。近年来，各主产县市因地制宜选择以早熟、株型紧凑、适宜密植的优质高产棉花品种进行示范推广。其中，民勤县重点示范推广硕丰2号，酒棉8号，新路早8号、10号等棉花良种；金塔县重点示范推广酒棉8号，新石K4、JC—2，新陆早10号等棉花良种；瓜州县重点示范推广新陆早29号、31号、33号等棉花良种；敦煌市重点示范推广新陆早33号、陇棉2号、金垦1号等棉花良种。与此同时，按照良种良法配套的要求，各地将良种和现有的先进实用技术结合，重点推广规范化种植、测土配方施肥、膜下滴灌、全程化控、病虫害综合防治等技术，提高棉花生产技术水平。

三是品牌效应明显。金塔县“金雪”和“祁连”等8个棉花系列品牌在全国具有很强的影响力。2007年1月至2008年5月，销往江苏、上海、山东、河北、陕西、广东、福建等地的8个棉花系列品牌产品总值达4.6亿元。

二、棉花购销

2008年以来，受全球金融危机、通胀压力增大、生产资料价格上涨以及国内棉纺织品出口受阻、产能大幅压缩等因素的影响，棉花需求减弱。甘肃省棉花市场持续低迷，棉花价格大幅下跌，市场销售疲软，皮棉积压严重。2008/2009年度全省籽棉收购均价2.34元/斤，皮棉销售均价11121元/吨。为应对金融危机，国家出台了包括加大收储量在内的一系列宏观调控措施。甘肃省棉花企业技改速度加快，积极参加国储棉入储，截至2009年8月底，交储量达6.87万吨，占全省棉花销售量14.45万吨的47.5%。

三、棉花加工

1. 棉花加工进展顺利

2008/2009年度，甘肃省敦煌、瓜州、金塔、民勤、玉门、高台、临泽等7个主产棉县市48家完成技术改造的棉花加工企业共收购加工棉花10.88万吨，占全省棉花总产量的88.3%。

2. 棉花质量检验体制改革将全面完成

在国家的统一部署下，按照国务院批准的《棉花质量检验体制改革方案》，甘肃省的棉花质量检验体制改革自2005年全面展开，经过近5年来的努力，甘肃省新的棉花加工、检验体系基本形成。截至2009年10月，全省已有55家企业进行棉花生产设备的更新改造，其中有53家企业已全面完成了设备更新改造，且已有40家企业通过验收，投入运营。

与此同时，2008/2009年度甘肃省棉花仪器化公证检验工作也取得了突破性进展。中国棉花公证检验肃州实验室共检验棉花9.95吨(3114批，441250包)，占全省棉花总产量的80.8%，同比增加7.28万吨，是上年度棉花检验量的3.73倍；占全国棉花检验总量的2.33%，同比提高0.73个百分点。

四、纺织经济运行

2008年，甘肃省纱布产量下降，其中纱产量0.69万吨，同比下降38.9%；布产量19.70万米，同比下降5.7%。全省纺织行业规模以上工业企业32家，实现工业总产值124049万元，同比增长1.4%；工业增加值40347万元，同比下降7.3%；工业销售产值120003万元，同比增长0.8%，其中出口交货值8146万元，同比下降15.0%；实现利润总额6407万元，同比增长1.4倍。

2008年，甘肃省纺织行业规模以上工业企业实现工业增加值率32.5%，同比下降3.1个百分点；总资产贡献率6.5%，同比提高1.4个百分点；全员劳动生产率36607元/人，同比下降20.1%；产品销售率96.7%，同比下降0.6个百分点。

注：文中有关数据主要来自《甘肃农村年鉴》、《甘肃年鉴》和甘肃省发展和改革委员会。

(国家统计局甘肃调查总队　黄秉信)

年度报告

第三部分

2008/2009年度中国棉花行业运行分析报告

2008/2009棉花年度(2008年9月1日—2009年8月31日),我国棉花产销面临的形势与往年有很大不同,棉花调控经历了不平凡的过程。行业整体呈现出棉花产量与上年持平、纺织出口下滑、棉花需求下降的特点。国家通过加大储备吞吐力度、严格控制进口等调控措施保障棉农利益、纺织用棉需要及市场运行基本平稳。

一、2008/2009年度我国棉花行业的主要特点

1. 棉花产量与上年持平

据国家统计局统计,2008/2009年度全国棉花播种面积8640万亩,同比减少240万亩;棉花产量750万吨,同比减少12万吨。根据新疆棉外运情况,新疆棉花实际产量比公布数量多50万吨左右,全国棉花实际产量在800万吨左右,与上年持平。

2. 棉花需求下降

受国际金融危机影响,2008/2009年度我国纺织品出口下滑,棉花需求减弱。根据国家棉花市场监测系统测算,全年度棉花消费量989.6万吨,同比下降11.0%。据国家统计局统计,2008/2009年度,全国纱产量2266万吨,同比增长7.1%,增速同比下降3.9个百分点;据海关总署统计,纺织品服装出口1711亿美元,同比下降5.6%,其中2009年1—8月下降11.8%。

3. 国家严格控制棉花进口

为防止价格下跌、农民收益受损,国家严格控制棉花进口,2009年共发放棉花进口配额129.4万吨,比上年减少220万吨。2008/2009年度共进口棉花145万吨,同比减少99万吨,其中今年1—8月份进口棉花97.6万吨,同比减少66.4万吨。在保持总量平衡、满足纺织需要的同时,优先保证国产棉销售。截至2009年8月底,棉花企业手中的棉花已基本销完,农发行实现贷款和利息"双结零"。

4. 国家加大储备棉调控力度

2008/2009年度,国家充分发挥储备吞吐调节的作用,稳定了市场棉价。2008年10月下旬至2009年4月上旬棉花集中上市期间,国家累计收储棉花272万吨,为历史上最多的一年。2009年5月下旬至8月底,为保障市场供应、满足纺织需要,国家向市场投放部分储备棉152.3万吨。储备棉调控措施取得明显成效,籽棉收购于2009年4月基本结束,内地籽棉交售均价2.60元/斤左右,新疆为2.50元/斤左右,均比最低时上涨0.40元/斤;皮棉销售价格2009年5—8月基本稳定在13000元/吨左右,比上年底上涨2400元/吨。由于储备棉投放及时,数量充足,年度后期市场平稳,新旧棉花年度实现平稳过渡。

5. 质检体制改革稳步推进

2008/2009年度,经仪器化检验大包棉427万吨,是上年度检验量(166万吨)的2倍多,超过全国棉花产量的一半。

二、2009/2010年度棉花市场面临的新形势

2009/2010年度,国内棉花产量下降,纺织生产出口逐步好转,棉花产需缺口有所扩大,棉价总体将高于上年度。

1. 棉花面积大幅萎缩

据农业部门最近调查统计,2009/2010年度,全国棉花种植面积7592万亩左右,同比减少1000万亩左右,减幅10%以上。前期苗情总体较好,8月下旬到9月上旬长江流域连续出现灾害性天气,对棉花生长造成一定影响。受年中主产棉区气温偏低影响,包括新疆在内的大部分主产区棉花大量上市要到9月底10月初,比常年推迟十天左右。

2. 棉花需求企稳回升

2009年二季度以后,美国、欧盟、日本等我国纺

织品出口主要目的地的经济出现回升迹象，国内纺织品需求预计仍将稳步增长。随着国家扶持纺织发展系列政策措施的逐步落实和国际经济向好，2009/2010年度我国纺织行业生产和出口将逐步回暖，对棉花需求的增长稳步回升，棉花产需缺口将比上年度有所扩大。

3. 国际市场棉花供求基本平衡

据国际棉花咨询委员会（ICAC）2009年9月预测，2009/2010年度全球棉花产量2325万吨，同比减少12万吨；消费量2359万吨，同比增加50万吨；期初库存1237万吨，同比增加24万吨，属历史较高水平。

三、2009/2010年度棉花工作要求

2009/2010年度，国际、国内经济形势复杂多变，影响棉花市场稳定运行的不确定因素仍较多。同时，国家储备棉库存充裕，国际市场棉花资源状况好转，库存水平较高。新年度棉花工作的总体要求是：抓好新棉购销，保持市场平稳；加强宏观调控，保证市场供应；调动农民积极性，促进棉花生产；强化质检改革，确保棉花质量。

1. 切实抓好新棉购销

要加强信息披露和政策引导，客观宣传我国棉花产销形势，引导棉农积极交售棉花，棉花企业积极入市收购。各级农业发展银行要在切实防范贷款风险的前提下，支持贷款企业及时足额兑付棉农收购款。鼓励商业银行等金融机构积极开展棉花收购信贷业务，各金融机构在新疆收购贷款额度要力争不低于上年。中国棉花协会和棉纺织行业协会要加强行业自律，引导企业切实防范市场风险。为保障新疆棉花收购顺利进行，有关职能部门和单位要帮助新疆加强与内地的购销衔接。国务院有关部门、新疆自治区人民政府要密切关注新疆棉花收购、销售和价格走势，及时协调解决出现的问题。

2. 加强市场和质量监管

要继续贯彻落实《棉花加工资格认定和市场管理暂行办法》，依法严厉打击无证无照经营行为，严肃查处销售、购买非法加工棉花的行为，切实加强棉花市场监管，维护棉花市场秩序。要加大棉花质量检查力度，依法加强收购加工环节质量监督管理，打击棉花掺杂使假等质量违法行为。要继续贯彻原国家发展改革委等五部门制定的《避免在棉花采摘、交售、加工过程中混入异性纤维的暂行规定》的各项要求，引导棉农做好“四分”（分摘、分晒、分存、分售），抓好各环节排除异性纤维工作，确保棉花收购和加工质量。

3. 加强宏观调控

要按照既有利于稳定棉花生产、又有利于维护纺织正常生产经营的原则，进一步加强调控，保持棉花价格基本稳定和市场平稳运行。一是做好棉花储备调控预案。如新棉大量上市时棉价过度下跌，及时通过公开竞价方式收储部分棉花。如市场棉价过快上涨则及时抛储，稳定棉价，保证纺织用棉需要。鼓励有条件的省区建立省级棉花储备，积极发挥储备吞吐作用，稳定当地棉花市场。二是调控好棉花进口。密切跟踪纺织生产出口形势，按照国内棉花产需缺口确定进口配额数量，适时均衡发放，满足市场需要。三是加强新疆棉花运销协调。要引导新疆棉花企业收购加工后抓紧销售和向内地移库运输。铁路等有关部门要继续组织好新疆棉外运，增加棉花出疆运力，满足销售和移库需要。四是进一步加强棉花产需数据统计。要完善统计局棉花和纺织统计体系，发挥有关部门和行业协会在棉花生产、消费、库存、市场运行等方面的监测补充作用。五是加强调控制度建设。在现有部门沟通会商的基础上，要建立棉花调控会商联席会议制度，加强沟通，进一步做好棉花总量平衡和市场调控工作。

4. 促进棉花生产

从发展趋势看，随着纺织生产出口的逐步好转，我国棉花产不足需的矛盾仍将长期存在，必须稳定发展国内棉花生产。要切实保护农民种棉积极性，防止棉花生产滑坡。要继续加大棉花生产投入，加强优质棉生产基地建设，大力推进棉花高产创建活动，着力提高棉花单产和品质。切实落实好棉花良种补贴政策，进一步完善棉花良种补贴方式，尽快解决棉花品种“多、乱、杂”问题，并为准确核实棉花种植面积提供参考。要加快棉花优良新品种选育和简化栽培等技术的研究、示范、推广工作，扩大优质棉花种植规模。

5. 维护纺织行业持续健康发展

继续落实好纺织工业调整振兴规划和国家已出台的出口退税等方面的扶持政策，着力解决纺织行业当前面临的资金紧张等问题，切实缓解企业困难。加快纺织行业结构调整，继续支持纺织企业新技术、新材料、新装备的研发，引导纺织企业加快技术改造和产业升级，提高产品技术含量和附加值。培育自主品牌，提升我国纺织品服装档次和竞争力，使我国纺织行业由数量扩张型向质量效益型转变。

2008/2009 年度中国棉花生产形势分析

杜 珉

【作者简介】杜珉，女，1982 年毕业于西安交通大学，1993 年调入农业部农村经济研究中心，现任农研中心农村发展研究室主任，国家现代棉花产业技术体系产业经济研究室主任、研究员。自 1995 年以来，一直从事农业市场政策研究，特别是棉花市场政策研究。先后主持和参与国家、部委以及国内外有关机构项目和课题 20 余项，发表学术论文百余篇，出版专著 3 部。2002—2007 年，负责农业部中国棉花市场预警月度分析报告分析。2003 年兼任中国棉花协会高级顾问，2005 年任国家棉花市场监测系统专家委员会委员、农业部棉花专家顾问组专家等，2007 年分别担任“农业部、财政部现代棉花产业技术体系之产业经济研究项目”、“棉花简化种植节本增效——棉花产业链政策项目”负责人，2008 年任中国棉麻流通研究会副会长，2008 年任国务院关税税则专家咨询委员会专家委员。

自我国加入世贸组织以来，2008/2009 年度是棉花生产最富戏剧性变化的一年。棉花种植面积小幅下降，单产达到历史较高水平。生产期间国家继续对主要产棉省区实行棉花良种补贴政策，收获期间又出台了棉花收储政策。但是，受自然灾害频繁发生、农资价格大幅上涨以及籽棉收购价格下跌的影响，棉农植棉收益大幅下降，棉花生产积极性严重受挫。

一、棉花生产稳定发展

1. 棉花种植面积略有下降

2008/2009 年度是我国加入世贸组织以来植棉面积波动最小的一年。据国家统计局统计，全国棉花种植面积 8640.0 万亩，同比减少 255.0 万亩，减幅 2.9%。其中，黄河流域棉区种植面积 3537.8 万亩，占全国植棉总面积的 41.0%，同比减少 171.9 万亩，减幅 4.6%；长江流域棉区 2285.3 万亩，占比 26.5%，同比增长 16.1 万亩，增幅 0.7%；西北内陆棉区 2686.9 万亩，占比 31.1%，同比减少 171.9 万亩，减幅 4.6%；北部特早熟棉区 105.9 万亩，占比 1.2%，同比增加 3.1 万亩，增幅 2.9%。2008/2009 年度，棉花种植面积占同期农作物种植面积的 3.7%，同比下降 0.2 个百分点。

2. 总产稳定在历史较高水平

2008/2009 年度，我国棉花总产量达到历史较高水平，其中，西北内陆棉区产量最高，占全国总产量份额最大，在总面积减少的情况下产量略增。据国家统计局统计，棉花总产量 750.0 万吨，同比减幅 1.7%。其中，长江流域棉区棉花总产量 160.8 万吨，占全国棉花总产量的 21.5%，同比减少 8.8 万吨，减幅 5.2%；黄河流域棉区 263.7 万吨，占比 35.2%，同比减少 4.4 万吨，减幅 1.6%；西北内陆棉区 314.9 万吨，占比 42.0%，同比增加 0.7 万吨，增幅 0.2%；北部特早熟棉区8.5万吨，同比减少1.02万吨，减幅10.7%。

3. 棉花单产继续提高

2008/2009年度，我国棉花单位面积产量继续提高。据国家统计局统计，棉花平均单产86.8公斤/亩，同比提高1.0公斤/亩，增幅1.2%。三大棉区平均单产最高的仍然是西北内陆棉区，平均单产115.1公斤/亩，同比提高4.4公斤/亩，增幅4.0%；增幅最大的是黄河流域棉区，平均单产76.0公斤/亩，同比增加4.5公斤，增幅6.3%；长江流域棉区平均单产86.3公斤/亩，同比增加2.6公斤/亩，增幅3.1%。分省来看，2008/2009年度全国棉花单产超过100公斤/亩的省区有新疆、甘肃和江西，单产分别为117.4公斤/亩、112.9公斤/亩和112.1公斤/亩。

二、影响棉花生产稳定发展的因素

棉花生产与其他农产品生产一样，具有经济再生产与自然再生产双重特性。棉花商品率高达98%，受市场风险的影响较大。在市场经济环境下，通常棉花单位面积产量越高其收益就越高。影响棉花单产的主要因素是自然因素。棉花从种到收历时近6个多月，不但受到气候条件和病虫灾害的威胁，而且还与其栽培等技术有密切关系。具体来看，主要有以下因素：

1. 2008/2009年度自然灾害频繁发生

据国家棉花产业体系相关调查，2008/2009年度，棉花生长受到低温、冻害、干旱和涝灾的威胁，成灾面积达950多万亩，占种植总面积的11.1%。病虫害中度发生，7月份黄河流域枯萎病暴发，8—9月份长江流域棉区“枯黄萎”病暴发，减产30%的重灾面积达到100万亩。另外，黄河流域和长江流域普遍种植转基因抗虫棉后，盲椿象、灰飞虱等虫害加重，新疆棉区的棉铃虫害也有所加重。

2. 农资价格上涨，棉花成本大幅上升

2008/2009年度棉花生产期间，受国际石油价格上涨影响，国内农资价格持续上涨，植棉成本大幅度增加。根据国家发展改革委公布的粮食化肥价格周报，2008年4月中旬，平均每50公斤国产尿素、国产磷酸二铵、进口磷酸二铵分别比上年平均水平增加23元、94元和100元；农膜、农药、棉种、人工费用合计每亩增加约150元，同比增幅17.23%。

3. 籽棉收购价格大幅下跌，农户植棉收入亏损

2008/2009年度，随着全球金融危机向实体经济蔓延，市场对经济衰退的恐惧日益加剧，我国纺织品服装出口下降影响棉花消费，棉花销售不畅，企业收购风险加大，价格低迷，交售空前冷清，棉农收入大幅下降。棉花上市以后，收购价格从9月初的2.8元/斤下跌到12月份的2.3元/斤，跌幅17.9%。据调查，在棉花收购旺季11—12月份，黄河流域和长江流域棉区籽棉价格甚至跌破2.0元/斤，较9月初下跌30%以上。虽然10月中下旬以后国家连续三次出台棉花收储政策，但棉花价格传导较慢。截至2009年2月底，全国3级籽棉平均收购价格2.35元/斤，同比下跌23.0%。受棉花生产成本大幅上升、棉花收购价格大幅下跌的影响，农户植棉收益大幅减少。如果按照2007年国家发展和改革委价格司农村劳动力17.5元/天的工值计算，每亩植棉纯收益141.1元，同比下降68.6%。

三、国家继续扶持棉花生产的政策分析

1. 棉花良种补贴政策

为扭转棉花品种多、乱、杂的局面，降低农户植棉购种成本，调动农户植棉积极性，国务院决定在2008年继续实行棉花良种补贴政策。具体的办法是，参照上年政策，在棉花播种前中央财政安排5亿元专项资金用于棉花良种补贴，按照每亩补贴15元的标准，对棉花主产省份的193个市县、3333.3万亩实施补贴。由于当年棉花良种补贴特惠制属性，存在公平性缺失问题；项目实施过程工作量大，缺乏配套行政经费，影响政策实施效果，补贴操作方法，助长了地方保护主义，不利于棉花优良品种的推广等问题，大大影响良种补贴政策的实施效果。

2. 棉花收储政策

在棉花收获季节，为稳定棉花价格、保护棉农的植棉收益，2008年10—12月份国家先后三次出台棉花收储政策。10月16日，国家决定收储本年度新疆棉，数量为22万吨，标准级(328级)棉最高到库价格

12600元/吨，其他等级棉花的收储价格按照3%的品级差率、1%的长度差率计算。10月29日，国家启动第二批收储计划，数量为100万吨，在已收储新疆棉花22万吨的基础上，以每吨12600元/吨的价格收储新疆棉和内地棉。12月中旬国家第三次出台棉花收储政策，数量150万吨，价格12600元/吨。2008/2009年度，国家累计收储棉花272万吨。从政策实施效果看，受国内棉花流通体制发展现状、价格传导机制以及国家收储政策的具体措施等局限，对农户植棉收益作用甚微。按照收储12600元/吨的价格，折合籽棉价格为2.65—2.75元/斤，实际农户拿到的价格远远低于这个水平。据农业部农村经济研究中心国家棉花产业体系产业经济研究室2008年10月、11月到河北、河南及湖北调查，当地收购价格仅有2.00元/斤，比全国售出平均价低35%。

切实履行储备调控职责 保障棉花市场平稳运行

中国储备棉管理总公司 雷香菊

【作者简介】雷香菊，中国储备棉管理总公司总经理。自1982年以来一直从事棉花行业管理工作，历任中华全国供销合作总社棉麻局市场平衡处处长、副局长，华棉储备管理中心主任，2003年起任现职并兼任中国棉花协会副会长。具有较丰富的棉花行业管理经验，在棉花市场研究、企业经营管理方面有较深的理论研究。

2008/2009年度是棉花产业历史上极不平凡的一年，也是储备调控力度最大的一年。受全球金融危机等因素的影响，棉价巨幅波动，棉市自身调节机制一度失灵，棉农利益及纺织企业用棉受到极大威胁。中国储备棉管理总公司（以下简称中储棉公司）作为执行国家棉花市场调控任务的政策性公司，努力维护了棉花市场平稳运行，在保护棉农利益和保证纺织用棉方面发挥了重要作用，促进了国内棉花产业发展。

面对前所未有的挑战，中储棉公司果断决策，开拓创新，全力以赴。在一年多的时间里，完成储备棉吞吐量535.4万吨，其中入库272万吨，抛售263.4万吨，创我国储备棉收储和销售数量历史最高纪录。圆满出色完成市场调控任务，综合经营实力大幅提升。

一、圆满完成收储工作 谱写历史新篇章

1. 棉价急剧下滑，棉农植棉积极性严重受挫

2008/2009年度初期，金融海啸席卷全球，我国纺织出口遭受重创，棉花消费大幅萎缩。随着新棉上市，供大于求矛盾快速升级，购销价格直线下滑，棉花企业陷入恐慌，一度暂停收购，棉农利益受到威胁，植棉积极性严重受挫。2008年9月，代表国内标准级棉均价的国家棉花价格B指数（以下简称国棉B指数）13130元/吨，到11月份跌至11116元/吨，跌幅超过10%。2008年9月、10月和11月国棉B指数分别同比下跌4.0%、7.9%和18.5%。3级籽棉均价于12月份跌至年度最低点2.28元/斤，同比下跌25.3%。另据国家棉花市场监测系统2008年11月底调查，2009/2010年度全国植棉意向面积同比下降17.9%。

2. 周密部署收储工作，维护棉农植棉收益

为确保棉农利益，中储棉公司及时展开大规模收储工作，年度总入库量达到272万吨，这不但是我国棉花调控历史上最大的收储量，而且也是中储棉公司此前累计收储量75万吨的3.6倍。为圆满完成规模空前的收储任务，中储棉公司高度重视，尽心竭力，排除困难，迅速采取多种措施保证调控效果，全力以赴

投入收储工作。

公司原有的12个直属库、仓容60万吨仅能完成收储任务量的1/5。鉴于收储规模大、范围广，中储棉公司开创性地吸纳一批优秀的代储仓库，将承储库数量扩展至近200家，基本覆盖了全国主要产棉区，方便企业交储，降低运输成本。棉花企业积极性高涨，纷纷入市收购籽棉，促进价格止跌企稳。

为把好储备棉质量关和提高工作效率，中储棉公司及时抽调本部、直属库和信息中心的100多名业务骨干，分赴各代储库点，确保棉花及时入库。在中储棉公司领导和全体员工的共同努力下，各承储库点克服人力紧张、雨雪天气等困难，认真梳理业务流程、积极配合公证检验，及时承担起收储调运任务，保证国家宏观调控政策有效落实。

3. 国内棉价企稳回升，植棉意向明显回暖

通过半年多的不懈努力，中储棉公司保质保量地完成了收储任务。随着收储工作的快速推进，国内棉价逐步回升，棉农植棉意向明显恢复，实现调控预期目标。截至2009年4月底，国棉B指数上涨至12927元/吨，较年度最低点10658元/吨上涨21.3%；3级籽棉收购均价也从年度最低点2.28元/斤回升至2.92元/斤，涨幅28.1%。另据国家棉花市场监测系统调查，2009年3月份棉农的植棉意向由2008年11月底的同比下降17.9%缩小到下降14.6%，5月份的全国棉花实际播种面积降幅则进一步回升至12.5%。

二、出色完成抛储任务　全力保障纺织用棉

1. 纺织用棉消费稳步回升，纺织企业采购力度加大

在国内棉花市场运行趋稳、国家出台“保增长、保就业”和纺织工业振兴规划等政策刺激经济的背景下，我国纺织生产逐步恢复，2009年春节后用棉消费有所企稳，纺织企业采购力度大于预期。加之当时棉花企业库存偏低，供给不足压力明显上升。进入2009/2010年度后，棉花生产呈现出新棉产量、质量双双下降的新特点，而纺织经济运行态势进一步好转。在棉花市场供不应求和货币流动性充裕等因素的影响下，国内棉价加速上涨，纺织企业采购难度加大。为满足不同阶段的纺织用棉需求、稳定棉市运行，国家先后出台了三批抛储政策。

2. 全面细致规划抛储工作，缓解纺织企业用棉压力

中储棉公司接到任务后，全面部署，周密规划，在仍未完成收储二次结算的情况下，迅速展开抛储工作。为提高储备棉出库效率、及时满足纺织企业的用棉需求，中储棉公司全体干部职工本着高度的政治觉悟和责任心，冒着高温酷暑，放弃休息，不顾疲劳，奋战在工作一线。通过合理安排库点分布，不断调整陈棉和新棉、新疆棉和内地棉、进口棉和国产棉的比例搭配，并及时完善抛储办法，确保储备棉竞卖、出库工作顺利进行。

为保障纺织企业用棉、促进行业持续复苏，中储棉公司在短短七个月的时间内，累计向市场投放储备棉263.4万吨，是此前历史最高纪录的1.3倍。在抛储交易和出库过程中，中储棉公司通过细化作业流程，明确岗位责任，制定应急预案，落实各项安全措施，确保作业人员、装卸设备和作业过程安全可靠，作业现场井然有序。全体员工想客户所想，急客户所急，连续加班加点，想方设法积极满足纺织企业提货的迫切需求。

3. 有效保障了纺织用棉，尤其满足了高等级用棉需求

2008/2009年度末，对于大多数纺织企业来说，参与抛储竞拍成为采购棉花的主要渠道。抛储期间，中储棉公司总数不足200家的承储库承担起原来成千上万家棉花收购加工及贸易企业的市场角色，成为棉花供给的主要载体。2009/2010年度初，储备棉在很大程度上满足了纺织企业采购高等级棉的需求。国储棉销售期间，国内棉价运行平稳，纺织企业用棉得到有效保障。国棉B指数自2009年4月底至9月中下旬始终在13000元/吨左右运行，10—12月份月度涨幅持续缩小，依次为6.8%、4.8%和1.2%，实现了新旧棉花年度的平稳过渡。

三、调控成效载入史册　行业影响力大幅提升

2008/2009年度以来，中储棉公司棉花市场调控成绩斐然。维护了国内棉农的切身利益，保证了纺织

用棉的需要,促进了纺织工业的快速回暖。其间中储棉公司进出库棉花总量超过500多万吨,在调控过程中没有出现一起安全事故。

通过一年多的调控实践,中储棉公司再次锻炼了员工队伍,广大干部职工体现出不怕苦、不怕累,在困难面前勇往直前的精神。通过大规模的储备棉调控操作,中储棉公司积累了大量宝贵的实践经验,展现出过硬的政策执行能力,大幅提升了在国内外棉花产业中的影响力,为日后更好地完成市场调控任务、推动行业进步奠定了坚实基础。

附:2008/2009年度以来国家储备棉政策实施情况一览

第一批收储计划

2008年10月16日,中储棉公司发布《关于收储2008年度新疆棉的公告》,决定收储22万吨新疆棉。10月21—24日,第一批收储计划顺利完成。

第二批收储计划

2008年10月29日,中储棉公司发布《关于第二批棉花收储计划的公告》,决定增加100万吨收储计划。截至12月23日,累计收储2008/2009年度内地棉33.8万吨、新疆棉67.0万吨。

第三批收储计划

2008年12月22日,中储棉公司发布《关于发布2008年度棉花第三批收储计划及有关要求的公告》,决定收储国产棉150万吨。其中,明确规定交储企业挂牌收购籽棉价格不得低于2.6元/斤。截至2009年4月10日,累计收储内地棉90.6万吨、新疆棉65.4万吨。

第一批抛储计划

2009年5月21日,中储棉公司发布《关于国家储备棉轮出和临时收储棉花出库销售的公告》,决定向市场投放2003—2004年度储备棉和2008年度储备棉,共计152.3万吨。在实施过程中,根据纺织企业反映及实际成交情况,相关部门对政策及时调整。价格上,5月31日,将新棉竞拍底价下调300元/吨,低于市场价。交易办法上,为降低企业竞拍门槛、减少保证金占用量,6月8日出台政策,允许棉花中间商参与竞拍,并取消30万元保证金的强制性标准规定。之后,为规范竞拍秩序,7月17日和8月7日先后发布公告,暂停了中间商和部分纺织企业的竞拍资格。截至9月1日,抛储竞拍全部结束。

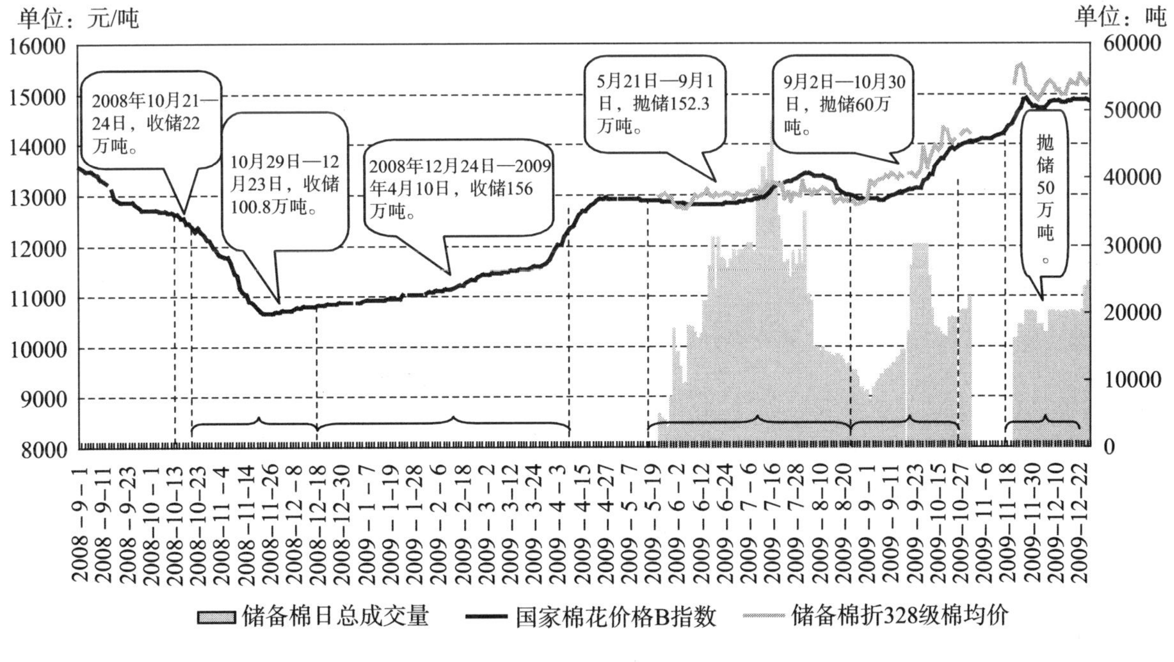

图3—1 2008/2009年度以来国家储备棉政策实施情况与国内棉花价格走势对比

第二批抛储计划

2009年8月14日，中储棉公司发布《关于第二批国家储备棉轮出和临时收储棉花出库销售的公告》，决定增加轮出60万吨储备棉，其中2005年度储备棉10万吨，2008年度储备棉50万吨。截至10月30日，储备棉竞拍全部成交。

第三批抛储计划

2009年11月19日，中储棉公司发布《关于第三批国家储备棉轮出和临时收储棉花出库销售的公告》，决定继续出库销售50万吨储备棉，其中2006—2007年度储备棉36.1万吨，2008年度储备棉13.9万吨。截至12月25日，抛储竞拍全部成交。

2008/2009年度中国棉花质量情况分析

中国纤维检验局　王丹涛　邵佳蕊

【作者单位简介】中国纤维检验局始建于1950年，是实行公务员管理的全额预算事业单位，隶属于国家质量监督检验检疫总局。2001年国务院颁布的《棉花质量监督管理条例》以法规的形式确立了中国纤维检验局及各级专业纤维检验机关行政执法的主体资格，明确了中国纤维检验局棉花质量监督的行政执法权以及负责组织实施全国棉花质量监督工作，包括组织实施全国棉花公证检验、全国棉花质量监督检查和依法查处棉花质量违法行为。

一、数据来源

2008/2009年度，我国经公证检验棉花601.1万吨，占棉花总产量的80.0%，其中经仪器化公证检验的棉花426.8万吨，占棉花总产量的57.0%，约占国棉流通总量的63.0%。经质量监督检查的籽棉大垛21.3万吨，成包皮棉9.1万吨。我们以仪器化公证检验数据和监督检查数据为基础进行统计分析，进而反映我国棉花年度质量情况。

二、全国各产棉省棉花公证检验量份额分布情况

我们对经仪器化公证检验棉花的品级、长度、马克隆值、长度整齐度、断裂比强度5个指标进行了统计分析，参与统计的棉花产地包括新疆、湖北、山东、河北、安徽、江苏、湖南、甘肃、河南、江西10个主产省（区）及天津、陕西、山西、辽宁4个产棉省（市），其中10个主产省的棉花数量占总量的99.2%。

三、全国及各主要产棉省棉花质量情况

2008/2009年度，全国棉花质量总体情况是：平均品级3.1级，平均长度29.3毫米，马克隆值为A级的棉花比率35.1%，长度整齐度指数平均值82.8%；断裂比强度平均值28.8cN/tex。全国棉花质量与上年度相比稳中有升，各产棉省部分棉花质量指标有升有降。

1. 棉花平均品级比上年度小幅提高，高品级棉花比重继续下降

棉花品级是棉花外观和内在质量的综合反映，是评价棉花质量的主要指标。根据棉花成熟度、色泽特征、轧工质量，棉花品级分为1—7级，其中1级和2级棉为高等级棉，3级为品级标准级。

2008/2009年度，全国棉花品级指标总体情况：平均品级3.1级，同比提高0.1级；品级主要集中在2—4级，以3级为主。由于在棉花采摘、晾晒、收购、加工过程中混等混级现象突出，高品级棉花比率逐渐下降，2级及以上的高品级棉花比率为15.7%，同比

下降 0.8 个百分点;3 级棉比率为 57.0%,同比提高 5.7 个百分点;4 级及以下棉花的比率为 27.3%,同比下降 4.88 个百分点。

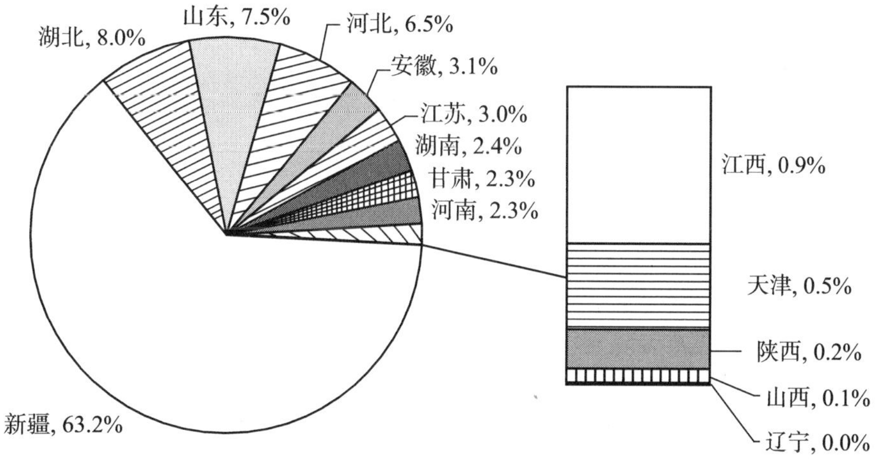

图 3—2 2008/2009 年度各产棉省公证检验棉花数量所占份额

分省(市、自治区)来看,新疆棉品级全国最好,平均品级 2.9 级,2 级及以上棉花占本区总产量比率 24.44%,占全国高品级棉总量的 98.56%;山东棉平均品级 3.2 级,列全国主产省第二,其中 3 级棉比率 76.68%,是主产省中品级结构最集中的;江苏、甘肃、河北棉平均品级均为 3.4 级,其中甘肃棉同比上升 0.2 级,江苏、河北棉同比上升 0.1 级;安徽棉平均品级 3.8 级,其高品级棉比率为 1.88%,该指标在内地主产省中最高;河南平均品级 3.8 级,同比下降 0.5 级,是全国同比下降幅度最大的省份,2 级及以上棉花比率下降 1.87 个百分点,3 级及以上棉花比率下降 43.65 个百分点;湖北棉平均等级也偏低,为 3.8 级;江西棉平均品级 3.9 级,基本没有高品级棉;湖南棉平均品级 4.2 级,同比下降 0.1 级,是全国唯一平均品级低于 4 级的省份,而且没有 2 级及以上的棉花,3 级棉比率仅 1.27%,4 级及以下棉花比率达 98.72%,同比上升 15.29 个百分点,这说明湖南棉花品级下降非常明显。

表 3—1 全国及主产省公证检验棉花品级情况统计

单位:级

产 地	年 度	平均品级	各品级比率(%)						
			1 级	2 级	3 级	4 级	5 级	6 级	7 级
全 国	2008/2009	3.1	0.17	15.49	57.01	25.23	1.85	0.18	0.06
	2007/2008	3.2	0.78	15.69	51.33	26.73	4.53	0.76	0.18
新 疆	2008/2009	2.9	0.27	24.17	63.51	10.80	1.10	0.14	0.02
	2007/2008	2.9	1.60	29.28	50.15	15.77	2.70	0.43	0.07
湖 北	2008/2009	3.8	0.00	0.08	21.50	73.93	4.01	0.27	0.21
	2007/2008	3.4	0.00	2.36	58.53	33.64	4.38	0.84	0.25
山 东	2008/2009	3.2	0.00	0.47	76.68	22.47	0.36	0.01	0.01
	2007/2008	3.5	0.03	2.57	55.93	34.92	5.42	0.83	0.30

续表

产地	年度	平均品级	各品级比率(%)						
			1级	2级	3级	4级	5级	6级	7级
河北	2008/2009	3.4	0.00	0.82	57.11	41.09	0.95	0.02	0.01
	2007/2008	3.5	0.00	2.68	53.73	37.35	5.12	0.97	0.15
安徽	2008/2009	3.8	0.00	1.88	27.02	66.26	4.18	0.47	0.19
	2007/2008	3.4	0.02	6.75	52.17	35.36	4.55	0.91	0.24
江苏	2008/2009	3.4	0.00	1.29	66.49	28.79	2.91	0.28	0.24
	2007/2008	3.5	0.00	2.68	54.97	35.81	4.56	1.33	0.65
湖南	2008/2009	4.2	0.00	0.00	1.27	81.72	14.66	1.69	0.65
	2007/2008	4.1	0.00	0.18	16.39	59.33	20.46	3.19	0.45
甘肃	2008/2009	3.4	0.00	0.66	64.16	33.62	1.52	0.03	0.00
	2007/2008	3.6	0.00	5.46	46.59	36.60	9.90	1.44	0.01
河南	2008/2009	3.8	0.00	0.04	27.85	69.29	2.82	0.00	0.00
	2007/2008	3.3	0.00	1.91	69.63	25.99	2.14	0.22	0.11
江西	2008/2009	3.9	0.00	0.00	19.28	70.94	8.84	0.66	0.28
	2007/2008	3.8	0.00	4.89	36.49	41.99	11.10	3.49	2.04
天津	2008/2009	3.3	0.00	3.30	68.30	28.22	0.17	0.00	0.00
	2007/2008	—	—	—	—	—	—	—	—
陕西	2008/2009	3.2	0.00	0.34	80.48	19.07	0.10	0.00	0.00
	2007/2008	—	—	—	—	—	—	—	—
山西	2008/2009	3.7	0.00	0.87	25.24	72.74	1.15	0.00	0.00
	2007/2008	—	—	—	—	—	—	—	—
辽宁	2008/2009	4.0	0.00	0.00	0.84	99.16	0.00	0.00	0.00
	2007/2008	—	—	—	—	—	—	—	—

数据来源：中国纤维检验局。

2. 棉花长度指标同比上升

长度是反映棉花内在质量的重要指标之一，棉花长度越长，可纺纱线等级越高。棉花长度以1毫米为级距，从25毫米至32毫米分为8个长度级，其中28毫米为长度标准级。

2008/2009年度全国棉花平均长度29.3毫米，主要集中在30毫米、29毫米、28毫米，30毫米级棉花的比率为15.30%，29毫米棉花的比率为47.71%，28毫米棉花的比率为31.85%。30毫米及以上长度棉花的比率为16.81%，同比上升7.14个百分点；27毫米及以下长度棉花的比率为3.61%，同比下降1.87个百分点。

分省(市、自治区)来看，新疆棉平均长度29.3毫米，其中30毫米及以上长度棉花占新疆棉总产量的比率19.26%，同比上升4.16个百分点，占全国相应长度棉花的72.31%，全国30毫米及以上长度棉花主要产于新疆；27毫米及以下棉花比率2.91%，同比下降0.36个百分点。内地棉中以江苏棉长度最好，30毫米及以上长度棉花占该省总产量比率54.01%，但占全国相应长度棉花比率仅9.62%，27毫米及以下棉花比率0.87%，为全国最低。河北棉长度较好，平均长度29.5毫米，仅次于江苏棉，比新疆棉略长。山东、河南、甘肃棉长度接近，平均长度均达29.0毫米以上。安徽棉30毫米级及以上棉比率同比有所增加，但29毫米级比率34.77%，同比下降幅度高达40.11个百分点。江西棉各长度级比率变化较大，其中30毫米级及以上级、28毫米级棉花比率增加，29毫米级、27毫米及以下棉花比率减少。湖北棉30毫米及以上棉花比率全国最低，仅0.63%。湖南棉27毫米及以下棉花比率10.77%，仅低于甘肃棉。

表3—2　全国及主产省公证检验棉花长度情况统计

单位：毫米

产　地	年　度	平均长度	各长度级比率(%)							
			32	31	30	29	28	27	26	25
全　国	2008/2009	29.3	0.11	1.40	15.30	47.71	31.85	3.41	0.19	0.01
	2007/2008	—	0.45	1.03	8.19	60.63	24.22	4.33	0.59	0.56
新　疆	2008/2009	29.3	0.14	1.53	17.59	50.10	27.74	2.75	0.15	0.01
	2007/2008	—	0.91	1.78	12.41	60.58	21.07	2.90	0.23	0.14
湖　北	2008/2009	28.6	0.00	0.01	0.62	24.22	65.91	8.91	0.31	0.03
	2007/2008	—	0.00	0.01	0.27	38.40	49.03	9.83	1.47	0.99
山　东	2008/2009	29.2	0.00	0.12	8.60	58.45	31.52	1.28	0.03	0.00
	2007/2008	—	0.00	0.11	9.64	75.89	12.26	1.15	0.21	0.74
河　北	2008/2009	29.5	0.02	0.67	23.04	62.22	13.13	0.82	0.05	0.06
	2007/2008	—	0.08	0.44	8.18	85.17	4.57	0.56	0.15	0.85
安　徽	2008/2009	28.9	0.00	0.05	5.42	34.77	57.09	2.45	0.17	0.05
	2007/2008	—	0.00	0.00	0.78	74.88	20.41	2.69	0.45	0.79
江　苏	2008/2009	30.0	0.68	12.12	41.21	35.52	9.60	0.82	0.05	0.00
	2007/2008	—	0.11	3.30	27.42	60.99	5.40	0.97	0.34	1.47
湖　南	2008/2009	28.7	0.00	0.00	1.16	31.41	56.65	10.31	0.44	0.02
	2007/2008	—	0.02	0.47	4.06	62.90	24.53	5.17	1.37	1.48
甘　肃	2008/2009	29.0	0.01	0.75	14.01	36.51	33.95	13.36	1.41	0.01
	2007/2008	—	0.00	0.04	0.96	41.13	45.87	10.32	1.27	0.41
河　南	2008/2009	29.1	0.00	0.03	4.64	54.12	38.86	2.31	0.05	0.00
	2007/2008	—	0.02	0.11	2.58	76.82	16.48	3.21	0.52	0.26
江　西	2008/2009	28.7	0.00	0.02	1.73	29.99	62.09	5.61	0.38	0.17
	2007/2008	—	0.00	0.00	0.51	55.16	28.87	8.03	2.47	4.96

数据来源：中国纤维检验局。

3. 棉花马克隆值指标同比上升

马克隆值是棉花细度和成熟程度的综合反映。马克隆值过高或过低的棉花对纺纱均有不利影响，马克隆值适中的棉花可纺性能最好。马克隆值在3.7—4.2范围内的棉花定为A级，为马克隆值指标较好的棉花；马克隆值在3.5—3.6和4.3—4.9的棉花为B级，其中3.5—3.6的为B1档，4.3—4.9的为B2档；马克隆值在3.4及以下和5.0及以上的定为C级，其中3.4及以下的为C1档，5.0及以上的为C2档。马克隆值达到A级和B级的棉花为马克隆值指标正常的棉花。

2008/2009 年度，全国棉花普遍成熟较好，其中马克隆值 A 级棉花比率 35.07%，同比上升 7.12 个百分点；B 级棉花最多，比率 60.76%，同比上升 4.29 个百分点，其中 B2 档棉花占 58.34%；C 级棉花比率 4.17%，同比下降 11.41 个百分点。

分省（市、自治区）来看，新疆棉马克隆值指标略有下降，A 级比率 39.82%，同比下降 2.08 个百分点；B 级比率 56.94%，同比增加 10.69 个百分点；C 级比率 3.24%，同比下降 8.61 个百分点。甘肃棉马克隆值 A 级比率全国最高，为 62.80%，同比上升 3.76 个百分点；C1 级马克隆值棉花比率也是全国最高，主要原因是甘肃个别产区棉籽品种退化、棉农习惯大量使用催熟剂，不利于棉纤维素沉积，导致棉花成熟度较差。河南棉马克隆值 A 级比率 52.32%，高于新疆棉，仅次于甘肃棉，同比上升幅度全国最大，为 20.9 个百分点。山东是全国唯一马克隆值 A 级、B 级比率均高于全国平均水平的产棉省，马克隆值指标正常的棉花比率全国最高为 98.44%。

江苏是全国唯一马克隆值 A 级、B 级比率均低于全国平均水平的产棉省，江苏棉马克隆值指标正常的棉花比率 89.08%，仅高于江西棉、安徽棉。河北棉马克隆值 A 级比率 26.10%，同比上升 15.63 个百分点，马克隆值指标正常的棉花比率 95.99%，高于全国平均水平。安徽棉马克隆值 A 级比率 24.36%，同比上升 18.93 个百分点，升幅仅次于河南棉，马克隆指标正常的棉花比率 87.33%，仅高于江西棉。湖北棉 A 级比率同比略有上升，达 10.89%，马克隆值指标正常棉花比率为 95.96%，略高于全国平均水平。湖南棉 B 级比率 92.13%，为全国最高，但 A 级棉比率仅 2.26%，同比下降 5.94 个百分点，下降幅度为全国最大。江西棉马克隆值指标情况最差，A 级比率 1.70%，马克隆值指标正常棉花比率 72.77%，均为全国最低。

表 3—3 全国及主产省公证检验棉花马克隆值级/档次比率情况统计

产地	年度	马克隆值级/档次比率(%)						
		A 级	B 级			C 级		
		A 档	B1 档	B2 档	合计	C1 档	C2 档	合计
全国	2008/2009	35.07	2.42	58.34	60.76	1.5	2.67	4.17
	2007/2008	27.95	—	—	56.47	—	—	15.58
新疆	2008/2009	39.82	2.87	54.07	56.94	1.61	1.63	3.24
	2007/2008	41.9	—	—	46.25	—	—	11.85
湖北	2008/2009	10.89	0.28	84.79	85.07	0.33	3.72	4.05
	2007/2008	7.37	—	—	63.53	—	—	29.1
山东	2008/2009	36.31	1.64	60.49	62.13	0.54	1.02	1.56
	2007/2008	17.81	—	—	77.39	—	—	4.8
河北	2008/2009	26.1	0.55	69.34	69.89	0.31	3.69	4
	2007/2008	10.47	—	—	81.47	—	—	8.06
安徽	2008/2009	24.36	1.63	61.34	62.97	1.46	11.21	12.67
	2007/2008	5.43	—	—	67.86	—	—	26.71
江苏	2008/2009	29.3	2.85	56.93	59.78	2.66	8.25	10.91
	2007/2008	27.16	—	—	60.89	—	—	11.95

续表

产 地	年 度	马克隆值级/档次比率(%)						
		A级	B级			C级		
		A档	B1档	B2档	合计	C1档	C2档	合计
湖 南	2008/2009	2.26	0.1	92.03	92.13	0.09	5.52	5.61
	2007/2008	8.2	—	—	55.36	—	—	36.44
甘 肃	2008/2009	62.8	9.43	17.52	26.95	10.08	0.17	10.25
	2007/2008	59.04	—	—	28	—	—	12.96
河 南	2008/2009	52.32	2.44	43.32	45.76	0.97	0.95	1.92
	2007/2008	31.42	—	—	60.34	—	—	8.24
江 西	2008/2009	1.70	0.05	71.02	71.07	0.02	27.21	27.23
	2007/2008	2.32	—	—	44.41	—	—	53.27

数据来源：中国纤维检验局。

4. 棉花长度均匀性同比略有提高

长度整齐度是反映棉花长度均匀性的重要指标，直接关系企业生产成本和产品质量。长度整齐度指数从很低到很高分为5个级，其中长度整齐度指数等级高、很高的棉花为长度均匀性较好的棉花，长度整齐度指数等级低、很低的棉花为长度均匀性较差的棉花。

2008/2009年度，全国棉花长度整齐度指数平均值82.8%，同比增加0.2个百分点。长度整齐度指数等级集中于中等级、高级，其中中等级比率为52.93%，高级比率为46.07%。长度均匀性较好的棉花比率为46.31%，同比增加5.27个百分点。长度均匀性较差的棉花比率为0.76%，同比降低1.90个百分点。

分省(市、自治区)来看，新疆棉长度均匀性较好，长度整齐度平均值82.9%，略高于全国平均水平0.1个百分点，长度均匀性较好棉花比率49.46%，高于全国平均水平3.15个百分点。河北棉、江苏棉长度整齐度指数平均值全国最高，均为83.3%，其中江苏棉长度整齐度指数很高级比率全国最高，为0.97%，河北棉长度均匀性较好的棉花比率全国最高，为64.48%。甘肃棉长度整齐度指数平均值与全国平均值基本持平，但长度均匀性略低于全国平均水平。山东棉、安徽棉长度均匀性情况较接近，长度整齐度指数平均值分别为82.7%、82.6%，长度均匀性好的棉花比率分别为42.42%、37.70%。河南棉、湖北棉、江西棉长度均匀性相对较低，长度整齐度指数平均值分别为82.4%、82.3%、82.2%，长度均匀性好的棉花比率均超过15%。湖南棉长度整齐度指数平均值为82.0%，长度均匀性差的棉花比率全国最高，为4.04%。

表3—4 公证检验棉花长度整齐度指数情况

产 地	年 度	长度整齐度指数平均值(%)	很高(%)	高(%)	中等(%)	低(%)	很低(%)
			(≥86.0)	(83.0—85.9)	(80.0—82.9)	(77.0—79.9)	(<77.0)
全 国	2008/2009	82.8	0.24	46.07	52.93	0.74	0.02
	2007/2008	82.6	0.34	40.70	56.30	2.63	0.03
新 疆	2008/2009	82.9	0.26	49.20	49.96	0.58	0.00
	2007/2008	82.7	0.38	42.09	55.06	2.45	0.02

续表

产　地	年　度	长度整齐度指数平均值(%)	很高(%)	高(%)	中等(%)	低(%)	很低(%)
			(≥86.0)	(83.0—85.9)	(80.0—82.9)	(77.0—79.9)	(<77.0)
湖　北	2008/2009	82.3	0.01	23.44	75.20	1.27	0.08
	2007/2008	81.7	0.01	15.50	78.18	6.28	0.03
山　东	2008/2009	82.7	0.06	42.36	56.95	0.63	0.01
	2007/2008	82.6	0.07	41.91	57.05	0.94	0.03
河　北	2008/2009	83.3	0.58	63.90	35.10	0.41	0.01
	2007/2008	83.1	0.64	55.78	42.52	1.03	0.03
安　徽	2008/2009	82.6	0.03	37.67	61.39	0.85	0.06
	2007/2008	82.7	0.02	44.74	53.36	1.83	0.05
江　苏	2008/2009	83.3	0.97	62.60	35.92	0.47	0.04
	2007/2008	83.2	0.61	58.48	40.06	0.79	0.06
湖　南	2008/2009	82.0	0.00	19.75	76.21	3.91	0.13
	2007/2008	81.4	0.00	9.08	79.06	11.48	0.38
甘　肃	2008/2009	82.8	0.21	46.03	52.93	0.84	0.00
	2007/2008	82.3	0.01	26.77	71.19	2.03	0.00
河　南	2008/2009	82.4	0.03	26.67	72.22	1.08	0.00
	2007/2008	82.8	0.24	44.80	54.41	0.54	0.01
江　西	2008/2009	82.2	0.00	21.78	76.61	1.43	0.18
	2007/2008	81.0	0.00	1.04	85.53	13.36	0.07
天　津	2008/2009	83.0	0.01	52.14	47.71	0.14	0.00
	2007/2008	83.1	0.03	56.06	43.88	0.03	0.00
陕　西	2008/2009	82.9	0.10	48.75	51.07	0.07	0.00
	2007/2008	81.7	0.00	7.78	89.71	2.51	0.00
山　西	2008/2009	82.1	0.00	15.57	83.73	0.69	0.00
	2007/2008	81.8	0.00	7.36	91.14	1.50	0.00
辽　宁	2008/2009	81.9	0.00	6.75	91.79	1.46	0.00
	2007/2008	—	—	—	—	—	—

数据来源：中国纤维检验局。

5. 棉花断裂比强度以中等级及以上为主

断裂比强度是反映棉纤维拉伸强力的指标，对棉纱质量有重要影响。棉花断裂比强度越高，强力越好，可纺纱线等级越高。断裂比强度从很差到很强分为5个档，其中断裂比强度分档为强、很强的棉花为纤维强度较好的棉花，断裂比强度分档为差、很差的棉花为纤维强度较差的棉花。

2008/2009年度，全国棉花断裂比强度平均值28.8cN/tex。断裂比强度集中在中等及以上档，所占比率95.55%，其中断裂比强度中等的棉花比率最多，占48.90%，断裂比强度强的棉花比率36.11%，断裂比强度很强的棉花比率10.54%。断裂比强度较好的棉花比率46.65%，同比上升6.86个百分点。断裂比强度较差的棉花比率4.46%，同比下降1.34个百分点。

分省(市、自治区)来看，新疆棉断裂比强度平均值28.7cN/tex，略低于全国平均水平；断裂比强度较好的棉花比率41.96%，比全国平均水平低4.69个百分点；断裂比强度较差的棉花比率为6.07%，比全国高1.61个百分点。山东棉、河北棉断裂比强度平均值均为29.4cN/tex，其中山东棉断裂比强度较好的棉花比率65.37%，略高于河北棉1.54个百分点；河北棉断裂比强度较好的棉花比率63.83%，高于全国平均水平17.18个百分点。江西棉、江苏棉、河南棉断裂比强度平均值均为29.3cN/tex，断裂比强度较好的棉花比率均超过55%。安徽棉、湖南棉断裂比强度情况相近，断裂比强度平均值分别为29.1cN/tex、29.0cN/tex，断裂比强度较好的棉花比率均超过50%。湖北棉、甘肃棉断裂比强度情况差，断裂比强度平均值分别为28.6cN/tex、28.3 cN/tex，其中甘肃棉断裂比强度较差的棉花比率全国最高，为9.38%。

表3—5 2008/2009年度公证检验棉花断裂比强度情况

单位：cN/tex

产地	年度	平均值	很强(%)	强(%)	中等(%)	差(%)	很差(%)
			(≥31.0)	(29.0—30.9)	(26.0—28.9)	(24.0—25.9)	(≤23.9)
全国	2008/2009	28.8	10.54	36.11	48.90	4.10	0.36
	2007/2008	28.6	8.44	31.35	54.41	5.14	0.66
新疆	2008/2009	28.7	11.50	30.46	51.97	5.59	0.48
	2007/2008	28.5	7.99	29.98	56.01	5.36	0.66
湖北	2008/2009	28.6	4.84	34.36	58.68	1.90	0.21
	2007/2008	28.2	2.06	26.07	66.17	5.00	0.70
山东	2008/2009	29.4	10.80	54.57	34.38	0.24	0.01
	2007/2008	28.6	12.06	46.42	39.54	1.78	0.20
河北	2008/2009	29.4	10.87	52.96	35.18	0.93	0.05
	2007/2008	28.6	5.35	37.47	53.14	3.65	0.39
安徽	2008/2009	29.1	7.07	46.11	45.95	0.81	0.07
	2007/2008	28.8	10.54	38.11	45.48	5.30	0.57
江苏	2008/2009	29.3	13.36	46.48	38.38	1.61	0.17
	2007/2008	30.0	32.54	41.20	23.37	2.38	0.51
湖南	2008/2009	29.0	7.88	43.19	46.96	1.59	0.38
	2007/2008	28.3	5.75	31.64	53.25	7.72	1.64
甘肃	2008/2009	28.3	5.64	31.39	53.60	8.83	0.55
	2007/2008	27.3	0.75	13.16	68.45	15.48	2.16
河南	2008/2009	29.3	8.76	53.29	37.61	0.32	0.02
	2007/2008	29.4	13.19	49.65	36.18	0.96	0.02
江西	2008/2009	29.3	13.64	44.31	40.54	1.02	0.49
	2007/2008	29.0	6.80	46.47	43.96	2.29	0.48

续表

产　地	年　度	平均值	很强(%)	强(%)	中等(%)	差(%)	很差(%)
			(≥31.0)	(29.0—30.9)	(26.0—28.9)	(24.0—25.9)	(≤23.9)
天　津	2008/2009	28.9	7.16	38.43	53.38	0.98	0.05
	2007/2008	27.8	0.42	15.45	81.13	2.95	0.05
陕　西	2008/2009	30.4	29.89	60.97	9.13	0.02	0.00
	2007/2008	29.5	4.82	68.80	26.38	0.00	0.00
山　西	2008/2009	29.3	10.13	47.44	42.34	0.08	0.00
	2007/2008	28.7	2.91	37.89	59.11	0.09	0.00
辽　宁	2008/2009	28.8	9.56	39.74	45.08	5.40	0.22
	2007/2008	—	—	—	—	—	—

数据来源：中国纤维检验局。

6. 棉花收购加工质量总体情况良好

2008/2009年度，国家对棉花加工继续实行资格认定准入制度，全国具备资格的棉花加工企业共5157家，其中参与棉花质量检验体制改革并完成更新改造的新体制棉花加工企业1442家。2008/2009年度，全国专业纤维检验机构对5157家棉花加工企业进行了监督检查，结果表明，棉花收购加工质量总体情况良好。籽棉收购环节共抽查籽棉大垛21.25万吨，其中，品级相符率94.8%，同比增加1.3个百分点，长度相符率95.9%，同比增加0.4个百分点。加工环节共抽查成包皮棉9.1万吨，其中，品级相符率66.5%，同比下降5.1个百分点；长度相符率72.6%，同比下降1.0个百分点。超过4925家棉花加工企业能够按照国家标准分类别、分等级收购并置放收购的籽棉，超过4445家棉花加工企业能够采取措施排除异性纤维。但是，由于收购主体多元化、流动性强、市场竞争日趋激烈，交售的籽棉中混等混级现象和异性纤维等问题仍比较突出，监督检查中发现异性纤维的棉垛比例达85.4%。

2008/2009年度中国棉花加工行业运行情况回顾

刘军民

【作者简介】刘军民，男，高级工程师，1985年毕业于哈尔滨商业大学，同年调入中华全国供销合作总社郑州棉麻工程技术设计研究所，现任中华全国供销合作总社棉花质量监督检验检测中心副主任；中华全国供销合作总社郑州棉麻工程技术设计研究所科技信息部经理、技术委员会委员、中评委委员；《中国棉花加工》杂志编委、编辑部主任等职务。自2004年至今，主持和参与了多项国家级和部级科研项目，并作为专家先后参与了农业部优质棉基地建设项目评审、河南省重点实验室评审和郑州工程学院等院校数项研究课题的鉴定评审工作。先后发表了《麻袋织造工程》、《美国轧花厂干燥机设计分析》、《我国棉花加工企业粉尘现状分析》、《籽棉干燥机经济运行分析》等论文及著作。

2008/2009年度，金融危机对国际经济产生了重大影响。我国出口受创，纺织企业对原料的需求显著下降，导致国内籽棉收购价格过低，棉农植棉效益得不到保证，影响到下年度棉花生产。同时，棉花加工企业开工不足，收购加工效益低下甚至亏本经营，国家棉花质检体制改革受到一定冲击。为此，国家及时采取措施，实施大规模棉花收储政策，避免了中国棉花产业遭受更大影响。在金融危机的大背景下，2009年初国家出台了《纺织工业调整和振兴规划》，我国棉纺织工业得到恢复并持续发展。在棉花进口和纺织品服装出口同比减少的情况下，全国纺纱产量不仅没有下降，反而还在逆境中实现增长，提升了纺织行业整体效益，促进纺织工人重新就业，同时也极大地拉动了棉花加工行业的复苏和发展。

一、2008/2009年度棉花质量检验体制改革稳步推进

2008/2009年度是我国棉花质量检验体制改革的第五个推广年度，在国家发展改革委、质监总局、财政部、供销总社、农发行等五部委领导下，改革取得了新进展。新体制运行顺利，落后产能继续被合理淘汰，加工企业数量进一步缩减，规模企业蓬勃发展，仪器化公检深入人心，信息技术广泛应用，棉花加工行业整体技术水平明显提升。

1. 参加棉花质量检验体制改革的企业（以下简称“参改企业”）数量增加

随着改革的不断深入，棉花加工企业参与质量检验体制改革的意愿不断增强，新体制企业规模明显扩大。2008/2009年度，全国完成改造476家，是上年度338家的1.4倍，呈加速发展之势。

2. 参加仪器化公检的企业数量持续攀升

截至2009年8月31日，全国累计完成改造1246条生产线。其中，共有1210家棉花加工企业按照棉花质量检验体制改革方案的要求加工棉花并进行公证检验，占比达97%，是近五年来最高的一年。

表3—6　2004/2005年度以来全国参加公检企业及公检数量变化情况统计

年　度	参改企业家数	参加公检企业家数	占应参加公检企业的比例(%)	送检量(万吨)	送检量增幅(%)
2004/2005	19	19	100.0	1.7	—
2005/2006	161	99	61.5	8.5	+400%
2006/2007	570	427	75.0	77.4	+810%
2007/2008	908	720	79.0	165.0	+113%
2008/2009	1246	1210	97.0	426.7	+158%

数据来源：中国纤维检验局。

3. 全国专业纤维检验机构的建设水平提高

截至2009年8月31日，全国已经建成仪器化公证检验实验室93家，配备445台HVI，年检测能力700万吨，覆盖全部产棉地区。我国已基本建成科学、统一、国际接轨的权威性棉花仪器化检测网络，全国专业纤维检验机构建设水平跨越到一个新的层次。

4. 参改企业技术改造积极，信息化管理特征表现明显

国家在实施收储过程中执行严格的质量规定，引导参改企业加大技术改造力度，采取完善加工工艺、强化加工过程控制等措施，保证棉包质量符合收储要求。同时，随着企业对棉包条码信息管理系统的深入使用，企业信息化的特征表现明显。截至2009年8月31日，全国累计进行6800多人次的技术和信息化培训，有5265人取得棉花检验信息工资格证书。企业生产管理方式也明显表现出数据电子化、管理信息化的特征。

二、2008/2009年度棉花加工企业经营情况

1. 参改企业在国家棉花收储中利润可观

2008/2009年度，参改企业得益于国家收储政策的实施，开工率提高，效益明显好于上年度。年度初期，受全球金融危机的影响，我国棉花需求减弱，价格持续下跌，棉花购销遭遇"寒冬"。小轧花厂基本退市，大型棉花企业进退两难，多数以观望为主。为此，国家采取收储等措施，有效解决了市场阶段性供大于求的问题，促进市场棉价稳步回升。

2. 储备棉抛售对参改企业当年经营影响不大

年度后期，国家自2009年5月22日起向市场投放部分储备棉，有效保证了市场供应，稳定了棉花市场，基本满足了当期纺织用棉需求。由于加工企业前期基本上是随加工、随销售，基本上没有太多的库存，因此，国家储备棉抛售对参改企业当年经营影响不大。

3. 200型棉花加工企业规模继续萎缩

2008/2009年度，国家实施的大规模棉花收储政策使200型棉花加工企业的生存空间进一步压缩，直接参与收购加工的企业数量大幅减少，部分企业被迫退出棉花加工市场。

三、2008/2009年度棉花加工设备产销、技术现状及趋势

1. 400型打包机及配套加工设备持续热销

2008/2009年度，新体制企业规模明显扩大。除部分企业是对原生产线进行改造外，大部分是新建企业或新建加工生产线，这直接拉动了以400型打包机为核心的棉花加工设备、辅助设备和加工耗材的销售。按每条生产线平均投入500万元计算，本年度企业用于采购棉花加工设备的资金约为25亿元，设备制造企业因此获得2亿—3亿元的利润。

2. 参改企业技术改造拉动了棉花加工新技术的推广应用

2008/2009年度，国家收储政策对入库棉包质量规定，回潮率超过9%的棉包不收，回潮率在8.5%—9%之间的棉包每吨扣400元。这促使棉花加工企业加大了技术改造力度，增加了对棉花调湿设备的投入。同时，纺织用棉和期货棉对成包皮棉的质量要求进一步提高，特别是对异性纤维含量要求较高，加工企业还购置了异性纤维清理设备。企业技术改造需求拉动了棉花加工新技术的推广应用，也使得从事相关技术研发的研究机构和棉机企业获益匪浅。

3. 机采棉加工技术快速推广应用，棉花生产全程机械化、自动化程度不断提高

随着新疆棉区机采棉种植面积的不断增加，机采棉收获量占比越来越高。与手采棉相比，机采棉对加工设备性能有着更高的要求。强大的市场需求促进国内科研机构和主要棉机制造企业在机采棉加工技术和装备方面加大研发力度，机采棉加工技术得到快速发展和应用。在消化吸收国外先进技术的基础上结合中国国情研制开发的田间(货场)籽棉打模、自动均匀喂料、高效节能系统成套设备，满足了棉花加工企业对机采棉的加工要求，为棉机制造行业开辟了新的发展方向。

4. 棉花加工行业第一个国家级科技计划正式启动实施

为贯彻《国家中长期科学和技术发展规划纲要》精神，全面提升棉花加工产业的科技创新能力，推动我国棉花加工产业升级发展，经国家科技部批准立项，"十一五"国家科技支撑计划"棉花加工产业升级关键技术研究开发"的重点项目于2009年1月正式启动，由中华全国供销合作总社负责组织实施。该项目紧紧围绕棉花加工产业升级的共性关键技术进行联合攻关和产业化示范，着力对影响棉花加工产业升级的重大关键技术进行突破，切实提升棉花加工产业的生产力水平，优化产业结构，推动我国棉花加工产业由劳动强度大、生产方式落后向加工过程自动化、管理信息化转变，促进棉花加工产业安全、高效、低耗、低排放生产，提高棉花加工产业资源利用率和综合效益，为实现我国棉花加工产业整体升级，促使我国从棉花大国、纺织大国向棉花强国、纺织强国的转变提供技术支撑。

5. 棉花加工工程技术研究中心开始全面运行并取得一批科技成果

2009年，中华全国供销合作总社棉花加工工程

技术研究中心开始全面运行。中心以各专业实验室建设为工作中心，配合承担的“十一五”国家科技支撑计划项目的实施，深入开展了以棉花调湿技术及装备研发工作为中心的一系列研发活动。一批技术成果在行业中转化应用，进一步巩固了工程中心在中国棉花加工行业中的技术核心地位。

四、2008/2009年度棉花加工行业存在的主要问题

1. 全国各地加工企业改造进度差异明显

2008/2009年度，全国各地改造进度差异比较明显。在实际完成的1246条生产线中，甘肃、江苏和河北等省的企业基本按照计划实施，而河南、山东、安徽、新疆兵团、天津等省(市、自治区)技改数量占其整体规划数量的比重较低，实施进度有待提高。

2. 部分参改企业没有开秤收购

2008/2009年度，部分参改企业没有开秤收购，原因主要有三个方面：一是当年棉花种植面积大幅减少，可收购籽棉数量不足以维持基本开工需求；二是企业布局不合理，相互间存在恶性竞争；三是加工企业资金成本高，多数棉花企业收购资金来自社会集资或商业银行贷款，利息高，许多有证企业因收购无利润、风险较大或资金紧张而没有开秤收购。

3. 规模企业的兼并重组面临政策制约

2008/2009年度，棉花加工企业间出现兼并重组的情况，但面临政策制约，存在操作困难。部分已完成改造并具备公检条件但未列入国家贴息规划的加工生产线不能享受国家贴息贷款，也不能进入公检，这既影响企业经营，又影响棉包信息的汇总。

五、意见和建议

2008/2009年度，我国棉花加工行业在取得了一定成绩的同时，还面临着诸多挑战。为迎接挑战，棉花加工行业需要重点关注以下方面：

1. 金融危机冲击产生的后果不可低估

在金融危机的冲击下，我国植棉面积下滑、生产萎缩的危险信号已出现。我国棉花生产的比较优势和劳动力优势在削弱，面积缩减将是一种趋势，而且问题可能会越来越严重，新体制企业将面临籽棉收购量严重不足的问题，企业间竞争趋于激烈，或打价格战，或企业被动停业。无论哪种情况，对新体制加工企业的打击都是致命的。为应对可能出现的这种形势，各方面需要共同努力，积极应对，本土企业要做好与国际棉商巨头竞争的准备，强化企业管理，练好内功。

2. 棉花加工企业要重视籽棉收购质量

在收购市场基本放开的情况下，籽棉收购质量越发难以把控，但这一环节必须做好，因为如果籽棉收购工作做不好，将严重影响加工设备工作性能的发挥，棉花加工质量也得不到保证。

3. 棉花加工企业要重视棉副产品的加工利用工作

除籽棉收购和加工外，棉花加工企业还要重视对棉副产品的加工利用，这一部分利润往往是加工企业生产利润的主要来源，尤其对棉籽的加工利用程度决定着一个加工企业的整体利润水平。在棉花收购市场完全放开、加工工艺和加工设备趋同、生产管理水平日益提高的情况下，棉花加工环节的增效潜能不大，因此必须重视棉副产品的加工利用。近几年，棉籽、棉短绒等副产品价格大幅上涨，至少降低皮棉成本2000—3000元/吨。

4. 重视技术研发、成果转化与示范推广工作

国家储备政策对入库棉包质量的规定、纺织用棉和期货市场对成包皮棉质量的要求进一步提高，这给棉花加工企业提出了更高要求，其加工管理成本将进一步提高。因此，棉花加工企业需要加大技术改造力度，适时引进先进的加工技术和设备，重视加工过程质量控制，整体提升企业科技水平。

5. 国家要重视企业间的兼并重组

国家相关部门应继续推进棉花质检体制改革，着力解决改革发展中存在的体制问题和技术难题，力争早日达到规划目标。为更好地体现国家支持企业做大做强的鼓励政策，建议放开企业多条生产线的限制措施，只要企业连续3年公检量具备一定数量的规模，则可以解除对该企业申报多条生产线的审批限制，以便于企业间兼并重组的实际操作。

2008/2009年度中国农业发展银行棉花信贷发放和管理情况回顾

中国农业发展银行　高　鹏

【作者简介】高鹏，男，中央财经大学财政专业毕业，硕士学历。2006年进入中国农业发展银行工作至今，主要从事产业化龙头企业棉花贷款工作。

2008/2009年度，受全球金融危机的影响，国内外经济形势错综复杂，棉纺企业需求不振，棉价大幅波动，棉花生产受到冲击，中国棉花市场形势严峻。中国农业发展银行(以下简称农发行)作为农业政策性银行，一直以来在支持棉花产业发展、助推流通体制改革、促进农民增产增收等方面发挥着重要的作用。面对该年度复杂的市场形势，农发行一方面积极参与国家宏观调控政策的制定和实施，稳定市场价格；另一方面及时制定并严格执行信贷政策，适时调整完善管理措施，继续发挥棉花收购资金供应主渠道作用，确保棉花收购信贷资金供应工作平稳运行。

2008/2009年度，农发行各级机构共投放棉花贷款1162.87亿元，其中国储棉贷款353.00亿元，支持收储5440万担；棉花收购贷款511.29亿元，支持企业收购皮棉8691万担，支持收购量约占当年全国棉花总产量的58%；棉花产业化龙头企业贷款188.58亿元；棉花调销、良种、流转、技改等其他贷款约110亿元。其中，新疆分行共发放收购贷款304.53亿元，同比增加20.76亿元；支持企业收购皮棉4865万担，同比增加515万担；支持收购量占当年新疆地区棉花总产量的81%左右。

一、准确把握棉花收购信贷政策　积极支持棉花收购

2008/2009年度，农发行按照“区别对待，择优扶持”的原则，继续深入研究棉花收购信贷工作面临的复杂形势，制定把握信贷政策，并根据市场变化适时调整，保证了棉花收购信贷资金供应工作平稳进行。主要工作有：一是于2008年7月份召开棉花信贷工作会议，及早部署2008/2009年度收购信贷资金供应工作。二是收购开始前赴各主产省进行调研并广泛征求意见，在此基础上形成《关于做好2008/2009年度收购信贷工作的意见》，明确做好新年度棉花收购工作的一系列政策要求。三是认真部署，合理布局，做好2008/2009年度棉花收购贷款资格认定工作，并配合国家棉花质检体制改革，逐步完善贷款企业准入和退出机制，优化客户信贷结构。全年度取得农发行收购贷款资格的企业为935家，其中民营企业占比84%，国有企业占比6%，供销社企业占比10%；经农发行评定信用等级A级以上(含)的企业占比96%，同比提高6个百分点。四是科学制定“双线”政策。在深入广泛调研和科学测算的基础上，综合分析市场走势、各方利益后，印发文件确定贷款上限，并根据中国棉花价格指数每周测算贷款风险控制线，作为支持贷款投放和控制贷款风险的重要依据，确保市场稳定。五是积极组织大型重点棉花流通企业入市收购。为更好地发挥大型重点棉花流通企业在棉花产业链中的主渠道作用，农发行在充分调查研究、广泛征求意见的基础上下发了《关于加强对大型重点棉花流通企业信贷支持的指导意见》，明确了大型重点棉花流通企业的标准以及相关信贷政策，并按照“一企一策”的原则确定拟支持的大型重点棉花流通企业资格，通过对大型重点棉花流通企业的大力扶持，组织优势企业开展新棉收购，更好地解决棉农“卖难”的问题，促

进棉花产业链的整合。

二、积极参与国家宏观调控　支持国储棉入储和销售工作

2008/2009年度，受金融危机影响，棉花市场形势异常复杂，棉花价格先跌后涨，大起大落，最高价差达3069元/吨。该年度伊始，棉花价格一路下滑，为维护棉花市场稳定、防止市场价格下滑使棉农利益受到损害，农发行积极协调相关部门，争取多方政策支持，与国家发展改革委、财政部等部门联合下达了国家收储272万吨新疆棉的计划，这是自棉花流通体制改革以来最大规模的收储计划。农发行共投放收储资金353亿元，这也是历史年份里投放国储棉贷款数量最多的一年，有效缓解了国内棉花市场需求不旺、价格下跌的局面。2009年4月初，市场供给趋紧，棉价出现了加速上升的势头，农发行多次参加有关部门组织的棉花形势分析会和国储棉收储、销售有关事宜的研究会议，出台抛储措施，稳定市场价格。在参与国家宏观调控政策制定和协商的同时，农发行督促企业积极交售符合质量等级要求的国储棉，协调做好国储棉入库和出库的资金结算工作，有力地保证了宏观调控政策的实施。

三、引导企业正确判断市场　适时促销收贷

农发行密切关注2008/2009年度国内棉花市场上错综复杂的形势，充分考虑国内外经济形势变化和国家宏观调控政策对市场的影响，引导企业正确研判市场，增强风险防范意识，做好促销收贷工作。为帮助企业实现均衡销售、顺价销售，农发行一方面加强对市场的调研，通过指派专人定期了解各省棉花市场形势和购销进度、赴重点省份对收购和销售工作进行现场指导、组织棉花主产省召开棉花市场形势分析会等形式对棉花市场进行全面的研究分析；另一方面，在农发行系统内搭建棉花产需衔接网上平台，定期发布棉花供求信息，利用农发行整体信息资源优势，促进贷款购销企业和棉纺织企业的供需衔接，实现棉花信息资源和信贷资源的优化整合。2009年上半年，在国内棉花市场供不应求、棉价快速上升的情况下，农发行督促贷款企业加快销售，及时收贷，对稳定棉花市场起到了重要作用。

四、延伸产业链条　积极支持棉花产业发展

2008年的金融危机对我国实体经济，特别是棉纺企业的影响尤其严重。在这样的背景下，面对国内复杂多变的经济形势，农发行及时研判国内外有关行业市场形势，按照“区别对待、有保有压、择优扶持、严控风险”的原则，做好棉纺企业信贷业务，延伸产业链条，加大对整个棉花产业的支持力度。2008/2009年度，农发行共发放产业化龙头企业棉花贷款188.58亿元。截至2009年8月底，共支持棉花产业化龙头企业455家，涉及纺纱、织布、印染、服装、家纺、产业用纺织品等多个行业。农发行对纺织行业的支持对帮助棉纺行业渡过危机、完成整个行业的结构性调整起到了重要的促进作用，同时也扩大了农发行的业务范围，有利于实现棉花贷款的封闭运行管理。此外，农发行还结合农村金融及贷款企业的实际情况，利用自身优势，通过棉花技改贷款、良种贷款、调销贷款等多个贷款品种对贷款企业进行支持，推动棉花产业的发展。

五、强化信贷监管　有效防控信贷风险

面对2008/2009年度复杂多变的市场形势，农发行始终坚持封闭管理，继续大力推行棉花库存第三方监管，进一步强化棉花企业“三金”管理，在做好棉花收购信贷资金供应工作的同时，有效防范了信贷风险，保证了棉花收购资金的顺利收回。

一是继续坚持封闭运行管理，严格监管企业第一还款来源。农发行各级机构严格按照“钱随棉走、专款专用、库贷挂钩、封闭运行”的要求，强化对企业实物库存和资金流的监管，完善台账制度，并建立了定期综合分析制度，每月定期分析企业生产经营、贷款使用、财务等状况，对贷款额度较大的客户进行重点监测和管理。

二是完善棉花库存第三方监管办法。棉花库存实行第三方监管是加强棉花信贷管理、防范信贷风险行之有效的措施。2008/2009年度，农发行坚持“购

贷销还、封闭管理”的原则，继续大力推行棉花库存第三方监管，扩大第三方监管的覆盖面。同时，与棉花交易市场多方探讨磋商，对第三方监管协议文本进行规范。大力推行第三方监管从源头上提高了棉花库存监管水平。

三是继续加强对棉花企业“三金”的管理。2008/2009年度农发行继续强化对企业自筹资金、风险准备金和经营者风险担保金的管理，要求企业自筹资金必须足额、真实，在企业使用贷款前筹集到位，按照企业信用等级，因企制宜、区别对待，选择是否缴纳风险准备金和经营者风险担保金以及缴纳比例，鼓励企业不断积累和补充自有资金，逐年提高自有资金所占比例。

2008/2009年度中国纺织经济运行报告

国家棉花市场监测系统　研究室

【单位简介】国家棉花市场监测系统是国家有关部门批准建立的棉花市场信息监测、发布与预警系统，为国家电子政务工程重点项目之一。由中国储备棉管理总公司与国家发改委价格监测中心共同建设，中国储备棉管理总公司为项目法人，中储棉花信息中心具体负责系统建设与运行维护管理。系统的建设目标是密切跟踪国内外棉花市场变化，准确反映市场供求趋势；为国家宏观调控决策提供可靠的决策依据；为涉棉企业经营决策提供信息参考，正确引导国内棉花生产与消费。

2008/2009年度，我国纺织工业生产和投资同比继续增长，但增速明显下滑；纺织品服装出口形势严峻，尤其是棉制产品同比降幅较大。2009年1—8月，纺织行业各项经营指标平稳增长，利润率略有提高。

一、纺织生产增速放缓　地区增长有差异

2008/2009年度，我国纺织生产增速同比放缓。各地区纺织生产增长不均衡，格局与上年度大致相同。

1. 主要纺织品产量增速同比放缓

2008/2009年度，我国多数纺织产品产量同比增速有所放缓。据国家统计局统计，我国纱产量2266.1万吨，同比增长7.2%，增速同比放缓3.4个百分点；布产量547.5亿米，同比增长0.4%，增速同比放慢13.1个百分点；棉布产量303.1亿米，同比增长5.3%，增速同比放慢5.1个百分点；服装产量225.6亿件，同比增长9.0%，增速同比放慢0.6个百分点；针织服装产量128.8亿件，同比增长13.7%，增速同比加快0.1个百分点；梭织服装产量96.8亿件，同比增长3.4%，增速同比放缓2.9个百分点。

2. 主要省份纺织生产增长不均衡

分省来看，2008/2009年度山东、江苏、河南省纱产量位居全国前三位，其中，山东省纱产量644.6万吨，同比增长5.1%；江苏省纱产量393.6万吨，同比增长3.4%；河南省纱产量320.8万吨，同比增长10.2%。其他主要省（市、自治区）中，江西、四川和福建三省纱产量同比增速较高，分别为27.9%、22.5%和20.3%；广东、新疆和辽宁三省纱产量呈负增长，分别同比下降10.4%、9.4%和3.2%。

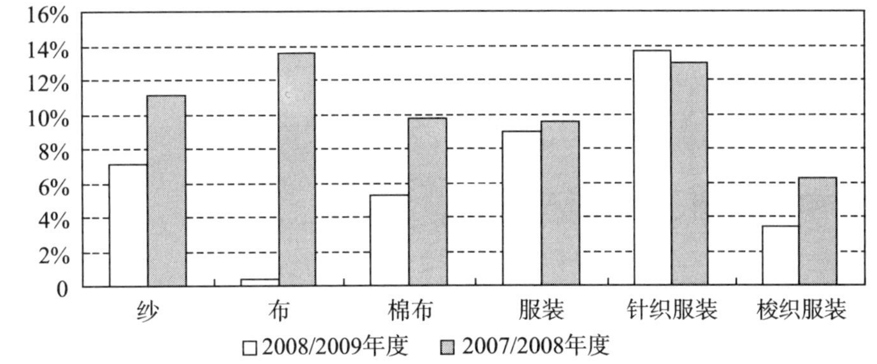

3—3 2007/2008 和 2008/2009 年度我国主要纺织原料及纺织产品产量同比增速情况

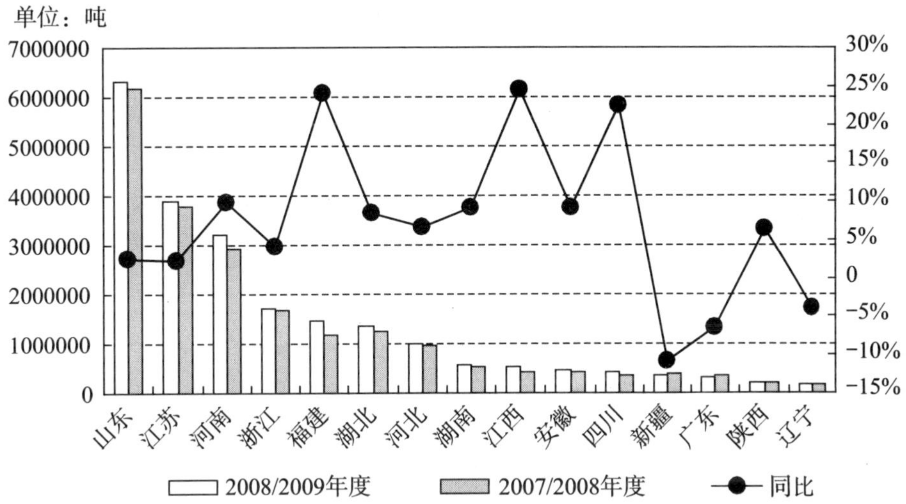

图 3—4 2007/2008 和 2008/2009 年度主要省市纱产量及同比增速情况

2008/2009 年度，棉纱产量位居前三位的省份依次为山东、河南和江苏，其中，山东省棉纱产量 597.9 万吨，同比增长 4.8%；河南省棉纱产量 310.7 万吨，同比增长 11.1%；江苏省棉纱产量 283.8 万吨，同比增长 3.6%。其他主要省(市、自治区)中，江西和四川两省同比增速较高，均超过 20%；福建、新疆和广东三省棉纱产量同比下降，降幅分别为 40.4%、10.9%和 2.3%。

2008/2009 年度，浙江、山东和江苏三省布产量较高，其中，浙江省布产量 131.0 亿米，同比增长 11.2%；山东省 122.7 万米，同比下降 6.8%；江苏省 52.9 万米，同比下降 41.7%。其他主要省市中，河北省布产量增速相对较高，同比增长 26.6%；四川、重庆和广东三省布产量同比增速均超过 15%；而陕西、安徽和辽宁三省布产量同比降幅较大，均超过 10%。

2008/2009 年度，山东、江苏、湖北三省棉布产量居全国前列，其中，山东省棉布产量 99.0 亿米，同比增长 2.0%；江苏省棉布产量 44.2 亿米，同比增长 2.3%；湖北省棉布产量 31.7 亿米，同比增长 6.9%。其他各主要省(市、自治区)中，河北、福建、重庆三省市的棉布产量同比增幅较大，均超过 30%；浙江和广东两省棉布产量增幅均超过 25%；而陕西和安徽两省棉布产量同比下降，降幅分别为 12.8%和 17.5%。

2008/2009 年度，服装生产主要集中在东南沿海省份，产量位居前三的省份为广东、浙江和江苏，其中广东省服装产量 52.6 亿件，同比增长 5.4%；浙江省 40.3 亿件，同比下降 4.0%；江苏省 37.2 亿件，同比增长5.4%。其他各主要省市中，福建、湖北和安徽三省服装产量同比增幅较大，均超过30%；而上海、天津、浙江和北京四省市服装产量同比下降，降幅分别为27.6%、9.1%、4.0%和2.3%。

二、纺织品服装出口大幅下降　棉制产品降幅相对较大

2008/2009年度，我国纺织品服装出口总额同比下降，且降幅逐月加深，对欧盟等主要市场纺织品服装出口增速大大放缓。其中纺织品下降趋势比较突出，棉制纺织品服装出口形势更不乐观。

1. 纺织品服装出口额低于上年度，月度同比连续五个月下降

受国际经济形势不利的影响，2008/2009年度我国纺织品服装出口额1753.3亿美元(含94章褥垫、睡袋及其他寝具)，同比下降5.7%，增速同比下滑17.9个百分点，其中，纺织品出口额630.7亿美元，同比下降8.3%，增速同比下滑28.7个百分点；服装出口额1122.6亿美元，同比下降4.1%，增速同比下滑12.1个百分点。

从月度走势来看，自2008年12月以来，我国纺织品服装出口同比增速整体呈波动下滑走势。其中，2009年2月增速陡然下挫，纺织品服装出口额同比降幅高达35.3%；2009年3—8月，纺织品服装出口持续低迷，出口额连续五个月同比下降。值得注意的是，纺织品出口下降的趋势更为突出，从2008年11月起就表现出明显的下行趋势，而且多数月份降幅大于服装。

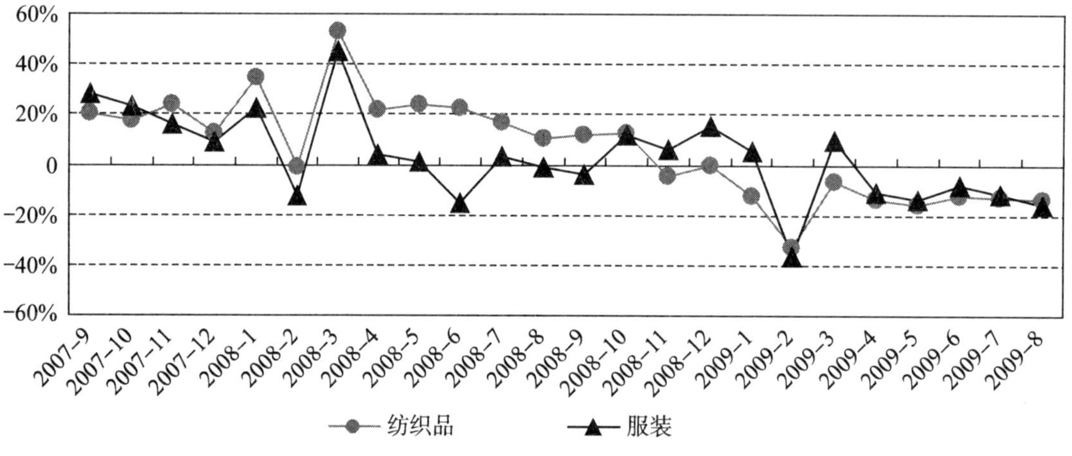

图3－5　2007年9月以来纺织品与服装出口额同比增速走势

2. 对多数市场纺织品服装出口额同比下降

2008/2009年度，我国纺织品服装主要出口市场排名前五位的依次为欧盟、美国、日本、中国香港和东盟。其中，对欧盟出口额达375.8亿美元，占全国纺织品服装出口总额的21.4%，份额同比提高1.6个百分点；对美国出口额269.1亿美元，占15.4%，份额同比提高0.9个百分点；对日本出口额221.5亿美元，占12.6%，份额同比提高1.3个百分点；对中国香港出口额142.3亿美元，占8.2%，份额同比下降0.9个百分点；对东盟出口额104.9亿美元，占6.0%，份额同比下降0.2个百分点。

2008/2009年度，我国对欧盟纺织品服装出口额同比增长2.1%，同比放慢32.1个百分点；对美国出口额同比增长0.3%，同比加快0.3个百分点；对日本出口额同比增长4.9%，同比放缓0.5个百分点。我国对其他多数出口市场同比下降，其中对加拿大、中国香港、中国台湾出口额降幅在10%—20%，对韩国和墨西哥出口额降幅均超过20%，对土耳其和中国澳门降幅分别下降43.9%和49.0%。

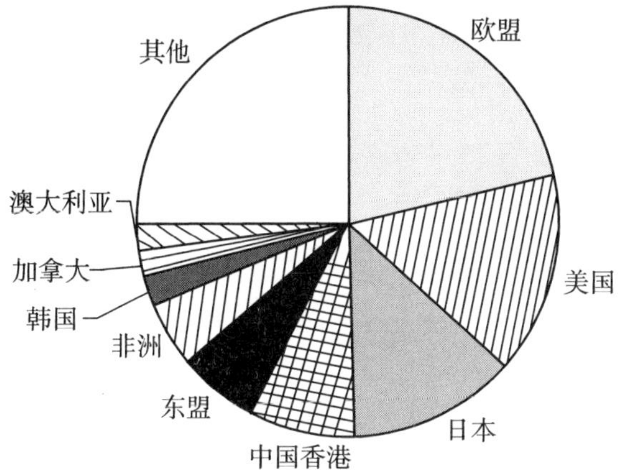

图 3—6　2008/2009 年度我国对主要市场纺织品服装出口额占总额比重

3. 东南沿海地区出口比重遥遥领先

2008/2009 年度，纺织品服装出口额占全国比重前五位的省市分别为浙江省 23.4%、广东省 18.5%、江苏省 16.0%、上海市 9.2%和山东省 8.4%，主要集中在东南沿海地区。各主要出口省市中，福建和安徽两省纺织品服装出口额同比增长，增幅分别为 15.1%和 1.0%；大多数主要省市出口额有所下降，黑龙江省降幅最大，达 30.2%，广东、新疆、北京和四川省（市、自治区）出口额降幅在 10%—20%，浙江、江苏、上海、山东、辽宁及河北等省市纺织品服装出口降幅在 1%—5%。

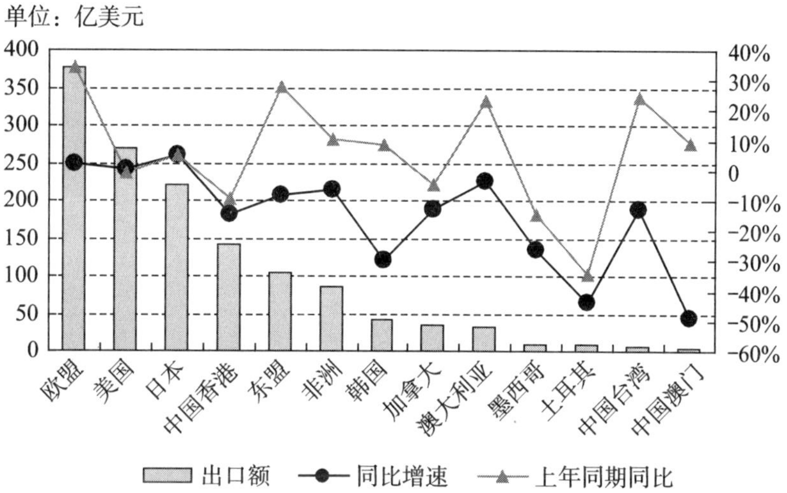

图 3—7　2008/2009 年度我国对主要贸易地区纺织品服装出口额及同比增速

4. 棉制纺织品服装出口降幅高于总体水平

2008/2009 年度，我国棉制纺织品服装出口总额 648.4 亿美元，同比下降 9.6%，高于纺织品服装出口降幅 3.9 个百分点，增速同比下降 15.7 个百分点，其中，棉制纺织品出口额 181.6 亿美元，同比下降 11.3%，高于纺织品出口额降幅 3.0 个百分点，增速同比下降 27.5 个百分点；棉制服装出口额 466.9 亿美元，同比下降 8.9%，高于服装出口额降幅 4.8 个百分点，增速同比下降 11.4 个百分点。

三、纺织行业投资增速放缓

2008/2009 年度，纺织全行业实际完成投资同比增长 4.1%，增速同比下降 7.9 个百分点，其中，纺织业实际完成投资同比增长 1.4%，增速同比下降 5.6 个百分点；棉纺织行业同比增长 1.2%，增速同比下降 0.8 个百分点；纺织服装制造行业实际完成投资同比增长 14.9%，增速同比下降 7.1 个百分点。

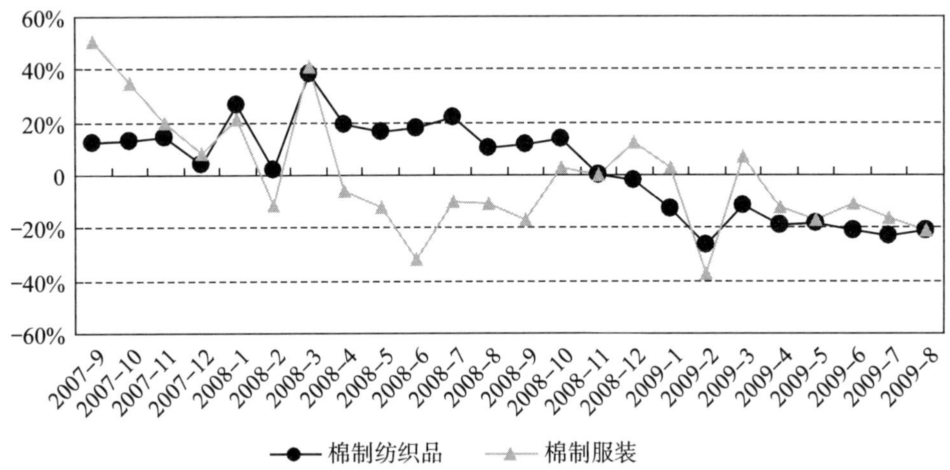

图 3－8　2007 年 9 月以来棉制纺织品服装出口同比增速走势

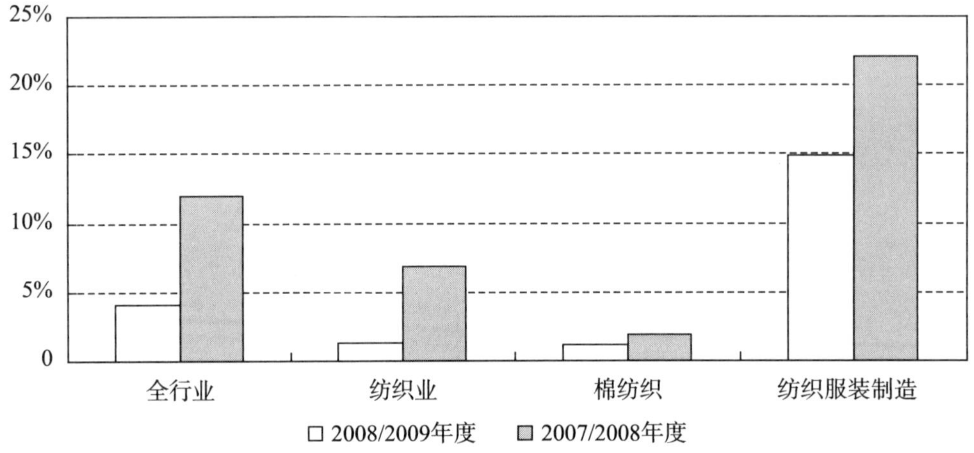

图 3－9　2008/2009 年度纺织行业投资同比增速与上年度对比

分省(市、自治区)来看,2008/2009 年度,江苏、山东、河南三省纺织全行业投资总额占全国比重均超过 10%,河北、浙江、江西和安徽四省均超过 5%,其中,江苏省全行业投资额 454.8 亿元,同比增长 0.6%,增速同比加快 4.1 个百分点;山东省投资额 348.2 亿元,同比下降 18.2%,增速同比放缓 3.7 个百分点;河南省投资额 295.5 亿美元,同比增长 12.4%,增速同比放慢 40.4 个百分点。

1. 棉纺织行业

2008/2009 年度,河南、河北、江苏与山东四省棉纺织行业投资占全国比重均超过 10%,浙江和湖北两省均超过 5%,其中,江苏省棉纺织行业投资额 108.4 亿元,同比下降 7.6%,同比放慢 1.6 个百分点;山东省投资额 98.8 亿元,同比下降 24.5%,同比加快 5.7 个百分点;河南省投资额 135.4 亿美元,同比增长 15.0%,同比放慢 11.2 个百分点。

2. 纺织服装制造行业

2008/2009 年度,江苏和山东两省纺织服装制造业投资占全国比重均超过 10%,分别为 13.4% 和 13.3%,河南、江西和安徽三省均超过 8%。各主要省市中,辽宁、吉林、河北和安徽四省的固定资产投资同比增幅均超过 40%,山东、浙江和四川三省投资额同比有所下降,降幅分别为 25.1%、20.6% 和 6.3%。

四、纺织行业经营状况逐步改善

2009年1—8月，纺织行业各项主要经济指标平稳增长，与2009年1—5月相比明显好转。其中，纺织行业利润实现较大幅度增长，增速超过上年同期，纺织行业利润率、产销率等指标均有明显改善，但出口交货值同比降幅依然较大。

1. 2009年1—8月纺织全行业主要经营指标平稳增长，利润率略有提高

2009年1—8月，纺织全行业实现利润844.7亿元，同比增长12.3%，增速同比提高9.1个百分点；纺织行业主营业务收入22647.2亿元，同比增长7.4%，增速同比下降8.1个百分点；资产合计24819.8亿元，同比增长7.5%，增速同比下降5.8个百分点；工业总产值(当年价)23707.8亿元，同比增长7.5%，增速同比下降8.1个百分点；工业销售产值(当年价)23098.2亿元，同比增长7.4%，增速同比下降8.6个百分点；内销交货值18457.6亿元，同比增长11.7%，增速同比下降7.3个百分点；出口交货值4640.6亿元，同比下降6.9%，增速同比下降14.0个百分点。

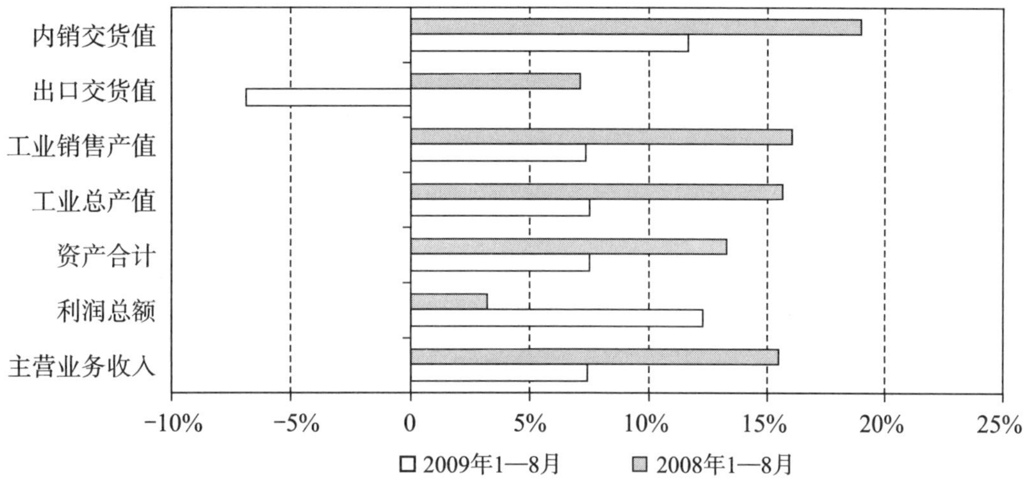

图3—10　2009年1—8月纺织业主要经营指标同比增速对比

2009年1—8月，纺织行业产品销售收入利润率3.7%，同比上升0.2个百分点；产销率97.4%，同比下降0.1个百分点；资产负债率58.6%，同比下降1.1个百分点；应收账款周转率8.3%，同比提高0.1个百分点；流动资产周转率1.8%，与上年同期基本持平。

2. 2009年1—8月大部分省市纺织企业利润增长，利润率提高

2009年1—8月，山东、江苏和浙江三省纺织企业利润总额居全国前列，其中，山东省纺织企业利润总额224.4亿元，同比增长3.9%；江苏省173.5亿元，同比增长18.5%；浙江省162.9亿元，同比增长7.0%。其他主要纺织省市中，江西和四川两省增速同比均有提高，分别为82.2%和52.4%；上海和北京两市利润总额同比降幅较大，分别下降20.3%和39.4%。在各纺织大省中，河南省纺织企业利润率位居全国首位，为7.6%；其次为山东省和河北省，利润率均超过5%；福建、江西、浙江、上海、江苏、湖北、四川七省市纺织企业的利润率在2%—5%；安徽、广东、辽宁、北京四省市纺织企业的利润率在1%—2%。

3. 棉纺织行业经营压力有所缓解

2009年1—8月，棉纺织行业主营业务收入、销售产值、利润同比增速均稳步回升，呈现出明显向好

趋势，但出口交货值同比降幅仍然较大。

2009 年 1—8 月，棉纺织行业实现主营业务收入 6142.9 亿元，同比增长 8.0%，增速同比下降 9.0 个百分点；利润总额 222.6 亿元，同比增长 4.3%，增速同比下降 11.6 个百分点；资产合计 6523.2 亿元，同比增长 7.9%，增速同比下降 4.2 个百分点；工业总产值（当年价）6327.1 亿元，同比增长 7.0%，增速同比下降 10.8 个百分点；工业销售产值（当年价）6184.7 亿元，同比增长 6.9%，增速同比下降 11.2 个百分点；内销交货值 5670.3 亿元，同比增长 10.3%，增速同比下降 9.2 个百分点；出口交货值 514.4 亿元，同比下降 20.3%，增速同比下降 28.0 个百分点。

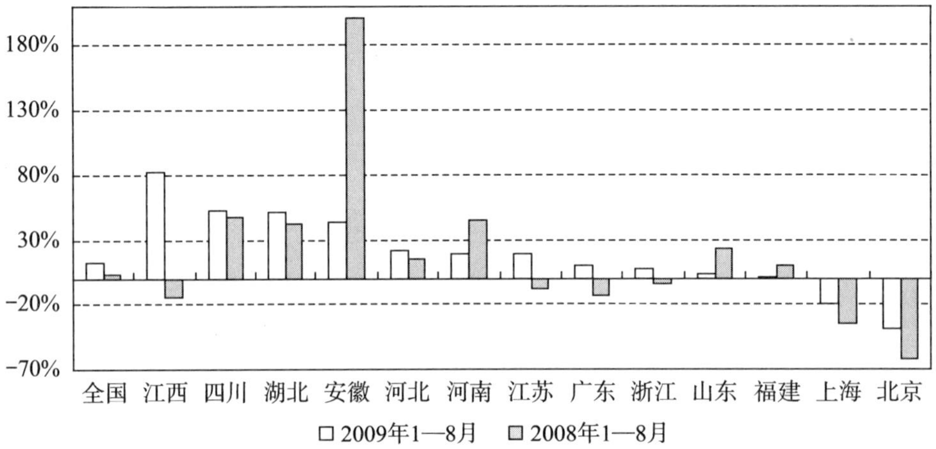

图 3－11　2009 年 1—8 月各纺织大省规模以上纺织企业利润同比增速与上年同期对比

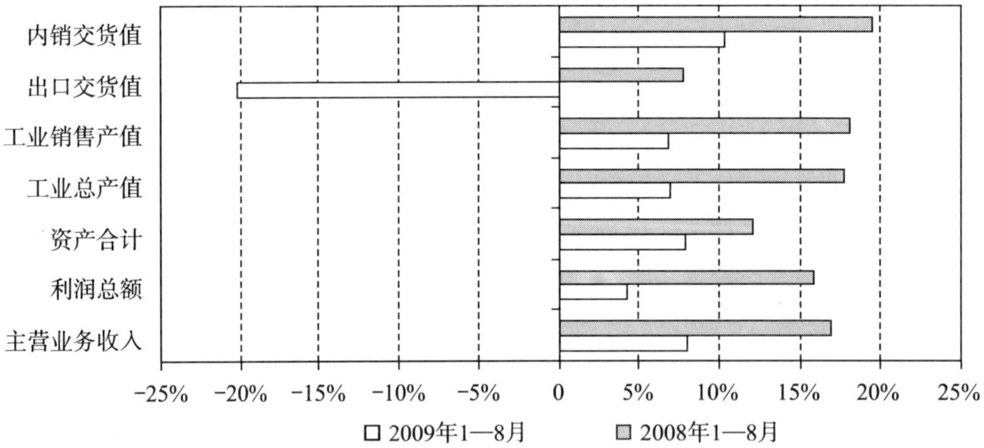

图 3－12　2009 年 1—8 月棉纺织行业主要经济指标同比增速与上年同期对比

2009 年 1—8 月，棉纺织行业各项经营指标同比有升有降，其中，应收账款周转率提高 0.1 个百分点；而销售收入利润率、产销率和资产负债率均有所下降，分别下降 0.1 个、0.1 个和 2.0 个百分点。

从近年来中国纺织业的演进过程看未来发展趋势

中国纺织工程学会　龚进礼

【作者简介】龚进礼，中国纺织工程学会秘书处处长，高级经济师。1986年毕业于厦门大学数学系，曾任中国纺织信息中心统计信息部主任，主要从事计量经济、纺织经济方向的研发。

21世纪前10年是我国由纺织工业大国向强国转变的具有划时代意义的10年。在此期间，有三大历史事件对我国纺织工业的发展产生了重要影响：一是中国加入WTO，全球纺织品配额制度逐步取消，我国纺织工业发展赢得了全球化市场空间，纺织品服装的国际市场竞争力得以充分体现；二是中国工业化进程加速，宏观政策导向、市场消费需求变化和要素配置支持等方面的市场环境发生变化，纺织工业的市场竞争性特征日趋显著；三是由美国次贷危机引发的全球性金融危机，在市场需求和供给两个方面深刻地影响着纺织工业的发展方向，我国纺织工业进入了产业创新和结构调整的历史发展新阶段。本文将依据纺织统计数据来分析近年来纺织行业发展的主要特征，并对未来几年的发展趋势予以展望。

一、近年来中国纺织经济运行的主要特征分析

自2007年起，美国次贷危机开始向全球蔓延。2008年9月雷曼兄弟破产，由此引发了全球性金融危机，直接导致国际消费需求锐减。为化解金融危机的不利影响，美、日、欧等发达国家相继注资救市。与此同时，为应对全球金融危机的冲击，我国政府也及时提出“扩内需、保增长”的宏观调控目标，并出台了一系列配套政策，如4万亿经济刺激计划和10个重点行业的产业振兴规划等。事实表明，我国宏观调控成效显著，在全球经济全面衰退的情况下，我国经济仍继续保持了平稳增长的态势。近年来，我国纺织工业主要表现出以下特征：

1. 纺织生产和投资保持增长，但增幅大幅下降

中国加入WTO后，随着纺织品配额制度的取消，我国纺织品服装的国际竞争力潜能得以充分释放。在国际市场需求的拉动下和工业化加速消费结构升级的有力推动下，我国纺织工业投资和生产均快速增长。从统计数据看，2002—2007年间，我国主要纺织产品产量年均增速均在两位数以上，化纤、纱及服装产量在五年中翻了1倍左右，布和印染布的产量也分别增长了82.4%和91.9%。

表3—7　2009年我国主要纺织产品产量及增速比较

单位：万吨、亿米、亿件

	化　纤	纱	布	印染布	服　装
2009年	2726.06	2405.61	567.43	539.80	237.50
2007—2009平均增速(%)	6.82	9.79	8.07	4.95	8.54
2002—2007平均增速(%)	19.23	20.00	16.48	18.37	22.04
增速比较(±%)	−12.41	−10.21	−8.41	−13.42	−13.50

数据来源：国家统计局。

在固定资产投资上，这种增势更加明显。2002年至2007年的五年间，纺织工业固定资产投资增长了1.78倍，其中，纺织业增长1.71倍，针织业增长2.23倍，化纤业增长1.53倍，服装业增长2.33倍。

近年来，我国纺织工业形成了巨大生产能力。但是受全球性金融危机的影响，国际纺织品需求锐减，纺织产能相对过剩的矛盾日益突出，这主要反映在生产和投资增速大幅下降上。2007—2009年间，我国主要纺织品的产量增速均大幅下降了10个百分点左右，除布之外的纺织大类产品的固定资产投资年均增速下降幅度均在两位数以上，其中，服装业年均增速的下降幅度最高，达35.05个百分点。

表3—8　2009年纺织业固定资产投资额及增速比较

单位:亿元

	纺织工业	纺织业	针织业	化　纤	服　装
2009年	3102.04	1735.88	290.16	273.30	949.44
2007—2009平均增速(%)	10.24	7.61	11.82	3.40	11.63
2002—2007平均增速(%)	35.68	34.34	44.58	30.63	46.68
增速比较(±%)	−25.44	−26.73	−32.76	−27.23	−35.05

数据来源:国家统计局。

2. 纺织品服装出口下降，内需成为拉动纺织经济增长的主推动力

据海关总署统计，2009年我国纺织品服装出口额1713.32亿美元，同比下降9.65%，其中，纺织品出口额642.81亿美元，下降7.95%；服装出口额1070.51亿美元，下降10.63%。这是进入21世纪后我国纺织品服装出口首次出现负增长。从增长的阶段变化看，2002—2007年，我国纺织品服装出口年均增速22.67%，而2007、2008、2009年我国纺织品服装出口增速分别为19.11%、7.98%和−9.65%，与2002—2007年年均增速相比，分别下降了3.56个、14.69个和32.32个百分点。在出口主要国别上，2009年除对美出口增长3.44%、对日出口增长0.27%外，对其余主要出口地区均为负增长。这表明全球纺织品服装消费低迷状态仍在延续。

近年来，随着我国工业化进程加速和消费结构升级，纺织内销增长对纺织经济的拉动作用日益显著，内需占纺织生产需求的比重快速增长。据国家统计局统计，2009年1—11月，我国纺织规模以上企业内销产值达26740.33亿元，同比增长12.92%，比同期纺织销售产值增幅9.82%高3.1个百分点，占全部销售产值的比重达79.89%，同比提高3.15个百分点。据海关总署统计，2009年我国纺织品服装进口额1671亿美元，同比下降9.24%，其中一般贸易进口同比增长10.16%，而来料和进料加工贸易的进口分别下降18.94%和12.14%。进口一般贸易的增长和加工贸易的下降反映出在全球消费需求明显下降的同时，我国纺织内销市场独树一帜，需求强劲的态势十分显著。

表3—9　2001—2009年全国纺织业固定资产投资区域占比情况

	2009年	2007年	2005年	2001年
东部地区(%)	48.39	57.46	70.14	69.53
中部地区(%)	35.35	26.38	18.82	16.88
西部地区(%)	16.25	16.15	11.04	13.58

数据来源:国家统计局。

3. 结构调整步伐加快，企业分化重组态势显著

近年来，我国工业化进程的加速和国内外经济贸易环境的变化推动了我国纺织业结构的调整步伐。从固定资产投资情况来看，纺织工业正经历着由东部向中西部加速转移的过程。如表3—9所示，21世纪前5年，我国东部地区固定资产投资占全部固定资产投资70%左右，中部地区不足20%；截至2009年，我国东部地区固定资产投资占比下降至48%，与2005年相比下降了22个百分点，而同期中部地区上升了

16.53个百分点，西部地区上升了5.21个百分点。纺织区域结构的调整既是我国纺织参与国际化竞争中凸显出的要素优化配置的要求，也预示着未来我国纺织产业向中西部转移的大趋势。

在企业组织结构调整上，20世纪末和21世纪初，我国纺织企业由以国有企业为主导向以民营等多种形式的企业转制。近年来，随着纺织市场化进程的加速，尤其是在全球性金融危机的冲击下，我国纺织业又出现了一次以“市场优胜劣汰、快鱼吃慢鱼”为特征的兼并重组热潮。从统计分析数据看(见表3—10)，2009年我国单位亏损企业的亏损水平和单位盈利企业的盈利水平均有所提高。2009年1—11月，我国纺织盈利企业的平均盈利为339.23万元/单位企业，分别是2005年、2002年同期的1.39倍和1.67倍，亏损企业的亏损情况也呈现出同样趋势。这表明随着国内外发展环境的变化，我国纺织企业两极分化态势日益明显，在大量企业破产的同时，一批优势企业正在快速成长，纺织行业聚集度进一步提高。

表3—10 2002—2009年规模以上纺织企业亏损盈利分析

单位：万元

	2009年	2007年	2005年	2002年
单位亏损企业亏损额	170.43	154.63	157.46	162.66
单位盈利企业盈利额	339.23	321.17	243.67	202.81

数据来源：国家统计局。

4. 行业运行质量提升，效益稳步增长

据国家统计局统计，2009年1—11月我国纺织规模以上企业实现销售收入32961.49亿元，同比增长10.54%；利润总额1331.48亿元，同比增长25.39%；利润率4.03%，同比提高0.58个百分点；毛利率11.54%，同比提高0.56个百分点。以上数据表明，2009年我国纺织经济回升趋暖的态势明显，纺织行业正在摆脱全球性金融危机的不利影响，逐步走出低谷，开始新一轮增长。

从近些年的经济运行特征看，我国纺织行业盈利能力进一步加强。如表3—11所示，2009年我国纺织业的利润率与2005年、2002年相比分别提高了0.74个和0.87个百分点；产销率97.67%，略高于2005年的97.54%和2002年的97.23%；而产成品占用率与2005年和2002年相比，分别下降了0.13个和0.44个百分点。这反映出在全球金融危机带来的国际市场需求下降的不利局面下，我国纺织企业优化管理，降低库存，实现产销较好地衔接。在企业风险控制方面，纺织企业负债率呈现出明显下降的趋势，2009年纺织企业负债率为57.66%，低于国际上公认的风险临界值60%，与2005年、2002年同期相比分别下降了3.41个和5.98个百分点。

表3—11 2002—2009(1—11月)年我国纺织主要经济指标分析

	2009年	2007年	2005年	2002年
利润率(%)	4.03	3.97	3.29	3.16
毛利率(%)	11.54	11.15	10.44	11.85
产销率(%)	97.67	97.37	97.54	97.23
产成品占用率(%)	16.02	17.09	16.99	18.91
资产负债率(%)	57.66	59.69	61.07	63.64

数据来源：国家统计局。

二、我国纺织行业未来发展趋势分析展望

2010年，我国纺织业将面临更加有利的国内外市场环境。国际市场上，据国际货币基金组织预测，2010年全球经济止跌回升，经济增长率有望达到3.1%，其中，发达国家增长1.3%，发展中国家经济增长5.1%。作为我国纺织品主要出口国家和地区，美、日、欧增长率分别为1.5%、1.7%和0.3%。全球经济形势的好转，尤其是美、日、欧等经济体的回暖，将带来就业增加和消费需求增长，这对我国纺织服装出口无疑是利好。2010年，我国纺织出口有望止跌回升，呈现恢复性小幅增长。国内方面，世界各国的经济学家普遍认为，2010年初，中国经济已经摆脱金融危机的影响，率先走出低谷。据中国科会科学院预测中心预测，2010年中国GDP增长率为10%。在2009年12月9日召开的中央经济工作会议上，政府明确提出2010年仍要采取积极的财政政策和适度宽松的货币政策，确保我国宏观经济增长的连续性和稳定性；要以扩大内需特别是增加居民消费需求为重

点，以稳步推进城镇化为依托，优化产业结构，努力使经济结构调整取得明显进展。因此，2010年中国经济增长的重要特征是，在增加投资需求的同时，更加注重居民消费需求对经济增长的拉动作用，而这将对我国纺织内销的进一步增长产生积极作用。在经历了全球金融危机的阵痛之后，2010年我国纺织业也将“峰回路转、柳暗花明”，表现出良好的发展势头。

同时，还要清醒地看到，我国纺织业长期积累的深层次的矛盾和问题依然存在。全球性金融危机导致众多中小企业濒临倒闭和破产的事实，凸显出我国纺织业“大而不强”、增长粗放的弊端。未来几年，我国纺织业发展面临的挑战将主要来自以下几个方面：

一是本轮爆发的全球性金融危机源于美国的次贷危机，而次贷危机的发生则是由金融创新中监管缺失和借贷消费过度造成的，它带来的不仅仅是一段时期内经济下滑和消费需求不足，而且还将深刻地影响着全球消费者的行为和生活方式。从这个角度看，全球性金融危机对我国纺织品服装出口具有深远影响。满足新时期全球消费者生活方式和消费行为的变化，成为提高我国纺织工业国际市场竞争力亟待解决的问题。

二是随着中国经济的快速发展和人民生活水平的提高，满足国内纺织消费需求和实现消费结构升级将成为纺织行业面临的长期课题。另外，节能降耗、环境保护、建立和谐社会作为我国的长期国策，势必对纺织经济增长方式的转变产生深刻的影响。

三是工业化进程的加速将带来纺织生产要素价格上涨，提高国际市场竞争力，优化配置资源，产业区域转移，也将成为纺织业面临的又一重大课题。

基于以上的分析，对2010年及未来我国纺织业的发展，现提出以下建议：

1. 以全球化和工业化的角度，审视和研究我国的纺织工业发展

经济全球化是当今世界经济发展的趋势。中国自加入WTO以来，纺织工业取得的快速发展不仅得益于内部改革创新，也突出地受益于配额制度取消，这为中国纺织业的发展提供了巨大的外部市场需求。无论是过去几十年里我国纺织业取得的快速发展，还是全球金融危机后我国纺织业面临的巨大困难，都与国际市场的变化息息相关。此外，工业化进程是中国未来发展的必然趋势，我国纺织业在这一过程中所扮演的角色、产业调整和升级选择的模式等问题，都不可能背离中国经济发展规律的大背景。因此，制定纺织业的发展战略，要以全球化和工业化为支撑点。

2. 合理配置资源，形成要素优势互补，推进我国纺织产业转移的步伐

我国纺织业的区域转移不仅仅是指在东、中、西部之间，也包括走出国门，到海外投资建厂。从我国宏观和纺织业经济发展的阶段性特征看，随着市场环境的变化，我国纺织的区域化转移既要优化东、中、西部要素配置和加快转移步伐，也要充分利用国际市场资源，提升我国纺织业的国际竞争力。要注重要素投入的效率和产出，打破地域化的狭隘观念，借鉴世界跨国公司经营的成功经验，建立起我国纺织业的“航空母舰”。值得注意的是，在国内首先要做的是加快体制创新步伐，建立良好的市场环境，为东部纺织向中、西部地区的转移创造有利的发展条件。

3. 加快纺织科技、管理和营销创新步伐，实现产业升级

充分利用2010年我国经济快速增长的有利契机，加速纺织企业的技术进步和产品升级步伐。根据国家“增收入、扩内需”的政策导向，按照市场细分的原则，加强对市场的研究和预测，生产城乡居民所需要的适销对路的纺织产品。加快围绕纺织生产为主体的管理和营销体系的创新步伐。进一步提升纺织信息在企业决策支持、信息流程管理及产品信息获取和发布等方面的服务水平。加快电子商务、品牌营销等创新商务运作模式和平台的建设，为降低企业营销成本、提升产品附加值提供支持条件。

2008/2009 年度中国棉纺织行业运行回顾

中国棉纺织行业协会 张 曼 马 琳

【作者简介】张曼，中国棉纺织行业协会市场部主任，硕士研究生，主要负责棉纺织行业市场、贸易及规划政策研究方面的工作。马琳，中国棉纺织行业协会市场分析师，硕士研究生，主要负责棉纺织市场分析方面的工作。

一、纱、布生产稳定 同比增速缓慢回升

据国家统计局统计，2008/2009 年度我国规模以上企业纱产量 2249.3 万吨，同比增长 5.5%；规模以上企业布产量 515.6 亿米，同比下降 2.8%。分月来看，纱、布生产均表现低迷，其中，2009 年 1 月产量同比增速触及年度低谷，分别下降 25.1% 和 22.8%；2009 年 3 月份以后，生产逐步恢复，纱、布产量趋于稳定，同比增速缓慢回升。

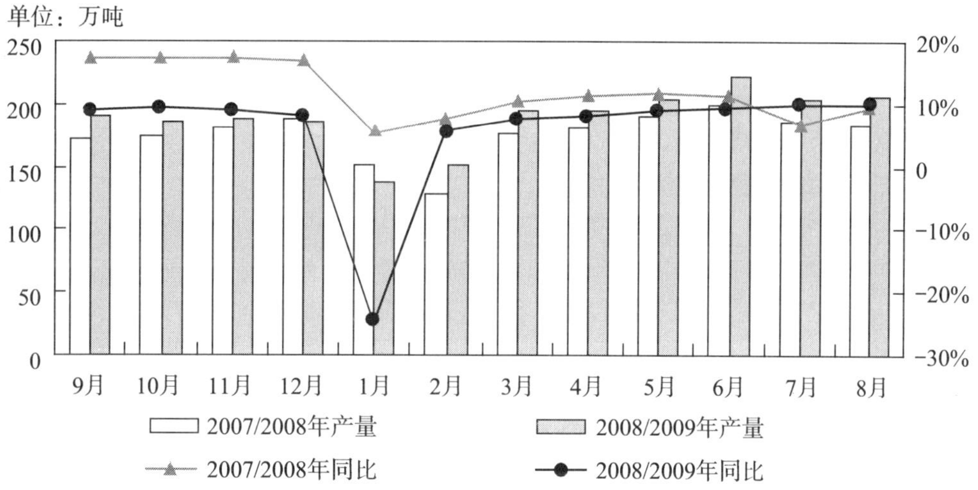

图 3—13 2007/2008 和 2008/2009 年度我国纱产量分月统计及同比情况

从位居我国纱产量前六位的省份情况来看，2008/2009 年度下半年度纺纱生产较为平稳，呈逐步回升态势。其中，河南省和浙江省在 2009 年初减产幅度最大；福建省增幅下降趋势较缓，增长恢复较快，2009 年 3 月同比增速最高。2008/2009 年度我国主要省份的布生产形势逐步恢复。其中，2009 年初江苏省和湖北省同比降幅最大；河南省布产量增幅在其他省份出现大幅下降的时期大幅攀高；尽管山东省减产的幅度较小，但恢复速度也相对较慢。

二、出口降幅逐渐趋缓 外需恢复缓慢

据海关总署统计，2008/2009 年度，我国棉制纺织品服装出口额 648.44 亿美元，同比下降 9.5%。年度初期，棉制纺织品出口同比降幅持续扩大，到

2009年2月已超过棉制服装。全年度里，棉制服装出口同比降幅持续变小，2009年1月以后同比降幅明显扩大。由此可见，棉制品的国际市场需求恢复缓慢，出口增长严重受阻。

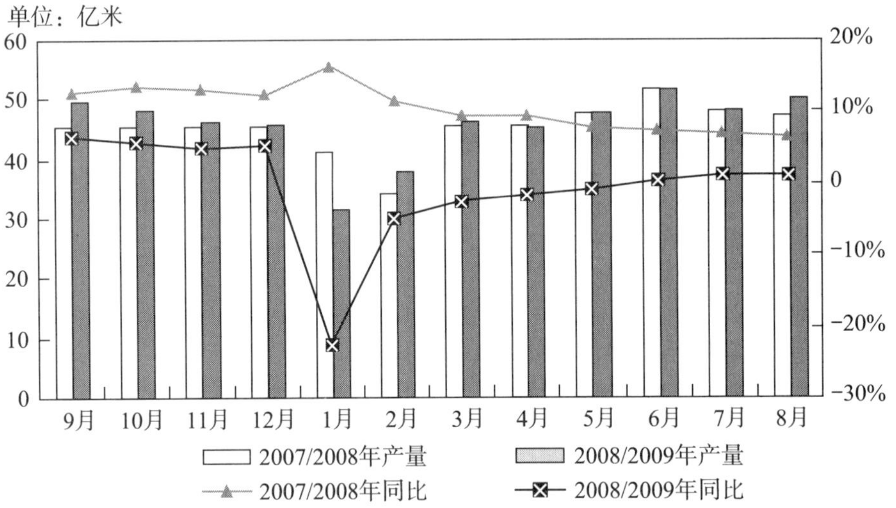

图3－14　2008/2009年度我国布产量分月统计及同比对比

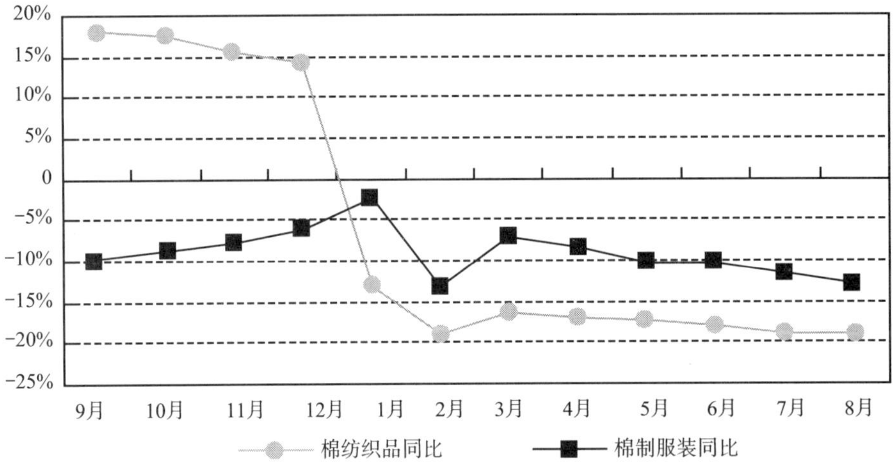

图3－15　2008/2009年度我国棉制纺织品及服装出口同比分月变化

2008/2009年度，我国对棉纺织品五大贸易市场的出口均呈下降趋势。其中，随着欧美经济逐步企稳，对其棉纺织品出口趋于稳定；对中国香港出口略有恢复，主要原因是上年度整体基数偏低；由于日本经济低迷、外需大量减少，因此对其出口始终不理想，同比降幅不断加大。相比之下，我国对新兴经济体东盟市场的出口恢复得最好，同比降幅逐月收窄。

据海关总署统计，2008/2009年度我国棉纱累计出口49.1万吨，同比下降16.9%；棉织物累计出口62.6亿米，同比下降6.9%。其中，坯布出口量同比增长0.11%，色织布和牛仔布出口量同比则分别下降9.38%和16.35%。分月来看，2008年9月—2009年3月各类布出口均表现低迷，之后明显恢复。其中，坯布恢复较快，年度末期已基本回到了金融危机前的水平；色织布月度出口波动较大；牛仔布出口自2009年3月以来较为稳定。

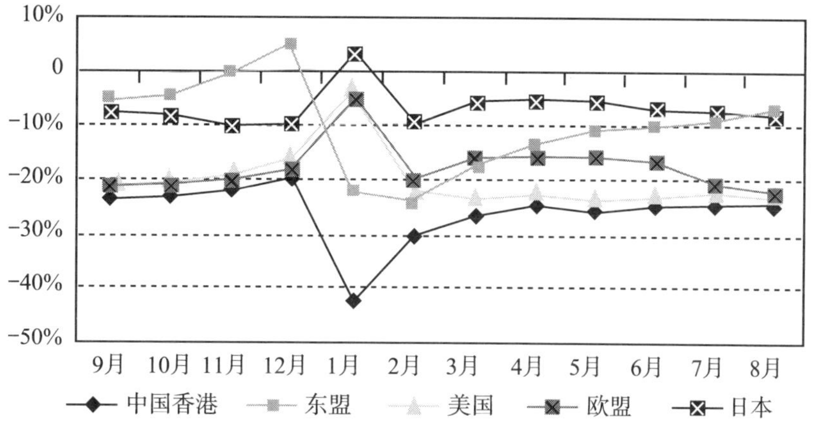

图 3—16　2008/2009 年度我国主要棉纺织品贸易市场出口同比变化情况

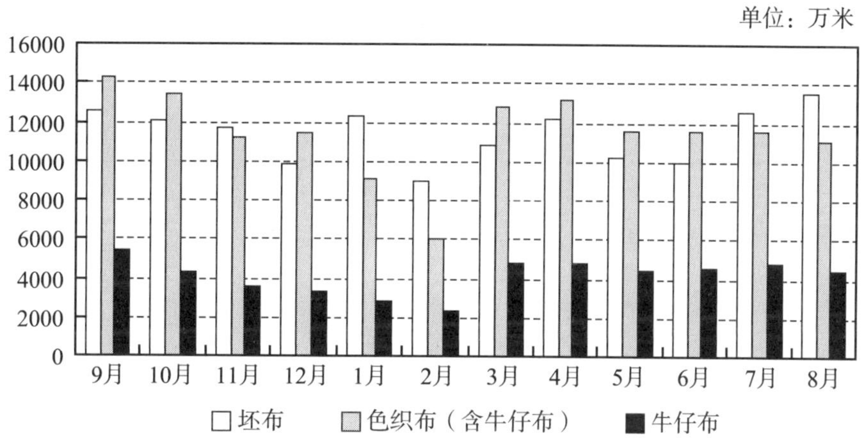

图 3—17　2008/2009 年度我国棉织物出口分月情况

整体来看，受全球金融危机影响，2008/2009 年度我国棉纺织品全年度出口情况并不理想，大部分出口企业外销市场严重缩水。出口恢复有赖于世界经济的复苏，市场普遍预期下年度我国出口形势将有所好转。尽管如此，但人民币升值以及通货膨胀的预期使得纺织行业出口风险加大。

三、棉纺市场经历了大幅波动之后稳步上升

1. 原料价格大幅波动，年度后期持续上涨

棉花市场　分月来看，2008 年 9 月新棉上市，国内外需求不足，棉价快速下跌。截至 12 月初，棉价跌至年度最低点，标准级棉花价格不到 11000 元/吨。之后随着收储力度不断加大，需求缓慢恢复，2009 年 1—8 月棉花价格整体呈上升态势。

化纤市场　以涤纶短纤和粘胶短纤为例，2008/2009 年度涤纶短纤价格走势呈振荡上行态势，2008 年 9 月初与 2009 年 2 月初、5 月初、8 月初均出现价格波峰，且峰值逐步提高。而粘胶短纤价格走势和棉花相似，只是波动幅度更大。年度后期受国内外需求回暖和国内棉短绒价格上涨的影响，粘胶短纤价格大幅攀升。经过对比还可以看出，粘胶短纤和涤纶短纤价格走势的演变方向正好相反，两条曲线呈葫芦状，价差逐步拉大。

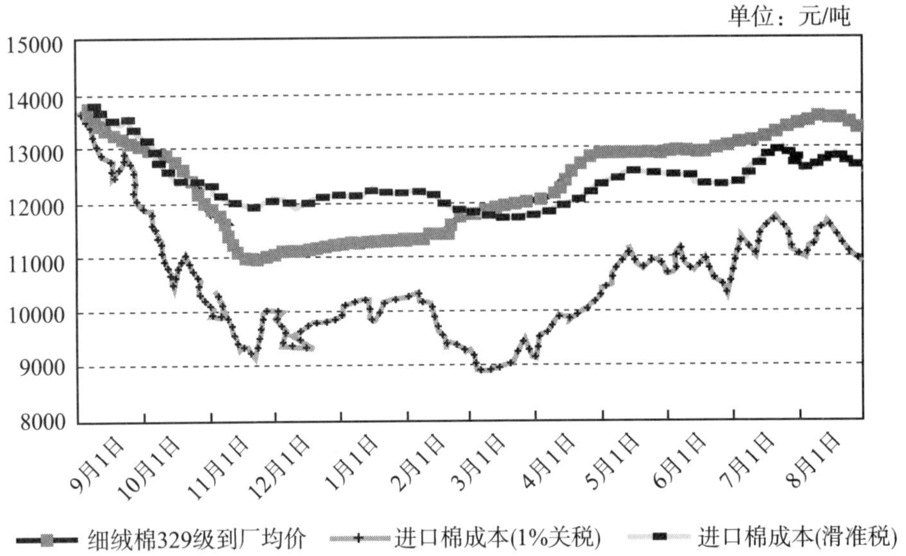

图 3－18　2008/2009 年度国内外棉花价格变化情况

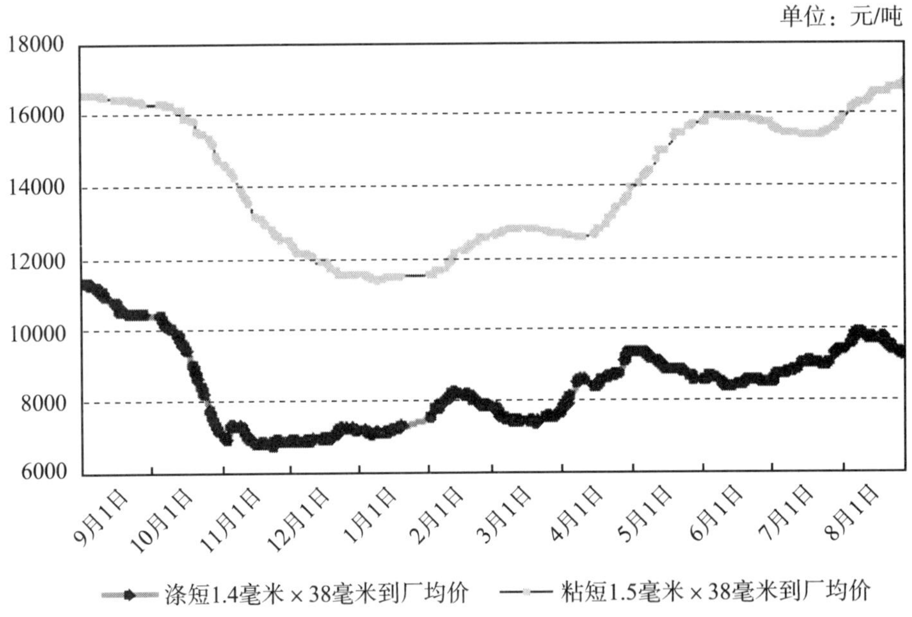

图 3－19　2008/2009 年度化纤市场价格走势

2. 补库需求拉动棉纺织品价格上涨，涨幅小于原料

受金融危机影响，2008/2009 年度初期，国内外市场需求下降，棉纺织行业出口受阻，内销疲软。进入 2009 年之后，纱线市场在原料价格上涨的带动下，总体呈上升趋势，但启动滞后，比原料市场延迟了约一个月。就纱线品种而言，纯棉精梳高支纱表现较为强劲。而坯布市场表现悲观，恢复速度也最慢。截至 2008/2009 年度末，在原料成本上升和下游局部需求回暖的共同带动下，坯布市场销量和价格均有所回升，但仍低于年度初期的价格。

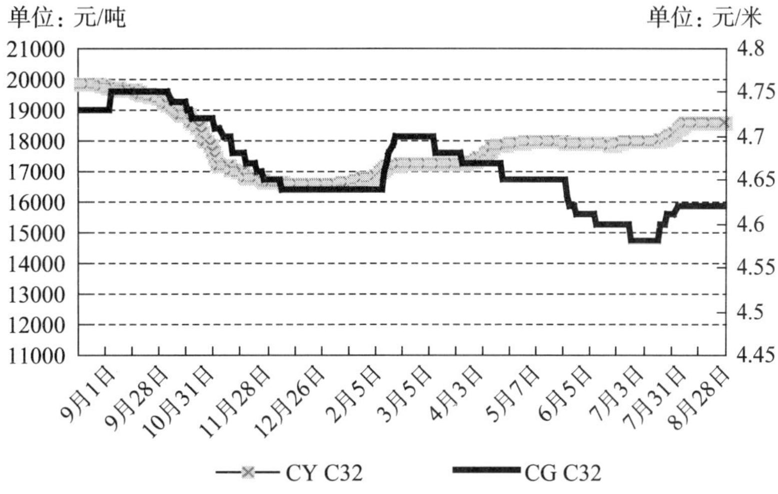

图 3－20　2008/2009 年度纯棉纱线价格和坯布价格走势

四、行业效益指标恢复增长

据国家统计局统计，2009 年 1—11 月全国棉、化纤纺织加工业规模以上企业主营业务收入 8890.6 亿元，同比增长 10.6%；利润总额继续保持上升势头，达 350.4 亿元，同比增长 14.1%。其中，主营业务利润(含三费)875.1 亿元，同比增长 13.0%。分月来看，2009 年 2 月是全国棉、化纤纺织加工行业最困难的时期，利润总额降幅达 11.74%。在经过金融危机的洗礼之后，随着国内需求的拉动，行业形势逐步好转，规模以上企业的利润开始直线上升，11 月份利润总额实现同比增长 14.1%。

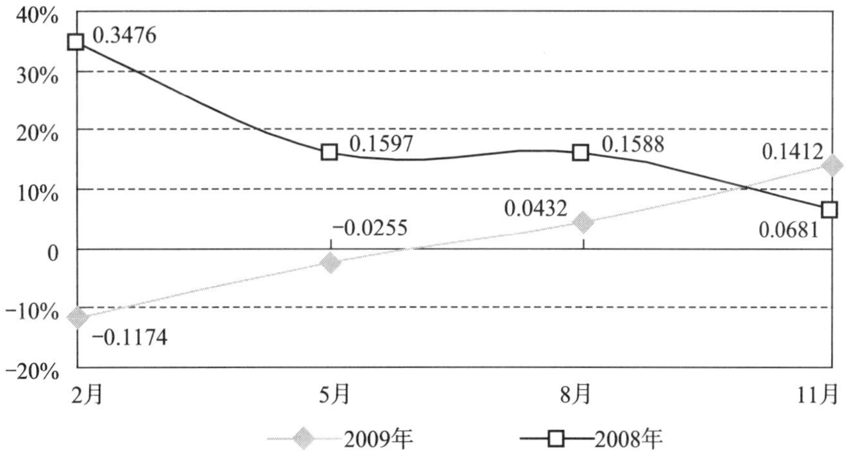

图 3－21　2008 和 2009 年分季度利润总额增速情况

2009 年全国棉、化纤纺织加工业规模以上企业利润率保持上升态势，前三个季度同比降幅不断收窄，2009 年 1—11 月规模以上企业平均利润率达 3.9%，首次超过上年同期水平。由此可以看出，第四季度行业利润率增长较为显著。

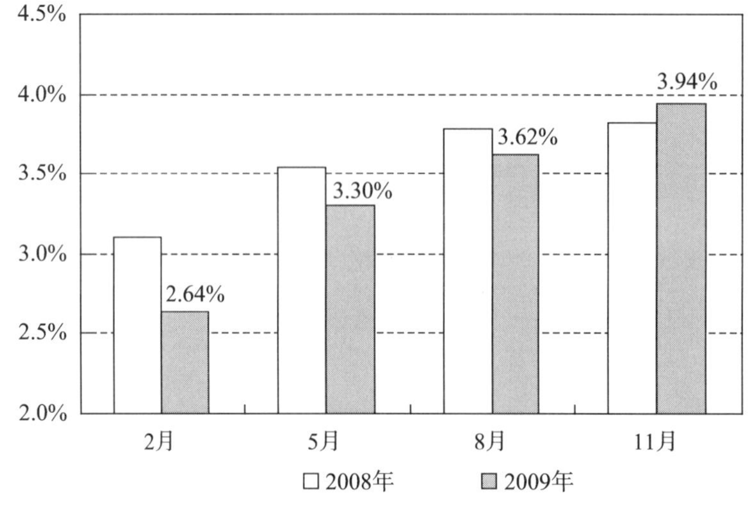

图 3－22　2008 年和 2009 年利润率对比情况

五、行业投资持续增加　中西部增长快于东部

2009 年，我国棉、化纤纺织加工业固定资产实际完成投资 794.2 亿元，同比增长 11.3%，全年增幅比 1—3 季度提高 3.5 个百分点，这表明固定资产投资增速加快；新开工项目数较上年增加 314 个，同比增长 20.5%。在各省份中，河南、河北、江苏、山东四省占据了实际完成投资和新开工项目的前四位，共占全国实际完成投资的 61.9% 和新开工项目总数的 61.8%。

从地区结构上看，东部、中部、西部投资均有所增加，分别同比增长 5.3%、17.6%、28.9%。由此可见，中西部地区的投资增速明显快于东部。从占全国投资总额的比重来看，东部地区投资占比 54.53%，较上年下降 3.1 个百分点；中部和西部投资占比分别为 37.7% 和 7.7%，分别比上年增加 2.04 个和 1.06 个百分点。

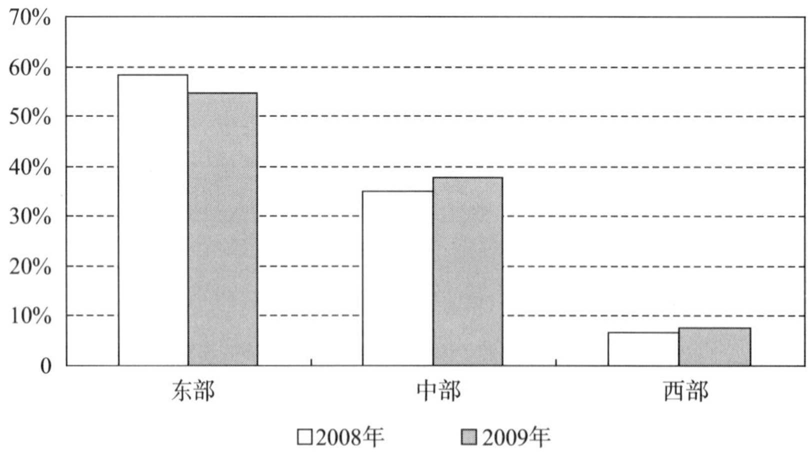

图 3－23　2008 年和 2009 年东、中、西部投资占比变化情况

2008/2009年度郑州棉花期货市场运行回顾

郑州商品交易所　姬广坡

【作者简介】姬广坡，男，博士研究生学历，高级经济师。现任郑州商品交易所研究发展部高级专员，负责棉花期货的维护工作。近年独著或合著经济期货类专著十余部，在各类报刊杂志上发表论文70余篇，共计约200万字。

一号棉期货上市五年多以来，在中国证监会领导下，郑州商品交易所（以下简称"郑商所"）坚持依法监管，规范运作，实现了棉花期货市场平稳运行。棉花期货市场在保护棉农利益、调整种植结构、服务棉花流通体制改革方面发挥了一定的积极作用。国家对棉花市场的宏观调控逐渐成为稳定和协调市场供求关系的重要工具，市场中的交易主体对市场预期更加清晰，随着市场化体系的发展与完善，郑州棉花期货市场对国际和国内棉花现货市场的影响力正日趋增强。

一、2008/2009年度郑棉期货运行基本情况

1. 郑棉期货成交量、持仓量同比均大幅度提高

2008/2009年度，郑商所共成交棉花期货合约959.94万手（每手5吨，折合皮棉4799.7万吨），成交金额5798.56亿元，同比分别增长15.83%和下降7.69%。从持仓量来看，2008年12月5日，郑棉持仓量为96876手，为全年度最高。

2. 郑棉期货仓单数量为近年较低水平

受国家大规模收储的影响，2008/2009年度郑棉期货仓单数量较低，全年度共生成仓单1682张（每张期货仓单20吨，约合33640吨），截至2009年8月31日，库内剩余仓单数为197张（约合3940吨）。分月来看，2009年2—5月为仓单集中注册时间，单月累计注册量1600余张（约合32000吨）；2009年5月以后陆续注销，至年度末达到全年仓单在册次低点。从合约交割情况看，当月交割合约的交割量多少不等，但总体呈现出年度初期低、后期高的特点。从期货转现货情况看，年度前期和后期高、中期低，这与棉花现货市场的季节性特点有关。本年度郑棉期货仓单高点/低点大致为1600/300，无论是绝对数量还是相对数量，仓单均远远少于历年水平。

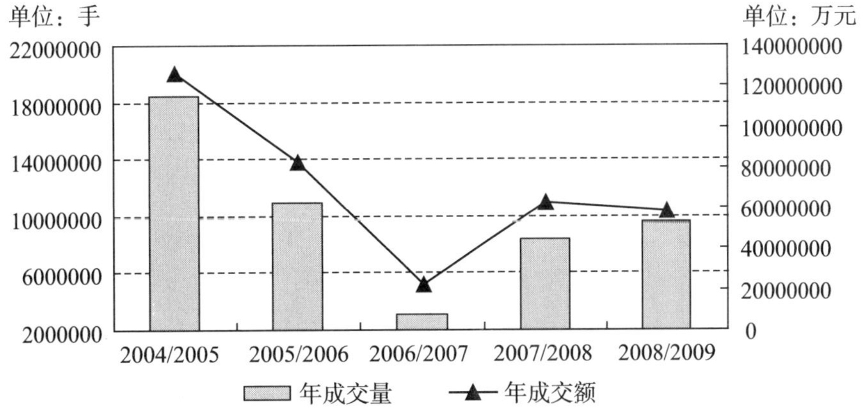

图3—24　2004/2005年度以来郑商所棉花期货成交量、成交额情况（双边）

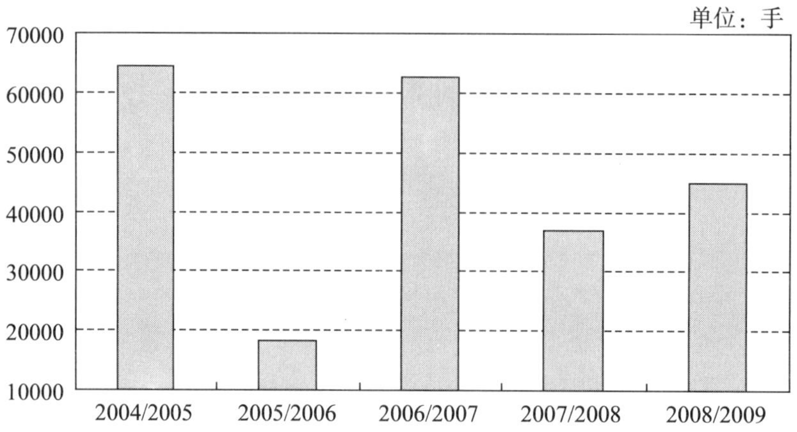

图 3－25　2004/2005 年度以来郑商所棉花年末持仓量(双边)

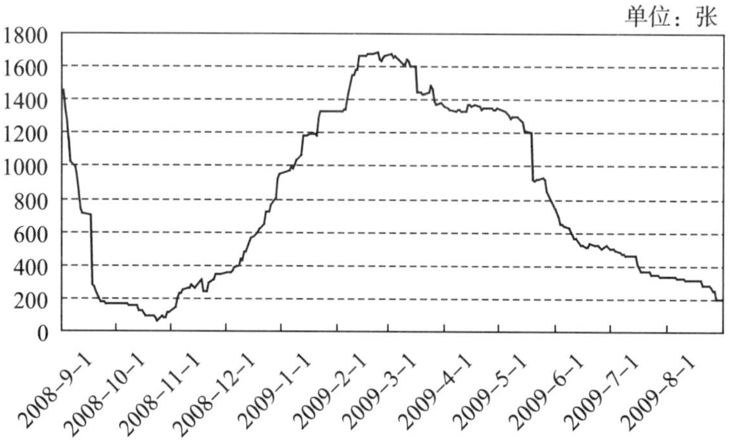

图 3－26　2008/2009 年度郑商所棉花仓单注册数量情况

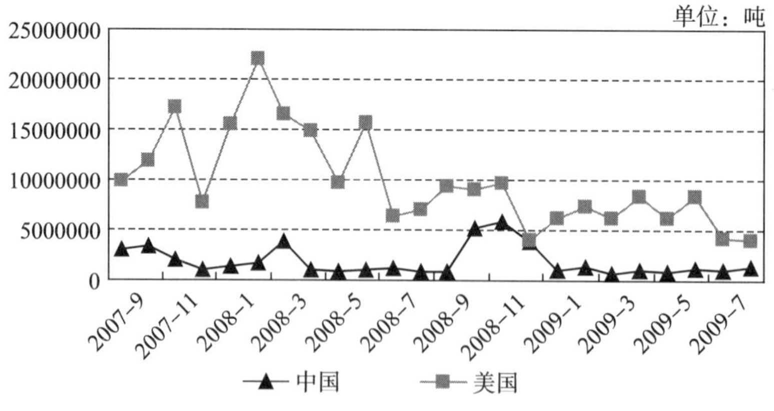

图 3－27　2007/2008 年度以来中美棉花期货交易量(单边)比较

3. 郑棉期货市场仍处于发展初级阶段

2008/2009 年度，我国棉花期货交易量（单边）是棉花产量的 3.1 倍，而同期美国达到了 29.7 倍，这说明美国期货交易的活跃程度大大高于郑棉期货。从全年度的月均交易量和持仓量来看，也能得出相同的结论。由此可见，我国棉花期货市场仍处于发展的初级阶段。

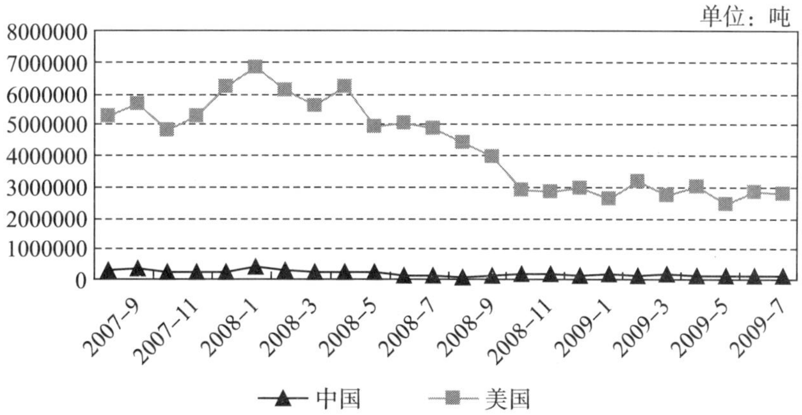

图 3—28　2007/2008 年度以来中美棉花期货持仓量（单边）比较

二、2008/2009 年度棉花行情回顾

1. 国内棉花市场情况

2008/2009 年度，国内棉花现货价格经历了先抑后扬的变化。2008 年 9 月至 11 月，受全球金融危机影响，棉价单边下跌。2008 年 11 月至 2009 年 8 月底，国际金融环境逐渐好转，国家收储、提高纺织品服装出口退税率等政策也起到提振棉价的作用，纺织行业补库和生产需求同步增长，国内棉花由供过于求逐步走向供需趋紧，棉价走出了一拨大涨行情。代表国内 328 级棉花均价的国家棉花价格 B 指数从最低点 10395 元/吨（2008 年 11 月 20 日）上涨至年度高点 13188 元/吨（2009 年 8 月 6 日），涨幅达到 26.9%。其间虽然国家启动抛储政策调控，但由于市场普遍预期下年度棉花产量大幅减少，价格仍节节上涨。

新年度伊始，郑棉期货价格延续上年度末的跌势，直到 2008 年 11 月中旬探底回升。随着全球经济的缓慢好转，国内纺织市场开始复苏，政府调控政策的提振促成了棉花期价探底后的单边上涨行情，郑棉期货价格从最低点 10155 元/吨（2008 年 11 月 12 日）上涨至年度高点 13985 元/吨（2009 年 8 月 13 日），涨幅达 37.8%。2008/2009 年度后期，现货价格上涨推升了期货价格，反过来，期货价格也进一步助涨了现货价格。

2. 国际棉花期货市场情况

2008/2009 年度，美国洲际交易所（以下简称 ICE）棉花期货主力 3 月合约价格从年度初期的 74.46 美分/磅跌至 2008 年 11 月 12 日的年度最低点 39.23 美分/磅，之后探底回升。但受 2009 年 2 月 10 日美国农业部全球棉花供需报告大幅下调消费量的影响，ICE 期棉再度上演一轮暴跌行情，但并未跌破前期低点。2009 年 3 月，美国农业部预测 2009 年全球棉花种植面积及产量大幅下降。同时全球经济逐渐回暖，棉花期货跟随大宗商品走势出现探底回升，加之在多头投机资金的不断推动下，ICE 期棉价格节节攀升，从 3 月初一路上涨至年度结束，其间涨幅超过 55%。

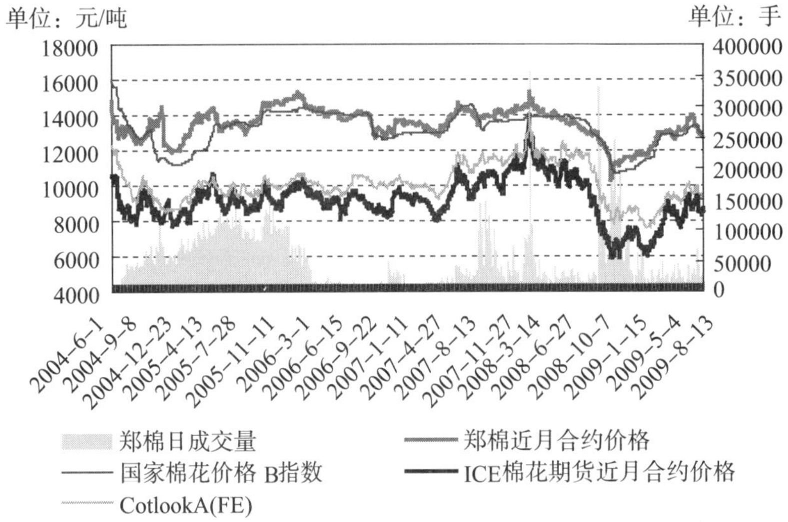

图 3－29 国内外棉花期货和现货价格对比

数据来源：郑州商品交易所、国家棉花市场监测系统、美国洲际交易所。

三、2008/2009 年度国家采取的宏观调控政策回顾

1. 国家储备棉收储政策

为防止棉花价格过度下跌、切实保障棉农利益，国家在 2008/2009 年度进行了大规模的棉花收储，先后三次累计收储棉花 272 万吨，约占我国全年度棉花产量的 1/3，对稳定棉花价格起到了重要作用。国家收储政策出台的具体时间和实施情况如下：

2008 年 10 月 21 日，国家推出新疆棉 22 万吨的收储计划，四天内全部成交，成交均价 12600 元/吨；

2008 年 10 月 29 日，国家开始执行第二批收储计划，以 12600 元/吨的价格收储新疆棉和内地棉，截至 12 月 23 日累计成交 100 万吨。在如此大力度收储的提振下，棉花现货价格开始触底反弹；

2008 年 12 月 24 日，国家继续以 12600 元/吨的价格收储新疆棉和内地棉，截至 2009 年 4 月 10 日累计成交 150 万吨，棉花现货价格在国家收储的支撑下持续上涨。

2. 国家储备棉轮出政策

2009 年以来，纺织产业缓慢复苏，待国家储备棉收储完毕之后，棉价呈持续走高态势。为稳定棉花市场运行，保护上游棉农、棉花企业合理生产销售收益，同时保障下游纺织企业用棉需要，国家于 2009 年 5 月 22 日启动储备棉轮出和临时收储棉花出库销售工作。本批轮出 2003 年度储备棉 31.3 万吨，2004 年度储备棉 21 万吨，出库销售 2008 年度临时收储的棉花 100 万吨，并通过北京全国棉花交易市场储备棉竞卖交易系统公开竞卖，其中 2003—2004 年度储备棉的竞卖底价 12500 元/吨(净重)，2008 年度临时收储的棉花竞卖底价为 12900 元/吨(净重)。从国家储备棉轮出政策的实施效果来看，棉花现货和期货价格上扬的节奏明显趋缓，2008/2009 年度后期甚至还有所下跌。截至 2009 年 8 月底，国家棉花价格 B 指数较当月初下跌 3.8%，郑棉近月合约价格较当月初下跌 7.9%。

3. 纺织品服装出口退税率调整政策

为缓解席卷全球的金融危机对我国纺织产业的冲击，提高企业的竞争力和抗风险能力，2008/2009 年度国家先后三次提高纺织品和服装的出口退税率。具体地讲：

从 2008 年 11 月 1 日起，国家将部分纺织品、服装出口退税率由 13%提高到 14%；

从 2009 年 2 月 1 日起，国家将纺织品、服装出口退税率上调到 15%；

从 2009 年 4 月 1 日起，国家进一步将纺织品、服装的出口退税率提高到 16%。

2008/2009年度北京全国棉花交易市场电子撮合交易回顾

北京全国棉花交易市场　王　璐

【作者简介】王璐，大学本科学历，2005年7月参加工作，在中华合作时报《棉花导刊》任记者编辑，2006年6月加入北京全国棉花交易市场。

对于中国棉花市场，2008/2009年度是非常特殊的一年。百年不遇的金融危机席卷全球，对出口高度依赖的纺织品服装市场受到严重冲击。国内棉花生产再获丰收，棉价在纺织行业萧条不振的背景下大幅走低，并直接影响棉农利益。全年度政策调控贯穿始终，在收储托市保护棉农利益的政策下起步，在抛储保障纺织企业用棉的政策下落幕。

一、2008/2009年度电子撮合交易和交割的基本情况

2008/2009年度，受金融危机影响，国内棉价一路下跌，北京全国棉花交易市场电子撮合交易成交量萎缩。全年度共249个交易日，总成交量197万吨，同比下降约25%；交割量4.3万吨，仅占交易量的2%，同比下降43.4%。

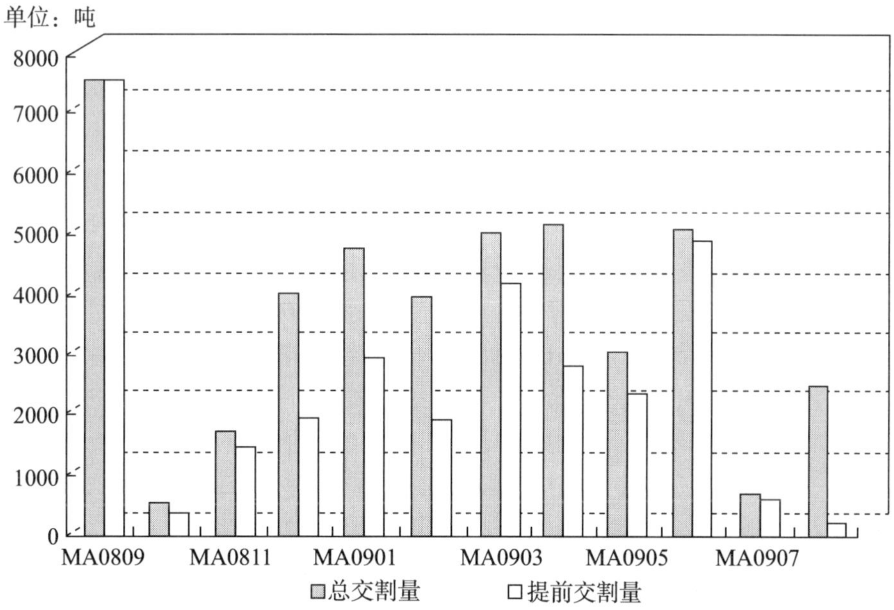

图3—30　2008/2009年度总交割量与提前交割量对比

自2008年10月起，国家棉花收储政策成为行业焦点，并对稳定市场运行起到了重要作用。2009年以来，棉花价格开始上涨，市场中可交易、交割的商品棉数量锐减，订货量大幅度下降。2008/2009年度末期，随着棉价进一步上涨，市场供不足需的矛盾凸显，适时出台的抛储政策无疑是稳定棉花价格的一剂良药。北京全国棉花交易市场的商品棉交易交割业务随之出现恢复性增长，订货量开始增加，交易趋于活跃，尤其是针对纺织企业参与储备棉抛售的资金服务有了明显恢复。

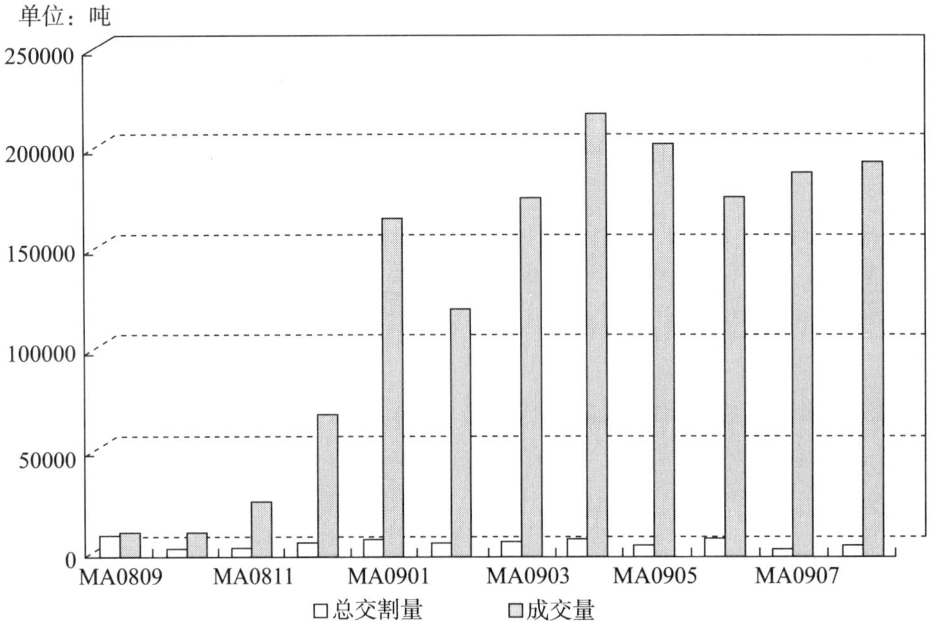

图3—31　2008/2009年度撮合MA合同总交割量与成交量对比情况

二、2008/2009年度撮合棉价是"V"字形走势

2008/2009年度，商品棉电子撮合交易整体行情呈现高位回落、缓步攀升的态势。其中商品棉电子撮合交易的近月合同最低价为2008年11月24日的10626元/吨，最高价为2009年8月21日的13901元/吨，最大波动幅度3275元/吨，年度加权平均价12686元/吨。全年撮合交易行情分为三个阶段：

第一阶段：2008年8—11月，国际上传来雷曼兄弟破产、美国保险巨头AIG陷入困境、投资银行高盛和摩根士丹利转变成了银行控股公司等利空消息，由美国次贷风波引起的危机转变成全球性金融危机，欧美消费市场受到很大影响，这导致我国纺织品服装出口下滑，国内棉花价格恐慌性下跌。撮合近月MA合同跌至10626元/吨，不少地区标准级棉价格跌破10000元/吨。为保护棉农利益、稳定棉花市场，国家决定自10月22日起收储，但由于棉花产量增加，加之市场恐慌心理未散，短期内未能收到很好效果。

第二阶段：2008年12月至2009年4月，国家加大棉花的收储力度。截至12月底，前两批122万吨的收储计划完成，第三批150万吨收储计划开始实施。政策引导对棉花市场的支撑作用加强，棉价止跌企稳并开始缓慢上行。2009年4月初，撮合MA近月合同恢复到13000元/吨左右，4月底现货价格跟进，国内皮棉价格也上涨至13000元/吨以上。半年时间里，市场行情回暖，棉价上涨近3000元/吨，棉花市场进入了一个相对稳定的时期。

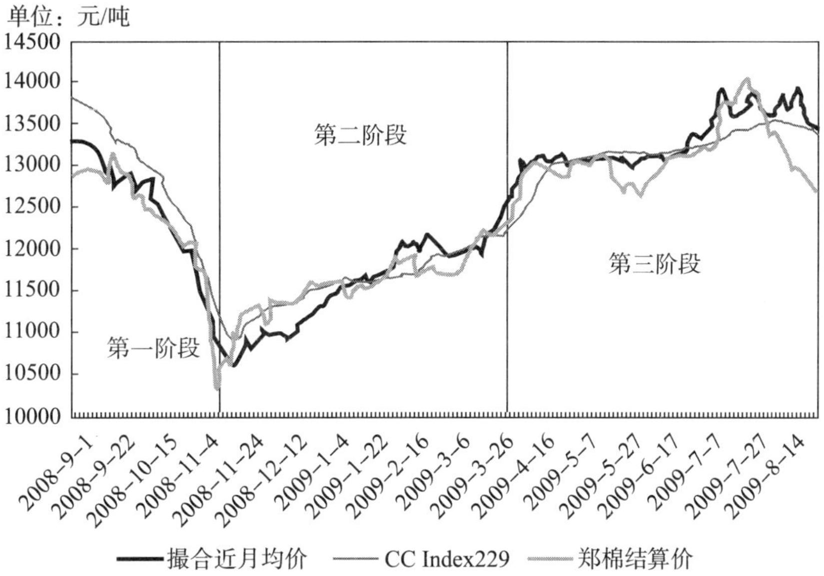

图 3－32 2008/2009 年度国内现货、期货、撮合三市场价格比较

第三阶段：2009 年 5—8 月，在各国纷纷出台经济刺激政策积极救市的背景下，欧美经济恶化的局面得以控制，逐步好转，国内纺织形势也开始回暖，纱线销售逐渐转旺，纺织企业用棉量有所增加。此时，市场资源出现阶段性供需缺口，政府于 5 月 22 日开始实施 152 万吨的储备棉销售计划，但受新棉产量大幅下降的预期以及上市期推迟的影响，棉价在经历了短暂的稳定后再度大幅上涨。撮合 MA 近月合同从 6 月底到 7 月初短短几日便上涨 800 元/吨，达到 13800 元/吨；截至 8 月底国内皮棉价格上涨至 13500 元/吨以上。

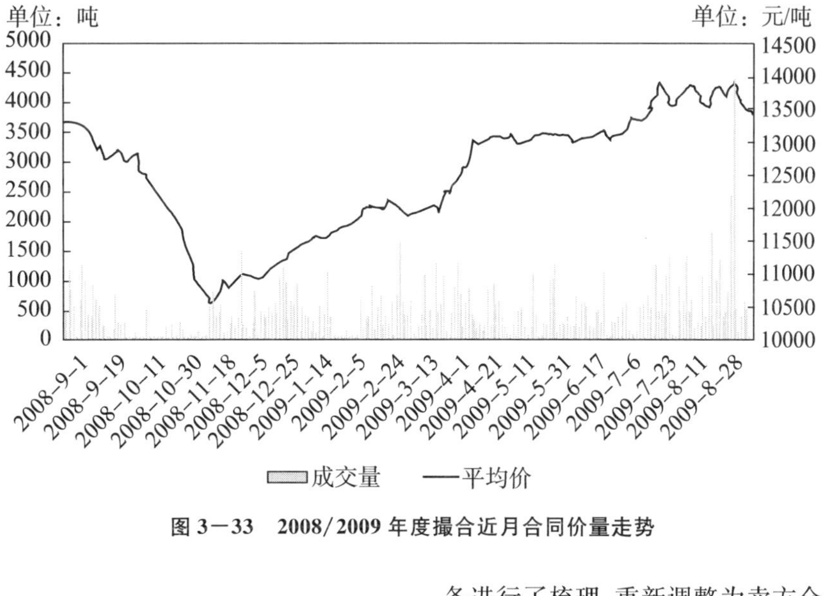

图 3－33 2008/2009 年度撮合近月合同价量走势

三、北京全国棉花交易市场对仓单质押进行全面调整

2009 年，北京全国棉花交易市场对仓单质押业务进行了梳理，重新调整为卖方仓单质押和买方仓单质押两类。其中，卖方仓单质押按照质押时商品棉是否已经通过公检，分为公检棉仓单质押和未公检棉仓单质押。公检棉仓单质押又分为已预售公检棉仓单

质押和未预售公检棉仓单质押。

在这几种质押方式中，最具特色和亮点的是已预售公检棉仓单质押，具体是指交易商将已公检的棉花放入指定交割仓库后，通过商品棉电子撮合交易平台发布“卖邀约”并成交后申请仓单质押贷款，交易市场便可以按照公检重量、质量和预售价格计算货款的80%支付给交易商。这种资金服务模式的提供不仅可以有效缓解涉棉企业的资金紧张问题，而且可以有效帮助企业锁定价格，规避价格波动风险。

四、北京全国棉花交易市场商品棉电子撮合业务发展日趋完善

北京全国棉花交易市场自2002年推出商品棉电子撮合交易以来，在国家有关部门的充分肯定和大力支持下，电子撮合交易经历了从初期摸索到稳步发展的阶段。相关交易制度日趋完善，各项创新业务不断推出，交易商积极踊跃参与，交易规模逐年扩大，呈现良好发展势头。截至2009年底，商品棉电子撮合交易累计成交量2100万吨，交割量100万吨，资金服务总额近90亿元，商品棉入库监管量400万吨；参与北京全国棉花交易市场各项业务的交易商数量超过2150家，合作仓库共121家。商品棉电子撮合交易以其交易规范、交割方便、资金安全、质量和履约保证、能够规避价格波动风险等特点，吸引了众多涉棉企业的密切关注和积极参与，组织交易、发现价格、规避风险、传递信息及引导棉花生产、流通和消费的功能得到充分体现。

2008/2009年度合肥国家棉花交易中心电子撮合交易回顾

夯实基础　力求创新　积极参与国内棉花大流通

合肥国家棉花交易中心

1998年国务院公布了我国棉花行业重要的纲领性文件《国务院关于深化棉花流通体制改革的决定》，其中明确要求各地大力“培育棉花交易市场，促进棉花有序流通”。为顺应市场化改革形势，促进国内棉花交易趋于现代化、规范化，2009年2月26日由中国储备棉管理总公司全资子公司中储棉花信息中心、深圳市农产品股份有限公司和安徽省棉麻有限责任公司等共同出资设立的国家棉花交易中心（以下简称交易中心）在安徽省合肥市正式成立。5月8日，交易中心正式面向全国涉棉企业和组织开展棉花电子撮合交易。

一、交易中心成立的背景和意义

1. 符合国家“三农”政策，有利于农业增效、农村发展、农民增收

2007年中共中央、国务院一号文件《关于积极发展现代农业　扎实推进社会主义新农村建设的若干意见》明确指出，“发达的物流产业和完善的市场体系是现代农业的重要保障。必须强化农村流通基础设施建设，发展现代流通方式和新型流通业态，培育多元化、多层次的市场流通主体，构建开放统一、竞争有序的市场体系”。“建设农产品流通设施和发展新型流通业态。采取优惠财税措施，支持农村流通基础设施建设和物流企业发展。要合理布局，加快建设一批设施先进、功能完善、交易规范的鲜活农产品批发市

场。大力发展农村连锁经营、电子商务等现代流通方式”。2008年中共中央、国务院一号文件《关于切实加强农业基础建设 进一步促进农业发展农民增收的若干意见》再次要求“加强农村市场体系建设。建立健全适应现代农业发展要求的大市场、大流通。继续实施万村千乡、双百市场和农产品批发市场升级改造等工程，落实农产品批发市场用地按工业用地对待的政策”。建立现代化棉花交易市场符合国家的“三农”政策，对于农业增效、农村发展、农民增收将起到积极的促进作用。

图为安徽省省委常委、安徽省人民政府副省长赵树丛(左一)为国家棉花交易中心鸣锣开业。国家发展改革委、中国农业发展银行、中国纤维检验局等有关部门领导参加了开业仪式。

2. 符合国家棉花产业政策，有利于促进棉花生产、流通、消费的良性循环

《国务院关于深化棉花流通体制改革的决定》要求各地大力“培育棉花交易市场，促进棉花有序流通”，“培育棉花市场关键是要建立起反应灵敏的棉花供求和价格信息系统”。建立现代化棉花交易市场符合国家棉花产业政策，对于促进棉花生产、流通、消费的良性循环具有积极的现实意义。

3. 有利于保护农民利益，稳定棉花生产

现代化棉花市场可以通过网上交易平台进行中远期现货交易。中远期价格的形成反映了交易各方对未来供求关系的基本判断。如果中远期价格比较高时，说明市场预期棉花资源比较紧缺；如果中远期价格比较低时，说明市场预期棉花资源比较宽裕。棉农可以据此调整种植面积，避免了生产的盲目性以及由此带来的风险，有利于棉花生产保持相对稳定。

4. 有利于保护涉棉企业利益，提高棉花流通的社会效率

对于涉棉企业来说，参与网上交易，除可以有效地规避市场风险、锁定经营利润外，还可以大大降低企业经营成本，增强企业采购或销售行为的自主性和便利性。企业可以将更多的精力放在内部管理上，将更多的财力放在产品生产上。整体来看，如果能将现代化棉花交易市场与信息、仓储、配送、融资、质量保障等体系有机联系起来，那么棉花商品流通的社会效率无疑将会大大提高。

5. 有利于改善棉花宏观调控，防止棉价大幅波动

网上棉花交易市场具有价格实现和价格发现功能，可以为国家相关部门进行棉花市场宏观调控提供决策参考依据，同时电子竞买竞卖系统还可以承担国家或省级储备棉的招标采购和拍卖销售任务。在实施棉花市场宏观调控措施时，网上市场具有公开、公

平、公正和成本低、见效快、效果好、操作规范简便等诸多优点，能更好地避免棉价出现大幅波动。

二、交易中心的主要投资方

交易中心的两大股东是深圳市农产品股份有限公司和中储棉花信息中心，前者在农产品电子商务领域具备丰富的运作经验，而后者在棉花行业拥有巨大的影响力，这都为交易中心的生存、发展提供了有力保障。

1. 深圳市农产品股份有限公司

深圳市农产品股份有限公司是国家农业产业化经营重点龙头企业。公司以农产品批发市场建设为切入点，致力于构筑全国性农产品市场体系，努力实现农产品经营的专业化、产业化、网络化、现代化的发展战略，已基本探索出了符合现阶段我国农业产业化要求的产业开发体系和流通模式。截至2009年底，公司在全国范围内已建设了26家大型农产品综合批发市场和大宗农产品电子交易市场，2009年交易额911亿元。在大宗农产品电子商务批发市场建设方面，公司已成功运作了广西糖网食糖批发市场、昆明商品中心批发市场、广西大宗茧丝交易市场，积累了丰富的经营管理经验。2009年公司电子商务市场交易量15544.3万吨，交收量714.8万吨，交收额280.8亿元，其中2008/2009榨季食糖市场全年交易量达357.0万吨，占同期国内食糖总产量的28.7%。

2. 中储棉花信息中心

中储棉花信息中心是中国储备棉管理总公司为完成国家棉花市场监测系统建设任务，提高国家宏观调控决策水平，向社会提供高质量的棉花资讯服务及为棉花行业提供电子商务服务而独资设立的法人企业，为国务院国有资产管理委员会直接管理的二级法人单位。中储棉花信息中心负责建设、运行和维护的国家棉花市场监测系统下设14个区域办事处、200个购销监测站和8000家农户监测点。中储棉花信息中心旗下的中国棉花网经过10年的发展已经成为国内棉花行业知名的门户网站，目前有效注册会员4.5万家，网站页面日均浏览量超过180万次。

三、交易中心的定位

交易中心是经有关部门批准设立的、以“网上交易、现货交收”为主要特点的电子化棉花批发市场。以国家棉花产业政策为导向，以网上交易为手段，以现货交收为目的，充分发挥投资各方在棉花行业和电子商务领域的优势，搭建设施完善、功能齐全、服务高效的棉花交易平台，面向全国涉棉企业组织棉花的即期及中远期现货交易，促进国内棉花资源的合理配置和有序流通。

四、交易中心的运作模式

交易中心的交易平台设计了撮合、招标、拍卖、即期四种交易形式。具体来讲：

1. 撮合交易

指的是会员通过交易中心交易平台订立商品棉电子交易合同，交易系统按“价格优先、时间优先”的原则自动对交易指令撮合成交的交易方式。

2. 拍卖交易

指的是卖方会员通过交易中心交易平台将棉花销售信息预先公告后挂牌报价，买方会员自主加价，交易系统按“价格优先、时间优先”原则，以最高买价成交并进行实物交收的交易方式。

3. 招标交易

指的是买方会员通过交易中心交易平台将棉花需求信息预先公告后挂牌报价，卖方会员自主减价，交易系统按“价格优先、时间优先”原则，以最低卖价成交并进行实物交收的交易方式。

4. 即期交易

指的是卖方会员通过交易中心交易平台挂牌销售棉花或买方会员通过交易中心交易平台挂牌买入棉花时，买卖双方会员自主报价，在约定的交易时间内以“价格优先”的原则成交的交易方式。

为保障交易平台的健康、稳定、持续、高效运行，交易中心建立了风险控制、资金安全、履约保证、质量保证、仓储物流、资金服务、信息服务、流程规范等八大配套体系。具体如下：

1. 风险控制体系

指的是交易中心建立了完善的交易、交收、资金、商品等方面的规章制度，并成立高规格风控小组，确保交易平台健康、稳定、有序运行。

2. 资金安全体系

指的是交易中心的客户结算系统和市场内部财务系统分开管理，客户保证金存入独立账户，专款专用。

3. 履约保证体系

指的是交易中心实行交易保证金制度，因此履约有保证，且交易交收双方通过市场账户和交收仓库流转资金、商品和票据，可以确保合同履约和资金、商品安全以及款、货、票两清。

4. 质量保证体系

指的是交易中心组织交易的棉花均为由国家法定的专业纤维检验机构进行仪器化公检的棉花，对于质量纠纷按照《棉花质量监督管理条例》依法处置。

5. 仓储物流体系

指的是交易中心已在全国设立 34 家指定交收仓库和配送仓库，并可根据需要增设辅助交收点和组织物流配送。

6. 资金服务体系

指的是在法律和政策允许的范围内，交易中心与商业银行合作为客户提供资金服务。

7. 信息服务体系

指的是交易中心已收购有 12000 余家涉棉企业建立商铺的“中国棉花商务网”(www.chinacotton.com)作为信息展现平台，并依托中国棉花网强大的信息服务能力向参与各方提供与交易有关的信息服务。

8. 流程规范体系

指的是交易中心内设客服中心统一受理客户业务，并已针对每一项业务建立起流程清晰、分工具体、责任明确的业务办理机制。

五、交易中心的运行情况

为测试系统、扩大影响，交易中心于 2 月 26 日成立后组织了为期 30 个交易日的模拟交易大赛，共有 93 家会员参与交易，范围覆盖国内 18 个省市。模拟交易总成交量 556 万吨，总订货量 335 万吨，日均交易量 18.5 万吨。自 5 月 8 日交易中心正式开盘以来，撮合棉整体行情走势和国内期、现货行情结合紧密，基本分为三个阶段：2008/2009 年度内撮合价格窄幅波动，撮合指数（CA10000）集中在 12800—13400 元/吨区间内运行；2009 年 9—12 月，撮合价格迅速走高，撮合指数上涨至 15700 元/吨左右，涨幅超过 20%；2010 年 1—2 月，撮合价格开始进入高位盘整阶段，撮合指数运行于 15000—15700 元/吨区间内。在此期间，交易中心成交量保持稳定，订货量呈上升趋势，日均交易量 2399 吨，日均订货量 12531 吨。自 2009 年 5 月 8 日至 2010 年 2 月 28 日，撮合交易累计成交量近 46.8 万吨。

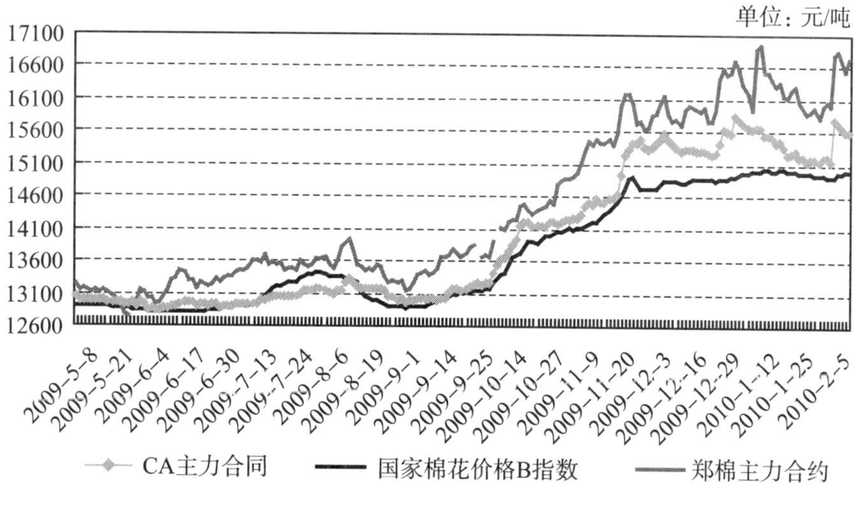

图 3—34　国棉 B 指数与 CA 主力合同、郑棉主力合约结算价走势对比图

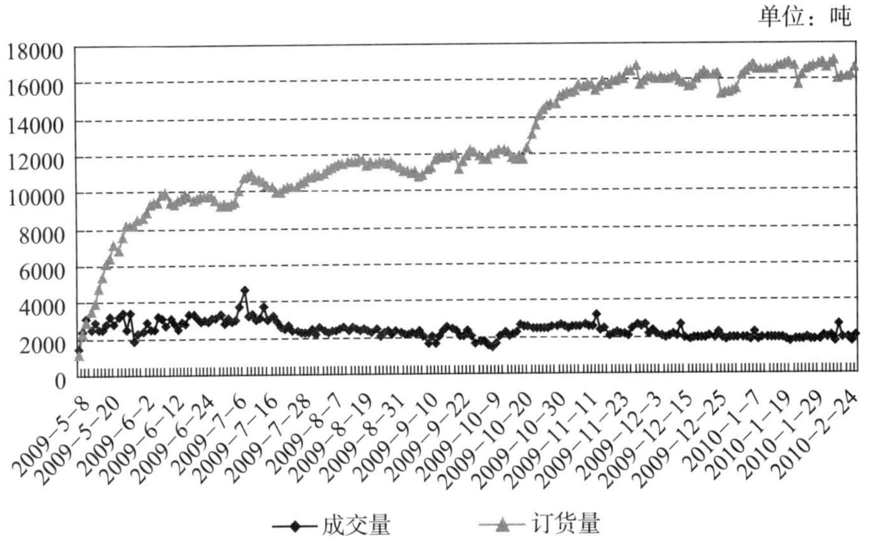

图 3－35　2009 年 5 月以来撮合指数成交量与订货量走势图

2008/2009 年度国际棉花市场产销形势回顾与分析

陈　涛

【作者简介】陈涛(Chen Tao)，1978 年毕业于黑龙江大学英语系；1990 年获得美国孟菲斯州立大学工商管理硕士(主修国际商务)；1990 年加入美国艾仑宝棉花公司并于 1997 年被任命为公司副总裁；2000 年加入路易达孚——艾仑宝棉花公司的母公司；目前负责大中华区的全部业务。

2008/2009 年度以来，由美国次贷危机引发的金融市场动荡进一步蔓延。雷曼兄弟破产引爆全球性金融危机，导致实体经济经历了二战后最严重的冲击。随着各国政府纷纷出台经济刺激计划，全球经济从 2009 年二季度开始逐步企稳，截至 2009 年底基本渡过了金融危机的恐慌期，进入逐步恢复阶段。道琼斯工业指数走势恰恰反映了这次金融危机的历程，从 2007 年 10 月的历史最高点 14198 点急速下滑至 2009 年 3 月的 6740 点，之后止跌反弹到 2009 年底的 10500 点附近。全球经济萧条导致棉花消费萎缩，2008/2009 年度，棉花价格在全球经济从危机集中爆发到逐步恢复的过程中剧烈波动，总体呈“V”形走势。

一、2008/2009 年度全球棉花生产情况及特点

2008/2009 年度，全球棉花产量下降，为近 5 年来最低水平。据美国农业部预测(2009 年 11 月份全球棉花产销存预测，下同)，该年度全球棉花总产量 2342 万吨，同比减少 10.7%，是近 5 年来的最低产量，也创下 16 年以来的最大降幅，其中仅美国、印度和巴西三个主要棉花出口国的产量就累计减少 225 万吨。全球棉花种植面积 3077 万公顷，同比减少

6.6%，主要原因：一是与小麦、玉米、大豆等农作物相比，棉花的现金投入相对较高，而收益较差。由于采用集约化种植模式，次贷危机导致资金受限，美国、巴西等主产国不得不减少种植面积。二是受极端天气影响，弃耕面积有所增加。全球棉花单产 761 公斤/公顷，同比下降 4.4%，为近 10 年来最大减幅。受灾害天气影响，各主要棉花出口国的单产都出现不同程度的下降。

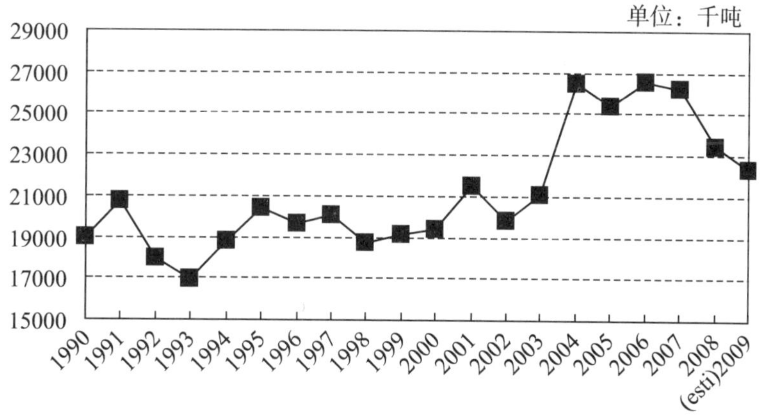

图 3－36　1990 年以来全球棉花产量情况

2008/2009 年度，主要产棉国情况简述：

1. 中国

2008/2009 年度，中国棉花产量 799 万吨，同比略有减少；种植面积 600 万公顷，同比减少 3.2%，种植面积没有大幅减少的主要原因是中国国内粮棉比价相对稳定，而且 2007/2008 年度单产增加弥补了棉农的比较收益减少的部分；平均单产 1332 公斤/公顷，同比提高 2.5%。除湖北、安徽、湖南等地因采摘期间出现阴雨天气而导致单产下降外，新疆和黄河流域的棉花单产普遍增加。

2. 美国

受大豆、玉米等农作物、竞争信贷资金短缺和灾害天气的多重影响，2008/2009 年度美国棉花产量 279 万吨，同比减少 139 万吨，减幅达三分之一。棉花种植面积大幅下降至 306 万公顷，同比减少 28%，这是连续第三年大幅下滑，与 2005/2006 年度相比累计减少 252 万公顷，减幅近 50%，为 1983/1984 年度以来的最低点。主要原因：一是油料、粮食等农作物收益高于棉花；二是美国次贷危机引发了信贷资金紧张，促使农民从种植高现金投入的棉花转到低现金投入的油料和谷物；三是得克萨斯州夏季过于干旱且秋季气温过低，加上飓风导致中南部地区大片棉田受损，最终收获面积比实播面积减少 18%。受灾害天气的影响，美国棉花平均单产 911 公斤/公顷，同比下降 7.5%，为近 5 年来的最低水平。

3. 印度

2008/2009 年度，印度棉花产量 490 万吨，同比减少 46 万吨；平均单产 523 公斤/公顷，同比下降 8%；种植面积 937 万公顷，与上年度的 944 万公顷相比变化不大。印度的最低棉花收购保护价政策是该国棉花种植面积保持稳定的主要原因，而产量减少则主要是雨季推迟造成的，特别是棉花生长关键时期干旱少雨。

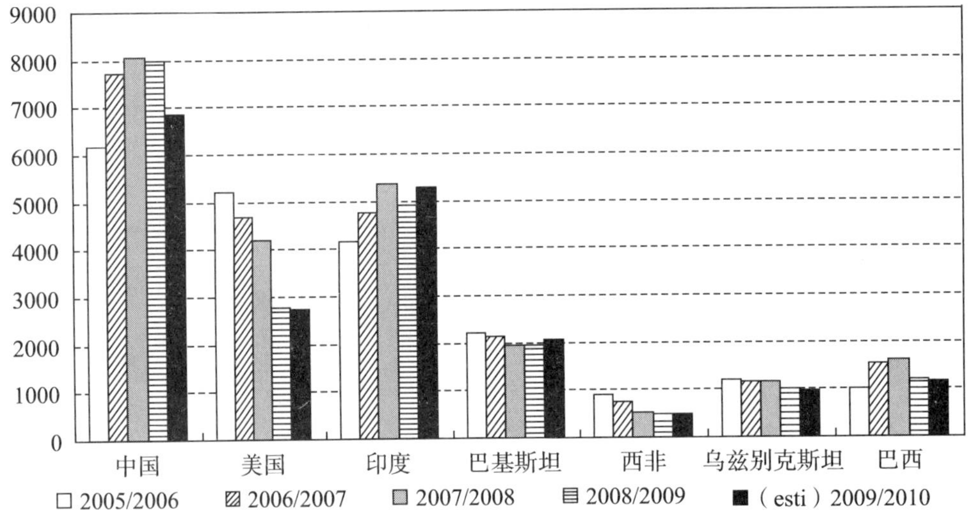

图 3－37 2005/2006 年度以来主要产棉国棉花产量情况

二、2008/2009 年度全球棉花消费情况及特点

2008/2009 年度，全球经济衰退导致纺织品需求减弱，棉花消费量创二战以来最大降幅。据美国农业部预测，该年度全球纺织用棉量 2419 万吨，同比减少 269 万吨，减幅 10%。从历史年份来看，棉花消费从二战以来一直维持增长趋势，在所经历的历次经济危机中，棉花消费的减幅从未超过 5%，这足以说明此次金融危机对实体经济的影响较大。

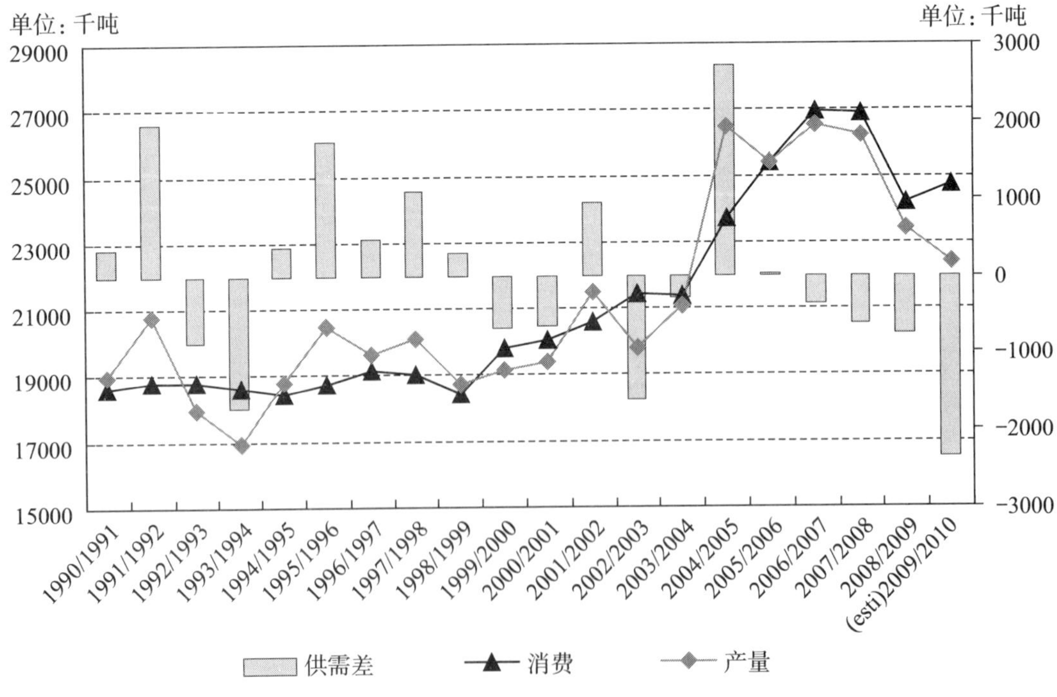

图 3－38 1990/1991 年度以来全球棉花产量和消费量情况

从纺织品和服装的贸易量来看，作为主要消费市场的欧美等发达国家和地区占全球近二分之一的份额。受经济衰退、失业率增加和信贷消费支出减少等因素的影响，这些国家的纺织品和服装进口数量明显下降。据美国商务部统计，2008/2009年度，美国纺织品和服装进口总额857亿美元，同比减少9.6%，为近20年来的最大减幅。受出口需求下降的影响，作为全球主要的纺织品和服装生产国，中国、印度和巴基斯坦棉花消费量均较上年度下降，其中，中国纺织用棉量980万吨，同比减少141万吨，减幅12.6%，这是自1963年以来的最大降幅，同时终结了自1999年以来的连续增长态势；印度纺织用棉量390万吨，同比减少15万吨，减幅3.8%；巴基斯坦纺织用棉量250万吨，同比减少11万吨，减幅4.2%。在全球消费低迷的背景下，印度和巴基斯坦加大了对纺织业的扶持力度，纺织用棉量减幅明显小于中国。

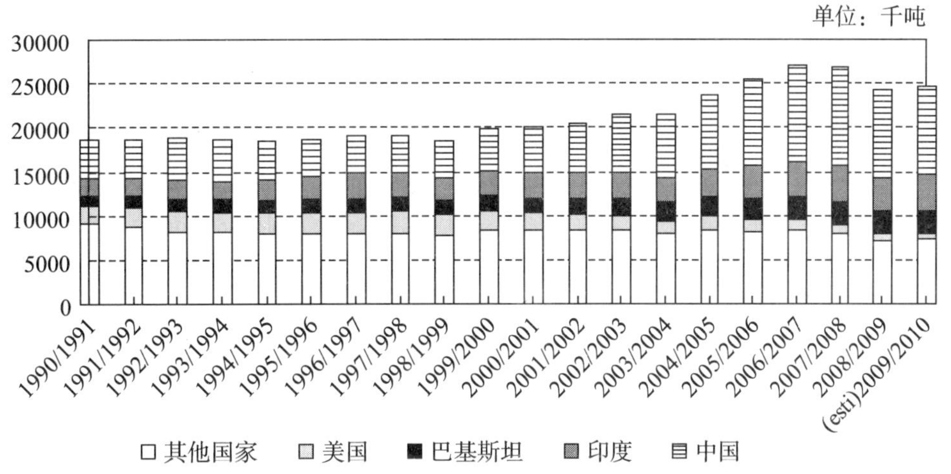

图3－39　1990/1991年度以来全球主要棉花消费国棉花消费情况

三、2008/2009年度全球棉花价格运行情况及特点

自2008年初以来，国际棉花市场上发生了一系列事件，导致棉花价格剧烈波动。生物能源的兴起促使粮食和油料的种植面积增加，全球棉花种植面积从2005/2006年度起连续4年下降，与2004/2005年度的历史高点相比累计减少了约500万公顷，这相当于减少了300－400万吨的棉花供给。由于供应偏紧，加之期货市场监管缺失和流动性过剩引发过度投机，2008年3月ICE棉花期货价格突破了90美分/磅，蹿升到本世纪以来的最高点，给世界棉花贸易带来一场前所未有的冲击。但是随之而来的次贷危机逐步显现，导致棉花价格走低。2008/2009年度全球棉花消费量同比减少10%，棉花贸易同比下降23%，均超过了1960年以来的历次经济危机。ICE棉花期货价格也在2008年11月份跌破40美分/磅，创2001/2002年度以来的最低点。从2008年四季度起，发达国家和新兴经济体为应对危机纷纷出台经济刺激计划救市，美国的7000亿美元救市计划于10月初获批，中国在11月份出台了扩大内需十项措施和4万亿元投资计划。同时，从保护农民利益、稳定生产角度出发，中国、印度、巴基斯坦等国分别出台棉花最低保护价收储政策，ICE棉花期货价格在40—50美分区间振荡筑底，并从2009年3月开始持续反弹到2009年底的75美分/磅左右。

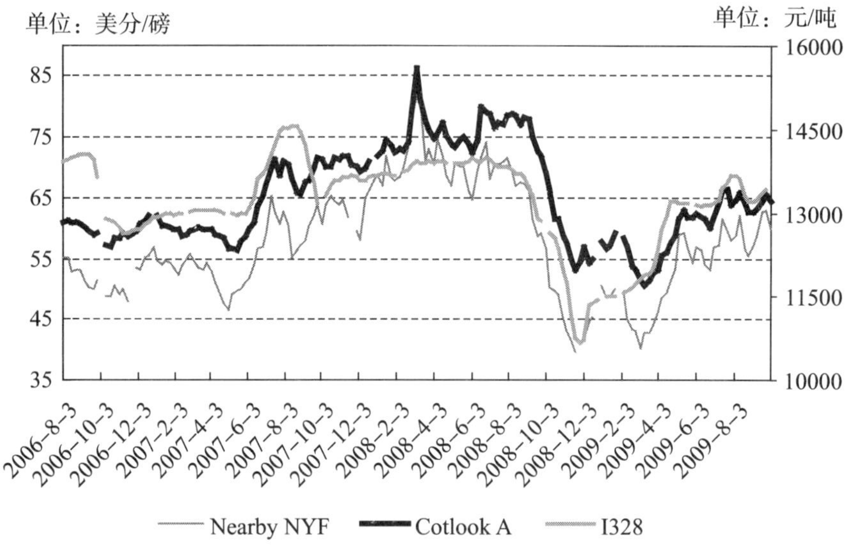

图 3－40　2006/2007 年度以来国际棉花期货、现货及国内 328 级棉花价格走势比较

四、影响 2008/2009 年度全球棉花价格的深层次因素

2008/2009 年度，全球棉花产量的下降抵消了消费量的下降，总体仍保持供求平衡。前期棉花价格暴跌所反映的更多的是非基本面因素，如资金和恐慌心理导致的超卖，这就不难理解经济环境稳定后，棉花价格以报复性反弹来反映供求状况的现实。

2008/2009 年度，全球棉花供应紧张的形势与上年度相比有所缓解，全球期末库存 1350 万吨，同比减少 16 万吨，库存消费比 56%，同比增加 5 个百分点。预计 2009/2010 年度全球棉花消费将有所恢复，而产量可能会继续下降，全球棉花期末库存在 2007/2008 年度的基础上减少 180 万吨，达到 1170 万吨，库存消费比可能下滑至 47%，这是 1995 年以来的最低点，说明供求紧张的状况十分明显，也是 2009 年底推动 ICE 棉花期货价格达到 75 美分/磅的原因。

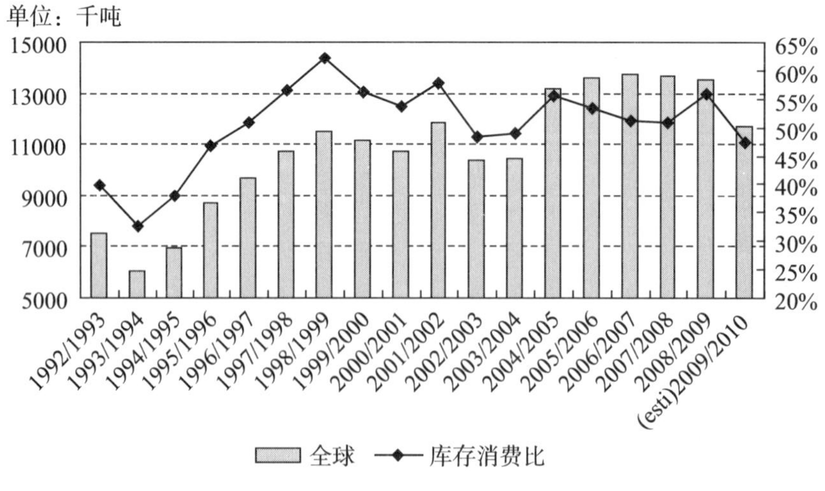

图 3－41　1992/1993 年度以来全球棉花库存消费比情况

2008/2009 年度，主要国家棉花库存情况简述：

1. 中国

2008/2009 年度，中国棉花期末库存 454 万吨，同比增加 19 万吨；库存消费比 46%，同比增加 7 个百分点，但仍处于历史较低水平。预计 2009/2010 年度棉花期末库存能在 2008/2009 年度的基础上减少 83 万吨，达到 371 万吨，库存消费比下降 9%，达到 37%，这是 1993 年以来的最低点。

2. 美国

2008/2009 年度，美国棉花期末库存 138 万吨，同比减少 80 万吨，库存消费比 38%，与 2006/2007 年度和 2007/2008 年度 55%左右的水平相比大幅下降，主要原因是，印度对本国的棉花出口实行了限制性政策，使美国有机会在产量减少 139 万吨的情况下仍能保持 289 万吨的高出口量，虽然大大缓解了库存压力，但也为 2009/2010 年度的供求紧张状况埋下了伏笔。2009/2010 年度，预计美国的棉花库存消费比 35%，期末库存可能只有 107 万吨，是 1999 年以来的第二低（2003/2004 年度为 75 万吨），这预示着 ICE 棉花期货价格的顶部有可能接近 2003/2004 年度 80 美分/磅的水平。当然，这还要看美国的竞争对手特别是印度的情况。

3. 印度

受最低棉花收购保护价和棉花出口限制政策的影响，2008/2009 年度期末库存达到了 221 万吨，创历史新高；库存消费比结束了连续 3 年的下降态势，达到了 50%，为历史第二高。2009/2010 年度，预计棉花出口量可能达到 146 万吨，期末库存可能达到 209 万吨，库存消费比为 38%，仍处于历史较高水平。印度政府也许认为这是一个比较合理的水平。如果棉花出口量超过预测，则不能排除印度政府实施棉花出口限制措施以扶植该国纺织业的可能。

2008/2009 年度，全球棉花贸易量 658 万吨，同比减少 190 万吨，减幅 23%，这是二战以来最大的降幅。贸易量之所以大幅减少，除了受经济危机导致消费减少影响外，中国和印度等国的棉花产业扶持政策和进出口限制政策也是主要原因，尤其是印度在 2007/2008 年度出口了 153 万吨棉花，而 2008/2009 年度只出口了 50 万吨棉花，在全球棉花出口市场中的份额从 24%降到了 8%。据美国农业部预测，2009/2010 年度全球棉花贸易量有望恢复到 722 万吨，而印度的棉花出口份额可能恢复到 23%。由此可见，2008/2009 年度，印度政府参与收购间接地限制了该国的棉花出口，起到了稳定全球棉价的作用。2009/2010 年度，如果国际棉价高于 60 美分/磅，预计印度棉会大量出口，与美棉展开竞争。

表 3—12 主要棉花出口国贸易量占全球市场份额变化

年 度	美国(%)	印度(%)	西非国家(%)	乌兹别克斯坦(%)	巴西(%)	澳大利亚(%)
2007/2008	46	24	9	14	7	4
2008/2009	45	8	7	9	9	4
2009/2010(预测)	35	23	7	14	6	6

数据来源：美国农业部(USDA)。

2009年全球及主要国家纺织业运行回顾

盖利·瑞恩斯

【作者简介】盖利·瑞恩斯(Mr. Gary Raines),毕业于美国北卡罗来纳州州立大学,获经济学硕士和纺织服装技术管理硕士学位,曾任美国棉花公司经济师,现任福四通纤维与纺织部副总裁、首席经济师及网站总编。

过去的两年里,全球经济危机导致需求低迷。众多国家和地区的人均收入减少,生活水平下降,人们对高档消费品和非生活必需品的需求明显减少。同时,由于信贷收紧、国际汇率波动较大,制造商在融资、产品生产和库存成本管理方面都遇到了空前的困难。在经济危机爆发之前的20年里,全球纤维消费是持续增长的,并在2007年创下了6910万吨的历史最高记录。然而在上述背景下,全球纺织市场经历了前所未有的挑战,纺织品服装的需求受到了严重影响,纤维消费量也随之萎缩。2008年,作为纺织品和服装的主要原料,棉花和涤纶纤维的消费量大幅减少。下面我们对各主要纺织品生产国2009年的情况进行分析。

中国

作为全球最大的纺织品生产国,中国的棉花消费量已走出2009年的低谷。根据国家棉花市场监测系统2009年12月的预测,2009/2010年度中国的棉花消费量1021.9万吨,同比增加32.2万吨。此外,2009年11月,中国的化纤产量260.4万吨,同比增加21.4%;2009年1—11月,化纤产量累计达2501.4万吨,同比增幅为12.5%。上述数字说明中国的纺织品产量正在增加,而且化纤的使用比例似乎也在增加。

印度

印度是全球第二大纺织品生产国,纺织品生产在2009年开始加速。2009年11月,印度纺织品产量同比增加4.3%;2009年1—11月,纺织品累计产量同比增加9.6%。印度纺织品产量的增加主要是因为来自欧洲市场的需求有所恢复,预计2010年欧洲市场以及其他市场对印度纺织品和服装的需求增长速度将进一步加快,从而刺激该国的纺织品和服装产量以及纤维消费量大幅增加。

巴基斯坦

无论是政治方面还是宏观经济方面,巴基斯坦的局势都不容乐观。在这种环境中,巴基斯坦纺织行业遇到巨大困难,开机率严重不足。2009年1—10月,巴基斯坦棉纱产量为240万吨,同比减少0.6%。据了解,巴基斯坦政府对该国的棉纱出口做出了限制性规定,即从2010年开始,每年上半年该国每月棉纱出口量不得超过5万吨,这大大低于该国棉纱出口的正常水平。面对生产成本上涨和政府对出口的限制,巴基斯坦纺织厂的利润空间受到了严重的挤压。基于上述因素,预计2010年该国纺织行业不会出现明显好转。

土耳其

近两年来,土耳其的纺织品和服装产量呈下降态势。2009年11月,土耳其纺织品生产指数为88.3(以2005年月平均产量为基点100,下同),同比减幅为7.3%;服装生产指数为85.6,同比减少5.2%。2009年1—11月,土耳其纺织品生产指数和服装生产指数同比减幅分别为13.0%和11.2%。展望

2010年，作为土耳其纺织品和服装的主要买家，欧洲的经济将有所好转，从而有望刺激土耳其纺织品和服装出口增加。值得关注的是土耳其里拉在升值。在一般情况下，货币升值不利于这个国家的商品出口，但土耳其的纺织品服装出口是个例外，因为土耳其纺织厂所使用的贷款主要是美元，里拉的升值反而缓解了纺织厂的还贷压力。

孟加拉国

在其他国家的纺织行业纷纷陷入困境时，孟加拉国的纺织行业可谓一枝独秀，根据美国农业部2010年1月份全球棉花产需预测，2008/2009年度棉花消费量达81.65万吨，创历史新高。由于孟加拉国不种植棉花，该国棉花进口量同时也创历史新高。孟加拉国服装出口的增长是拉动该国棉花消费的主要动力。2008/2009年度孟加拉国服装出口额为1230亿美元，同比出现两位数增长，创历史新高。另据美国农业部预测，2009/2010年度孟加拉国棉花消费量为87.1万吨，较2008/2009年度增长5%，因此2010年孟加拉国的纺织品和服装产量还有可能增加。不过，2009年1—10月孟加拉国的服装出口装运量同比增幅为2.5%，处于近几年的较低水平。鉴于这个因素，预计2010年孟加拉国的纺织品和服装产量的增长速度有可能放缓。

印度尼西亚

近年来，印度尼西亚的纺织品和服装出口订单越来越少。随着中国与东盟自由贸易协定的签订，自2001年起，两个经济体之间各种商品的关税被逐步削减或取消。考虑到中国与东盟自由贸易协定对印度尼西亚纺织行业的冲击，印度尼西亚的银行为了规避风险，已不愿将贷款发放给该国的纺织企业。根据印度尼西亚纺织协会2009年的调查结果，在中国与东盟自由贸易协定和全球金融危机的双重打击下，印度尼西亚的纺织企业有一多半已放弃纺织品生产而转向房地产生意，而且有155个纺织厂已经倒闭。2009年，印度尼西亚纺织品和服装出口额为94亿美元，同比减幅9.9%。基于上述因素，预计2010年印度尼西亚纺织行业的发展前景很不乐观。

泰国

2009年，泰国的纺织用棉比例有所减少，这与中国和印度的情况差不多。据美国农业部预测，2008/2009年度泰国棉花消费量为34.8万吨，同比减幅为16.9%。值得注意的是，2009年11月，泰国的化纤消费量同比增加43.3%，创1997年亚洲金融危机以来新高。上述数字说明，泰国的纺织用棉比例有所减少。不过，与中国和印度不同的是，泰国的纺织品和服装产量大幅减少，主要原因是作为其主要出口市场的美国需求减少了。2009年1—11月，泰国服装产量40亿件，同比减少7.9%；2009年1—10月，泰国向美国出口服装的装运量同比减少18.8%，预计2010年美国市场对纺织品和服装的需求不会有太大好转。受此影响，棉纱和棉布产量也在大幅减少。因此泰国纺织行业的发展前景不容乐观。

越南

据越南纺织与服装协会统计，2009年越南的纺织品和服装出口装运量同比减少2.8%，这是该国16年以来纺织品和服装出口装运量首次出现负增长。此外，越南对美洲和欧洲出口的纺织品和服装数量也明显减少。相比之下，越南向日本出口数量却有所增加，主要原因是自2009年10月1日起，越南和日本所签订的经济合作协议开始生效。根据该协议，越南出口到日本的纺织品和服装均可享受零关税。日本是全球第二大纺织品和服装进口国，因此越南和日本签订的经济合作协议为越南的纺织品和服装出口提供了良好的发展机遇。从这个角度看，2010年越南纺织行业发展前景应该是乐观的。

墨西哥

许多专家一致认为墨西哥纺织行业的现状和发展前景都很糟。据美国农业部预测，2008/2009年度墨西哥棉花消费量为40.3万吨，同比减幅为7.5%，为12年以来最低点。同时，该国棉花进口量为28.6万吨，为16年以来的最低点。2009年1—11月，墨西哥纺织品产量同比减少11.7%，为1994年北美自由贸易协议签订以来的较大减幅；服装产量同比减少9.5%，为1994年北美自由贸易协议签订以来的最大减幅。美国是墨西哥纺织品和服装的主要出口市场，因此美国纺织品和服装消费低迷的状况给墨西哥纺织行业的发展蒙上了一层阴影，而且这种局面很可能会持续相当长一段时间。

2008/2009年度美国洲际交易所棉花期货价格走势回顾

盖利·瑞恩斯

【作者简介】盖利·瑞恩斯(Mr. Gary Raines)，毕业于美国北卡罗来纳州州立大学，获经济学硕士和纺织服装技术管理硕士学位，曾任美国棉花公司经济师，现任福四通纤维与纺织部副总裁、首席经济师及网站总编。

2008年，ICE棉花期货价格出现了史无前例的波动，给全球棉花行业造成了严重的冲击。2009年，全球经济逐步从2008年的低谷中走出，棉纺织品和服装的消费需求开始增长，ICE棉花期货价格从2009年3月开始逐步上涨，回归到与基本面相符的水平。下面从影响美国及全球棉花价格的各方面因素进行回顾。

1. 供需状况

全球棉花库存消费比的变化是判断棉花期货价格走向的一条重要线索。通过分析供需状况与价格波动的互动性发现，库存消费比与棉花价格的相关性最强，即库存消费比越低，棉花价格越高；库存消费比越高，棉花价格越低(见图3—42)。2009年11月，美国农业部预测2009/2010年度库存消费比35%，为14个月以来的最低点；ICE棉花期货近月合约均价68.73美分/磅，为15个月以来的最高点。这并非巧合，而是库存消费比驱动棉花价格波动的具体体现。

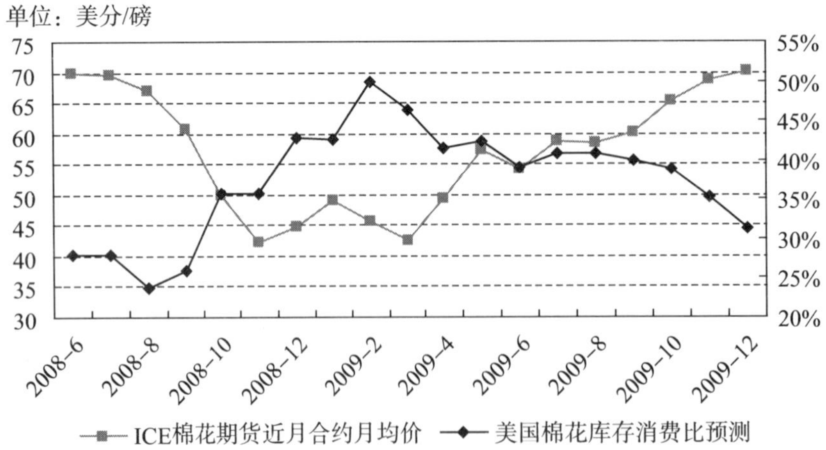

图3—42 ICE棉花期货近月合约价格与美国棉花库存消费比对比情况

根据预测，2010/2011 年度美国棉花种植面积可能小于 2009/2010 年度，而美棉出口量有可能增加，所以美棉库存消费比有望继续降低，进而刺激价格上涨。

2. 美元指数

美元指数下跌导致包括棉花在内的众多大宗商品价格上涨。近两年，美元指数和 ICE 棉花期货价格的相关性十分紧密（见图 3－43）。影响美元指数变化的因素包括利率、资本市场、通货膨胀、政府政策等。与许多其他商品期货市场分析人士观点一致，我们认为美元指数在 2010 年是看跌的。这意味着，2010 年包括棉花期货在内的大宗商品价格有可能因美元指数下跌而上涨。

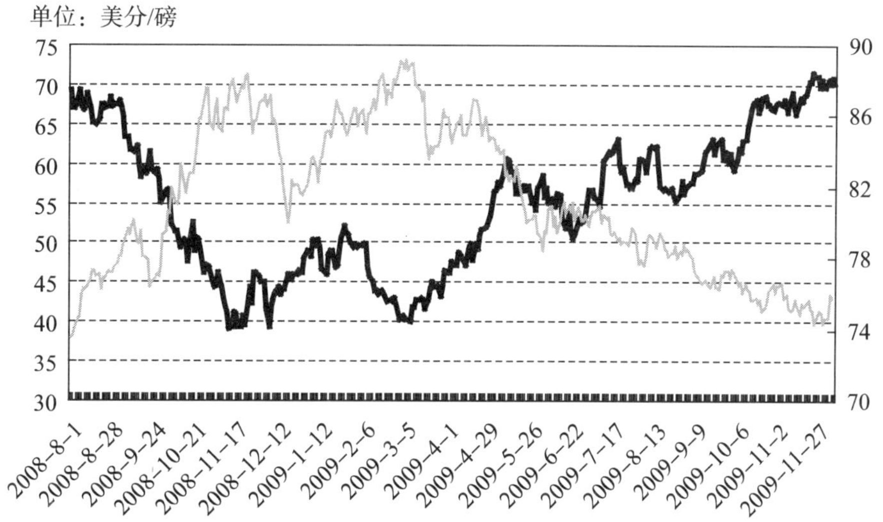

图 3－43　ICE 棉花期货近月合约价格与美元指数对比情况

3. 股票市场

棉花价格与资本市场之间存在着微妙的联系。美国经济从 2007 年四季度开始陷入危机，投资者纷纷将资金撤出，股市恐慌性下跌。截至 2009 年 2 月下旬，道琼斯工业指数下跌幅度超过 50％，达到近 12 年以来的最低点。同期，ICE 棉花期货价格从 2008 年 3 月的顶峰开始连续下跌了 8 个月，累计跌幅超过 60％，达到近 6 年以来的最低点。从 2009 年 3 月开始，道琼斯工业指数开始反弹，同期，ICE 棉花期货近月合约价格从不到 40 美分/磅的低谷一直涨到 2009 年 12 月的 70 美分/磅之上（见图 3－44）。许多分析家认为道琼斯指数将在 2010 年重演 2009 年的上涨行情。从这个角度来看，ICE 棉花期货价格也有望在 2010 年上涨，但我们预计其上涨幅度难以超越 2009 年的水平。

4. 非定价基差交易

在过去的两年中，棉商每周的非定价基差交易与 ICE 棉花期货近月合约价格的走势基本一致。2009 年 10 月，非定价基差交易量达到 54135 手，为近 14 个月以来的最高点。与此同时，ICE 棉花期货近月合约周均价超过 68 美分/磅，达到近 16 个月以来的最高点（见图 3－45）。

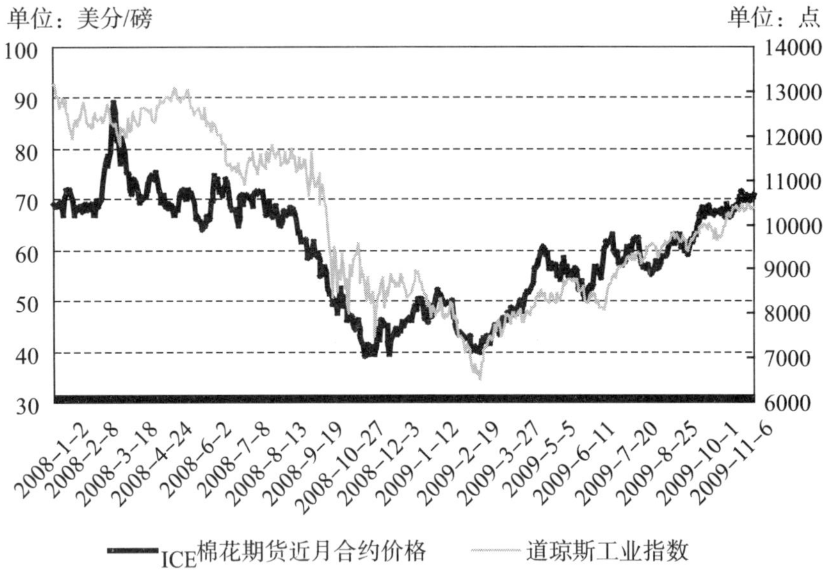

图 3－44　ICE 棉花期货近月合约价格与道琼斯工业指数对比情况

图 3－45　ICE 棉花期货近月合约价格与非定价基差交易对比情况

5. 基金

基金是影响大宗商品价格变化的主要因素，对棉花也不例外。指数基金通常把商品期货作为资产保值的一种方式而长期做多，对商品期货价格的推动作用十分明显。近年来，农产品期货在整个商品期货指数中所占权重逐步增加，ICE 棉花期货价格随着指数基金净多头持仓量的增减变化而出现相应的波动。2008 年 3 月，当指数基金净多头持仓量达到相对高点时，ICE 棉花期货价格也达到相对高点（见图 3－46）。

图 3—46　ICE 棉花期货近月合约价格与商品期货指数基金净多头持仓量对比情况

6. 郑州棉花期货

郑州棉花期货交易自 2004 年 6 月 1 日上市以来已历经 5 年多的时间。截至 2009 年底，郑棉期货和 ICE 棉花期货的价格走势基本保持一致。2008/2009 年度，郑州棉花期货和 ICE 棉花期货价格的最低点在同一天出现，二者之间的相关性得到了进一步体现（见图 3—47）。

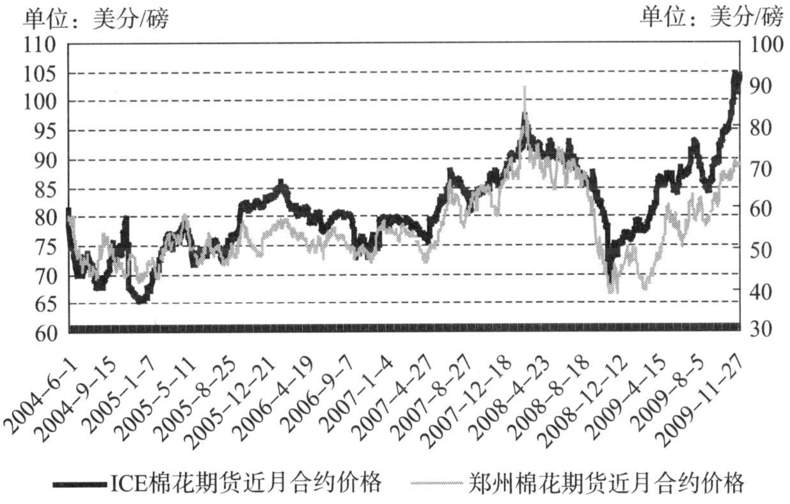

图 3—47　ICE 棉花期货近月合约价格与郑州棉花期货近月合约价格对比情况

2008/2009 年度新疆棉花市场形势回顾及产销经营新机遇

万达棉花研发中心研发总监　张闻民

【作者简介】张闻民，外经贸专业高级经济师，长期从事棉花纺织品进出口商品贸易，现任万达期货公司棉花研发中心研发总监。近年来，先后担任新疆贝正实业有限公司总经理，新疆棉花期货工作小组组长，华润纺织集团公司新疆棉花经营总代理，新华社特约经济分析师，中储棉花信息中心高级顾问，《中国棉花年鉴》编委及特约撰稿人，兵团棉花协会理事顾问及特聘专家学者等。创新提出了中国及新疆棉花产业三大发展战略，撰写了70余万字的关于棉花产业、期货市场研讨文章、报告、经营方案，被国内棉花界同行誉为“儒商”。

一、2008/2009 年度新疆棉花市场形势回顾

1. 年度初期国内外棉价均大幅下跌

2008/2009 年度初期，全球性金融危机冲击了我国棉花市场，纺织品服装出口受阻，棉花销售疲软。截至 2008 年 9 月底，全国仍有库存滞销结转陈棉 70—80 万吨，公检 328 级棉内地仓库价 13200—13400 元/吨，至 12 月已下跌至 10000—10400 元/吨，成为压抑新棉价格的沉重负担。新棉上市期间，籽棉收购价格逐月下跌，从 9 月的 5.4—5.8 元/公斤下跌至 11 月底的 4.0—4.6 元/公斤，而上年 11 月底籽棉收购价格为 5.2—5.8 元/公斤。2008 年 9 月至 11 月，标准级现货价格由 13400 元/吨下跌至 10500 元/吨，ICE 棉花期货、郑棉期货、电子撮合三个市场价格均大幅下跌，其中，ICE 棉花期货价格从 59 美分/磅下跌至 39 美分/磅，郑棉期货 CF901 合约价格从 13200 元/吨下跌至 10475 元/吨，电子撮合 MA0901 合同价格从 13200 元/吨下跌至 10250 元/吨，均已跌至 2004 年以来的最低水平。

2. 国家储备棉成为稳定我国，尤其是新疆棉花产销经营的蓄水池

2008/2009 年度，新疆成为国家储备棉最大收储地区和最大受益区域。据新疆自治区统计局统计，全年度棉花产量 301.55 万吨，约占全国总产量的四成。新棉上市时期，国家先后分三批累计收储 272 万吨储备棉，其中新疆棉 152 万吨，确定了 12600 元/吨的收储价格，这成为上半年度棉花市场销售最高价格水平。年度后期，国家自 2009 年 5 月 22 日起轮出 152.3 万吨储备棉，之后于 9—10 月增加抛储量 60 万吨，于 11—12 月又追加抛储量 50 万吨，累计销售储备棉 262 万吨。

3. 棉花质检体制改革稳步推进

2008/2009 年度是国家棉花质量检验体制改革（以下简称“国家棉检体改”）的最后关键攻关阶段。国家在执行储备棉收储政策时，明确规定仅收储仪器化公检大包棉，全年度累计收储 272 万吨棉花，为仪器化公检大包棉企业大规模参与棉花期货交割作了全面练兵准备。按照要求全国 1300 多家棉花加工企业进行国家棉检体改设备仪器扩能改造，截至 2009 年 6 月共有 1210 家棉花加工企业完成公检棉花 426 万吨，其中，新疆 595 家企业，公检棉花 270 万吨，占全国公检总量的 63.3%，占新疆棉花产量的 96%；内地企业 615 家，公检棉花 156.6 万吨，仅占全国公检总量的 36.7%，占内地棉花产量的 20%。经测算，新疆轧花厂平均每厂拥有棉花资源折合皮棉 4537 吨，是内地轧花厂平均每厂拥有皮棉资源 2546 吨的 1.8 倍。

按照国家棉检体改进程，截至2010年10月，85公斤小包棉花及加工企业将强行淘汰出局，中国农业发展银行不予贷款，铁道部不予运输，国家工商行政管理总局不予进入市场销售。届时，新疆势必成为国家棉检体改规划及执行的最重要区域。截至2010年，新疆将全部完成棉检体改方案要求，仪器化公检大包棉花将达到100%，棉花产量将超过280万吨，占全国大包棉公检量的40%—50%，为仪器化公检大包棉成为交割经营主体的郑商所一、二号棉期货合约修改上市做好准备，而这将是新疆棉花产业发展的重大结构调整机遇。

二、2009/2010年度新疆棉花产销经营面临的新机遇

1. 新疆棉花产量将有所下调，但仍将继续重点发展

近年来，新疆地方党委政府和兵团提出了"减棉、增粮、增果、增畜"的农业发展规划，2009—2018年新疆棉花种植面积将由2434万亩逐年调减至2000万亩，年均棉花产量稳定在200—250万吨。近三年内，新疆兵团棉花种植面积由780万亩减至650万亩。新疆棉花产业发展面临着新的战略选择，尽管新疆将继续调整农业产业结构，但是棉花产业仍将是新疆农业最大规模的支柱产业。未来几年内，棉花产业仍将占有新疆农业经济50%—60%的市场份额，占有全国棉花产业市场1/3的市场份额，最大程度承担国家棉花产业发展繁重的安全任务；拥有全国棉检体改现有60%的新体制轧花厂家和80%仪器化公检大包棉数量，成为国家棉花质量检验体制改革规划最大重点区域；仍是国家储备棉的主要承载地区，是全国棉花产业稳定高效发展的重点区域。

2. 新疆将成为棉花期货、撮合市场经营主要载体

2008年，新疆现货市场资源135万吨，约占新疆棉花产量的48%；国家收储新疆棉152万吨，约占51%；期货、撮合市场仅占2%。新疆直接参与棉花期货、撮合交割的棉花企业仅20余家，交割数量不足3万吨，仅占新疆棉花产量的2%，占全国棉花期货、撮合交割量的20%。2009年，随着国内外棉花市场逐步回暖，现货、期货、撮合、储备棉市场价格持续上涨，新疆参与棉花期货、撮合的棉花企业数量激增，由上年的20—30家激增至80—100家，期货、撮合直接交割量成倍增长。

2009年11月，郑州商品交易所对一号棉期货合约进行了大幅度修改，具体来讲：给新疆期货棉每吨升水200元；将一号棉交割单位调整为185包±5包(227±10公斤/包)；允许马克隆值C2级棉花交割，贴水100元/吨；马克隆值A级棉花升水50元/吨；放宽棉花主体品级至70%—80%；棉花期货实行非通用标准仓单等。上述修改增强了新疆棉花企业参与期货市场经营的竞争力，鼓励棉花企业参与期货、撮合经营，优化高效高端市场结构比例，有利于保护棉农和棉花企业利益。截至2009年底，新疆涉棉企业共600余家，尝试利用棉花期货、撮合进行经营的意识增强，这有利于推动新疆棉花产业进一步发展。

3. 国家对棉花产业实行多项优惠扶持政策措施

近年来，国家对棉花产业实行了多项优惠扶持政策：一是将纺织行业列为国家重点扶持行业；二是将进口棉滑准税率临时调至3%—40%，先后三次将纺织品服装出口退税率分别提高至13%、14%、16%；三是2008—2010年对新疆实行400元/吨的出疆棉移库费用补贴；四是实行全国棉花良种补贴全覆盖，涉及棉花种植面积8500万亩，总计补贴13亿元，其中新疆获补贴5亿元；五是继续对新疆仪器化公检棉实行"一搭二"优惠政策和优先发运；六是2008年农发行向新疆棉花企业发放305亿元收购及储备棉资金；七是国家财政给予农业种植风险保险补贴13亿元；八是根据棉花市场运行情况，缩减进口棉配额发放数量，2008年国家除下发89.4万吨的1%关税配额外，延迟减少下发滑准税进口棉配额。

在上述基础上，新疆相关市场人士呼吁进一步争取国家对棉花产业的优惠扶持政策：一是将2007—2010年出疆棉移库费用补贴每吨400元执行期改为固定长期执行；二是给予新疆机采棉、轧花厂、HVI1000等机械设备仪器补贴每台套补贴售价金额30%—60%；三是设立棉花专业合作社、订单农业扶持基金10亿元；四是设立新疆棉花种子、科研、生产、

加工、出口、储备棉等补贴、专项基金、出口信贷、棉花保险；五是对全国及新疆实行棉花直补和保护价政策，每亩补贴100元或每吨补贴800元，年均补贴金额20亿—30亿元；四是给予国家棉检体改企业及仪器化公检大包棉的籽棉收购加工，“三丝”等异性纤维治理专项补贴300—400元/吨；五是继续扶持建设“国家及新疆优质棉生产基地建设项目”、“棉花高产高效高密度综合种植及膜下滴灌技术项目”、“‘三丝’综合治理监控项目”、“机采棉项目”、“棉花副产品综合利用项目”、“新疆棉花交易市场建设项目”和“新疆棉花仓储运输设施升级改造建设”等项目；六是2009—2015年争取国家投资50亿—100亿元、棉花产业政策扶持补贴资金100亿—200亿元。

三、新疆棉花产业经营面临的挑战

1. 促成新疆二号棉期货合约上市

在完成郑商所一号棉期货合约修改的基础上，加快申报新疆二号棉期货合约上市各项规则条款。以新疆二号期货棉为交易基价，内地棉交割升水600元；在新疆、内地棉花主销区各增设10家以上交割库；出疆棉费用补贴归卖方所有，提高棉花纺织企业的综合经营效益10%—20%。

2. 扩展棉花期货市场经营的适用范围

研究调整或取消中国农业发展银行限制涉棉贷款企业参与棉花期货经营禁令，援引农发行与北京全国棉花交易市场、涉棉贷款企业三方协议，并将其扩展至棉花期货市场经营的适用范围。2009年底，农发行已确定将江苏华芳、湖北银丰、同舟棉业三家公司列为棉花套期保值经营试点单位。建议新年度进一步将新疆新棉集团，兵棉公司，农垦股份，精棉棉业，农一，七、八师等纳入到棉花期货套期保值经营试点单位范围。适时启用新疆棉花交易市场、石河子棉花交易市场，建立100万—200万锭的新疆“东锭西建”纺织生产基地。改变新疆作为全国最大棉花产地尚无自有交易市场的现状，大规模全面融入棉花期货、撮合商品金融资本高效高端市场综合经营。

3. 解决新疆棉花运输难问题

按照往年惯例，新疆通常85%以上的棉花数量需销往内地，铁路运输则是长期制约棉花出疆的最大瓶颈。由于兰新铁路双复线及电气化改造、进出疆商品物资运量严重失衡等原因，2008/2009年度新疆棉花运输持续紧张，部分内地企业购买新疆棉花后两三个月仍难运出，迟运、难运比例很高，大量占压棉花购销资金，严重影响购棉客户使用。根据新疆铁路建设规划，国家将在四五年内进行兰新铁路双复线及电气化改造，届时新疆铁路运输能力将大幅度提高至1亿吨/年，疆内商品物资运输难的问题将得到根本缓解。在上述基础上，建议综合利用新棉集团、农资集团、兵棉公司、大陆桥农产品运输公司和20余个棉花专用仓储设施、铁路专用线、新疆棉花交易市场等，增加仓储运输设施升级改造投资20亿元，并联合内地棉花物流储运公司和大中型纺织企业，向江苏、山东、河南等省棉花交易市场辐射经营，形成连接新疆优质棉花产地资源与全国鲁、江、浙、沪、粤、川等棉花主销省区的仓储运输销售经营网络渠道，覆盖新疆年均280万—300万吨的棉花产量、240万—250万吨的运输量、180万—200万吨以上的经营量。

综上所述，通过中国及新疆棉花产业持续发挥多领域整合的优势，坚持自主科学技术创新，不断优化改善现代高效经营增长方式，在两三年内强势稳健扩张发展，抢占中国及新疆棉花产业市场经营发展的最前沿和制高点。计划在2009—2010年完成国家及新疆棉花检验体制改革规划方案和对新疆600家新体制轧花厂的改造，形成新疆棉花产业经营发展战略结构布局，开展棉花现货、期货、撮合、储备等商品金融资本高端产业市场高效融通综合经营。计划在2010—2015年实现新疆棉花年产量300万—400万吨，直接产值400亿—550亿元，年均利润收益率6%—10%，占全国棉花总产量约35%，对中国棉花产业持续、稳定、高效发展做出更多贡献。

统计资料

第四部分

棉花生产

表4—1 1978—2008年中国棉花生产情况表

单位：千公顷、万吨、公斤/公顷

年份	农作物总播种面积	棉花播种面积	棉花产量	单位面积产量
1978	150104	4866	217.0	455
1980	146380	4920	271.0	550
1985	143626	5140	415.0	807
1989	146554	5203	379.0	728
1990	148362	5588	451.0	807
1991	149586	6538	568.0	868
1992	149007	6835	451.0	660
1993	147741	4985	374.0	750
1994	148241	5528	434.0	785
1995	149879	5422	477.0	879
1996	152381	4722	420.0	890
1997	153969	4491	460.0	1025
1998	155706	4459	450.0	1009
1999	156373	3726	383.0	1028
2000	156300	4041	442.0	1093
2001	155708	4810	532.0	1107
2002	154636	4184	492.0	1175
2003	152415	5111	486.0	951
2004	153553	5693	632.0	1111
2005	155488	5062	571.0	1129
2006	157021	5409	674.0	1247
2007	153464	5926	762.4	1286
2008	156266	5754	749.2	1302

数据来源:《中国统计年鉴2009》。

表4—2 2008/2009年度分省棉花生产情况表

单位：千公顷、万吨、公斤/公顷

省份	农作物总播种面积	棉花播种面积	棉花产量	单位面积产量
全国	**156266.0**	**5754.0**	**749.2**	**1302**
北京	322.0	1.2	0.1	1826
天津	446.3	69.2	8.3	2145
河北	8713.2	690.0	73.7	1498
山西	3726.5	89.1	10.7	1114

续表

省　份	农作物总播种面积	棉花播种面积	棉花产量	单位面积产量
内蒙古	6860.8	2.0	0.3	1855
辽　宁	3716.2	1.4	0.2	1736
吉　林	4998.2	2.4	0.5	1942
上　海	388.4	1.5	0.3	—
江　苏	7510.3	300.5	32.6	1950
浙　江	2482.4	20.3	2.8	—
安　徽	8976.6	390.1	36.3	1950
江　西	5330.9	66.6	11.2	1708
山　东	10764.0	888.3	104.1	1925
河　南	14147.4	606.0	65.1	2040
湖　北	7298.3	543.0	51.3	1087
湖　南	7555.0	183.0	24.7	839
广　西	5695.6	2.3	0.2	—
四　川	9438.9	18.5	1.6	1325
贵　州	4619.4	1.4	0.1	1343
陕　西	4165.8	85.1	10.1	1425
甘　肃	3868.6	72.7	12.3	2486
新　疆	4486.7	1718.6	302.6	2388

数据来源:《中国统计年鉴2009》。

表4—3　2008/2009年度新疆维吾尔自治区棉花生产情况表

单位：千公顷、万吨、公斤/公顷

地　区	棉花播种面积	棉花产量	单位面积产量
全　区	**1668.01**	**301.55**	**1808**
乌鲁木齐市	1.82	0.21	1178
克拉玛依市	8.32	1.32	1590
吐鲁番地区	25.51	3.11	1219
哈密地区	16.88	2.83	1678
昌吉回族自治州	112.85	18.33	1624
伊犁哈萨克自治州	125.12	19.93	1593
伊犁州直属县(市)	21.21	2.19	1034
塔城地区	103.91	17.73	1707
博尔塔拉蒙古自治州	46.63	9.58	2055
巴音郭楞蒙古自治州	151.20	28.68	1897
阿克苏地区	293.33	43.43	1481
克孜勒苏柯尔克孜自治州	6.60	0.95	1446
喀什地区	212.80	36.41	1711
和田地区	29.01	5.42	1869
生产建设兵团	**563.17**	**131.34**	**2332**

数据来源:《新疆统计年鉴2009》。

表4—4　2008/2009年度新疆维吾尔自治区长绒棉生产情况表

单位：千公顷、万吨、公斤/公顷

地　　区	长绒棉播种面积	长绒棉产量	单产
全　　区	**132.18**	**19.73**	1493*
伊犁哈萨克自治州	70.14	10.84	1545*
伊犁州直属县(市)	21.21	2.19	1033*
塔城地区	48.93	8.64	1766*
阿克苏地区	48.74	6.13	1258*
和田地区	0.23	0.04	1739*
生产建设兵团	**13.06**	**2.71**	**2075***

注：1. 数据来源为《新疆统计年鉴2009》。
2. 带*的数据由国家棉花市场监测系统测算而得。

表4—5　2008/2009年度新疆生产建设兵团棉花生产情况表

单位：千公顷、万吨、公斤/公顷

地　　区	棉花播种面积	棉花产量	单位面积产量
兵　　团	**563.16**	**131.34**	**2332**
一　　师	122.79	30.02	2445
二　　师	34.40	8.95	2602
三　　师	65.38	15.20	2325
四　　师	14.80	2.93	1979
五　　师	34.35	9.10	2648
六　　师	71.36	14.03	1967
七　　师	52.65	11.23	2132
八　　师	143.66	35.05	2440
十　　师	7.25	1.25	1726
十二师	2.30	0.29	1276
十三师	9.83	2.57	2611
十四师	1.92	0.45	2346
新天集团	2.29	0.25	1080

数据来源：《新疆生产建设兵团统计年鉴2009》。

表4—6　2008/2009年度新疆生产建设兵团长绒棉生产情况表

单位：千公顷、万吨、公斤/公顷

地　　区	长绒棉播种面积	长绒棉产量	单位面积产量
兵　　团	**13.06**	**2.71**	**2079**
一　　师	13.06	2.71	2079

数据来源：《新疆生产建设兵团统计年鉴2009》。

表4—7　2008/2009年度山东省棉花生产情况表

单位：千公顷、万吨、公斤/公顷

地　区	棉花播种面积	棉花产量	单位面积产量
全　省	**888.26**	**104.06**	**1172**
济南市	29.88	3.54	1184
青岛市	3.59	0.42	1164
淄博市	15.15	1.77	1168
枣庄市	2.85	0.37	1282
东营市	115.13	13.63	1184
烟台市	0.12	0.01	889
潍坊市	41.53	5.16	1243
济宁市	119.45	16.56	1386
泰安市	9.69	1.24	1275
日照市	1.31	0.13	1019
莱芜市	0.72	0.12	1617
临沂市	9.51	1.25	1315
德州市	168.90	25.06	1484
聊城市	73.98	9.74	1316
滨州市	134.82	16.11	1195
菏泽市	230.24	28.87	1254

数据来源：《山东统计年鉴2009》。

表4—8　2008/2009年度河南省棉花生产情况表

单位：千公顷、万吨、公斤/公顷

地　区	棉花播种面积	棉花产量	单位面积产量
全　省	**606.00**	**65.08**	**1074**
郑州市	6.03	0.50	823
开封市	73.12	7.65	1047
洛阳市	4.19	0.38	907
平顶山市	4.41	0.39	876
安阳市	27.10	2.91	1072
鹤壁市	1.15	0.09	763
新乡市	21.62	2.21	1024
焦作市	5.09	0.51	1007
濮阳市	13.87	1.23	889
许昌市	14.19	1.39	981
漯河市	19.90	1.94	973
三门峡市	3.44	0.26	762
南阳市	118.03	10.92	925
商丘市	116.79	12.77	1093
信阳市	10.16	0.99	978
周口市	175.15	18.73	1070
驻马店市	25.67	2.47	962
济源市	0.36	0.03	917

数据来源：《河南统计年鉴2009》。

表 4—9　2008/2009 年度河北省棉花生产情况表

单位：千公顷、万吨、公斤/公顷

地　区	棉花播种面积	棉花产量	单位面积产量
全　省	**690.000**	**73.7334**	**1069**
石家庄市	17.016	1.8313	1076
秦皇岛市	2.092	0.2450	1171
唐 山 市	32.638	3.7451	1147
廊 坊 市	51.185	5.8267	1138
保 定 市	30.594	3.0848	1008
沧 州 市	135.132	15.7732	1167
衡 水 市	143.650	16.2899	1134
邢 台 市	189.431	21.5369	1137
邯 郸 市	111.232	13.8444	1245

数据来源:《河北农村统计年鉴 2009》。

表 4—10　2008/2009 年度天津市棉花生产情况表

单位：千公顷、万吨、公斤/公顷

地　区	棉花播种面积	棉花产量	单位面积产量
全　市	**69.20**	**8.29**	**1198**
塘 沽 区	1.88	0.11	562
汉 沽 区	0.79	0.08	1015
大 港 区	1.56	0.08	488
东 丽 区	3.93	0.40	1019
西 青 区	4.07	0.43	1060
津 南 区	4.71	0.30	628
北 辰 区	4.41	0.40	910
武 清 区	8.42	1.02	1215
宝 坻 区	9.51	1.24	1303
宁 河 县	17.53	1.84	1047
静 海 县	23.76	2.64	1110
蓟　县	0.36	0.06	1692

数据来源:《天津统计年鉴 2009》。

表 4—11 2008/2009 年度陕西省棉花生产情况表

单位：千公顷、万吨、公斤/公顷

地 区	棉花播种面积	棉花产量	单位面积产量
全 省	**85.15**	**10.0691**	**1183**
西安市	4.23	0.6173	1459
宝鸡市	0.09	0.0109	1185
咸阳市	1.04	0.0682	653
渭南市	77.10	9.1711	1190
延安市	0.58	0.0411	706
汉中市	0.03	0.0029	1074
榆林市	0.17	0.0086	512
安康市	0.03	0.0023	920
商洛市	0.01	0.0020	1429

数据来源:《陕西统计年鉴 2009》。

表 4—12 2008/2009 年度江苏省棉花生产情况表

单位：千公顷、万吨、公斤/公顷

地 区	棉花播种面积	棉花产量	单位面积产量
全 省	**300.47**	**32.60**	**1085**
南京市	3.01	0.43	1440
徐州市	36.15	4.17	1155
常州市	0.59	0.05	825
苏州市	2.37	0.25	1065
南通市	48.52	6.76	1395
连云港市	6.02	0.73	1200
淮安市	0.63	0.07	1065
盐城市	157.49	18.36	1170
扬州市	4.71	0.60	1275
镇江市	1.76	0.17	975
泰州市	15.91	2.12	1335
宿迁市	1.99	0.19	960

数据来源:《江苏统计年鉴 2009》、江苏农业网。

表4—13　2008/2009年度安徽省棉花生产情况表

单位：千公顷、万吨、公斤/公顷

地　　区	棉花播种面积	棉花产量	单位面积产量
全　　省	**381.407**	**36.8839**	**967**
合肥市	20.286	1.8662	920
淮北市	6.864	0.6054	882
亳州市	34.694	3.4629	998
宿州市	48.470	3.8979	804
蚌埠市	29.525	3.1601	1070
阜阳市	21.101	1.8992	900
淮南市	1.346	0.1795	1334
滁州市	11.174	1.0393	930
六安市	10.511	1.0591	1008
马鞍山市	4.246	0.4372	1030
巢湖市	62.876	7.0049	1114
芜湖市	8.217	0.7705	938
宣城市	13.280	1.3453	1013
铜陵市	5.390	0.6047	1122
池州市	26.465	2.8099	1062
安庆市	76.540	8.6867	1135
黄山市	0.422	0.0551	1306

数据来源：《安徽统计年鉴2009》。

表4—14　2008/2009年度湖北省棉花生产情况表

单位：千公顷、万吨、公斤/公顷

地　　区	棉花播种面积	棉花产量	单位面积产量
全　　省	**543**	**51.34**	**1087***
武汉市	—	3.53	—
黄石市	—	0.39	—
十堰市	—	0.01	—
荆州市	—	15.00	—
宜昌市	—	2.68	—
襄樊市	—	4.26	—
鄂州市	—	0.52	—
荆门市	—	4.28	—
孝感市	—	2.86	—
黄冈市	—	7.18	—
咸宁市	—	0.28	—
随州市	—	1.45	—
仙桃市	—	2.77	—
天门市	—	4.31	—
潜江市	—	4.74	—

注：1. 数据来源为《湖北统计年鉴2009》。
2. 带*的数据取自《中国统计年鉴2009》。

表 4—15　2008/2009 年度湖南省棉花生产情况表

单位：千公顷、万吨、公斤/公顷

地　区	棉花播种面积	棉花产量	单位面积产量
全　省	**170.43**	**24.1840**	**1419**
长沙市	0.75*	0.0941	1255
株洲市	0.81*	0.1215	1500
湘潭市	0.15*	0.0141	940
衡阳市	9.30*	1.3031	1401
邵阳市	0.26*	0.0224	862
岳阳市	34.61*	4.5232	1307
常德市	88.52*	13.2863	1501
张家界市	1.37*	0.1380	1007
益阳市	31.05*	4.2786	1378
郴州市	0.27*	0.0224	830
永州市	1.97*	0.2562	1301
怀化市	0.82*	0.0580	706
娄底市	0.39*	0.0511	1310
湘西州	0.22*	0.0150	682

注：1. 数据来源为《辽宁统计年鉴 2009》。
　　2. 带 * 的数据由国家棉花市场监测系统测算而得。

表 4—16　2008/2009 年度江西省棉花生产情况表

单位：千公顷、万吨、公斤/公顷

地　区	棉花播种面积	棉花产量	单位面积产量
全　省	**66.555**	**11.1915**	**1681**
南昌市	0.921	0.0991	1076
景德镇市	0.712	0.0770	1081
萍乡市	0.045	0.0043	956
九江市	49.132	8.2058	1670
新余市	3.562	0.5202	1460
鹰潭市	0.053	0.0117	2208
赣州市	0.009	0.0016	1778
吉安市	0.172	0.0207	1203
宜春市	6.383	0.9887	1549
抚州市	2.261	0.3694	1634
上饶市	3.305	0.8930	2702

数据来源：《江西统计年鉴 2009》。

表 4—17 2008/2009 年度浙江省棉花生产情况表

单位：千公顷、万吨、公斤/公顷

地 区	棉花播种面积	棉花产量	单位面积产量
全 省	**20.34**	**2.82**	**1385**
浙东北	12.22	1.52	1244*
杭州市	0.65	0.10	1538*
宁波市	6.45	0.75	1163*
嘉兴市	2.37	0.36	1519*
湖州市	0.10	0.02	2000*
绍兴市	2.58	0.29	1124*
舟山市	0.07	0.01	1429*
浙西南	8.12	1.29	1589*
温州市	0.07	0.01	1429*
金华市	5.95	0.97	1630*
衢州市	1.50	0.24	1600*
台州市	0.58	0.06	1034*
丽水市	0.02	0.00	1244*

注：1. 数据来源为《浙江统计年鉴 2009》。
2. 带 * 的数据由国家棉花市场监测系统测算而得。

表 4—18 2008/2009 年度四川省棉花生产情况表

单位：千公顷、万吨、公斤/公顷

地 区	棉花播种面积	棉花产量	单位面积产量
全 省	**18.5**	**1.55**	**839**
成都市	—	—	1500
攀枝花市	—	—	2813
德阳市	0.2	0.02	828
绵阳市	1.1	0.10	901
广元市	—	—	2000
遂宁市	10.6	0.93	881
乐山市	—	—	1111
南充市	3.3	0.22	649
眉山市	1.3	0.10	754
达州市	0.1	—	500
巴中市	—	—	1083
资阳市	1.9	0.18	942
甘孜藏族自治州	—	—	333

数据来源：《四川统计年鉴 2009》。

表 4－19　2008/2009 年度甘肃省棉花生产情况表

单位：千公顷、万吨、公斤/公顷

地　　区	棉花播种面积	棉花产量	单位面积产量
全　　省	**72.73**	**12.3200**	**1694**
金昌市	0.01	0.0016	2325
白银市	0.13	0.0280	2211
天水市	0.06	0.0018	302
武威市	15.13	2.2712	1501
张掖市	4.04	0.9147	2264
酒泉市	48.17	8.2671	1716
陇南市	0.03	0.0016	465

数据来源：《甘肃年鉴 2009》。

表 4－20　2008/2009 年度辽宁省棉花生产情况表

单位：千公顷、万吨、公斤/公顷

地　　区	棉花播种面积	棉花产量	单位面积产量
全　　省	**1.4**	**0.2401**	**1736***
沈阳市	0.4	0.0958	—
大连市	—	0.0047	—
鞍山市	—	0.0002	—
锦州市	—	0.0034	—
营口市	—	0.0010	—
阜新市	—	0.0004	—
辽阳市	—	0.0002	—
朝阳市	0.8	0.1085	—
葫芦岛市	0.2	0.0259	—

注：1. 数据来源为《辽宁统计年鉴 2009》。
2. 带＊的数据取自《中国统计年鉴 2009》。

棉花购销

表 4－21　2008/2009 年度国产棉收购、加工与销售进度统计表

日　期	收购进度(%)	加工进度(%)	销售进度(%)	含收储销售进度(%)	日　期	收购进度(%)	加工进度(%)	销售进度(%)	含收储销售进度(%)
2008 年					9月27日	30.36	38.37	14.41	14.41
9月13日	13.77	10.65	4.37	4.37	10月11日	40.75	52.64	14.80	14.80
9月20日	22.97	25.74	19.23	19.23	10月18日	45.41	44.69	11.38	11.38

续表

日　期	收购进度(%)	加工进度(%)	销售进度(%)	含收储销售进度(%)	日　期	收购进度(%)	加工进度(%)	销售进度(%)	含收储销售进度(%)
10月25日	47.00	45.24	10.75	10.75	3月27日	96.50	91.67	38.15	73.40
11月　1日	54.79	45.21	9.73	9.73	4月　3日	97.60	92.79	39.51	74.70
11月　8日	58.87	42.41	10.87	10.87	4月10日	98.22	93.89	40.51	75.70
11月15日	59.63	43.02	12.61	12.61	4月17日	98.52	96.96	44.00	79.40
11月22日	59.89	51.83	14.32	14.32	4月24日	98.88	97.95	47.59	82.80
11月29日	63.27	56.36	15.48	15.48	5月　1日	99.31	98.72	50.92	86.00
12月　6日	67.29	59.62	18.57	18.57	5月　8日	99.46	99.08	54.40	89.40
12月13日	69.82	62.63	22.07	22.07	5月15日	99.61	99.34	56.19	91.20
12月20日	71.68	69.54	24.13	44.60	5月22日	99.64	99.44	58.76	93.70
12月27日	75.05	72.99	24.93	46.60	5月29日	99.65	99.46	60.46	95.40
2009年					6月　5日	99.68	99.48	61.52	96.50
1月　3日	76.50	76.22	26.69	51.05	6月12日	99.69	99.49	62.39	97.30
1月10日	79.10	79.08	28.57	55.30	6月19日	99.71	99.50	62.59	97.60
1月17日	82.65	81.73	30.32	58.50	6月26日	99.71	99.50	62.83	97.80
1月24日	85.87	83.77	31.27	58.40	7月　3日	99.71	99.50	62.99	97.90
1月31日	87.00	84.12	31.45	58.20	7月10日	99.71	99.50	63.23	98.20
2月　7日	89.04	84.47	31.58	59.00	7月17日	99.71	99.50	63.61	98.60
2月14日	89.55	85.86	33.11	62.50	7月24日	99.71	99.60	64.00	99.00
2月21日	90.06	87.25	33.61	64.00	7月31日	99.71	99.70	64.00	99.00
2月28日	90.94	88.34	34.12	64.60	8月　7日	99.71	100.00	64.00	99.00
3月　6日	91.86	88.46	34.18	66.70	8月14日	99.71	100.00	64.00	99.00
3月13日	93.99	89.78	35.04	68.80	8月21日	99.71	100.00	64.00	99.00
3月20日	95.24	90.24	35.89	70.50	8月27日	99.71	100.00	64.00	99.00

数据来源：国家棉花市场监测系统。

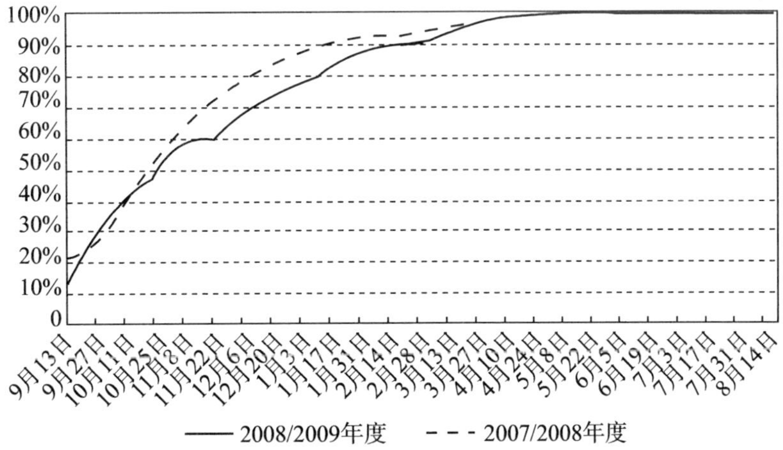

图4—1　2008/2009年度我国棉花收购进度与上年度同期对比

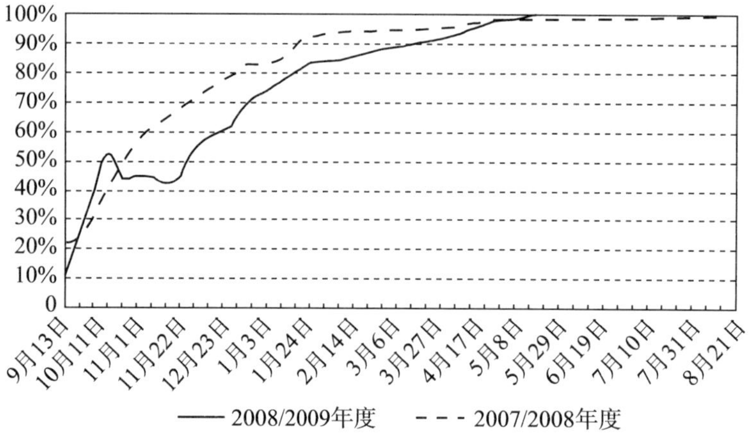

图 4—2　2008/2009 年度我国棉花加工进度与上年度同期对比

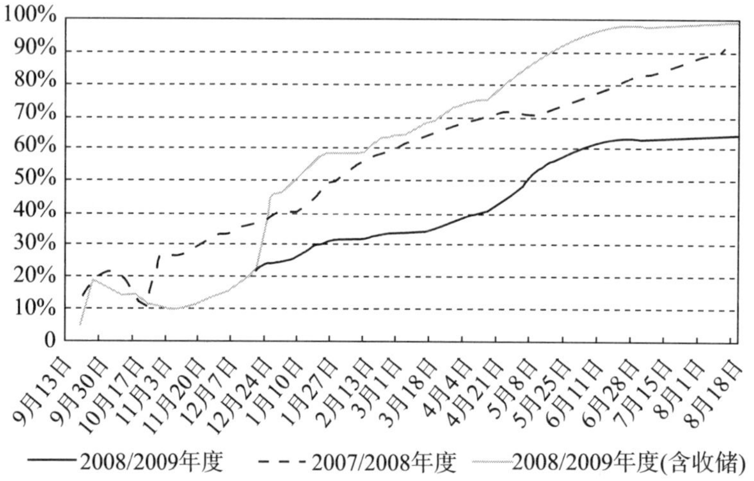

图 4—3　2008/2009 年度我国棉花销售进度与上年度同期对比

棉花价格

表 4—22　2002/2003—2008/2009 年度国家棉花价格指数月均价格表

单位：元/吨

月　份	国家棉花价格 A 指数	国家棉花价格 B 指数	月　份	国家棉花价格 A 指数	国家棉花价格 B 指数
2002 年　9 月	10595	10136	2003 年 1 月	11466	11144
2002 年 10 月	10697	10322	2003 年 2 月	12337	12080
2002 年 11 月	11210	10883	2003 年 3 月	13505	13233
2002 年 12 月	11370	11044	2003 年 4 月	13701	13432

续表

月 份	国家棉花价格A指数	国家棉花价格B指数
2003年 5月	12875	12616
2003年 6月	13018	12764
2003年 7月	13482	13263
2003年 8月	13309	13058
2003年 9月	13744	13516
2003年10月	17259	17020
2003年11月	18086	17734
2003年12月	17865	17237
2004年 1月	18209	17538
2004年 2月	18403	17776
2004年 3月	18277	17517
2004年 4月	18115	17237
2004年 5月	17731	16713
2004年 6月	16250	15163
2004年 7月	14837	13736
2004年 8月	13754	12870
2004年 9月	13806	13006
2004年10月	12492	12013
2004年11月	12095	11541
2004年12月	11802	11227
2005年 1月	11865	11295
2005年 2月	12230	11586
2005年 3月	12594	12009
2005年 4月	12990	12488
2005年 5月	13788	13428
2005年 6月	13755	13375
2005年 7月	13943	13556
2005年 8月	13914	13503
2005年 9月	13844	13454
2005年10月	14617	14196
2005年11月	14656	14203
2005年12月	14636	14175
2006年 1月	14662	14236
2006年 2月	14825	14404
2006年 3月	14752	14312
2006年 4月	14627	14177
2006年 5月	14572	14087
2006年 6月	14560	14076
2006年 7月	14489	14007
2006年 8月	14455	13987
2006年 9月	14387	13948
2006年10月	13299	12884
2006年11月	13184	12663
2006年12月	13324	12812
2007年 1月	13457	12954
2007年 2月	13481	12988
2007年 3月	13517	13042
2007年 4月	13488	13017
2007年 5月	13465	12971
2007年 6月	13732	13355
2007年 7月	14455	14163
2007年 8月	14843	14529
2007年 9月	14121	13683
2007年10月	14024	13471
2007年11月	14188	13646
2007年12月	14172	13622
2008年 1月	14252	13692
2008年 2月	14389	13778
2008年 3月	14474	13921
2008年 4月	14413	13909
2008年 5月	14338	13911
2008年 6月	14355	13946
2008年 7月	14275	13868
2008年 8月	14109	13722
2008年 9月	13567	13130
2008年10月	12787	12404
2008年11月	11619	11116
2008年12月	11385	10790
2009年 1月	11504	10931
2009年 2月	11630	11207
2009年 3月	11910	11529
2009年 4月	12892	12579
2009年 5月	13172	12894
2009年 6月	13132	12821
2009年 7月	13413	13105
2009年 8月	13473	13176

数据来源：国家棉花市场监测系统。

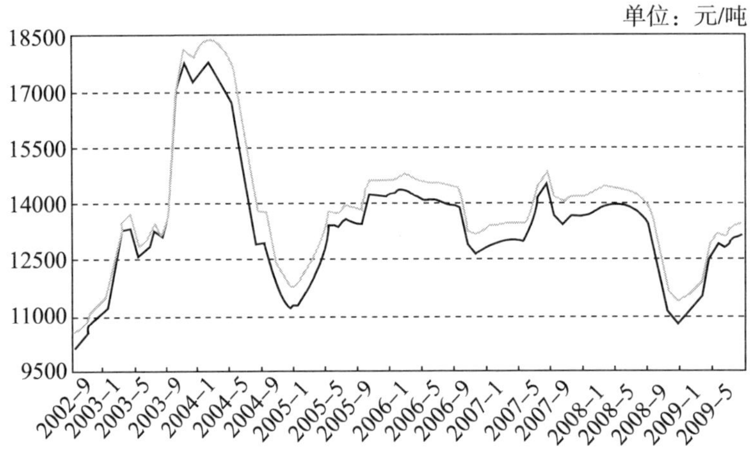

图 4－4　2002/2003—2008/2009 年度国内棉花价格走势

国家棉花价格指数简介

国家棉花价格指数(CNCotton Index)简称为国棉指数，是根据国家棉花市场监测系统 140 个监测站每日皮棉报价汇总，并通过严格的核查程序最终确定。CNCotton A 指数代表内地 229 级皮棉成交均价，CNCotton B 指数代表内地 328 级皮棉成交均价。

国家棉花市场监测系统各监测站广泛分布于全国各棉花产销区，采集当地具有代表性的皮棉成交价格，及时反映行情变化。国家棉花价格指数于每个工作日下午 5 点左右发布。

国家棉花价格指数(CNCotton Index)强调地区概念，并假设同等级棉花在同一个地区的工厂接受价与轧花厂仓库交货价水平基本一致。与当日发布的《国内主要地区棉花现货价格行情》配合使用，可比较全面地反映当日国内主要地区棉花平均成交价格水平。

表 4－23　2008/2009 年度国家棉花价格指数日价格表

单位：元/吨

日　期	国家棉花价格 A 指数	国家棉花价格 B 指数	日　期	国家棉花价格 A 指数	国家棉花价格 B 指数
2008 年			9 月 22 日	13348	12875
9 月　1 日	13943	13553	9 月 23 日	13345	12873
9 月　2 日	13901	13520	9 月 24 日	13341	12869
9 月　3 日	13873	13472	9 月 25 日	13330	12862
9 月　4 日	13866	13469	9 月 26 日	13284	12813
9 月　5 日	13862	13464	9 月 27 日	13204	12765
9 月　8 日	13825	13426	9 月 28 日	13161	12716
9 月　9 日	13794	13401	10 月　6 日	13120	12691
9 月 10 日	13736	13320	10 月　7 日	13095	12676
9 月 11 日	13723	13292	10 月　8 日	13084	12668
9 月 12 日	13681	13238	10 月　9 日	13066	12646
9 月 16 日	13552	13101	10 月 10 日	13061	12641
9 月 17 日	13413	12932	10 月 13 日	13049	12628
9 月 18 日	13365	12890	10 月 14 日	13037	12616
9 月 19 日	13351	12876	10 月 15 日	12938	12550

续表 1

日 期	国家棉花价格 A 指数	国家棉花价格 B 指数	日 期	国家棉花价格 A 指数	国家棉花价格 B 指数
10 月 16 日	12932	12536	12 月 12 日	11370	10780
10 月 17 日	12788	12428	12 月 15 日	11385	10792
10 月 20 日	12819	12449	12 月 16 日	11386	10793
10 月 21 日	12734	12356	12 月 17 日	11390	10798
10 月 22 日	12682	12275	12 月 18 日	11397	10806
10 月 23 日	12737	12364	12 月 19 日	11399	10806
10 月 24 日	12644	12280	12 月 22 日	11405	10817
10 月 27 日	12480	12194	12 月 23 日	11415	10832
10 月 28 日	12410	12110	12 月 24 日	11426	10837
10 月 29 日	12358	12100	12 月 25 日	11433	10841
10 月 30 日	12358	11961	12 月 26 日	11437	10848
10 月 31 日	12343	11916	12 月 29 日	11451	10862
11 月 3 日	12233	11833	12 月 30 日	11456	10871
11 月 4 日	12212	11810	12 月 31 日	11461	10875
11 月 5 日	12174	11779	**2009 年**		
11 月 6 日	12159	11763	1 月 4 日	11465	10879
11 月 7 日	12057	11662	1 月 5 日	11465	10883
11 月 10 日	11863	11444	1 月 6 日	11493	10910
11 月 11 日	11835	11409	1 月 7 日	11497	10914
11 月 12 日	11670	11174	1 月 8 日	11497	10917
11 月 13 日	11594	11095	1 月 9 日	11500	10920
11 月 14 日	11539	11026	1 月 12 日	11509	10924
11 月 17 日	11431	10903	1 月 13 日	11507	10926
11 月 18 日	11392	10863	1 月 14 日	11512	10932
11 月 19 日	11351	10813	1 月 15 日	11513	10936
11 月 20 日	11298	10745	1 月 16 日	11515	10937
11 月 21 日	11272	10681	1 月 19 日	11517	10946
11 月 24 日	11252	10662	1 月 20 日	11517	10944
11 月 25 日	11252	10662	1 月 21 日	11518	10948
11 月 26 日	11250	10658	1 月 22 日	11519	10948
11 月 27 日	11264	10669	1 月 23 日	11523	11033
11 月 28 日	11286	10677	2 月 2 日	11523	11063
12 月 1 日	11315	10694	2 月 3 日	11536	11074
12 月 2 日	11317	10701	2 月 4 日	11550	11078
12 月 3 日	11327	10712	2 月 5 日	11568	11100
12 月 4 日	11342	10723	2 月 6 日	11577	11109
12 月 5 日	11337	10722	2 月 9 日	11588	11117
12 月 8 日	11342	10736	2 月 10 日	11594	11132
12 月 9 日	11354	10761	2 月 11 日	11601	11141
12 月 10 日	11357	10774	2 月 12 日	11603	11146
12 月 11 日	11358	10778	2 月 13 日	11606	11153

续表 2

日　期	国家棉花价格 A 指数	国家棉花价格 B 指数	日　期	国家棉花价格 A 指数	国家棉花价格 B 指数
2月16日	11625	11196	4月15日	12938	12665
2月17日	11632	11217	4月16日	12948	12682
2月18日	11648	11224	4月17日	13011	12740
2月19日	11654	11268	4月20日	13064	12785
2月20日	11676	11286	4月21日	13142	12850
2月23日	11699	11312	4月22日	13172	12899
2月24日	11708	11327	4月23日	13193	12917
2月25日	11716	11377	4月24日	13200	12927
2月26日	11740	11400	4月27日	13203	12931
2月27日	11753	11417	4月28日	13199	12928
2月 2日	11762	11432	4月29日	13199	12929
3月 3日	11794	11441	4月30日	13196	12927
3月 4日	11813	11450	5月 4日	13191	12922
3月 5日	11827	11456	5月 5日	13184	12916
3月 6日	11835	11460	5月 6日	13185	12918
3月 9日	11850	11464	5月 7日	13183	12916
3月10日	11861	11472	5月 8日	13184	12917
3月11日	11867	11488	5月11日	13183	12912
3月12日	11872	11496	5月12日	13181	12911
3月13日	11880	11510	5月13日	13175	12900
3月16日	11891	11519	5月14日	13174	12896
3月17日	11899	11526	5月15日	13173	12896
3月18日	11902	11531	5月18日	13171	12892
3月19日	11916	11544	5月19日	13174	12893
3月20日	11920	11545	5月20日	13176	12894
3月23日	11945	11568	5月21日	13161	12878
3月24日	11985	11585	5月22日	13157	12868
3月25日	11994	11593	5月25日	13159	12869
3月26日	12000	11597	5月26日	13156	12864
3月27日	12019	11613	5月27日	13157	12864
3月30日	12031	11629	5月31日	13152	12852
3月31日	12150	11721	6月 1日	13147	12843
4月 1日	12248	11827	6月 2日	13138	12834
4月 2日	12344	11924	6月 3日	13138	12832
4月 3日	12423	12018	6月 4日	13134	12827
4月 7日	12553	12172	6月 5日	13130	12820
4月 8日	12614	12245	6月 8日	13120	12810
4月 9日	12693	12333	6月 9日	13113	12804
4月10日	12716	12394	6月10日	13107	12800
4月13日	12799	12491	6月11日	13116	12806
4月14日	12882	12585	6月12日	13114	12805

续表 3

日　期	国家棉花价格 A 指数	国家棉花价格 B 指数	日　期	国家棉花价格 A 指数	国家棉花价格 B 指数
6 月 15 日	13121	12806	7 月 23 日	13556	13262
6 月 16 日	13122	12807	7 月 24 日	13563	13268
6 月 17 日	13128	12811	7 月 27 日	13578	13283
6 月 18 日	13131	12813	7 月 28 日	13621	13321
6 月 19 日	13131	12814	7 月 29 日	13652	13354
6 月 22 日	13134	12818	7 月 30 日	13682	13381
6 月 23 日	13135	12819	7 月 31 日	13700	13396
6 月 24 日	13142	12824	8 月　3 日	13712	13409
6 月 25 日	13146	12836	8 月　4 日	13713	13414
6 月 26 日	13148	12837	8 月　5 日	13705	13405
6 月 29 日	13151	12841	8 月　6 日	13671	13370
6 月 30 日	13164	12849	8 月　7 日	13663	13366
7 月　1 日	13173	12860	8 月 10 日	13652	13359
7 月　2 日	13184	12868	8 月 11 日	13651	13358
7 月　3 日	13204	12882	8 月 12 日	13628	13336
7 月　6 日	13212	12895	8 月 13 日	13600	13307
7 月　7 日	13213	12900	8 月 14 日	13590	13295
7 月　8 日	13221	12908	8 月 17 日	13557	13260
7 月　9 日	13228	12913	8 月 18 日	13418	13118
7 月 10 日	13247	12931	8 月 19 日	13342	13051
7 月 13 日	13271	12954	8 月 20 日	13308	13014
7 月 14 日	13330	13006	8 月 21 日	13297	13004
7 月 15 日	13395	13057	8 月 24 日	13292	12996
7 月 16 日	13452	13129	8 月 25 日	13271	12973
7 月 17 日	13474	13179	8 月 26 日	13250	12946
7 月 20 日	13496	13201	8 月 27 日	13213	12911
7 月 21 日	13510	13221	8 月 28 日	13205	12904
7 月 22 日	13527	13236	8 月 31 日	13200	12896

数据来源:国家棉花市场监测系统。

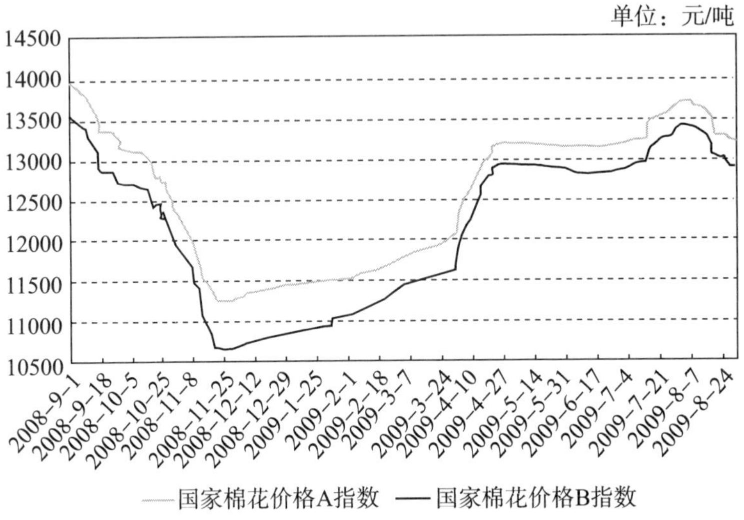

图 4—5　2008/2009 年度国家棉花价格指数走势

表 4—24　2008/2009 年度国家抛售 2008 年度储备棉日价格汇总表

单位：吨、元/吨、级、毫米

日　期	计划抛储量	实际成交量	平均价	平均品级	平均长度	折标准级棉价格
2009 年						
5 月 22 日	8890	4991	12995	3.07	28.40	12971
5 月 25 日	9204	4402	13045	3.06	28.47	13008
5 月 26 日	8848	3894	13027	3.10	28.33	13023
5 月 27 日	7724	2994	13084	2.88	28.68	12953
5 月 31 日	7471	7348	12757	3.52	28.10	12941
6 月　1 日	24029	17552	12724	3.31	28.32	12801
6 月　2 日	29035	14243	12598	3.47	28.13	12759
6 月　3 日	26350	11922	12633	3.38	28.23	12748
6 月　4 日	24447	9440	12618	3.40	28.23	12739
6 月　5 日	22795	9592	12636	3.32	28.19	12734
6 月　8 日	14705	7506	12560	3.44	28.12	12711
6 月　9 日	14179	6678	12571	3.49	28.21	12730
6 月 10 日	12515	4359	12510	3.62	28.18	12719
6 月 11 日	13797	3649	12524	3.66	28.11	12759
6 月 12 日	13929	5465	12612	3.63	28.15	12831
6 月 15 日	12740	9446	12763	3.51	28.19	12932
6 月 16 日	11125	9704	12995	3.27	28.38	13051
6 月 17 日	10547	8807	12981	3.34	28.35	13070
6 月 18 日	17304	12975	12819	3.52	28.26	12987
6 月 19 日	31599	8863	12865	3.48	28.25	13017
6 月 22 日	28016	14330	12846	3.44	28.30	12978
6 月 23 日	34212	16386	12859	3.35	28.36	12948
6 月 24 日	35993	17852	12936	3.27	28.29	13003

续表

日　期	计划抛储量	实际成交量	平均价	平均品级	平均长度	折标准级棉价格
6月25日	34783	15369	12842	3.47	28.30	12986
6月26日	34696	17559	12814	3.45	28.27	12953
6月29日	33629	17816	12718	3.50	28.22	12881
6月30日	34623	17564	12735	3.52	28.06	12926
7月 1日	32717	17067	12788	3.49	28.20	12952
7月 2日	33122	17888	12824	3.33	28.25	12918
7月 3日	30996	15757	12826	3.31	28.21	12921
7月 6日	32294	17557	12867	3.31	28.28	12950
7月 7日	28018	13505	12840	3.31	28.16	12939
7月 8日	27772	12104	12896	3.40	28.18	13026
7月 9日	27812	15358	12904	3.34	28.25	13003
7月10日	27247	15936	12973	3.19	28.18	13024
7月13日	29809	21161	12886	3.22	28.37	12921
7月14日	27082	16794	13003	3.17	28.40	13015
7月15日	16389	10230	13037	3.12	28.68	12995
7月16日	14812	12982	12953	2.97	28.48	12880
7月17日	28300	17686	12956	3.11	28.44	12942
7月20日	39994	19305	12928	3.30	28.42	12992
7月21日	41563	17349	12987	3.15	28.33	13001
7月22日	44750	17509	12883	3.18	28.26	12919
7月23日	46175	19099	12836	3.14	28.21	12862
7月24日	54780	25211	12840	3.14	28.34	12852
7月27日	51505	26078	12937	3.17	28.30	12964
7月28日	52049	27011	12939	3.22	28.26	12990
7月30日	50254	28290	12950	3.20	28.47	12971
7月31日	40088	27324	13122	3.42	28.24	13259
8月 3日	45406	34911	12912	3.49	28.27	13067
8月 4日	32101	22636	13015	3.26	28.24	13085
8月 5日	30904	21645	12832	3.49	28.17	12998
8月 6日	24187	14928	13004	3.30	28.27	13085
8月 7日	24032	14773	12960	3.33	28.34	13045
8月10日	22888	14247	13001	3.36	28.28	13104
8月11日	22724	14700	13087	3.20	28.36	13117
8月12日	21991	14173	13100	3.13	28.38	13101
8月13日	21551	13938	13107	2.98	28.32	13059
8月14日	21098	13486	13019	3.10	28.35	13013
8月17日	21072	13373	12898	2.95	28.27	12843
8月18日	21070	13664	12936	2.96	28.29	12882
8月19日	21072	13320	12873	3.19	28.21	12919
8月20日	21093	12908	12795	3.26	28.27	12859
8月21日	21026	12097	12872	3.16	28.29	12894
8月24日	21124	12387	12860	3.12	28.31	12868
8月25日	20925	11348	12795	3.29	28.31	12865
8月26日	20522	11269	12823	3.06	28.25	12814
8月27日	19453	10282	12821	3.11	28.36	12816
8月28日	18095	8752	12821	3.10	28.32	12839
8月31日	17073	8064	12893	3.07	28.38	12869

数据来源：中国储备棉管理总公司。

表 4－25　2008/2009 年度国家抛售 2003－2004 年度储备棉日价格汇总表

单位：吨、元/吨、级、毫米

日　期	计划抛储量	实际成交量	平均价	平均品级	平均长度	折 328 级棉价格
2009 年						
6 月 8 日	10507	10507	12319	4.46	27.99	12861
6 月 9 日	11096	11096	12421	4.44	27.94	12966
6 月 10 日	12608	12608	12406	4.77	27.74	13096
6 月 11 日	12516	12516	12359	4.73	28.11	12986
6 月 12 日	11288	11288	12534	4.41	27.87	13083
6 月 15 日	12233	12233	12486	4.60	27.90	13096
6 月 16 日	13979	11960	12470	4.66	27.71	13132
6 月 17 日	18813	18048	12375	4.54	27.92	12956
6 月 18 日	19028	18095	12258	4.69	27.60	12929
6 月 19 日	15035	14634	12385	4.62	27.54	13045
6 月 22 日	17177	16776	12269	4.69	27.35	12971
6 月 23 日	11653	11653	12389	4.76	27.63	13091
6 月 24 日	9953	9953	12389	4.69	27.62	13064
6 月 25 日	11196	11196	12358	4.76	27.42	13082
6 月 26 日	10393	10393	12308	4.73	27.04	13063
6 月 29 日	11448	11448	12232	4.69	26.95	12981
6 月 30 日	10774	10774	12370	4.86	27.22	13157
7 月 1 日	12205	12205	12270	4.94	27.18	13053
7 月 2 日	11387	11387	12357	4.87	27.27	13142
7 月 3 日	14042	14042	12317	4.80	27.28	13069
7 月 6 日	12742	12742	12467	4.73	27.54	13173
7 月 7 日	16789	16789	12399	4.90	27.23	13201
7 月 8 日	16982	16982	12370	4.82	27.36	13125
7 月 9 日	22193	21784	12291	4.91	27.34	13076
7 月 10 日	22754	22754	12315	4.92	27.40	13061
7 月 13 日	20251	20251	12399	5.09	27.42	13250
7 月 14 日	22921	22921	12460	5.04	27.29	13312
7 月 15 日	33514	33514	12367	5.05	27.13	13235
7 月 16 日	35170	35170	12461	5.10	27.15	13353
7 月 17 日	21530	21530	12462	5.22	26.90	13427
7 月 20 日	14945	14945	12640	4.88	27.46	13423
7 月 21 日	13365	13365	12532	5.17	26.98	13476
7 月 22 日	10131	9868	12331	4.54	28.05	12895
7 月 23 日	8606	8606	12634	4.99	27.21	13489
7 月 27 日	3042	3042	12765	4.68	27.80	13432

数据来源：中国储备棉管理总公司。

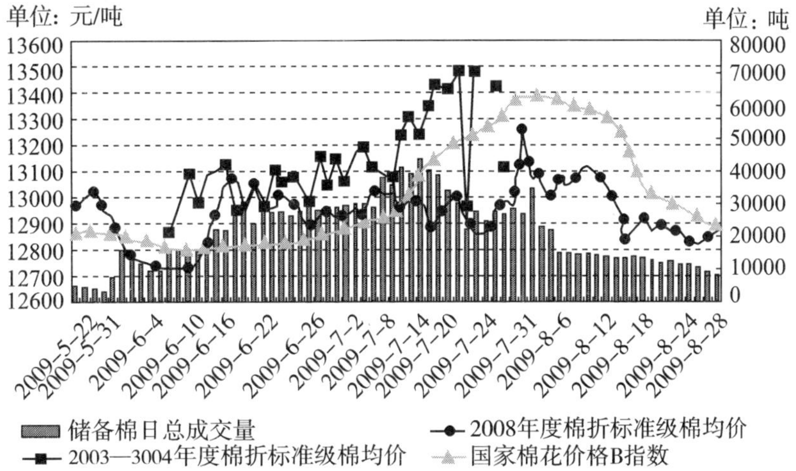

图 4－6　储备棉折标准级棉均价与国家棉花价格 B 指数走势对比

表 4－26　2008/2009 年度中国各等级棉花分月价格表

单位：元/吨

月　份	129 级	229 级	328 级	428 级	527 级
2008 年 9 月	13883	13598	13165	12727	12278
2008 年 10 月	9765	12294	12189	11575	10528
2008 年 11 月	11986	11678	11191	10782	10193
2008 年 12 月	11750	11422	10886	10445	9765
2009 年 1 月	11820	11498	10985	10536	9839
2009 年 2 月	11922	11614	11134	10672	9922
2009 年 3 月	12172	11866	11412	10961	10148
2009 年 4 月	12981	12750	12420	11833	10955
2009 年 5 月	13334	13103	12796	12261	11366
2009 年 6 月	13305	13069	12734	12278	11430
2009 年 7 月	13543	13324	13001	12586	11812
2009 年 8 月	13567	13357	13043	12636	11920

数据来源：国家棉花市场监测系统。

表 4－27　2008/2009 年度中国主要地区棉花价格表

单位：元/吨

月　份	冀鲁豫地区				
	129 级	229 级	328 级	428 级	527 级
2008 年 9 月	13745	13503	13061	12511	11987
2008 年 10 月	13065	12680	12287	11884	11459
2008 年 11 月	11849	11528	10977	10578	9973
2008 年 12 月	11656	11338	10679	10258	9601
2009 年 1 月	11762	11453	10833	10407	9751
2009 年 2 月	11878	11570	11159	10547	9838
2009 年 3 月	12176	11891	11496	10919	10156
2009 年 4 月	13064	12871	12549	11868	10983
2009 年 5 月	13343	13140	12859	12242	11309
2009 年 6 月	13277	13073	12770	12271	11338
2009 年 7 月	13587	13395	13100	12678	11807

续表 1

月　份	东南沿海地区				
	129 级	229 级	328 级	428 级	527 级
2009 年　8 月	13657	13484	13192	12777	11978
2008 年　9 月	13865	13658	13213	12690	—
2008 年 10 月	13238	12816	12399	11905	10844
2008 年 11 月	12038	11707	11212	10666	10015
2008 年 12 月	11900	11534	10996	10401	9755
2009 年　1 月	11994	11672	11122	10568	9807
2009 年　2 月	12073	11799	11294	10722	9869
2009 年　3 月	12285	11991	11645	10982	10098
2009 年　4 月	13201	12996	12711	12022	11133
2009 年　5 月	13484	13274	13017	12414	11457
2009 年　6 月	13452	13256	12954	12477	11459
2009 年　7 月	13679	13504	13186	12768	11840
2009 年　8 月	13704	13534	13234	12825	11988

月　份	长江中下游地区				
	129 级	229 级	328 级	428 级	527 级
2008 年　9 月	13795	13568	13143	12563	12101
2008 年 10 月	12972	12718	12286	11892	11434
2008 年 11 月	11799	11463	10970	10634	10051
2008 年 12 月	11541	11178	10668	10236	9485
2009 年　1 月	11652	11316	10839	10367	9512
2009 年　2 月	11762	11460	11171	10545	9676
2009 年　3 月	12071	11796	11416	10907	9978
2009 年　4 月	12977	12769	12437	11807	10875
2009 年　5 月	13306	13079	12773	12255	11267
2009 年　6 月	13330	13095	12738	12317	11270
2009 年　7 月	13549	13306	12971	12543	11654
2009 年　8 月	13601	13345	13028	12611	11841

月　份	华南地区				
	129 级	229 级	328 级	428 级	527 级
2008 年　9 月	13864	13658	13230	12731	13864
2008 年 10 月	13330	13086	12723	12109	13330
2008 年 11 月	—	—	—	—	—
2008 年 12 月	—	—	—	—	—
2009 年　1 月	—	—	—	—	—
2009 年　2 月	—	—	—	—	—
2009 年　3 月	—	—	—	—	—
2009 年　4 月	—	—	—	—	—
2009 年　5 月	—	—	—	—	—
2009 年　6 月	—	—	—	—	—
2009 年　7 月	—	—	—	—	—
2009 年　8 月	—	—	—	—	—

续表 2

月　　份	西南地区				
	129 级	229 级	328 级	428 级	527 级
2008 年　9 月	—	13646	13236	12709	—
2008 年 10 月	13200	13061	12721	12255	11000
2008 年 11 月	12725	12425	12110	11705	10980
2008 年 12 月	12465	12130	11730	11330	10330
2009 年　1 月	12400	12000	11600	11200	10200
2009 年　2 月	12618	12253	11820	11398	10643
2009 年　3 月	12704	12308	11868	11456	10749
2009 年　4 月	13269	13045	12743	12113	11554
2009 年　5 月	13650	13386	13084	12636	12174
2009 年　6 月	13701	13384	13018	12652	12186
2009 年　7 月	13806	13558	13213	12820	12270
2009 年　8 月	13690	13518	13213	12851	12265

月　　份	西北内陆地区				
	129 级	229 级	328 级	428 级	527 级
2008 年　9 月	12800	12500	12705	12418	11838
2008 年 10 月	12683	12377	12047	11703	11235
2008 年 11 月	11797	11495	10988	10522	9958
2008 年 12 月	11465	11214	10689	10085	9525
2009 年　1 月	11512	11249	10777	10171	9643
2009 年　2 月	11582	11334	10870	10272	9685
2009 年　3 月	11798	11574	11124	10647	9839
2009 年　4 月	12909	12642	12267	11826	10769
2009 年　5 月	13196	12971	12627	12233	11134
2009 年　6 月	13097	12888	12553	12131	11298
2009 年　7 月	13296	13103	12816	12385	11747
2009 年　8 月	13228	13065	12785	12348	11828

月　　份	北方地区				
	129 级	229 级	328 级	428 级	527 级
2008 年　9 月	—	13366	12899	12558	—
2008 年 10 月	12150	12592	12255	11745	10950
2008 年 11 月	11833	11538	11093	10731	10415
2008 年 12 月	11613	11253	10615	10226	9733
2009 年　1 月	11700	11310	10706	10306	9800
2009 年　2 月	11735	11380	10900	10515	9940
2009 年　3 月	11936	11706	11364	11015	10148
2009 年　4 月	12880	12635	12321	11755	10691
2009 年　5 月	13300	13100	12900	12100	11100
2009 年　6 月	13327	13100	12873	12077	11127
2009 年　7 月	13632	13395	13087	12535	11620
2009 年　8 月	13700	13514	13155	12655	11828

续表 3

月　　份	新疆维吾尔自治区				
	129 级	229 级	328 级	428 级	527 级
2008 年 9 月	13612	13244	12977	12551	12114
2008 年 10 月	12760	12568	12249	11926	11706
2008 年 11 月	12652	12434	12104	11812	11404
2008 年 12 月	12418	12191	11816	11526	10891
2009 年 1 月	12424	12200	11838	11525	10874
2009 年 2 月	12426	12195	11859	11504	10857
2009 年 3 月	12424	12194	11868	11497	10882
2009 年 4 月	12649	12422	12081	11681	11030
2009 年 5 月	12826	12618	12272	11878	11239
2009 年 6 月	12859	12658	12326	11924	11324
2009 年 7 月	13054	12867	12516	12146	11525
2009 年 8 月	13074	12898	12534	12181	11547

数据来源：国家棉花市场监测系统。

表 4—28　2008/2009 年度中国棉花收购价格指数月均值表

单位：元/吨

月　　份	中国棉花收购价格指数	月　　份	中国棉花收购价格指数
2008 年 9 月	11869	2009 年 1 月	10141
2008 年 10 月	11227	2009 年 2 月	10411
2008 年 11 月	10040	2009 年 3 月	10754
2008 年 12 月	9935	2009 年 4 月	11518

数据来源：国家棉花市场监测系统。

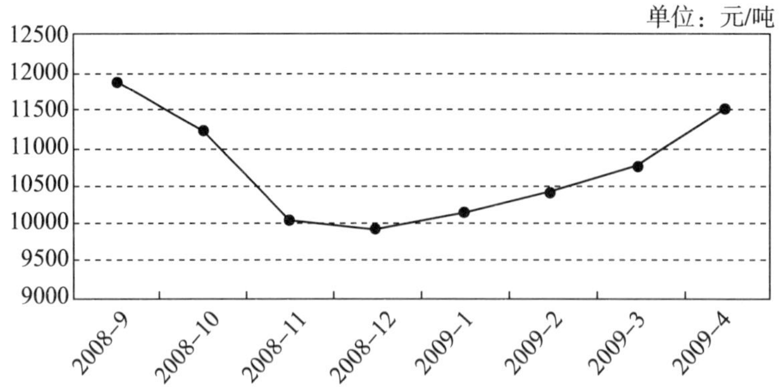

图 4—7　2008/2009 年度中国棉花收购价格指数走势

中国棉花收购价格指数简介

中国棉花收购价格指数(英文名为：CNCotton Index SeedCotton，简称为 CNCotton S)，根据国家棉花市场监测系统 140 个监测站每日 3 级籽棉收购价格、棉籽平均价格和收购籽棉平均衣分率、含杂等质量指标计算得出，表示 3 级籽棉折皮棉收购价格，反映棉花企业的籽棉收购成本，计价单位为元/吨。

CNCotton S的计算方法：由国内各产棉省（区、市）各等级籽棉主体收购价格，算术平均得出当日国内籽棉平均收购价格。根据各地3级籽棉平均收购价格、棉籽平均价格、平均衣分率折算出中国棉花收购价格指数。

CNCotton S为国内植棉主产省（区）和部分非主产区不同等级收购籽棉的主体价格的算术平均价，反映某一日国内棉花收购价格的变化趋势。中国棉花收购价格指数不代表任一时间和地点棉花的实际收购价格。

CNCotton S于每年9月1日起开始更新，收购旺季时每周一至周五更新，收购淡季时每周四更新，每年5月份以后停止更新。

表4—29　2008/2009年度中国主要地区籽棉收购折皮棉成本月平均价格表

单位：元/吨

月　份	山　东	河　北	河　南	山　西	江　苏	安　徽	湖　北	湖　南	江　西	新　疆
2008年　9月	12431	12095	12356	11730	12307	12303	11995	11179	—	11676
2008年10月	11654	11586	11816	11273	11616	11715	11427	11208	11328	10916
2008年11月	10011	10050	10671	10034	10061	10142	9739	9251	10684	9873
2008年12月	10553	10251	10295	10180	10375	10089	9820	9789	10439	9261
2009年　1月	10767	10495	10335	10346	10997	10547	9941	10291	10579	9469
2009年　2月	11059	10681	10374	10332	11067	10611	9919	10815	10764	9935
2009年　3月	11408	11274	10848	10514	11022	10799	10250	11506	10982	10036
2009年　4月	11850	11665	11394	11314	10849	11287	10783	10855	11133	10036

数据来源：国家棉花市场监测系统。

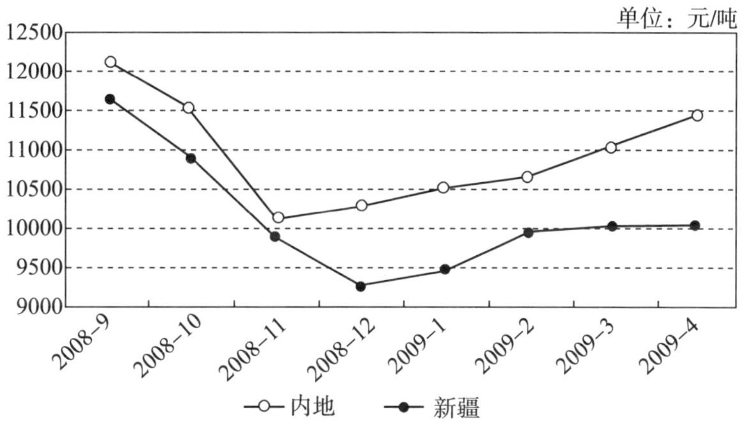

图4—8　2008/2009年度内地与新疆籽棉收购成本分月对比

表4—30　2008/2009年度内地与新疆棉籽月均价对比表

单位：元/斤

月　份	内　地	新　疆	月　份	内　地	新　疆
2008年　9月	1.47	1.36	2009年1月	1.20	1.06
2008年10月	1.36	1.28	2009年2月	1.22	1.16
2008年11月	1.20	1.14	2009年3月	1.28	1.18
2008年12月	1.19	1.07	2009年4月	1.37	1.13

数据来源：国家棉花市场监测系统。

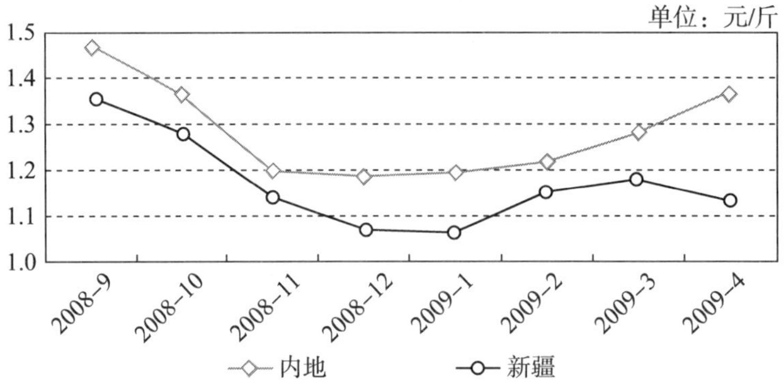

图 4—9　2008/2009 年度内地与新疆棉籽月均价对比

表 4—31　2008/2009 年度中国棉花、纯棉纱及涤纶短纤月平均价格表

单位：元/吨

月　　份	国家棉花价格 B 指数	32 支纯棉纱	涤纶短纤	涤、棉价差	棉、纱价差
2008 年　9 月	13130	19704	10889	2241	6574
2008 年 10 月	12404	19317	9003	3402	6912
2008 年 11 月	11116	17802	7050	4066	6686
2008 年 12 月	10790	16895	6955	3834	6105
2009 年　1 月	10931	16867	7089	3842	5936
2009 年　2 月	11207	17113	7807	3400	5906
2009 年　3 月	11529	17509	7420	4109	5980
2009 年　4 月	12579	17727	8497	4083	5148
2009 年　5 月	12894	18208	8802	4091	5314
2009 年　6 月	12821	18208	8170	4651	5387
2009 年　7 月	13105	19395	11739	1366	6290
2009 年　8 月	13176	19419	12749	427	6243

注：1. 数据来源为国家棉花市场监测系统。
2. 棉、纱价差＝32 支纯棉纱－国家棉花价格 B 指数。

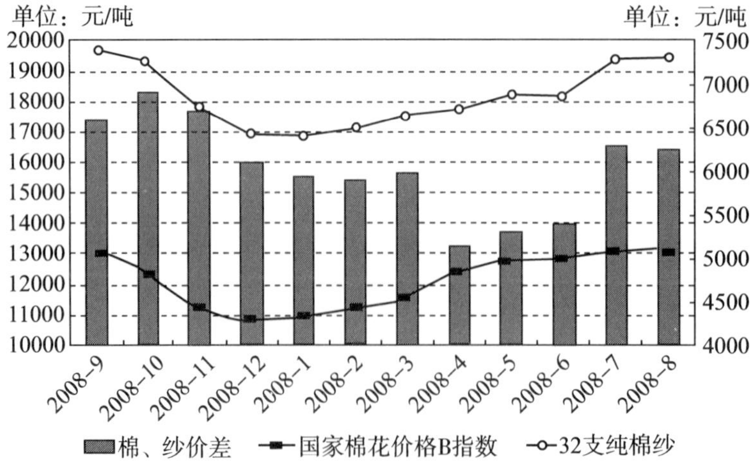

图 4—10　2008/2009 年度国内棉花、棉纱价格及差异

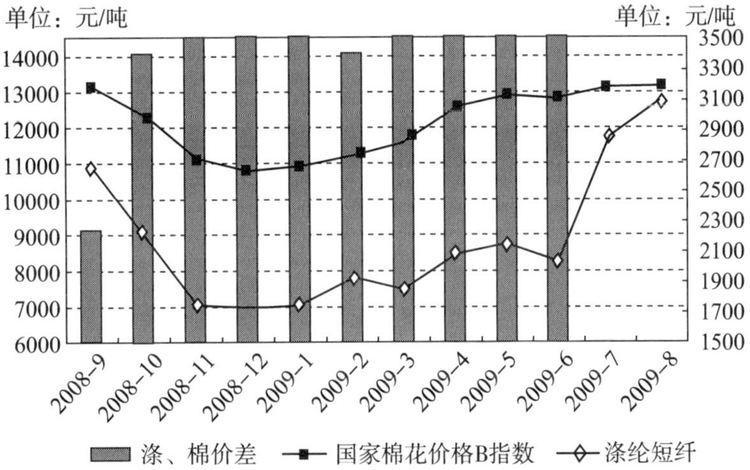

图 4—11　2008/2009 年度国内棉花、涤纶短纤价格及差异

表 4—32　2008/2009 年度郑州棉花期货主力合约日交易量价统计表

单位：元/吨、手

交易日期	合约代码	开　盘	最　高	最　低	收　盘	结　算	成交量	持仓量
2008 年								
9 月　1 日	CF0901	13670	13740	13610	13705	13690	13100	23650
9 月　2 日	CF0901	13605	13675	13535	13555	13600	10936	24280
9 月　3 日	CF0901	13620	13655	13535	13645	13600	12634	23932
9 月　4 日	CF0901	13625	13765	13615	13730	13695	27264	26290
9 月　5 日	CF0901	13625	13690	13625	13625	13650	10376	24278
9 月　8 日	CF0901	13555	13600	13455	13485	13510	16324	25014
9 月　9 日	CF0901	13465	13465	13300	13310	13380	11368	24578
9 月 10 日	CF0901	13260	13300	13180	13210	13240	14376	24488
9 月 11 日	CF0901	13190	13260	13160	13190	13220	9116	24994
9 月 12 日	CF0901	13200	13255	13190	13210	13225	7224	25624
9 月 16 日	CF0901	13090	13090	12720	12730	12850	17638	27350
9 月 17 日	CF0901	12730	12790	12680	12725	12740	11582	26992
9 月 18 日	CF0901	12815	12830	12610	12660	12695	10440	27338
9 月 19 日	CF0901	12705	12815	12670	12815	12760	11674	25916
9 月 22 日	CF0901	12925	13245	12820	13185	13015	25040	22396
9 月 23 日	CF0901	13200	13280	12975	13025	13080	22474	19426
9 月 24 日	CF0901	12905	13000	12860	12970	12920	12572	19826
9 月 25 日	CF0901	12880	13045	12815	12975	12970	10338	20320
9 月 26 日	CF0901	12970	13105	12970	13080	13045	10122	20334

续表 1

交易日期	合约代码	开　盘	最　高	最　低	收　盘	结　算	成交量	持仓量
10 月　6 日	CF0901	12520	12660	12520	12520	12585	183656	48990
10 月　7 日	CF0901	12350	12995	12350	12915	12705	316130	59218
10 月　8 日	CF0901	12830	12900	12460	12585	12635	203088	42404
10 月　9 日	CF0901	12640	12700	12550	12630	12620	69966	38962
10 月 10 日	CF0901	12380	12430	12190	12255	12270	217934	51114
10 月 13 日	CF0901	12215	12765	12215	12470	12450	134482	42304
10 月 14 日	CF0901	12550	12845	12330	12390	12525	102256	38072
10 月 15 日	CF0901	12245	12345	12185	12325	12290	102012	40260
10 月 16 日	CF0901	12010	12300	12010	12070	12160	105640	46924
10 月 17 日	CF0901	12350	12480	12085	12190	12235	87102	40270
10 月 20 日	CF0901	12345	12410	12240	12385	12340	87760	40356
10 月 21 日	CF0901	12240	12250	12060	12160	12155	38190	37178
10 月 22 日	CF0901	12200	12250	12060	12190	12155	58648	40936
10 月 23 日	CF0901	12170	12350	12160	12305	12230	82492	41140
10 月 24 日	CF0901	12360	12360	12180	12275	12255	42468	36478
10 月 27 日	CF0901	12190	12215	12100	12170	12160	28922	35764
10 月 28 日	CF0901	12245	12245	12150	12235	12205	18536	35610
10 月 29 日	CF0901	12205	12250	12180	12225	12215	14172	34432
10 月 30 日	CF0901	12290	12350	12260	12270	12305	22682	34466
10 月 31 日	CF0901	12155	12200	12140	12170	12170	13458	33748
11 月　3 日	CF0903	12190	12195	11975	11980	12085	604	2300
11 月　4 日	CF0903	11870	11870	11600	11635	11695	328	2376
11 月　5 日	CF0903	11615	11685	11340	11435	11465	548	2350
11 月　6 日	CF0903	11200	11240	11100	11105	11160	448	2334
11 月　7 日	CF0903	10910	10950	10710	10710	10785	1044	2346
11 月 10 日	CF0903	10800	11430	10800	11180	11155	812	2192
11 月 11 日	CF0903	10850	10850	10705	10705	10745	482	2294
11 月 12 日	CF0903	10365	10400	10110	10370	10275	1238	2182
11 月 13 日	CF0903	10200	10550	10200	10420	10365	1016	2300
11 月 14 日	CF0903	10515	10625	10420	10500	10500	842	2474
11 月 17 日	CF0903	10485	10590	10425	10525	10535	892	2222
11 月 18 日	CF0903	10495	10665	10495	10585	10605	458	1908
11 月 19 日	CF0903	10660	10755	10640	10745	10675	306	1726
11 月 20 日	CF0903	10825	11105	10740	10990	11000	858	1618

续表 2

交易日期	合约代码	开 盘	最 高	最 低	收 盘	结 算	成交量	持仓量
11 月 21 日	CF0903	10780	11060	10570	10930	10845	706	1652
11 月 24 日	CF0903	11130	11190	10975	11185	11075	636	1498
11 月 25 日	CF0903	11380	11400	11115	11120	11300	736	1640
11 月 26 日	CF0903	11120	11210	11045	11180	11140	1060	1706
11 月 27 日	CF0903	11295	11350	11140	11165	11265	556	1740
11 月 28 日	CF0903	11200	11205	11065	11205	11125	808	1706
12 月 1 日	CF0903	11230	11300	11200	11295	11270	408	1538
12 月 2 日	CF0903	11245	11335	11190	11290	11250	566	1588
12 月 3 日	CF0903	11310	11320	11220	11270	11265	276	1744
12 月 4 日	CF0903	11295	11295	10810	10870	11030	1624	2344
12 月 5 日	CF0903	10695	11055	10670	10930	10845	1068	2338
12 月 8 日	CF0903	11040	11275	11025	11275	11170	1082	2058
12 月 9 日	CF0903	11345	11470	11270	11290	11355	890	1752
12 月 10 日	CF0903	11300	11330	11185	11330	11265	266	1768
12 月 11 日	CF0903	11320	11320	11205	11255	11235	370	1666
12 月 12 日	CF0903	11240	11290	11215	11260	11260	282	1480
12 月 15 日	CF0903	11290	11430	11290	11410	11380	456	1406
12 月 16 日	CF0903	11430	11430	11345	11385	11365	170	1310
12 月 17 日	CF0903	11380	11410	11365	11400	11380	78	1344
12 月 18 日	CF0903	11400	11425	11320	11390	11405	272	1254
12 月 19 日	CF0903	11335	11400	11335	11400	11365	190	1260
12 月 22 日	CF0903	11500	11700	11495	11700	11590	448	1054
12 月 23 日	CF0903	11650	11650	11550	11590	11590	104	992
12 月 24 日	CF0903	11570	11605	11570	11595	11590	54	972
12 月 25 日	CF0903	11570	11790	11570	11695	11700	336	934
12 月 26 日	CF0903	11655	11665	11620	11665	11650	96	944
12 月 29 日	CF0903	11665	11730	11660	11700	11690	48	954
12 月 30 日	CF0903	11650	11660	11530	11655	11610	342	982
12 月 31 日	CF0903	11675	11720	11610	11680	11660	206	966
2009 年								
1 月 5 日	CF0905	11995	11995	11710	11740	11805	49548	44282
1 月 6 日	CF0905	11730	11865	11650	11710	11765	50192	45720
1 月 7 日	CF0905	11805	12020	11790	11850	11900	98972	48414
1 月 8 日	CF0905	11765	11885	11715	11875	11810	32052	47980

续表 3

交易日期	合约代码	开　盘	最　高	最　低	收　盘	结　算	成交量	持仓量
1 月　9 日	CF0905	11930	11980	11860	11910	11920	28932	47662
1 月 12 日	CF0905	11825	11920	11785	11790	11860	22392	45650
1 月 13 日	CF0905	11660	11745	11625	11715	11705	25618	44864
1 月 14 日	CF0905	11740	11770	11710	11745	11740	12440	44154
1 月 15 日	CF0905	11700	11770	11650	11725	11710	20862	44676
1 月 16 日	CF0905	11830	11845	11760	11765	11805	12500	43296
1 月 19 日	CF0905	11760	11785	11725	11755	11750	8586	43000
1 月 20 日	CF0905	11755	11760	11720	11730	11730	5274	42468
1 月 21 日	CF0905	11680	11730	11660	11705	11695	6086	41062
1 月 22 日	CF0905	11730	11730	11650	11660	11685	7484	39230
1 月 23 日	CF0905	11715	11735	11660	11735	11685	6914	37872
2 月　2 日	CF0905	11720	11880	11710	11825	11815	11312	38106
2 月　3 日	CF0905	11835	11915	11805	11905	11875	15552	41744
2 月　4 日	CF0905	11900	11990	11835	11855	11900	23596	43094
2 月　5 日	CF0905	11900	11900	11840	11860	11865	11042	43812
2 月　6 日	CF0905	11870	12035	11840	12010	11940	32066	48422
2 月　9 日	CF0905	12030	12230	12005	12165	12130	56840	54926
2 月 10 日	CF0905	12170	12185	12080	12135	12130	18126	53376
2 月 11 日	CF0905	12000	12085	11915	11975	12000	27978	48454
2 月 12 日	CF0905	11985	12020	11935	11955	11970	10226	49618
2 月 13 日	CF0905	11965	12010	11940	11990	11975	12058	50528
2 月 16 日	CF0905	12000	12115	11945	12030	12040	27476	51192
2 月 17 日	CF0905	12050	12120	12035	12105	12080	12462	50166
2 月 18 日	CF0905	12075	12075	11955	11965	12000	27468	52506
2 月 19 日	CF0905	12000	12045	11530	11635	11750	72894	60406
2 月 20 日	CF0905	11630	11860	11620	11855	11770	47406	54890
2 月 23 日	CF0905	11860	11950	11800	11930	11885	22178	49042
2 月 24 日	CF0905	11900	11910	11820	11840	11855	13780	49246
2 月 25 日	CF0905	11870	11900	11840	11890	11875	9696	48232
2 月 26 日	CF0905	11900	11925	11860	11870	11900	8414	47112
2 月 27 日	CF0905	11910	11915	11870	11895	11890	6926	46194
3 月　2 日	CF0907	12040	12040	11920	11935	11965	2600	13762
3 月　3 日	CF0907	11885	11955	11840	11950	11915	1252	13968
3 月　4 日	CF0907	11950	11975	11925	11960	11955	1544	14564

续表 4

交易日期	合约代码	开　盘	最　高	最　低	收　盘	结　算	成交量	持仓量
3月 5日	CF0907	11985	12030	11920	11935	11965	1072	14786
3月 6日	CF0907	11915	11955	11915	11940	11935	662	14970
3月 9日	CF0907	11955	12045	11940	12000	12000	5866	16942
3月10日	CF0907	12000	12030	11970	12015	12005	876	16958
3月11日	CF0907	12035	12065	12015	12045	12045	1688	17076
3月12日	CF0907	12050	12060	11995	12020	12020	486	17056
3月13日	CF0907	12050	12075	12020	12040	12050	1474	17078
3月16日	CF0907	12025	12100	12025	12090	12070	2278	17326
3月17日	CF0907	12135	12180	12090	12170	12140	3712	17732
3月18日	CF0907	12170	12175	12140	12165	12160	2386	17924
3月19日	CF0907	12145	12180	12125	12175	12165	2986	17960
3月20日	CF0907	12175	12270	12175	12265	12230	6098	18882
3月23日	CF0907	12240	12465	12240	12405	12395	17012	23352
3月24日	CF0907	12430	12445	12310	12330	12370	8468	23542
3月25日	CF0907	12320	12330	12255	12265	12295	5904	24130
3月26日	CF0907	12300	12360	12290	12345	12335	6322	25732
3月27日	CF0907	12320	12340	12295	12330	12320	4416	26190
3月30日	CF0907	12290	12535	12285	12390	12425	16194	28324
3月31日	CF0907	12440	12465	12400	12425	12435	8766	28436
4月 1日	CF0907	12530	12530	12450	12475	12485	9582	27934
4月 2日	CF0907	12500	12555	12485	12550	12510	6080	28736
4月 3日	CF0907	12565	12590	12520	12580	12555	8498	27858
4月 7日	CF0907	12630	12845	12600	12815	12750	17224	30740
4月 8日	CF0907	12750	12920	12750	12825	12855	21206	33396
4月 9日	CF0907	12910	13050	12910	13040	12990	22572	35466
4月10日	CF0907	13035	13040	12930	13020	12990	17980	35484
4月13日	CF0907	13015	13255	13010	13235	13175	26392	42100
4月14日	CF0907	13240	13280	13095	13195	13175	15224	42886
4月15日	CF0907	13175	13175	13080	13135	13135	10290	43980
4月16日	CF0907	13195	13245	13150	13170	13195	13560	43756
4月17日	CF0907	13245	13245	13070	13155	13150	15236	43712
4月20日	CF0907	13160	13210	13120	13160	13165	11482	43996
4月21日	CF0907	13055	13140	12875	13105	13060	42762	45218
4月22日	CF0907	13200	13225	13080	13110	13145	18920	43412

续表 5

交易日期	合约代码	开　盘	最　高	最　低	收　盘	结　算	成交量	持仓量
4 月 23 日	CF0907	13140	13140	13035	13085	13080	9916	44780
4 月 24 日	CF0907	13120	13155	13060	13070	13100	12826	44568
4 月 27 日	CF0907	13065	13105	12900	13025	13020	16864	42806
4 月 28 日	CF0907	12950	13040	12950	13020	13020	6756	41728
4 月 29 日	CF0907	13015	13025	12935	12970	12970	8860	42424
4 月 30 日	CF0907	13000	13030	12980	13000	13000	6722	41650
5 月 4 日	CF0907	13200	13205	13125	13140	13165	19414	43122
5 月 5 日	CF0907	13150	13150	13080	13120	13105	5528	42862
5 月 6 日	CF0907	13130	13195	13095	13180	13150	10588	41008
5 月 7 日	CF0907	13205	13220	13130	13180	13165	6660	40042
5 月 8 日	CF0907	13200	13320	13170	13260	13235	11820	40846
5 月 11 日	CF0907	13285	13285	13000	13135	13150	8572	37026
5 月 12 日	CF0907	13150	13205	13130	13190	13170	4566	36510
5 月 13 日	CF0907	13190	13190	13115	13150	13140	4242	34420
5 月 14 日	CF0907	13120	13145	13065	13130	13130	3768	33340
5 月 15 日	CF0907	13150	13160	13125	13140	13140	4164	31754
5 月 18 日	CF0907	13100	13160	13085	13140	13120	3048	31058
5 月 19 日	CF0907	13160	13170	13120	13125	13140	3528	29314
5 月 20 日	CF0907	13100	13130	13100	13120	13110	3338	28390
5 月 21 日	CF0907	13120	13120	13010	13025	13060	6028	28574
5 月 22 日	CF0907	12925	13025	12925	12985	12995	3178	26574
5 月 25 日	CF0907	12960	12985	12820	12855	12905	9220	21816
5 月 26 日	CF0907	12850	12865	12735	12760	12790	12484	15726
5 月 27 日	CF0907	12750	12790	12720	12770	12765	3986	14380
6 月 1 日	CF0909	13070	13085	12910	12970	12965	18716	22808
6 月 2 日	CF0909	12995	13215	12990	13145	13135	34570	30536
6 月 3 日	CF0909	13150	13180	13055	13115	13110	15212	30366
6 月 4 日	CF0909	13000	13060	12970	13025	13025	12882	30854
6 月 5 日	CF0909	13080	13085	12970	12980	13025	13384	31282
6 月 8 日	CF0909	12895	12955	12890	12905	12925	11092	31262
6 月 9 日	CF0909	12960	12990	12920	12975	12955	10346	31052
6 月 10 日	CF0909	12995	13095	12970	13080	13050	15908	30270
6 月 11 日	CF0909	13055	13200	13050	13190	13135	13982	31610
6 月 12 日	CF0909	13220	13380	13180	13335	13290	24204	33188

续表 6

交易日期	合约代码	开　盘	最　高	最　低	收　盘	结　算	成交量	持仓量
6月15日	CF0909	13330	13400	13250	13395	13335	27700	35348
6月16日	CF0909	13300	13520	13300	13475	13440	41588	38928
6月17日	CF0909	13445	13495	13350	13360	13425	26772	42764
6月18日	CF0909	13370	13390	13240	13255	13285	29740	32596
6月19日	CF0909	13280	13330	13230	13250	13285	14654	26586
6月22日	CF0909	13170	13220	13145	13180	13185	6640	25764
6月23日	CF0909	13160	13340	13160	13240	13275	19754	25588
6月24日	CF0909	13250	13265	13210	13235	13240	5650	24142
6月25日	CF0909	13250	13270	13200	13205	13220	6340	22726
6月26日	CF0909	13220	13265	13180	13220	13225	9200	21552
6月29日	CF0909	13220	13385	13200	13285	13315	19268	22230
6月30日	CF0909	13310	13315	13240	13290	13280	5190	21864
7月 1日	CF0909	13285	13360	13285	13340	13335	6008	22070
7月 2日	CF0909	13405	13420	13315	13355	13370	8886	22076
7月 3日	CF0909	13350	13375	13300	13340	13350	4138	21480
7月 6日	CF0909	13335	13500	13310	13400	13420	13516	22104
7月 7日	CF0909	13415	13465	13410	13450	13445	7632	22656
7月 8日	CF0909	13400	13515	13400	13465	13460	7226	23134
7月 9日	CF0909	13470	13550	13410	13535	13485	7398	24956
7月10日	CF0909	13570	13665	13560	13575	13605	9588	25476
7月13日	CF0909	13610	13650	13550	13620	13605	6458	25810
7月14日	CF0909	13620	13730	13615	13710	13685	11096	26528
7月15日	CF0909	13700	13840	13700	13765	13785	8240	25664
7月16日	CF0909	13790	13790	13680	13720	13725	5034	24720
7月17日	CF0909	13730	13780	13690	13715	13730	3606	23956
7月20日	CF0909	13725	13760	13715	13735	13740	1918	23298
7月21日	CF0909	13740	13785	13735	13760	13755	2044	22510
7月22日	CF0909	13720	13765	13690	13750	13725	3952	22192
7月23日	CF0909	13755	13905	13740	13880	13845	4500	23366
7月24日	CF0909	13910	14015	13880	13990	13970	5234	22818
7月27日	CF0909	13910	14100	13910	14000	13990	3712	22356
7月28日	CF0909	14070	14070	13850	13865	13965	7362	21634
7月29日	CF0909	13880	13960	13790	13830	13855	7072	17464
7月30日	CF0909	13800	13895	13800	13860	13850	4320	13758

续表 7

交易日期	合约代码	开　盘	最　高	最　低	收　盘	结　算	成交量	持仓量
7月31日	CF0909	13860	13865	13835	13850	13850	3442	11192
8月 3日	CF0911	13480	13530	13405	13445	13475	308	1552
8月 4日	CF0911	13145	13530	13145	13450	13485	124	1584
8月 5日	CF0911	13480	13500	13415	13470	13470	156	1560
8月 6日	CF0911	13420	13450	13320	13395	13395	104	1598
8月 7日	CF0911	13395	13395	13300	13340	13340	98	1624
8月10日	CF0911	13410	13445	13375	13435	13410	352	1490
8月11日	CF0911	13460	13575	13370	13510	13510	626	1254
8月12日	CF0911	13540	13585	13460	13500	13520	320	1212
8月13日	CF0911	13600	13600	13505	13505	13570	122	1214
8月14日	CF0911	13490	13500	13365	13365	13435	234	1186
8月17日	CF0911	13380	13380	13250	13290	13320	150	1168
8月18日	CF0911	13370	13370	13235	13325	13300	150	1160
8月19日	CF0911	13340	13350	13215	13290	13285	64	1152
8月20日	CF0911	13265	13330	13265	13325	13290	72	1150
8月21日	CF0911	13230	13280	13230	13280	13265	8	1152
8月24日	CF0911	13355	13360	13295	13300	13315	94	1154
8月25日	CF0911	13290	13315	13260	13315	13280	46	1152
8月26日	CF0911	13180	13185	13115	13140	13140	146	1200
8月27日	CF0911	13060	13125	13030	13125	13100	30	1214
8月28日	CF0911	13160	13160	13065	13075	13090	56	1226
8月31日	CF0911	13055	13155	13055	13085	13075	92	1262

数据来源：郑州商品交易所。

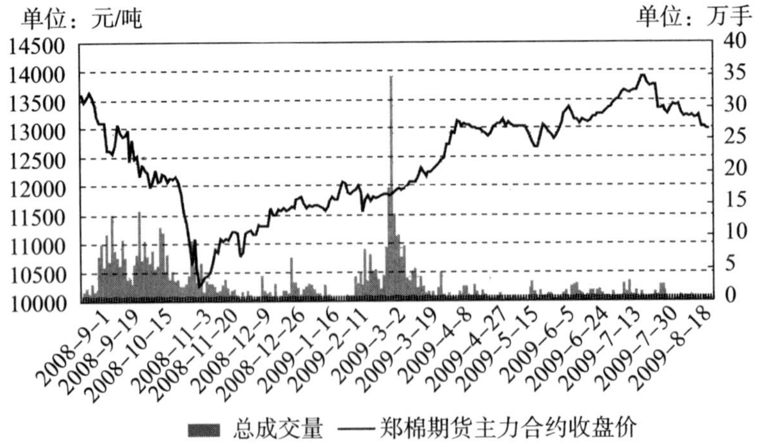

图 4—12　2008/2009 年度郑棉主力合约量价走势

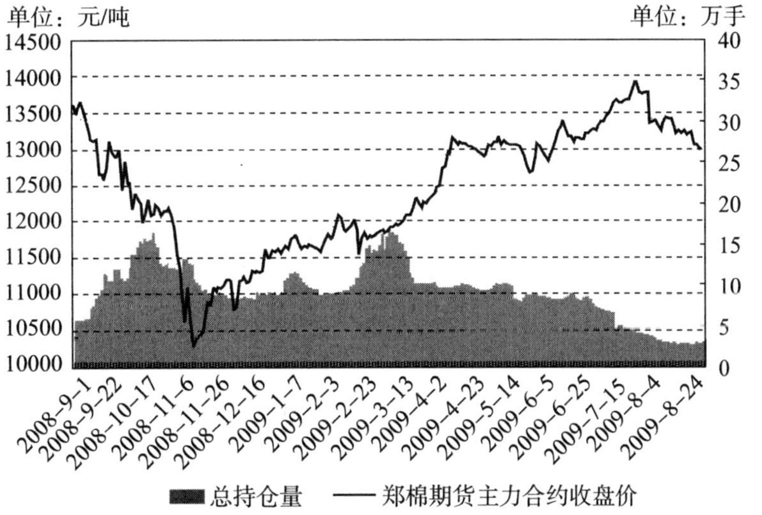

图 4—13　2008/2009 年度郑棉期货交易持仓量变化情况

表 4—33　2008/2009 年度郑州棉花期货与现货月平均价格表

单位：元/吨

月　份	国家棉花价格 B 指数	郑棉期货近月合约	价差(现货—期货)
2008 年 9 月	13130	13202	—72
2008 年 10 月	12404	12337	67
2008 年 11 月	11116	11015	101
2008 年 12 月	10790	11452	—662
2009 年 1 月	10931	11761	—830
2009 年 2 月	11207	11935	—728
2009 年 3 月	11529	12036	—507
2009 年 4 月	12579	12988	—409
2009 年 5 月	12894	13371	—477
2009 年 6 月	12821	13187	—366
2009 年 7 月	13105	13499	—394
2009 年 8 月	13176	13542	—366

数据来源：国家棉花市场监测系统、郑州商品交易所。

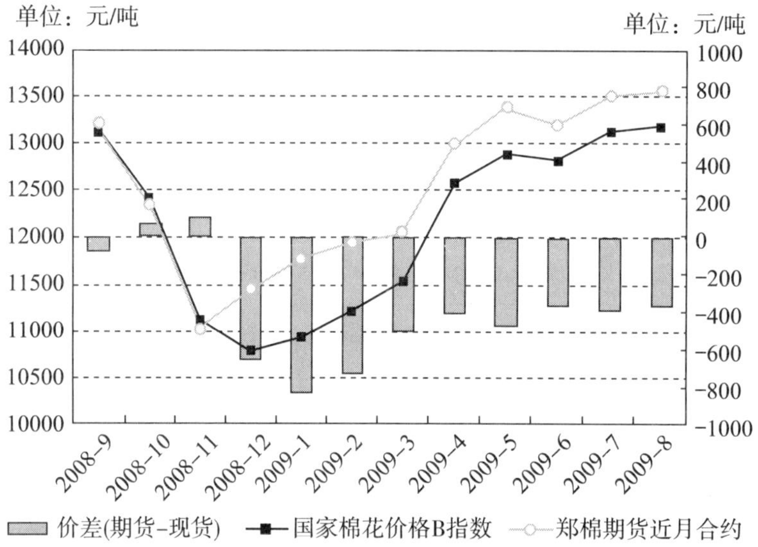

图 4—14　2008/2009 年度国内期、现货价格及差异

表 4—34　2008/2009 年度北京全国棉花交易市场电子撮合近月合同与现货市场价格统计表

单位：元/吨

月　份	国家棉花价格 A 指数	撮合交易近月合同价	价差(现货—撮合)
2008 年 9 月	13567	13063	504
2008 年 10 月	12787	12377	410
2008 年 11 月	11619	11013	607
2008 年 12 月	11385	11074	312
2009 年 1 月	11504	11539	—35
2009 年 2 月	11630	11953	—323
2009 年 3 月	11910	12066	—157
2009 年 4 月	12892	12957	—65
2009 年 5 月	13172	13081	＋92
2009 年 6 月	13132	13102	31
2009 年 7 月	13413	13624	—212
2009 年 8 月	13473	13666	—193

数据来源：国家棉花市场监测系统、北京全国棉花交易市场。

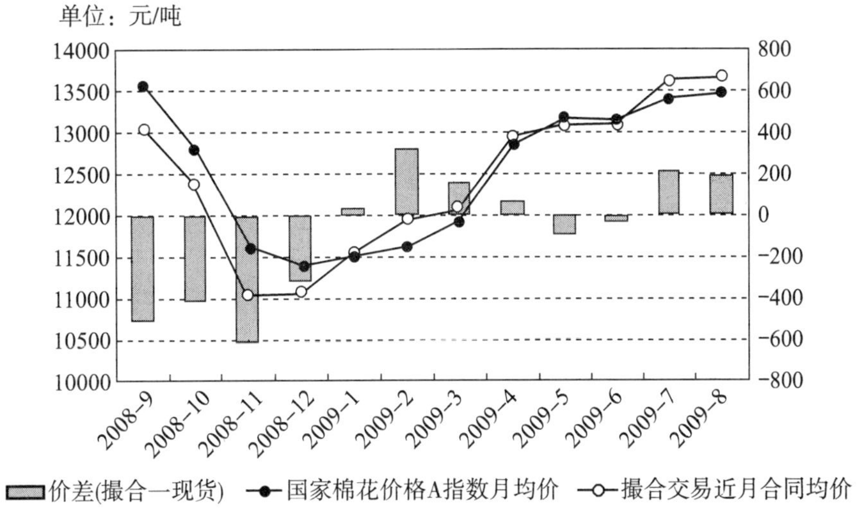

图 4—15　2008/2009 年度北京全国棉花交易市场电子撮合近月合同与现货价格对比

表 4—35　2008/2009 年度北京全国棉花交易市场电子撮合 MA 合同综合指数月均价及月单边总成交量表

单位：元/吨

月　　份	MA 合同综合指数	单边总成交量	月　　份	MA 合同综合指数	单边总成交量
2008 年 9 月	13014	83420	2009 年 3 月	12239	86080
2008 年 10 月	12426	100730	2009 年 4 月	13043	91170
2008 年 11 月	11038	93540	2009 年 5 月	13130	100960
2008 年 12 月	11383	93910	2009 年 6 月	13047	155480
2009 年 1 月	11770	51020	2009 年 7 月	13422	167780
2009 年 2 月	12077	69460	2009 年 8 月	13456	154160

注：1. 数据来源为北京全国棉花交易市场。
2. MA 合同标的为 229 级棉。

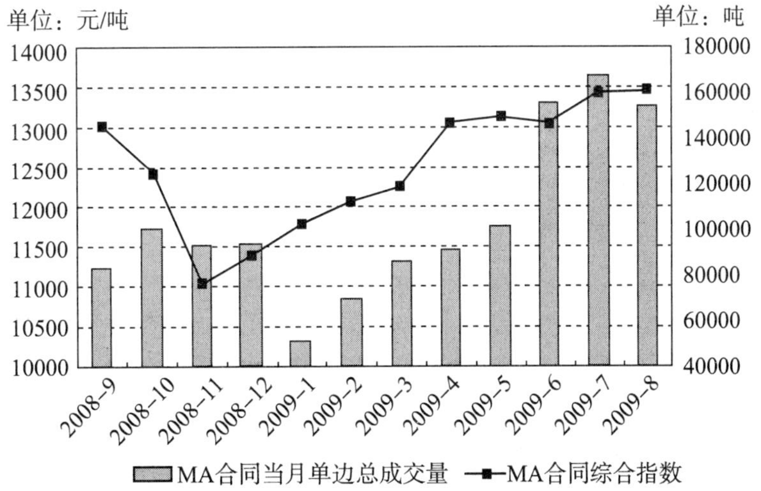

图 4—16　2008/2009 年度北京全国棉花交易市场电子撮合交易量价走势

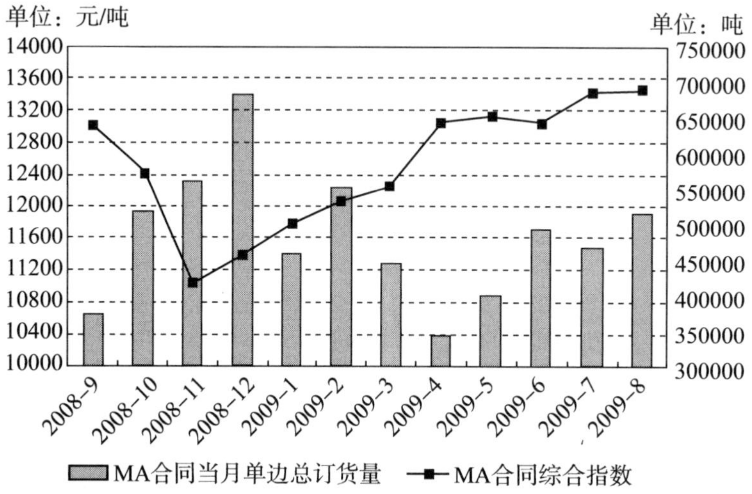

图 4—17　2008/2009 年度北京全国棉花交易市场撮合交易订货量变化

表 4—36　2008/2009 年度合肥国家棉花交易中心撮合指数及日成交量统计表

单位：吨、元/吨

日　期	开盘价	最高价	最低价	收盘价	结算价	成交量	持仓量
2008 年							
5 月 8 日	13148	13350	13142	13289	13274	1410	1100
5 月 11 日	13214	13214	13040	13040	13122	2420	2280
5 月 12 日	13091	13229	13056	13091	13109	3120	2930
5 月 13 日	13110	13149	13059	13059	13095	2490	3470
5 月 14 日	13108	13189	13084	13152	13100	2860	3950
5 月 15 日	13113	13116	13099	13099	13117	2470	4800
5 月 18 日	13105	13124	13086	13108	13092	2450	5430
5 月 19 日	13053	13155	13039	13155	13137	2780	6110
5 月 20 日	13111	13111	13089	13101	13061	3180	6440
5 月 21 日	13072	13088	13064	13088	13054	2750	7120
5 月 22 日	13067	13094	12843	12947	13014	3240	6830
5 月 25 日	13040	13040	13022	13038	13042	3410	7530
5 月 26 日	13008	13014	12958	12958	12982	2480	8220
5 月 27 日	12995	12996	12907	12957	12947	3450	8170
5 月 31 日	12929	13071	12894	12984	12957	1820	8210
6 月 1 日	12955	12970	12849	12850	12891	2310	8440

续表 1

日　期	开盘价	最高价	最低价	收盘价	结算价	成交量	持仓量
6月 2日	12928	12954	12927	12954	12952	2360	8560
6月 3日	12930	12954	12885	12894	12898	2860	8850
6月 4日	12843	12856	12814	12814	12835	2510	9280
6月 5日	12838	12838	12818	12824	12846	2510	9450
6月 8日	12808	12824	12802	12802	12804	3180	9440
6月 9日	12825	12838	12806	12824	12833	3060	9840
6月10日	12822	12851	12822	12835	12857	2690	9980
6月11日	12871	12871	12854	12858	12871	3060	9450
6月12日	12852	12874	12845	12871	12905	2780	9300
6月15日	12877	12942	12861	12898	12912	2520	9510
6月16日	12855	12888	12845	12888	12931	2920	9620
6月17日	12872	12883	12872	12883	12966	2790	9870
6月18日	12914	12922	12901	12904	12949	3300	9680
6月19日	12889	12920	12819	12819	12908	3290	9530
6月22日	12893	12893	12824	12859	12880	3080	9580
6月23日	12886	12902	12884	12888	12913	2870	9680
6月24日	12900	12908	12871	12878	12909	2960	9680
6月25日	12921	12922	12873	12890	12898	2880	9680
6月26日	12912	12914	12887	12897	12923	3110	9690
6月29日	12908	12910	12865	12874	12906	3100	9540
6月30日	12888	12888	12866	12866	12888	3320	9180
7月 1日	12898	12910	12898	12904	12917	2800	9310
7月 2日	12890	12912	12887	12898	12914	3090	9160
7月 3日	12882	12898	12874	12888	12908	2920	9320
7月 6日	12892	12918	12892	12918	12924	3020	9430
7月 7日	12920	12942	12906	12922	12935	3760	10060
7月 8日	12915	12935	12902	12935	12933	4680	10760
7月 9日	12908	12943	12905	12930	12954	3160	10880
7月10日	12955	12977	12932	12965	12974	3330	10970
7月13日	12988	13010	12978	12992	13003	3040	10650
7月14日	13016	13123	12975	13123	13021	3130	10680
7月15日	13071	13097	12994	13090	13037	3690	10550
7月16日	13170	13176	13058	13141	13076	2990	10390
7月17日	13120	13120	13044	13087	13082	3240	10240

续表 2

日　期	开盘价	最高价	最低价	收盘价	结算价	成交量	持仓量
7月20日	13114	13152	13106	13126	13098	2930	9970
7月21日	13122	13122	13063	13074	13082	2560	9930
7月22日	13119	13128	13112	13128	13056	2510	10150
7月23日	13069	13110	13069	13110	13054	2740	10190
7月24日	13113	13168	13113	13168	13094	2340	10240
7月27日	13108	13123	13102	13104	13082	2360	10250
7月28日	13130	13171	13130	13160	13123	2230	10450
7月29日	13190	13215	13176	13215	13172	2260	10600
7月30日	13166	13232	13165	13225	13169	2280	10740
7月31日	13252	13273	13243	13243	13200	2530	10750
8月 3日	13268	13277	13244	13277	13203	2190	10990
8月 4日	13269	13294	13266	13266	13207	2560	10860
8月 5日	13217	13248	13200	13236	13175	2360	11000
8月 6日	13195	13195	13160	13168	13154	2270	11160
8月 7日	13180	13189	13134	13150	13114	2370	11270
8月10日	13214	13221	13179	13206	13160	2350	11390
8月11日	13195	13410	13195	13410	13184	2520	11510
8月12日	13260	13306	13234	13262	13260	2600	11440
8月13日	13251	13350	13243	13350	13325	2430	11620
8月14日	13326	13328	13225	13248	13264	2540	11630
8月17日	13192	13222	13172	13209	13204	2510	11580
8月18日	13210	13228	13168	13171	13200	2360	11680
8月19日	13162	13207	13156	13196	13182	2470	11660
8月20日	13192	13217	13177	13203	13196	2340	11390
8月21日	13198	13209	13169	13176	13184	2260	11600
8月24日	13204	13214	13196	13199	13199	2490	11440
8月25日	13193	13195	13162	13171	13185	2090	11630
8月26日	13156	13160	13130	13138	13149	2280	11570
8月27日	13122	13140	13075	13086	13071	2340	11510
8月28日	13089	13104	13056	13056	13064	2180	11590
8月31日	13029	13044	13026	13026	13023	2330	11360

数据来源：合肥国家棉花交易中心。

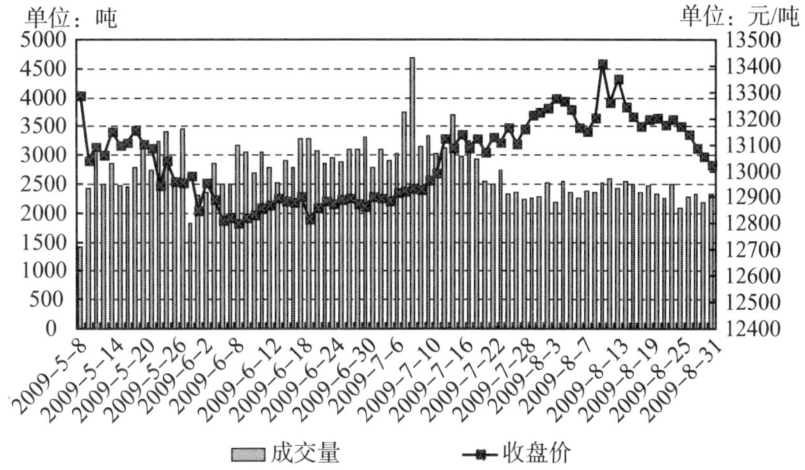

图 4—18 2008/2009 年度合肥国家棉花交易中心撮合指数走势及日成交量

表 4—37 2008/2009 年度国内外现货月平均价格对比表

单位：元/吨

日　　期	国家棉花价格 A 指数	国家棉花价格 B 指数	国际棉花指数(SM)折人民币价格	国际棉花指数(M)折人民币价格
2008 年 9 月	13567	13130	13908	13494
2008 年 10 月	12787	12404	12219	11788
2008 年 11 月	11619	11116	10709	10484
2008 年 12 月	11385	10790	10862	10587
2009 年 1 月	11504	10931	11083	10765
2009 年 2 月	11630	11207	10642	10383
2009 年 3 月	11910	11529	9987	9777
2009 年 4 月	12892	12579	10615	10242
2009 年 5 月	13172	12894	11372	10938
2009 年 6 月	13132	12821	11245	10825
2009 年 7 月	13413	13105	11642	11102
2009 年 8 月	13473	13176	11605	11077

注：1. 数据来源为国家棉花市场监测系统。

2. 国际棉花指数折成人民币价格所采用的汇率为海关计征汇率，即每月使用上一个月第三个星期三（第三个星期三为法定节假日时，顺延采用第四个星期三的汇率）中国人民银行公布的美元对人民币的基准汇率；关税为配额内关税（1%）；增值税为（13%）；港口费用为 200 元/吨。

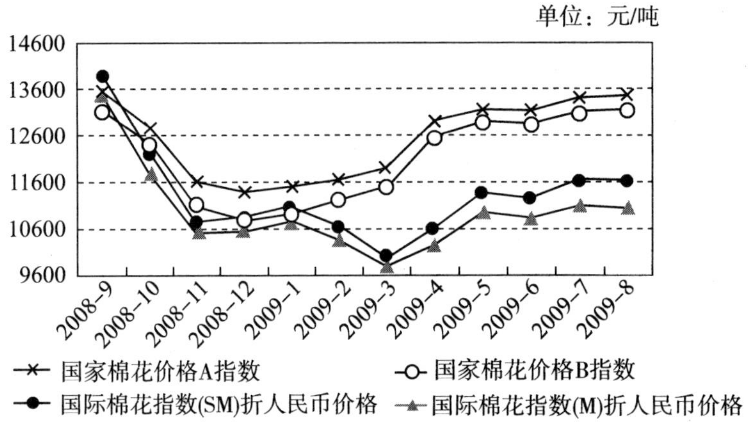

图 4—19　2008/2009 年度国内外现货月平均价格对比

表 4—38　2008/2009 年度国际棉花指数日价格表

单位：美分/磅

日　期	国际棉花指数(SM)	国际棉花指数(M)	日　期	国际棉花指数(SM)	国际棉花指数(M)
2008 年			9 月 30 日	75.63	72.63
9 月 2 日	82.94	81.13	10 月 1 日	75.63	72.63
9 月 3 日	82.30	80.14	10 月 2 日	76.33	72.98
9 月 4 日	81.90	80.04	10 月 3 日	76.33	72.98
9 月 5 日	80.90	79.49	10 月 6 日	74.96	72.28
9 月 8 日	79.40	78.14	10 月 7 日	72.34	70.08
9 月 9 日	79.40	78.14	10 月 8 日	71.74	69.58
9 月 10 日	80.23	77.94	10 月 9 日	71.88	69.65
9 月 11 日	80.23	77.74	10 月 10 日	70.87	68.72
9 月 12 日	80.23	77.64	10 月 13 日	68.37	66.82
9 月 15 日	80.59	77.57	10 月 14 日	69.02	67.22
9 月 16 日	78.89	76.32	10 月 15 日	69.02	67.22
9 月 17 日	77.52	75.18	10 月 16 日	66.87	65.14
9 月 18 日	77.97	75.43	10 月 17 日	68.71	66.42
9 月 19 日	77.75	75.30	10 月 20 日	70.88	67.59
9 月 22 日	79.20	76.40	10 月 21 日	68.53	65.74
9 月 23 日	80.72	77.57	10 月 22 日	69.33	66.14
9 月 24 日	79.09	76.41	10 月 23 日	69.33	66.14
9 月 25 日	78.46	75.57	10 月 24 日	68.63	65.79
9 月 26 日	78.58	75.63	10 月 27 日	65.90	63.68
9 月 29 日	77.63	74.73	10 月 28 日	66.35	63.85

续表 1

日　期	国际棉花指数(SM)	国际棉花指数(M)	日　期	国际棉花指数(SM)	国际棉花指数(M)
10 月 29 日	66.35	63.85	12 月 30 日	62.59	60.78
10 月 30 日	66.35	63.85	12 月 31 日	64.05	61.84
10 月 31 日	65.03	62.74	**2009 年**		
11 月 3 日	65.03	62.74	1 月 2 日	64.91	62.35
11 月 4 日	64.22	62.01	1 月 5 日	63.71	61.75
11 月 5 日	65.52	63.26	1 月 6 日	63.02	61.36
11 月 6 日	63.52	61.66	1 月 7 日	64.27	62.36
11 月 7 日	62.31	60.84	1 月 8 日	63.67	61.96
11 月 10 日	61.52	60.35	1 月 9 日	64.34	62.45
11 月 11 日	60.90	60.01	1 月 12 日	63.34	61.55
11 月 12 日	59.46	58.88	1 月 13 日	61.25	59.96
11 月 13 日	59.46	58.88	1 月 14 日	60.92	59.69
11 月 14 日	60.24	59.34	1 月 15 日	60.73	59.55
11 月 17 日	60.37	59.14	1 月 16 日	62.63	61.07
11 月 18 日	59.30	58.45	1 月 20 日	63.00	61.36
11 月 19 日	59.30	58.45	1 月 21 日	61.38	60.04
11 月 20 日	59.58	58.73	1 月 22 日	61.82	60.28
11 月 21 日	58.18	57.42	1 月 23 日	63.07	61.23
11 月 24 日	58.68	57.67	1 月 26 日	64.41	61.23
11 月 25 日	61.28	59.57	1 月 27 日	65.24	62.85
11 月 26 日	60.72	59.15	1 月 28 日	64.92	62.72
11 月 28 日	62.84	60.91	1 月 29 日	64.75	62.65
12 月 1 日	64.11	61.79	1 月 30 日	64.15	62.20
12 月 2 日	63.53	61.34	2 月 2 日	63.35	61.40
12 月 3 日	63.05	61.05	2 月 3 日	63.41	61.26
12 月 4 日	63.21	61.11	2 月 4 日	63.10	60.95
12 月 5 日	60.81	59.31	2 月 5 日	63.32	61.01
12 月 8 日	59.03	57.97	2 月 6 日	63.20	61.01
12 月 9 日	61.58	60.36	2 月 9 日	63.27	61.01
12 月 10 日	60.45	59.52	2 月 10 日	63.33	61.01
12 月 11 日	60.99	59.95	2 月 11 日	61.11	59.36
12 月 12 日	61.73	60.43	2 月 12 日	60.43	58.88
12 月 15 日	61.06	59.81	2 月 13 日	59.88	58.50
12 月 16 日	61.57	60.22	2 月 17 日	59.43	58.10
12 月 17 日	61.64	60.22	2 月 18 日	58.99	57.88
12 月 18 日	63.08	61.31	2 月 19 日	59.31	58.05
12 月 19 日	61.78	60.25	2 月 20 日	59.15	57.97
12 月 22 日	61.78	60.25	2 月 23 日	58.48	57.65
12 月 23 日	62.33	60.64	2 月 24 日	58.33	57.57
12 月 24 日	62.38	60.67	2 月 25 日	58.23	57.51
12 月 29 日	62.38	60.67	2 月 26 日	58.06	57.43

续表 2

日　期	国际棉花指数(SM)	国际棉花指数(M)	日　期	国际棉花指数(SM)	国际棉花指数(M)
2月27日	58.60	57.70	4月28日	62.83	60.16
3月 2日	57.84	57.31	4月29日	62.64	60.04
3月 3日	56.41	56.33	4月30日	63.00	60.27
3月 4日	56.59	56.42	5月 1日	62.60	60.07
3月 5日	56.76	56.52	5月 4日	64.77	62.04
3月 6日	56.38	55.58	5月 5日	64.77	62.04
3月 9日	56.28	55.58	5月 6日	65.12	62.46
3月10日	56.17	55.52	5月 7日	65.12	62.46
3月11日	56.87	56.00	5月 8日	65.51	62.85
3月12日	56.87	56.00	5月11日	65.94	63.23
3月13日	57.89	57.02	5月12日	66.18	63.42
3月16日	56.89	55.72	5月13日	66.04	63.33
3月17日	56.89	55.72	5月14日	65.29	62.68
3月18日	56.66	55.18	5月15日	65.29	62.68
3月19日	55.96	54.53	5月18日	63.44	61.03
3月20日	56.61	55.05	5月19日	65.54	63.08
3月23日	57.35	55.33	5月20日	65.24	62.77
3月24日	57.81	55.70	5月21日	65.68	63.10
3月25日	57.39	55.41	5月22日	65.58	63.07
3月26日	57.39	55.30	5月26日	65.75	63.29
3月27日	56.89	54.88	5月27日	64.31	62.16
3月30日	56.57	54.69	5月28日	64.62	62.37
3月31日	57.30	55.20	5月29日	63.67	61.62
4月 1日	58.68	56.60	6月 1日	65.59	63.13
4月 2日	58.49	56.47	6月 2日	66.08	63.46
4月 3日	58.49	56.47	6月 3日	66.60	63.80
4月 6日	59.62	57.66	6月 4日	64.65	62.34
4月 7日	59.27	57.40	6月 5日	65.35	62.84
4月 8日	59.27	57.40	6月 8日	64.20	61.89
4月 9日	60.27	58.20	6月 9日	64.49	62.18
4月13日	60.04	58.14	6月10日	64.23	62.02
4月14日	60.19	58.24	6月11日	64.20	61.97
4月15日	59.45	57.66	6月12日	65.43	62.91
4月16日	60.28	58.30	6月15日	65.43	62.91
4月17日	60.76	58.63	6月16日	63.63	61.11
4月20日	61.23	58.94	6月17日	63.45	60.97
4月21日	60.05	58.01	6月18日	63.32	60.89
4月22日	61.66	59.28	6月19日	64.61	61.90
4月23日	61.35	59.07	6月22日	64.61	61.90
4月24日	62.27	59.80	6月23日	61.24	59.60
4月27日	62.63	60.03	6月24日	62.72	60.46

续表 3

日　期	国际棉花指数(SM)	国际棉花指数(M)	日　期	国际棉花指数(SM)	国际棉花指数(M)
6月25日	63.55	61.06	7月30日	65.13	62.28
6月26日	63.99	61.35	7月31日	65.73	62.68
6月29日	63.71	61.16	8月 3日	65.67	62.64
6月30日	63.90	61.29	8月 4日	67.48	64.06
7月 1日	63.90	61.29	8月 5日	67.46	64.04
7月 2日	66.30	63.18	8月 6日	67.28	63.92
7月 6日	66.35	63.21	8月 7日	66.30	63.15
7月 7日	65.81	62.85	8月10日	67.40	64.02
7月 8日	65.48	62.63	8月11日	68.32	64.74
7月 9日	65.09	62.37	8月12日	68.47	64.85
7月10日	66.71	63.64	8月13日	68.40	64.80
7月13日	67.64	64.37	8月14日	68.53	64.88
7月14日	66.84	63.73	8月17日	66.83	63.68
7月15日	68.20	64.74	8月18日	65.63	62.74
7月16日	68.08	64.67	8月19日	65.32	62.53
7月17日	68.25	64.78	8月20日	65.40	62.59
7月20日	68.61	65.02	8月21日	65.23	62.48
7月21日	69.09	65.34	8月24日	65.16	62.43
7月22日	67.14	63.84	8月25日	65.43	62.60
7月23日	66.59	63.43	8月26日	64.87	62.24
7月24日	66.91	63.64	8月27日	64.47	61.96
7月27日	65.43	62.48	8月28日	64.47	61.96
7月28日	65.38	62.45	8月31日	64.99	62.31
7月29日	65.13	62.28			

数据来源：国家棉花市场监测系统。

图 4－20　2008/2009 年度国际棉花指数日价格走势

国际棉花指数简介

国际棉花指数(International Cotton Indices)包括 SM 级指数(Premium Index)和 M 级指数(Standard Index)。

1. 产地的选择：各主要棉花出口国家和地区，包括美国、印度、中亚、西非、澳大利亚、巴西等。

2. 等级的选择：SM 1－1/8(相当于国棉 2 级)和 M 1－3/32(相当于国棉 3 级)。

3. 报价的选择：各主要棉商报价的加权平均价。

4. 产地权重的选择：上年度各主要产地的棉花进口总量视为 100%进行权重分配。

5. 指数的生成：国际棉花指数包括 SM 指数和 M 指数，分别由各主要产地这两个等级棉花报价的加权平均值生成。

表 4—39　2008/2009 年度国际期、现货月平均价格对比表

单位：美分/磅

日　期	国际棉花指数(M)	ICE 期货近月合约结算价	基差(现货—期货)
2008 年 9 月	77.10	60.88	16.22
2008 年 10 月	67.44	49.99	17.45
2008 年 11 月	59.87	42.17	17.70
2008 年 12 月	60.45	44.79	15.66
2009 年 1 月	61.43	49.04	12.39
2009 年 2 月	59.17	45.64	13.53
2009 年 3 月	55.68	42.63	13.05
2009 年 4 月	58.42	49.24	9.18
2009 年 5 月	62.49	57.44	5.05
2009 年 6 月	61.87	54.11	7.76
2009 年 7 月	63.40	58.67	4.73
2009 年 8 月	63.27	58.60	4.67

数据来源：国家棉花市场监测系统、美国洲际交易所(ICE)。

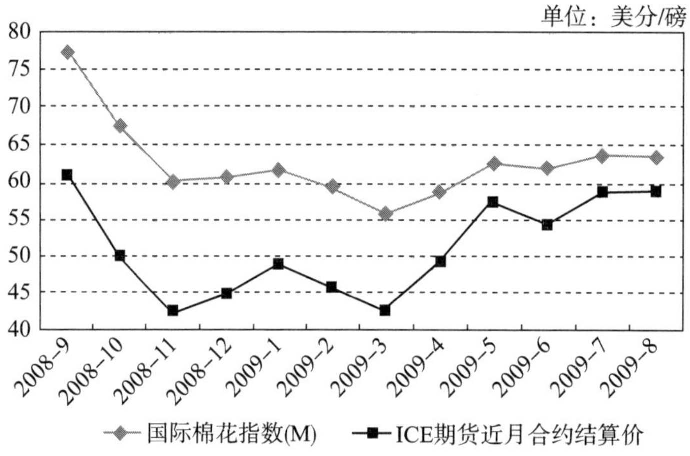

图 4—21　2008/2009 年度国际期现货月平均价格走势

表 4—40　2008/2009 年度美国洲际交易所棉花期货近月合约日结算价格表

单位：美分/磅

日　期	结算价	日　期	结算价
2008 年		9 月 8 日	63.30
9 月 2 日	67.91	9 月 9 日	61.66
9 月 3 日	67.19	9 月 10 日	61.68
9 月 4 日	65.98	9 月 11 日	61.54
9 月 5 日	63.26	9 月 12 日	62.17

续表 1

日　期	结算价	日　期	结算价
9月15日	59.97	11月11日	39.14
9月16日	58.32	11月12日	39.45
9月17日	59.36	11月13日	41.30
9月18日	58.75	11月14日	41.03
9月19日	59.80	11月17日	39.37
9月22日	61.57	11月18日	39.39
9月23日	59.34	11月19日	40.81
9月24日	58.82	11月20日	39.64
9月25日	59.21	11月21日	40.99
9月26日	58.06	11月24日	44.30
9月29日	55.06	11月25日	42.37
9月30日	55.50	11月26日	46.15
10月 1日	56.59	11月28日	45.75
10月 2日	56.69	12月 1日	45.11
10月 3日	55.61	12月 2日	45.06
10月 6日	52.41	12月 3日	45.10
10月 7日	51.56	12月 4日	41.66
10月 8日	51.58	12月 5日	39.33
10月 9日	50.34	12月 8日	42.19
10月10日	49.44	12月 9日	42.95
10月13日	50.22	12月10日	43.67
10月14日	50.17	12月11日	44.46
10月15日	47.54	12月12日	43.43
10月16日	49.57	12月15日	44.16
10月17日	52.57	12月16日	44.14
10月20日	49.06	12月17日	45.96
10月21日	50.60	12月18日	45.28
10月22日	50.42	12月19日	45.23
10月23日	49.08	12月22日	45.89
10月24日	46.23	12月23日	46.02
10月27日	47.10	12月24日	46.36
10月28日	46.67	12月26日	46.18
10月29日	46.88	12月29日	46.25
10月30日	45.09	12月30日	47.97
10月31日	44.29	12月31日	49.02
11月 3日	44.68	**2009年**	
11月 4日	46.32	1月 2日	48.91
11月 5日	44.31	1月 5日	48.31
11月 6日	42.98	1月 6日	50.28
11月 7日	42.07	1月 7日	49.61
11月10日	41.24	1月 8日	50.42

续表 2

日　期	结算价	日　期	结算价
1月 9日	49.32	3月11日	41.82
1月12日	46.67	3月12日	42.83
1月13日	46.23	3月13日	42.83
1月14日	46.00	3月16日	43.05
1月15日	48.53	3月17日	42.85
1月16日	49.00	3月18日	41.72
1月20日	46.81	3月19日	42.87
1月21日	47.23	3月20日	44.08
1月22日	48.93	3月23日	45.03
1月23日	50.64	3月24日	44.31
1月26日	52.07	3月25日	44.58
1月27日	51.35	3月26日	43.96
1月28日	51.07	3月27日	43.34
1月29日	50.07	3月30日	44.39
1月30日	49.41	3月31日	46.47
2月 2日	49.71	4月 1日	46.15
2月 3日	49.38	4月 2日	46.15
2月 4日	49.67	4月 3日	47.60
2月 5日	49.71	4月 6日	47.03
2月 6日	49.86	4月 7日	47.08
2月 9日	49.98	4月 8日	48.72
2月10日	46.98	4月 9日	48.41
2月11日	45.83	4月13日	48.15
2月12日	45.03	4月14日	47.12
2月13日	44.03	4月15日	48.33
2月17日	43.53	4月16日	49.31
2月18日	43.89	4月17日	49.94
2月19日	43.42	4月20日	47.79
2月20日	43.03	4月21日	49.83
2月23日	42.66	4月22日	49.29
2月24日	42.78	4月23日	51.00
2月25日	42.56	4月24日	51.70
2月26日	43.08	4月27日	51.97
2月27日	42.06	4月28日	52.05
3月 2日	40.29	4月29日	52.84
3月 3日	40.52	4月30日	53.49
3月 4日	40.76	5月 1日	56.52
3月 5日	40.19	5月 4日	56.82
3月 6日	40.26	5月 5日	57.62
3月 9日	40.01	5月 6日	57.29
3月10日	41.80	5月 7日	58.88

续表 3

日　期	结算价	日　期	结算价
5月 8日	59.85	7月 7日	55.36
5月11日	60.54	7月 8日	54.71
5月12日	60.32	7月 9日	57.03
5月13日	59.04	7月10日	60.39
5月14日	59.06	7月13日	60.96
5月15日	56.30	7月14日	61.59
5月18日	57.55	7月15日	61.39
5月19日	56.22	7月16日	61.58
5月20日	57.15	7月17日	62.10
5月21日	56.78	7月20日	63.01
5月22日	57.11	7月21日	60.01
5月26日	55.06	7月22日	59.04
5月27日	55.58	7月23日	59.50
5月28日	54.23	7月24日	57.39
5月29日	56.97	7月27日	57.31
6月 1日	57.79	7月28日	56.97
6月 2日	58.65	7月29日	57.06
6月 3日	55.84	7月30日	58.08
6月 4日	56.88	7月31日	57.93
6月 5日	55.11	8月 3日	60.66
6月 8日	55.67	8月 4日	60.65
6月 9日	54.86	8月 5日	60.39
6月10日	54.63	8月 6日	58.98
6月11日	56.30	8月 7日	60.53
6月12日	56.10	8月10日	61.95
6月15日	53.10	8月11日	62.24
6月16日	52.43	8月12日	62.04
6月17日	52.03	8月13日	62.21
6月18日	53.87	8月14日	59.21
6月19日	51.56	8月17日	57.28
6月22日	50.51	8月18日	56.71
6月23日	51.10	8月19日	56.86
6月24日	52.29	8月20日	56.62
6月25日	53.02	8月21日	56.45
6月26日	52.54	8月24日	56.92
6月29日	52.86	8月25日	55.97
6月30日	53.30	8月26日	55.37
7月 1日	56.73	8月27日	55.54
7月 2日	56.80	8月28日	56.30
7月 6日	55.90	8月31日	57.76

数据来源：美国洲际交易所(ICE)。

单位：美分/磅

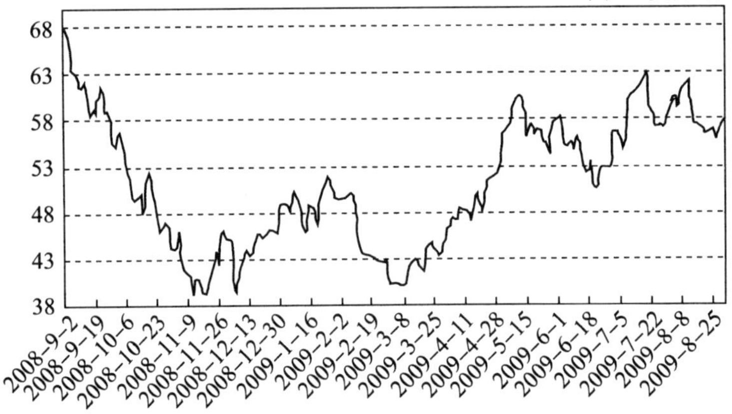

图 4—22　2008/2009 年度 ICE 棉花期货近月合约日结算价格走势

单位：美分/磅

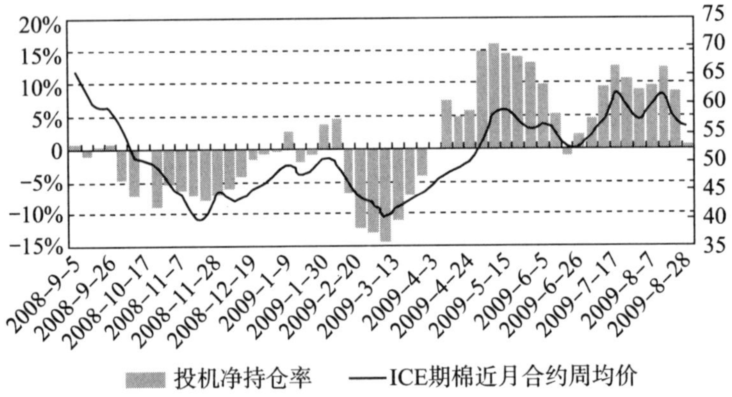

图 4—23　2008/2009 年度 ICE 期货近月合约周均价与投机持仓变化对比

棉花进出口

表 4—41　2008/2009 年度中国棉花进口分贸易方式统计表

单位：吨

项目 \ 年度	2008/2009	2007/2008	同比(±)	幅度(±%)
合　计	**1445972**	**2437079**	**−991107**	**−40.67**
一般贸易	500672	1011835	−511163	−50.52
保税仓库进出境货物	151660	316179	−164519	−52.03
保税区仓储转口货物	239423	580387	−340965	−58.75
来料加工装配贸易	3753	6601	−2849	−43.15
进料加工贸易	550463	522076	+28387	+5.44
其　他	1	0	+0	+265.07

数据来源：中国海关总署。

表 4—42　2008/2009 年度中国棉花进口分国别统计表

单位：吨

国　别	数　量	国　别	数　量
合　计	**1445597**	贝　宁	37667
美　国	837307	喀 麦 隆	20239
印　度	152121	墨 西 哥	19996
乌兹别克斯坦	133645	马　里	10668
澳大利亚	89135	埃　及	7390
巴　西	49832	赞 比 亚	5584
布基纳法索	44463	其他国家和地区	29814

数据来源：中国海关总署（不含已梳的棉花）。

表 4—43　2008/2009 年度中国棉花进口分港别统计表

单位：吨

港　别	数　量	港　别	数　量
合　计	**1445597**	武汉海关	25639
天津海关	64823	广州海关	1890
大连海关	20999	黄埔海关	27337
上海海关	326814	深圳海关	2335
南京海关	135393	拱北海关	3786
杭州海关	2200	汕头海关	841
宁波海关	22356	湛江海关	27310
合肥海关	3650	江门海关	9859
福州海关	3635	重庆海关	471
厦门海关	5269	西安海关	4485
青岛海关	709259	乌鲁木齐海关	40895
郑州海关	6349		

数据来源：中国海关总署（不含已梳的棉花）。

表 4—44　2008/2009 年度中国棉花出口分贸易方式统计表

单位：吨

年　度 项　目	2008/2009	2007/2008	同比(±)	幅度(±%)
合　计	**17371**	**14844**	**+2527**	**+14.55**
一般贸易	6557	5444	+1113	+16.98
保税区仓储转口货物	3717	6600	−2882	−77.54
保税仓库进出境货物	1255	1632	−377	−30.03
边境小额贸易	5841	1168	+4673	+80.00

数据来源：中国海关总署。

表 4—45　2008/2009 年度中国棉花出口分国别统计表

单位：吨

国　别	数　量	国　别	数　量
合　计	**17369**	日　本	597
印　度	3240	中国台湾	490
巴基斯坦	2418	中国香港	343
孟加拉国	1654	南　非	260
泰　国	1466	美　国	252
韩　国	1226	马来西亚	171
朝　鲜	822	其他国家和地区	321

数据来源：中国海关总署(不含已梳的棉花)。

表 4—46　2008/2009 年度中国棉花出口分港别统计表

单位：吨

港　别	数　量	港　别	数　量
合　计	**17369**	上海海关	1440
天津海关	5934	南京海关	1885
大连海关	3803	青岛海关	4307

数据来源：中国海关总署(不含已梳的棉花)。

表 4—47　2008/2009 年度中国棉花进出口额分省统计表

单位：万美元

省　份	进出口额	同比(±%)	进口额	同比(±%)	出口额	同比(±%)
全　国	**470327.93**	**+18.98**	**466617.83**	**+18.81**	**3710.10**	**+45.35**
北　京	13723.81	+57.06	13723.81	+57.06	0.00	—
天　津	14307.11	−4.75	13933.71	−6.74	373.40	+369.51
河　北	7998.41	−15.11	7998.41	−15.11	0.00	—
山　西	495.80	+3.97	495.80	+3.97	0.00	—
内蒙古	130.05	+25.52	130.05	+25.52	0.00	—
辽　宁	4986.41	+21.38	4966.66	+23.76	19.75	−79.21
吉　林	856.03	+54.02	856.03	+54.02	0.00	—
黑龙江	494.28	+241.97	494.28	+241.97	0.00	—
上　海	47015.69	+21.18	46833.78	+21.37	181.91	−14.46

续表

省份	进出口额	同比(±%)	进口额	同比(±%)	出口额	同比(±%)
江苏	76890.24	+9.05	76752.46	+9.13	137.77	-23.41
浙江	22155.83	+1.00	22155.83	+1.87	0.00	-100.00
安徽	3517.80	-25.70	3517.80	-25.70	0.00	—
福建	3907.51	-13.91	3907.51	-13.91	0.00	—
江西	622.05	-31.52	622.05	-31.52	0.00	—
山东	227216.44	+31.03	226697.29	+30.94	519.15	+95.67
河南	6177.18	+16.65	6125.65	+15.68	51.54	—
湖北	10454.34	+18.19	10454.34	+18.19	0.00	—
湖南	1255.36	+16.92	1255.36	+16.92	0.00	—
广东	19458.30	-0.22	19458.30	+0.86	0.00	-100.00
广西	1824.80	-20.06	1824.80	-20.06	0.00	—
海南	0.00	—	0.00	—	0.00	—
重庆	170.37	-29.58	170.37	-29.58	0.00	—
四川	857.86	+25.27	857.86	+25.27	0.00	—
贵州	0.00	—	0.00	—	0.00	—
云南	109.11	—	109.11	—	0.00	—
西藏	0.00	—	0.00	—	0.00	—
陕西	1942.26	+1.39	1942.26	+1.39	0.00	—
甘肃	0.00	-100.00	0.00	-100.00	0.00	—
青海	0.00	—	0.00	—	0.00	—
宁夏	0.00	—	0.00	—	0.00	—
新疆	3760.87	+100.59	1334.29	+141.10	2426.58	+83.62

数据来源：中国海关总署。

表4—48 2002/2003年度以来中国市场进口棉比例表

单位：万吨

年度	合计	国内产量	进口量	进口比例(%)
2009/2010	969.6	675.7	293.9	30.3
2008/2009	943.8	799.1	144.7	15.3
2007/2008	1033.0	789.0	244.0	23.6
2006/2007	977.8	749.8	228.0	23.3
2005/2006	982.3	571.3	411.0	41.8
2004/2005	798.3	632.3	166.0	20.8
2003/2004	684.9	485.9	199.0	29.1
2002/2003	563.6	491.7	71.9	12.8

数据来源：国家棉花市场监测系统。

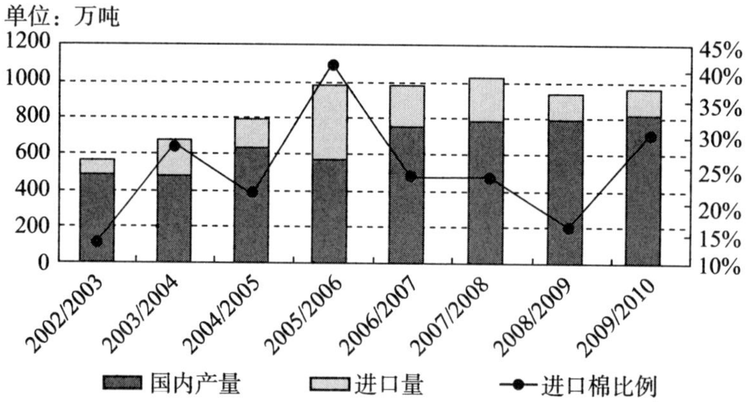

图 4－24　2002/2003 年度以来国内市场上进口棉比例

棉花消费

表 4－49　2008/2009 年度中国纺织生产分月统计表

单位：万吨、亿米

月　　份	纺纱产量	同比(±%)	化纤产量	同比(±%)	棉布产量	同比(±%)
总　　计	**2266.09**	**7.16**	**2595.15**	**6.17**	**303.07**	**5.31**
2008 年 9 月	190.53	10.71	203.89	－2.07	25.93	3.71
2008 年 10 月	186.11	6.96	208.87	1.05	25.70	1.98
2008 年 11 月	188.39	3.80	210.74	0.79	24.50	－1.22
2008 年 12 月	186.02	－1.68	222.32	1.19	25.98	1.09
2009 年 1 月	136.49	－10.26	160.29	－18.14	16.84	－15.39
2009 年 2 月	150.37	16.84	194.60	13.60	21.24	14.18
2009 年 3 月	195.35	10.87	213.09	0.80	26.25	6.27
2009 年 4 月	195.35	7.63	222.66	1.44	25.19	8.11
2009 年 5 月	204.72	7.98	239.82	14.75	26.98	9.23
2009 年 6 月	221.38	10.74	246.52	18.81	29.23	8.26
2009 年 7 月	204.66	10.39	232.30	20.61	26.85	10.51
2009 年 8 月	206.72	12.11	240.05	23.99	28.40	15.43

数据来源：国家统计局。

表 4—50　2008/2009 年度中国服装生产分月统计表

单位：万件

月　份	服装产量	同比(±%)	梭织服装	同比(±%)	针织服装	同比(±%)
总　计	**2255546.03**	**9.02**	**967639.32**	**3.38**	**1287946.82**	**13.69**
2008 年 9 月	185541.66	4.88	81649.1	−1.40	103892.56	10.42
2008 年 10 月	177306.25	1.03	78626.43	−2.07	98679.82	3.64
2008 年 11 月	178573.46	0.48	81186.14	−1.41	97387.32	2.10
2008 年 12 月	190838.03	−2.58	87840.32	−4.88	102997.71	−0.52
2009 年 1 月	172347.54	7.13	60380.89	−12.61	111951.70	21.97
2009 年 2 月	173200.30	30.10	64480.98	9.05	108775.00	47.01
2009 年 3 月	188455.13	19.93	79357.90	10.84	109097.23	27.54
2009 年 4 月	180309.70	8.51	77489.74	2.86	102819.96	13.19
2009 年 5 月	184771.31	8.05	80383.79	5.41	104387.52	10.18
2009 年 6 月	214487.47	9.38	97188.35	12.98	117298.82	6.56
2009 年 7 月	206426.38	16.95	90568.22	14.07	115858.16	19.30
2009 年 8 月	203288.80	11.75	88487.46	8.71	114801.36	14.21

数据来源：国家统计局。

纺织品服装进出口统计

表 4—51　2008/2009 年度中国纺织品进出口额分省统计表

单位：万美元

省　份	进出口额	同比(±%)	出口额	同比(±%)	进口额	同比(±%)
全　国	**7374453**	**−8.56**	**5891925**	**−8.17**	**1482528**	**−10.06**
北　京	97552	−1.69	50576	−15.51	46975	+19.33
天　津	79103	−11.27	55561	−8.93	23542	−16.34
河　北	93393	−13.85	87719	−13.27	5675	−21.92
山　西	5045	−12.53	4326	−21.79	719	+203.38
内蒙古	21089	+138.67	16303	+90.06	4786	+1,755.04
辽　宁	130552	−7.93	64283	−7.16	66269	−8.66
吉　林	15971	−4.42	12208	+8.61	3764	−31.19
黑龙江	54901	+4.38	54353	+4.72	548	−21.04
上　海	587652	−9.22	405051	−9.57	182602	−8.42
江　苏	1231712	−11.54	1043479	−11.57	188233	−11.34
浙　江	1997058	−7.00	1874009	−7.20	123049	−3.95
安　徽	76606	−3.58	66890	−5.91	9716	+16.21

续表

省份	进出口额	同比(±%)	出口额	同比(±%)	进口额	同比(±%)
福建	280781	+4.65	224520	+9.27	56261	−10.47
江西	35786	−7.95	27824	−8.13	7962	−7.30
山东	798592	−13.34	665586	−14.85	133006	−4.88
河南	54886	−16.13	53545	−16.77	1342	+20.68
湖北	52004	+5.71	40766	+8.98	11237	−4.68
湖南	23254	−16.72	20151	−16.97	3103	−15.08
广东	1431280	−9.39	821740	−5.52	609540	−14.14
广西	27193	−11.96	24883	−11.91	2311	−12.40
海南	7026	−13.32	5017	−5.78	2009	−27.76
重庆	28145	−11.71	27381	−11.16	765	−27.63
四川	68713	+4.95	67183	+3.82	1530	+99.48
贵州	428	−36.97	418	−30.68	10	−86.67
云南	15940	−0.34	15761	−0.30	180	−3.23
西藏	4707	+47.51	4627	+48.02	82	+26.15
陕西	17662	−7.16	16895	−9.69	767	+141.96
甘肃	1910	+8.46	1707	−2.85	202	+6,633.33
青海	4837	+5.84	4624	+3.05	214	+164.20
宁夏	1844	+207.85	1815	+206.07	30	+400.00
新疆	137690	−3.19	137026	−3.27	665	+18.12

数据来源:中国海关总署。

表4—52 2008/2009年度中国服装进出口额分省统计表

单位:万美元

省份	进出口额	同比(±%)	出口额	同比(±%)	进口额	同比(±%)
全国	**11418752**	**−4.27**	**11225470**	**−4.06**	**193283**	**−15.04**
北京	180850	−9.66	171038	−10.94	9811	+20.62
天津	113079	−13.04	110651	−13.09	2430	−10.63
河北	169657	+3.44	169276	+3.62	381	−40.75
山西	1801	−45.57	1771	−43.85	30	−80.77
内蒙古	48162	+27.86	48153	+27.89	10	−37.50
辽宁	318562	+0.36	305370	+0.12	13192	+6.10
吉林	68286	+13.84	67578	+13.27	709	+120.19
黑龙江	340807	−33.93	340367	−34.00	440	+163.47
上海	1232025	−1.18	1153276	−1.78	78747	+8.50
江苏	1674503	+0.89	1663578	+0.90	10925	−0.37

续表

省　份	进出口额	同比(±%)	出口额	同比(±%)	进口额	同比(±%)
浙　江	2108379	+2.45	2099987	+2.51	8392	−10.57
安　徽	96465	+8.15	96403	+8.15	61	+17.31
福　建	659551	+17.12	657874	+17.32	1677	−30.85
江　西	112173	+10.75	111814	+11.31	358	−57.23
山　东	769563	+3.12	765336	+3.25	4226	−15.45
河　南	40173	−4.66	40106	−4.68	67	+9.84
湖　北	105630	−4.28	105229	−4.19	403	−23.38
湖　南	26529	−2.57	26470	−2.32	58	−56.06
广　东	2452162	−12.88	2394673	−11.89	57490	−40.63
广　西	88517	+7.75	88387	+8.19	130	−71.74
海　南	12487	−13.89	11973	−13.30	513	−25.97
重　庆	5748	+26.05	5675	+25.75	74	+60.87
四　川	117646	−23.90	114645	−24.46	3001	+6.19
贵　州	626	−80.93	622	−81.05	3	+200.00
云　南	5681	+34.53	5672	+35.50	8	−78.95
西　藏	21584	+27.35	21567	+27.42	15	−34.78
陕　西	6767	−32.12	6737	−32.31	31	+82.35
甘　肃	2293	−59.69	2277	−59.97	16	—
青　海	4978	−20.77	4978	−20.75	0	−100.00
宁　夏	4829	−19.03	4830	−19.00	0	−100.00
新　疆	629242	−14.11	629158	−14.12	84	+600.00

数据来源：中国海关总署。

表4—53　2008/2009年度中国纺织品服装进出口额分省统计表

单位：万美元

省　份	进出口额	同比(±%)	出口额	同比(±%)	进口额	同比(±%)
全　国	**18793205**	**−6.00**	**17117395**	**−5.51**	**1675811**	**−10.67**
北　京	278401	−7.02	221615	−12.03	56786	+19.55
天　津	192182	−12.32	166210	−11.74	25971	−15.84
河　北	263050	−3.44	256995	−2.84	6055	−23.46
山　西	6847	−24.56	6098	−29.79	749	+91.07
内蒙古	60389	+29.86	60156	+30.13	234	−14.60
辽　宁	449115	−2.20	369654	−1.23	79460	−6.50
吉　林	84258	+9.86	79785	+12.53	4473	−22.77
黑龙江	395709	−30.39	394720	−30.46	988	+14.88
上　海	1819676	−3.93	1558327	−3.93	261350	−3.91
江　苏	2906215	−4.78	2707057	−4.30	199158	−10.80
浙　江	4105437	−2.38	3973996	−2.31	131440	−4.40

续表

省份	进出口额	同比(±%)	出口额	同比(±%)	进口额	同比(±%)
安徽	173070	+2.63	163293	+1.91	9777	+16.21
福建	940333	+13.09	882393	+15.16	57938	−11.23
江西	147959	+5.56	139639	+6.81	8321	−11.71
山东	1568154	−5.97	1430923	−6.04	137231	−5.24
河南	95059	−11.64	93652	−11.98	1407	+20.05
湖北	157634	−1.20	145995	−0.84	11640	−5.47
湖南	49784	−9.73	46622	−9.24	3162	−16.48
广东	3883442	−11.63	3216412	−10.35	667030	−17.32
广西	115709	+2.36	113269	+3.03	2440	−21.26
海南	19512	−13.69	16990	−11.21	2522	−27.40
重庆	33893	−6.98	33055	−6.45	837	−24.25
四川	186358	−15.31	181828	−16.00	4531	+26.11
贵州	1053	−73.42	1040	−73.24	12	−84.00
云南	21621	+6.94	21433	+7.21	188	−16.44
西藏	26291	+30.55	26194	+30.63	97	+11.49
陕西	24430	−15.74	23631	−17.55	799	+139.94
甘肃	4203	−43.58	3984	−46.49	219	+5375.00
青海	9816	−9.53	9602	−10.83	214	+160.98
宁夏	6674	+1.69	6644	+1.34	30	+328.57
新疆	766932	−12.33	766183	−12.36	749	+30.26

数据来源：中国海关总署。

表 4—54　1995—2009 年中国货物贸易商品进出口额统计表

单位：亿美元

年份	进出口额	同比(±%)	出口额	同比(±%)	进口额	同比(±%)	顺差	同比(±%)
1995	2809.0	—	1488.0	—	1321.0	—	167.0	—
1996	2899.0	3.20	1511.0	1.55	1388.0	5.07	123.0	−26.35
1997	3251.0	12.14	1827.0	20.91	1424.0	2.59	403.0	227.64
1998	3240.0	−0.34	1838.0	0.60	1402.0	−1.54	436.0	8.19
1999	3606.0	11.30	1949.0	6.04	1657.0	18.19	292.0	−33.03
2000	4743.0	31.53	2492.0	27.86	2251.0	35.85	241.0	−17.47
2001	5098.0	7.48	2662.0	6.82	2436.0	8.22	226.0	−6.22

续表

年　份	进出口额	同比(±%)	出口额	同比(±%)	进口额	同比(±%)	顺　　差	同比(±%)
2002	6208.0	21.77	3256.0	22.31	2952.0	21.18	304.0	34.51
2003	8512.0	37.11	4384.0	34.64	4128.0	39.84	256.0	−15.79
2004	11548.0	35.67	5934.0	35.36	5614.0	36.00	320.0	25.00
2005	14221.0	23.15	7620.0	28.41	6601.0	17.58	1019.0	218.44
2006	17607.0	23.81	9691.0	27.18	7916.0	19.92	1775.0	74.19
2007	21738.4	23.46	12180.2	25.69	9558.2	20.75	2622.0	47.72
2008	25616.3	17.84	14285.5	17.28	11330.9	18.55	2954.6	12.69
2009	22072.7	−13.90	12016.6	−16.00	10056.0	−11.20	1960.6	−33.64

数据来源：中国海关总署。

表 4—55　1995—2009 年中国纺织品服装进出口额统计表

单位：亿美元

年　份	进出口额	占比(%)	同比(±%)	出口额	占比(%)	同比(±%)	进口额	占比(%)	同比(±%)	顺差	占比(%)	同比(±%)
1995	517	18.41	—	359	24.10	—	158	12.00	—	201	120.00	—
1996	517	17.83	0.00	350	23.20	−2.51	167	12.00	5.70	183	149.00	−8.96
1997	604	18.58	16.83	432	23.70	23.43	172	12.10	2.99	260	64.50	42.08
1998	549	16.94	−9.11	405	22.00	−6.25	144	10.30	−16.28	261	59.90	0.38
1999	523	14.50	−4.74	403	20.70	−0.49	120	7.24	−16.67	283	96.90	8.43
2000	614	12.95	17.40	485	19.50	20.35	129	5.73	7.50	356	148.00	25.8
2001	647	12.69	5.37	519	19.50	7.01	128	5.25	−0.78	391	173.00	9.83
2002	766	12.34	18.39	622	19.10	19.85	144	4.88	12.50	478	157.00	22.25
2003	950	11.16	24.02	793	18.10	27.49	157	3.80	9.03	636	248.00	33.05
2004	1120	9.70	17.89	951	16.00	19.92	169	3.01	7.64	782	244.00	22.96
2005	1321	9.29	17.95	1150	15.10	20.93	171	2.59	1.18	979	96.10	25.19
2006	1620	9.20	22.63	1440	14.90	25.22	180	2.27	5.26	1260	71.00	28.7
2007	1899	8.73	17.19	1712.1	14.10	18.90	186.4	1.95	3.56	1526	58.20	21.09
2008	2038	7.95	7.34	1852.2	13.00	8.20	185.4	1.64	−0.55	1667	56.40	9.25
2009	1839	8.30	−8.30	1671	13.90	−9.80	168	1.70	−9.28	1503	76.63	−9.87

注：1. 数据来源为中国海关总署。

2. 占比为纺织品服装占当年全国货物贸易商品进出口总额的比重。

表 4—56 2008/2009 年度中国货物贸易商品进出口额分月统计表

单位：亿美元

月份	进出口额	同比(±%)	出口额	同比(±%)	进口额	同比(±%)	顺差	同比(±%)
2008年9月	2345.0	+21.4	1364.4	+21.5	1070.7	+21.3	293.7	+22.2
2008年10月	2214.1	+17.6	1283.3	+19.2	930.9	+15.6	352.4	+29.8
2008年11月	1898.9	−9.0	1149.9	−2.2	749.0	−17.9	400.9	+51.7
2008年12月	1833.3	−11.1	1111.6	−2.8	721.8	−21.3	389.8	+71.8
2009年1月	1417.9	−29.1	904.5	−17.5	513.4	−43.1	391.1	+102.0
2009年2月	1249.5	−24.9	649.0	−25.7	600.5	−24.1	48.5	−41.4
2009年3月	1620.2	−20.9	902.9	−17.1	717.3	−25.1	185.6	+40.9
2009年4月	1707.3	−22.8	919.3	−22.6	788.0	−23.0	131.3	−19.8
2009年5月	1641.3	−25.9	887.6	−26.4	753.7	−25.2	133.9	−32.5
2009年6月	1825.7	−17.7	954.1	−21.4	871.6	−13.2	82.5	−60.1
2009年7月	2002.1	−19.4	1054.2	−23.0	947.9	−14.9	106.3	−57.7
2009年8月	1917.0	−20.6	1037.1	−23.4	880.0	−17.0	157.1	−45.4

数据来源：中国海关总署。

表 4—57 2008/2009 年度中国纺织品服装进出口额分月统计表

单位：亿美元

月份	进出口额	占比(%)	同比(±%)	出口额	占比(%)	同比(±%)	进口额	占比(%)	同比(±%)	顺差	占比(%)	同比(±%)
2008年9月	195.8	8.3	1.8	180.1	13.2	1.9	15.7	1.5	1.3	164.4	56.0	2.1
2008年10月	182.9	8.3	12.1	167.5	13.0	12.5	15.4	1.7	7.7	152.1	43.1	12.6
2008年11月	168.3	8.9	1.1	154.3	13.4	2.7	14	1.9	−13.6	140.3	35.0	4.7
2008年12月	175.6	9.6	8.3	160.7	14.5	10.0	14.9	2.1	−8.6	145.8	37.4	12.1
2009年1月	161.5	11.4	−3.8	152.3	16.8	−0.6	9.2	1.8	−36.6	143.1	36.6	3.0
2009年2月	78.3	6.3	−31.0	66.7	10.3	−35.1	11.6	1.9	9.4	55.1	113.7	−40.3
2009年3月	134.9	8.3	0.8	121.6	13.5	2.8	13.3	1.9	−14.7	108.3	58.4	5.2
2009年4月	139.4	8.2	−12.9	124.9	13.6	−12.6	14.5	1.8	−16.2	110.4	84.1	−12.4
2009年5月	136.6	8.3	−15.4	123.1	13.9	−14.7	13.5	1.8	−20.6	109.6	81.8	−13.7
2009年6月	155	8.5	−9.7	139.5	14.6	−10.1	15.5	1.8	−6.1	124.0	150.3	−10.8
2009年7月	179.8	9.0	−12.3	163.7	15.5	−12.3	16.1	1.7	−12.0	147.6	138.9	−12.6
2009年8月	170.9	8.9	−15.2	157.0	15.1	−15.6	13.9	1.6	−10.3	143.1	91.1	−15.8

注：1. 数据来源为中国海关总署。
2. 占比为纺织品服装占全国货物贸易商品进出口总额的比重。

表 4－58　2008/2009 年度中国棉纱进出口分月统计表

单位：吨、万美元

月　　份	进口				出口			
	数　量	同比(±%)	金　额	同比(±%)	数　量	同比(±%)	金　额	同比(±%)
合　　计	**880309**	**+8.75**	**204256**	**+16.77**	**483778**	**−16.86**	**168702**	**−17.22**
2008 年 9 月	63425	−8.69	15573	−0.13	39987	−19.79	14886	−11.76
2008 年 10 月	60784	+2.59	14906	+9.76	35726	−17.28	12861	−10.15
2008 年 11 月	49918	−17.55	12376	−10.54	30686	−28.47	10962	−20.55
2008 年 12 月	55482	−14.55	12068	−14.83	29053	−30.34	9837	−26.51
2009 年 1 月	43373	−32.41	10036	−30.02	27322	−32.71	8937	−33.62
2009 年 2 月	66918	+44.98	15407	+47.40	28271	−8.91	10107	−7.39
2009 年 3 月	85598	+7.76	19530	+8.55	43934	−28.03	15852	−24.70
2009 年 4 月	89308	+11.93	20498	+10.53	51280	−18.87	17729	−23.00
2009 年 5 月	86530	+14.46	19657	+8.87	48371	−15.50	16514	−22.18
2009 年 6 月	94013	+34.51	21656	+31.44	55437	+4.00	18644	−4.78
2009 年 7 月	97009	+25.78	22387	+35.88	50796	−4.73	17518	−10.53
2009 年 8 月	87951	+39.38	20164	+272.48	42915	−3.46	14855	−10.48

数据来源：中国海关总署。

表 4－59　2008/2009 年度中国棉纱进口分贸易方式统计表

单位：吨

月　　份	总　　计	一般贸易	来料加工	进料加工	保税区仓储转口	保税仓库进出境	其　　他
合　　计	**880309**	**226774**	**119478**	**525724**	**4922**	**2875**	**536**
2008 年 9 月	63425	9541	11018	42248	589	0	28
2008 年 10 月	60784	10580	10685	39288	188	1	42
2008 年 11 月	49918	9089	8826	31834	37	88	44
2008 年 12 月	55482	10407	8680	35040	461	860	34
2009 年 1 月	43373	10395	4992	27725	146	105	11
2009 年 2 月	66918	19233	7137	40452	34	22	40
2009 年 3 月	85598	22074	11841	50973	105	537	68
2009 年 4 月	89308	26407	10801	51653	273	131	43
2009 年 5 月	86530	25159	11757	49233	219	86	77
2009 年 6 月	94013	25712	12958	54604	227	457	54
2009 年 7 月	97009	29448	11198	54407	1477	421	59
2009 年 8 月	87951	28729	9585	48267	1166	167	36

数据来源：中国海关总署。

表4—60 2008/2009年度中国棉纱出口分贸易方式统计表

单位：吨

月份	总计	一般贸易	对外承包工程	来料加工	进料加工	边境小额贸易	保税区仓储转口	其他
合计	**483778**	**201263**	**4795**	**182858**	**84398**	**1117**	**9223**	**124**
2008年9月	39987	15256	0	370	23648	383	325	5
2008年10月	35726	17400	3	385	17187	259	491	1
2008年11月	30686	13675	1	342	15705	305	631	27
2008年12月	29053	13712	1	231	13891	95	1111	12
2009年1月	27322	14662	0	95	11817	62	672	14
2009年2月	28271	10057	189	17208	173	5	634	5
2009年3月	43934	19363	651	22902	178	0	838	2
2009年4月	51280	24608	726	25440	207	0	286	13
2009年5月	48371	16880	849	29579	277	5	777	4
2009年6月	55437	19309	725	33824	391	2	1179	7
2009年7月	50796	20815	781	27692	518	1	969	20
2009年8月	42915	15526	869	24790	406	0	1310	14

数据来源：中国海关总署。

表4—61 2008/2009年度中国棉布进出口分月统计表

单位：万米、万美元

月份	进口				出口			
	数量	同比(±%)	金额	同比(±%)	数量	同比(±%)	金额	同比(±%)
合计	**95589**	**−20.44**	**173310**	**−15.67**	**620101**	**−7.01**	**765344**	**−7.46**
2008年9月	9536	−12.57	16390	+5.06	61847	+9.09	82669	+20.14
2008年10月	9721	−10.92	17335	+3.49	60960	+10.71	82357	+24.03
2008年11月	9489	−26.51	17745	−14.83	55036	−9.40	73650	−1.49
2008年12月	8951	−30.06	18844	−14.42	51056	−10.64	68322	−3.42
2009年1月	5224	−45.93	10330	−39.15	50906	−12.66	62538	−11.53
2009年2月	6283	−4.46	12026	+0.70	29010	−30.31	34119	−32.20
2009年3月	7648	−18.74	13624	−17.30	54594	−2.19	63754	−5.36
2009年4月	8614	−21.11	14648	−24.13	53995	−10.66	64685	−15.68
2009年5月	7651	−23.87	12855	−29.97	49437	−6.68	56984	−16.36
2009年6月	7455	−13.55	13325	−17.62	49655	−9.29	56542	−17.79
2009年7月	7676	−15.08	14024	−13.30	51045	−7.53	58425	−15.05
2009年8月	7341	−11.99	12165	−18.35	52560	−9.62	61300	−18.91

数据来源：中国海关总署。

表 4—62　2008/2009 年度中国棉布进口分贸易方式统计表

单位：万米

月　份	总　计	一般贸易	来料加工	进料加工	保税仓库进出境	保税区仓储转口	其　他
合　计	**95589**	**5381**	**32886**	**56614**	**181**	**343**	**44**
2008 年 9 月	9536	325	3239	5858	8	80	26
2008 年 10 月	9721	324	3257	6086	10	26	19
2008 年 11 月	9489	249	3510	5665	11	42	11
2008 年 12 月	8951	375	3354	5170	4	37	10
2009 年 1 月	5224	293	1893	3004	9	19	4
2009 年 2 月	6283	396	2347	3505	16	9	10
2009 年 3 月	7648	357	2862	4387	19	12	12
2009 年 4 月	8614	649	2881	5024	24	27	8
2009 年 5 月	7651	621	2407	4567	27	18	11
2009 年 6 月	7455	696	2423	4269	16	37	14
2009 年 7 月	7676	611	2451	4543	24	20	29
2009 年 8 月	7341	485	2262	4536	13	16	29

数据来源：中国海关总署。

表 4—63　2008/2009 年度中国棉布出口分贸易方式统计表

单位：万米

月　份	总　计	一般贸易	来料加工	进料加工	边境小额贸易	保税区仓储转口	其　他
合　计	**620101**	**446591**	**57917**	**104425**	**5648**	**4574**	**942**
2008 年 9 月	61847	44533	896	16261	107	25	25
2008 年 10 月	60960	45004	880	14909	38	97	31
2008 年 11 月	55036	39866	758	14086	167	129	30
2008 年 12 月	51056	38864	526	11492	65	74	35
2009 年 1 月	50906	39225	313	11039	233	68	27
2009 年 2 月	29010	20386	441	7996	150	22	15
2009 年 3 月	54594	40170	760	13238	115	273	38
2009 年 4 月	53995	39139	890	13254	89	535	88
2009 年 5 月	49437	33384	13988	530	623	880	32
2009 年 6 月	49655	34433	11306	332	2608	459	517
2009 年 7 月	51045	35303	13545	653	647	848	48
2009 年 8 月	52560	36284	13614	635	806	1164	56

数据来源：中国海关总署。

中国棉花产销存预测

表 4－64　2001/2002 年度以来中国棉花产销存预测与价格对比表

单位：万吨、元/吨

年　度	期初库存	产　量	进口量	消费量	出口量	期末库存	库存消费比(%)	年度均价
2009/2010	323.2	675.7	291.2	1021.9	1.05	290.5	28.4	13854
2008/2009	351.6	799.1	144.6	989.6	1.74	323.2	32.6	12162
2007/2008	337.5	789.0	244.0	1111.6	1.50	351.6	32.0	13767
2006/2007	467.9	749.8	228.0	1166.7	1.86	337.5	28.9	13300
2005/2006	440.1	571.3	411.0	1032.0	1.00	467.9	45.3	14103
2004/2005	456.2	632.3	166.0	871.5	1.00	440.1	50.4	12432
2003/2004	394.6	485.9	199.0	674.3	3.00	456.2	67.4	16100
2002/2003	447.1	491.7	71.9	659.8	15.10	394.6	58.5	12008
2001/2002	436.5	531.5	11.7	582.3	9.05	447.1	75.6	10140

注：1. 数据来源为国家棉花市场监测系统(2009 年 12 月)。
2. 年度均价为国家棉花价格 B 指数的棉花年度均价。

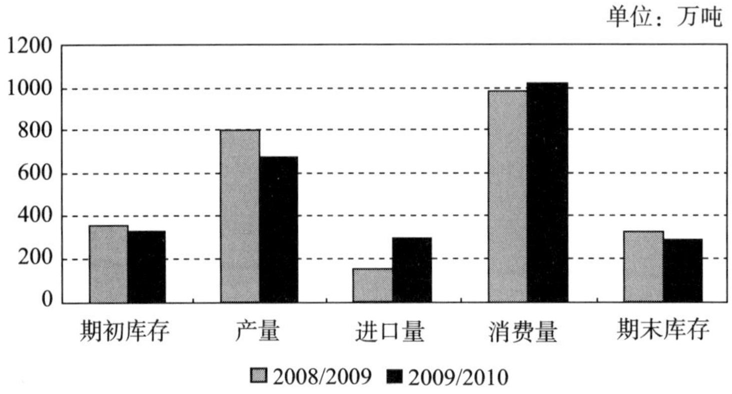

图 4－25　2008/2009 年度和 2009/2010 年度中国产销存预测对比

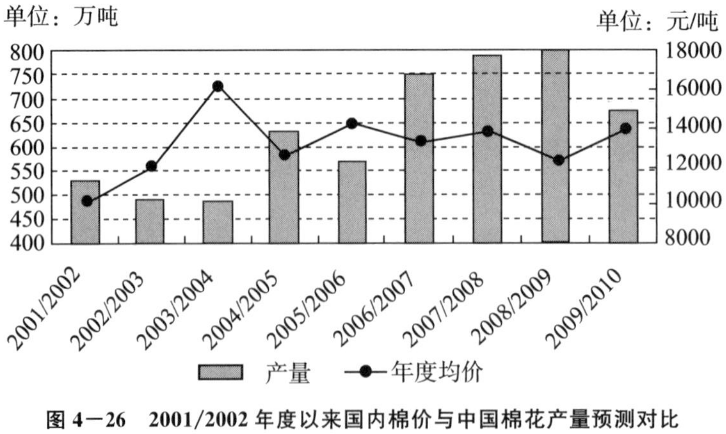

图 4－26　2001/2002 年度以来国内棉价与中国棉花产量预测对比

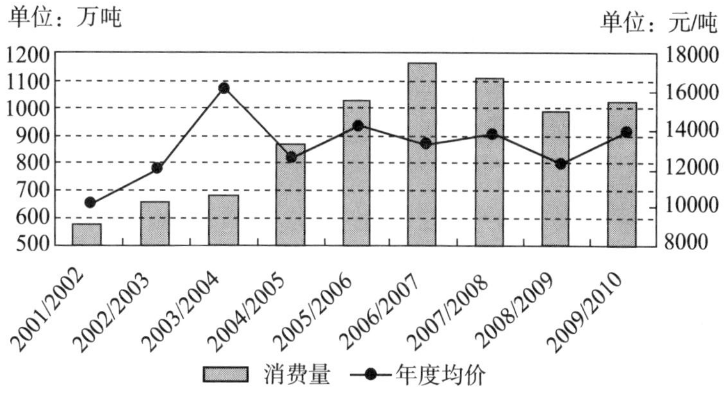

图 4－27　2001/2002 年度以来国内棉价与中国棉花消费量预测对比

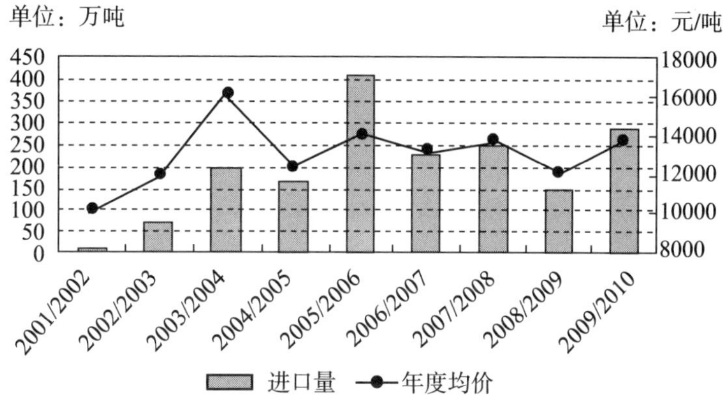

图 4－28　2001/2002 年度以来国内棉价与中国棉花进口量预测对比

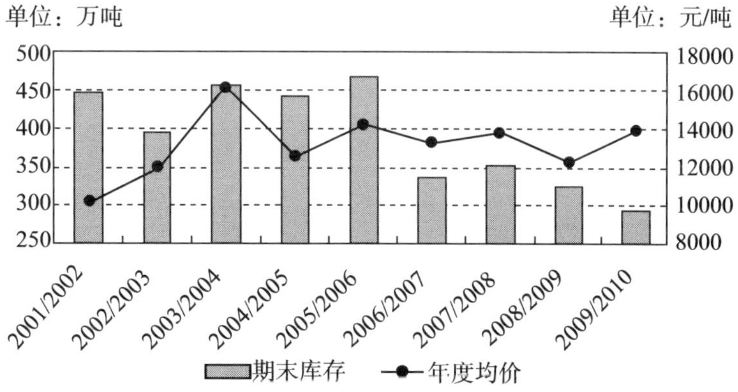

图 4－29　2001/2002 年度以来国内棉价与中国棉花期末库存预测对比

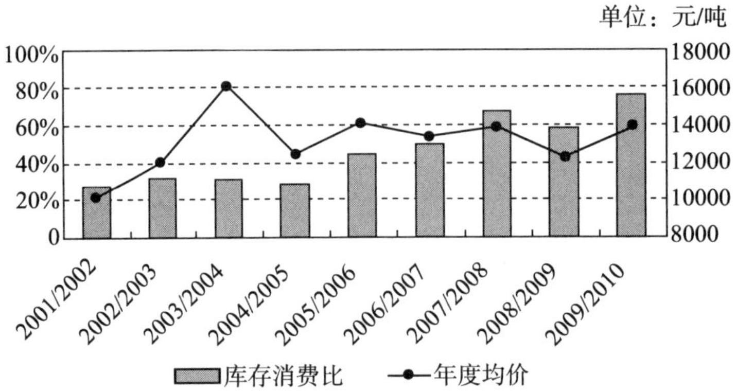

图 4－30　2001/2002 年度以来国内棉价与中国棉花库存消费比对比

全球棉花产销存预测

表 4－65　2000/2001 年度以来全球棉花产销存预测与价格对比表

单位：万吨、美分/磅

年　　度	期初库存	产　量	进口量	消费量	出口量	期末库存	库存消费比(%)	国际棉花指数(M)
2009/2010	1350.1	2237.0	722.2	2471.6	721.7	1169.6	47.30	70.56
2008/2009	1365.8	2342.2	652.6	2419.0	647.8	1350.1	55.80	63.89
2007/2008	1374.6	2623.8	847.7	2687.6	837.6	1365.8	50.80	74.80
2006/2007	1358.0	2655.3	828.6	2693.8	811.4	1374.6	51.00	59.04
2005/2006	1318.7	2540.7	974.7	2540.5	970.9	1358.0	53.50	57.35
2004/2005	1046.9	2645.5	736.8	2373.5	762.4	1318.7	55.60	53.22
2003/2004	1036.9	2106.7	742.7	2135.9	722.8	1046.9	49.00	55.71
2002/2003	1187.3	1980.8	657.3	2142.2	663.1	1036.9	48.40	41.81
2001/2002	1075.8	2149.0	638.0	2056.3	634.7	1187.3	57.70	57.20
2000/2001	1112.7	1939.9	571.0	2006.5	570.4	1075.8	53.60	52.84

注：1. 数据来源为美国农业部、中国棉花网。
2. 2004/2005 年度以前为北欧到岸价 A 指数，2004/2005 年度以后为国际棉花指数(M)。

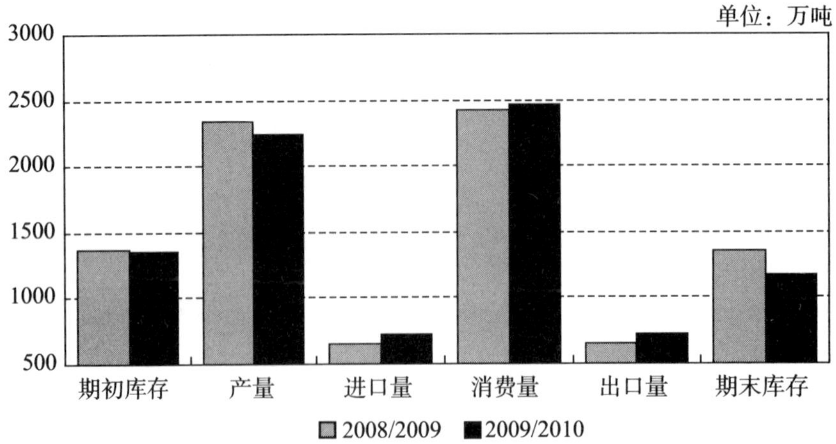

图 4－31　2008/2009 年度和 2009/2010 年度全球产销存预测对比

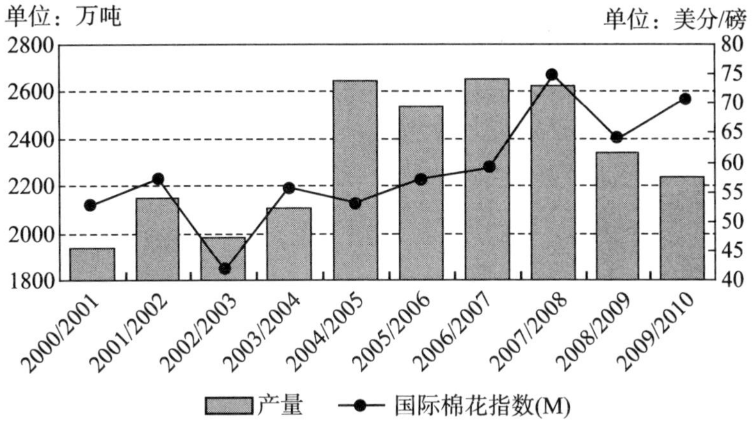

图 4—32　2000/2001 年度以来国际棉价与全球棉花产量变化

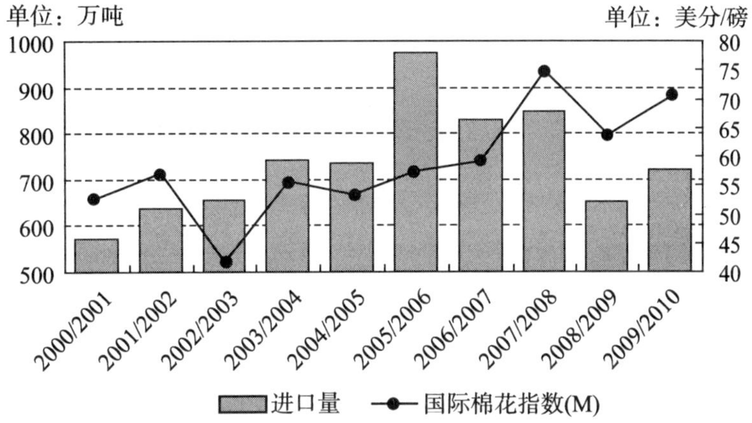

图 4—33　2000/2001 年度以来国际棉价与全球棉花进口量变化

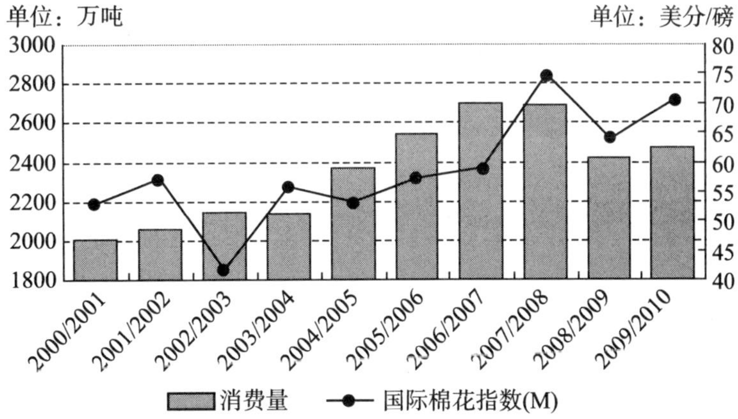

图 4—34　2000/2001 年度以来国际棉价与全球棉花消费量变化

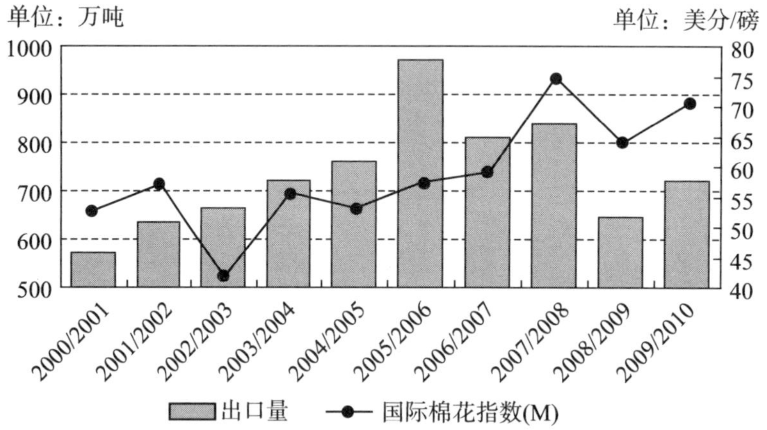

图 4—35 2000/2001 年度以来国际棉价与全球棉花出口量变化

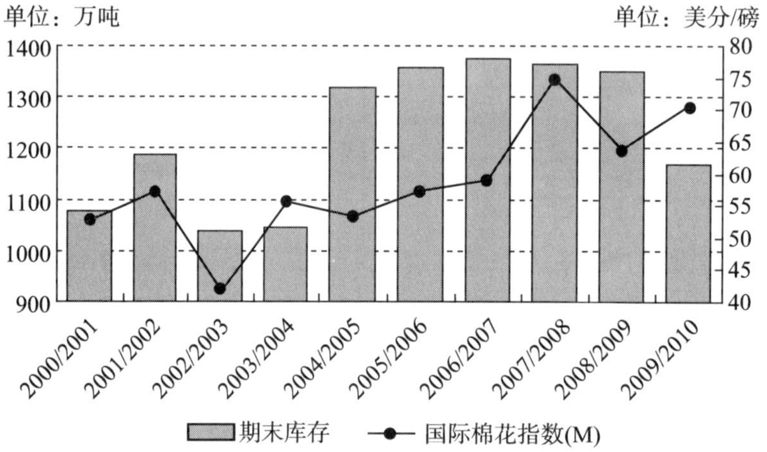

图 4—36 2000/2001 年度以来国际棉价与全球棉花期末库存变化

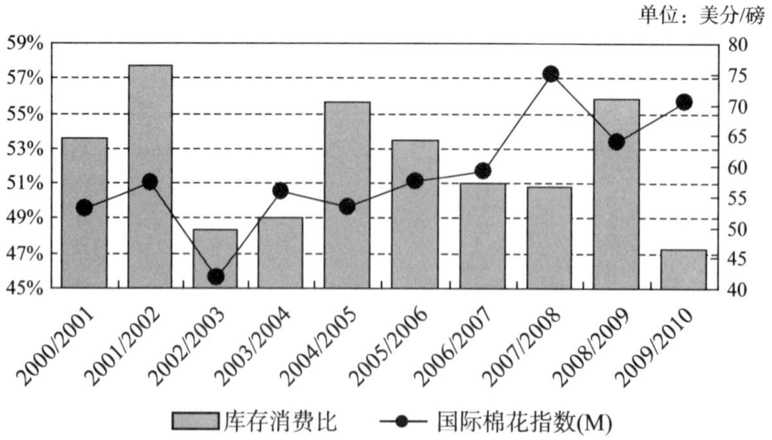

图 4—37 2000/2001 年度以来国际棉价与全球棉花库存消费比变化

表 4－66　2000/2001 年度以来主要国家棉花产量预测统计表

单位：万吨

年　度	中　国	印　度	美　国	巴基斯坦	乌兹别克斯坦	巴　西	土耳其	澳大利亚	西　非
2009/2010	685.8	528	272.1	204.7	95.8	117.6	37.0	39.2	58.1
2008/2009	799.1	489.9	279	196.0	100.2	119.8	42.0	32.7	57.0
2007/2008	805.6	535.6	418.2	193.8	116.5	160.2	67.5	13.9	57.0
2006/2007	772.9	474.6	470.0	215.6	116.5	152.4	82.7	29.4	81.9
2005/2006	618.3	414.8	520.2	221.3	120.8	102.3	77.3	61.0	90.6
2004/2005	659.7	413.7	506.2	242.5	113.2	128.5	90.4	65.3	100.9
2003/2004	518.2	304.8	397.5	170.8	89.3	131.0	89.3	37.0	92.8
2002/2003	548.7	230.8	374.7	173.6	100.2	84.7	91.0	36.6	83.9
2001/2002	531.3	267.8	442.1	180.4	106.7	76.6	86.5	72.7	94.8
2000/2001	442.0	238.0	374.2	182.4	95.8	93.9	78.4	80.6	68.2

数据来源：美国农业部(USDA)。

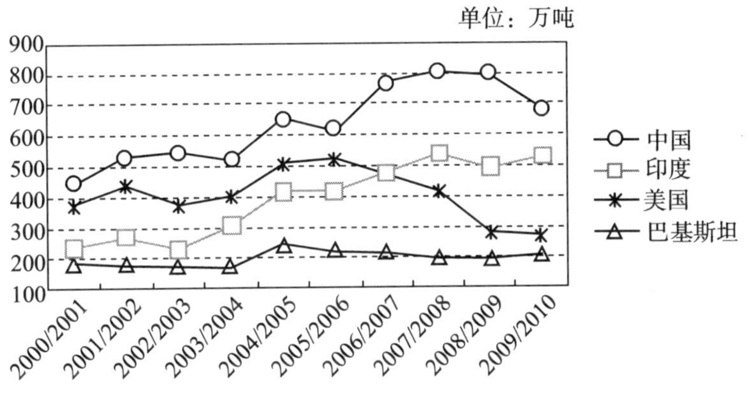

图 4－38　2000/2001 年度以来主要国家棉花产量变化

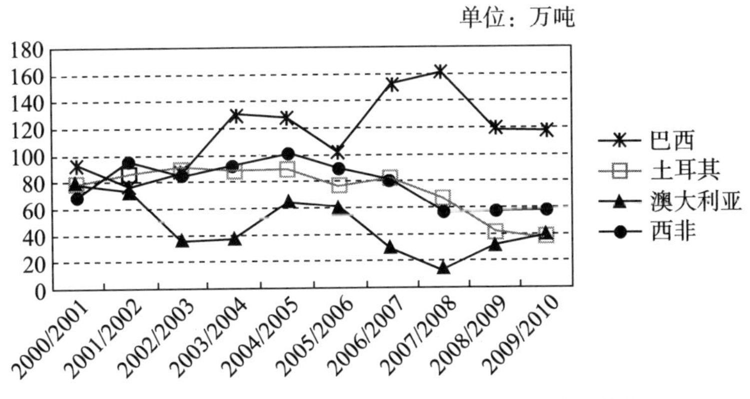

图 4－39　2000/2001 年度以来主要国家棉花产量变化

表 4－67　2000/2001 年度以来主要国家棉花消费量预测统计表

单位：万吨

年　度	中　国	印　度	巴基斯坦	土 耳 其	美　国	巴　西	孟加拉国	印度尼西亚	泰　国	墨 西 哥
2009/2010	1007	402.8	261.3	111.0	74.0	91.4	87.1	44.6	37.0	41.4
2008/2009	979.8	389.7	250.4	108.9	78.1	91.4	81.6	43.5	34.8	40.3
2007/2008	1121.3	405.0	261.3	130.6	99.9	100.2	76.2	48.4	42.5	43.5
2006/2007	1088.6	394.1	261.3	158.9	107.4	99.6	69.7	47.4	42.5	45.7
2005/2006	979.8	363.6	250.4	150.2	127.8	96.9	54.4	47.4	44.6	45.7
2004/2005	838.3	322.2	228.6	154.6	145.7	93.8	47.9	46.8	45.7	45.7
2003/2004	696.7	293.9	209.0	130.6	136.4	87.4	39.2	46.8	40.3	43.5
2002/2003	651.0	289.6	204.7	137.2	158.4	81.3	33.7	49.0	42.5	45.7
2001/2002	571.5	289.0	185.1	133.9	167.6	83.6	26.1	50.1	39.2	47.9
2000/2001	511.7	294.9	176.4	112.5	193.0	91.4	21.8	53.3	35.9	45.7

数据来源：美国农业部(USDA)。

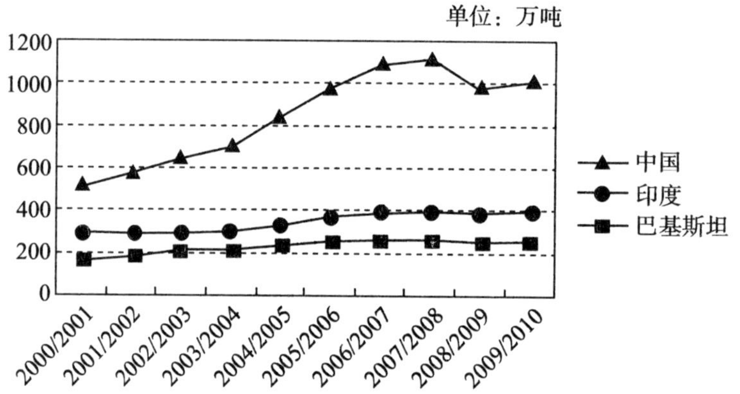

图 4－40　2000/2001 年度以来主要国家棉花消费量变化

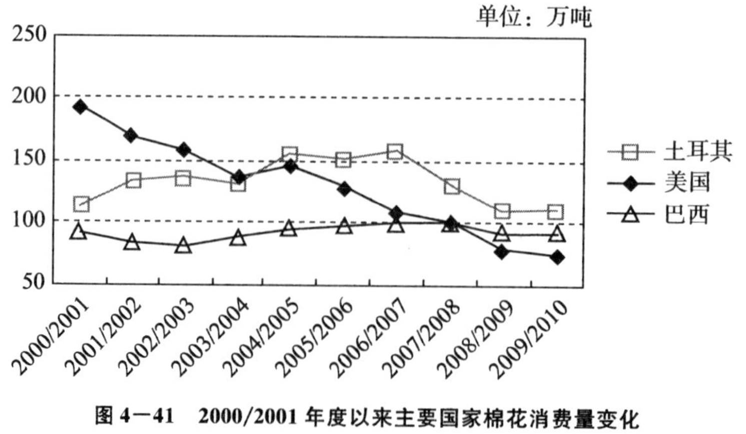

图 4－41　2000/2001 年度以来主要国家棉花消费量变化

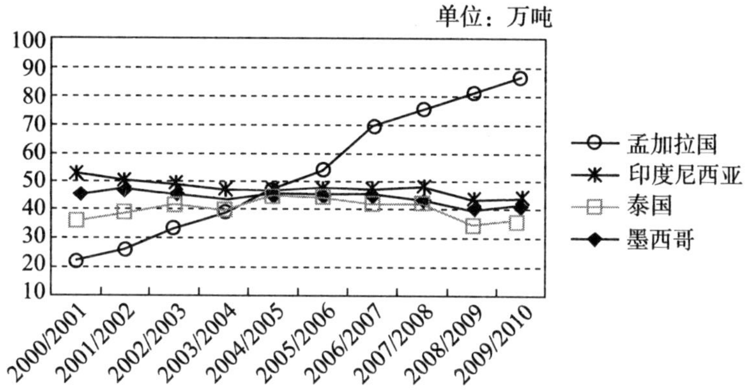

图 4—42　2000/2001 年度以来主要国家棉花消费量变化

表 4—68　2000/2001 年度以来主要国家棉花进口量预测统计表

单位：万吨

年　度	中　国	土耳其	巴基斯坦	孟加拉国	印度尼西亚	泰　国	墨西哥
2009/2010	185.1	71.9	61.0	87.1	45.2	37.6	34.8
2008/2009	152.3	62.9	47.9	82.7	43.5	34.9	28.6
2007/2008	251.0	71.2	85.1	76.2	50.1	42.0	33.3
2006/2007	230.5	87.7	50.2	68.6	47.9	41.5	29.5
2005/2006	419.9	76.2	35.2	55.5	47.9	41.2	38.0
2004/2005	139.0	74.3	38.2	49.0	47.9	49.7	39.4
2003/2004	192.3	51.6	39.3	39.2	46.8	36.5	40.5
2002/2003	68.1	49.3	19.0	34.8	48.5	42.3	50.7
2001/2002	9.8	64.8	18.8	26.1	51.3	41.0	45.0
2000/2001	5.0	38.3	10.2	21.8	57.7	34.2	40.6

数据来源：美国农业部(USDA)。

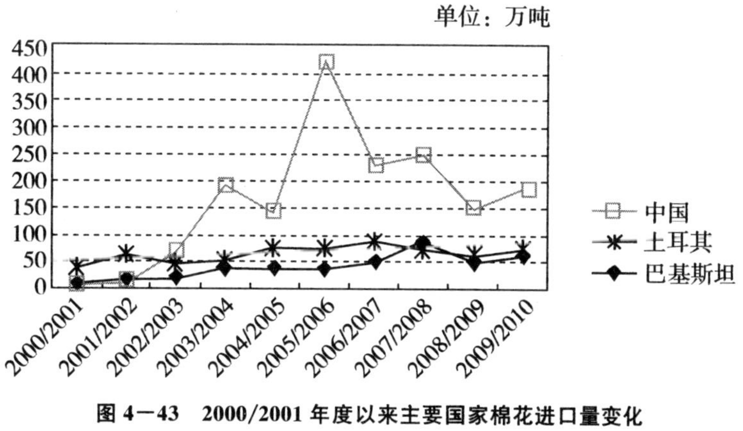

图 4—43　2000/2001 年度以来主要国家棉花进口量变化

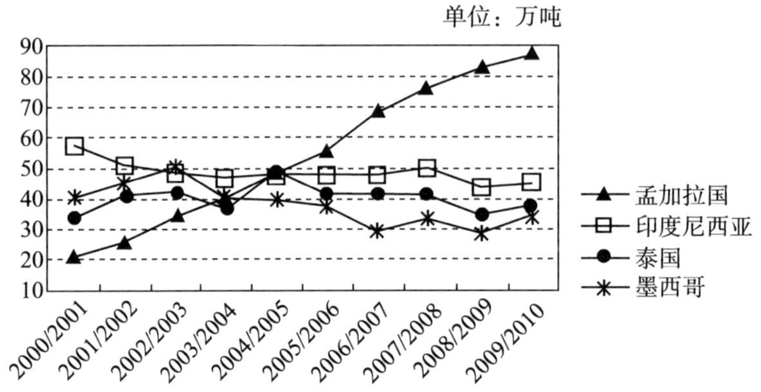

图 4—44　2000/2001 年度以来主要国家棉花进口量变化

表 4—69　2000/2001 年度以来主要国家棉花出口量预测统计表

单位：万吨

年　　度	美　　国	印　　度	乌兹别克斯坦	西　　非	澳大利亚	巴　　西
2009/2010	228.6	145.9	91.4	50.1	35.9	41.4
2008/2009	289.1	50.1	56.6	46.6	26.1	59.6
2007/2008	297.3	153.1	91.4	54.9	26.5	48.6
2006/2007	283.3	99.4	98.0	80.0	46.4	28.3
2005/2006	382.1	75.1	104.5	88.4	62.8	42.9
2004/2005	314.3	14.4	86.0	79.2	43.5	33.9
2003/2004	299.6	15.2	67.5	86.8	47.0	21.0
2002/2003	259.1	1.2	74.0	71.9	57.8	10.6
2001/2002	239.5	1.3	76.2	68.5	68.1	14.7
2000/2001	146.7	2.0	75.1	62.8	85.0	6.9

数据来源：美国农业部(USDA)。

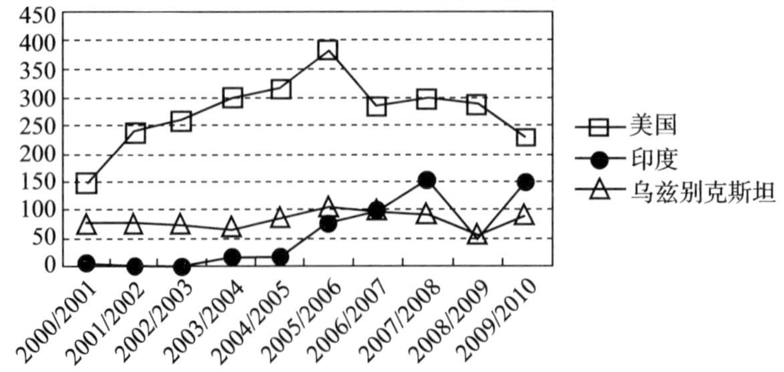

图 4—45　2000/2001 年度以来主要国家棉花出口量变化

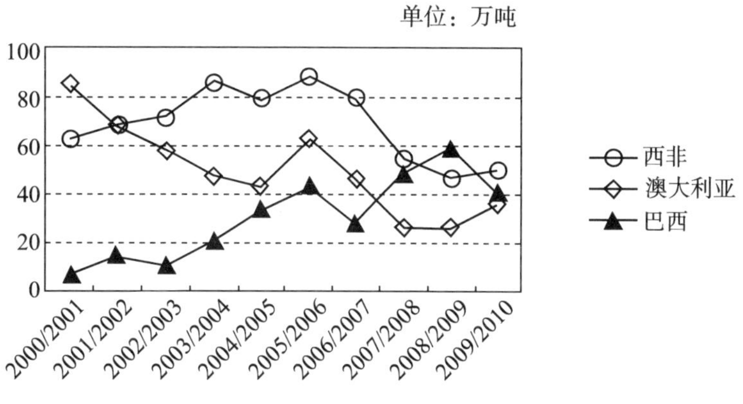

图 4—46 2000/2001 年度以来主要国家棉花出口量变化

表 4—70 2000/2001 年度以来主要国家棉花期末库存预测统计表

单位：万吨

年 度	中 国	印 度	巴基斯坦	土耳其	美 国	巴 西	孟加拉国	印度尼西亚	泰 国	墨西哥
2009/2010	371.0	209.2	96.1	30.6	106.7	99.3	15.9	7.3	6.8	16.6
2008/2009	454.3	221.2	101.0	35.5	138.0	109.1	15.2	7.6	6.6	16.8
2007/2008	435.5	157.5	117.3	42.4	218.7	136.1	13.4	8.5	6.9	20.3
2006/2007	447.1	166.9	106.1	42.5	206.4	117.7	12.9	7.7	7.7	22.4
2005/2006	490.7	175.6	106.9	37.6	132.1	78.7	13.0	7.9	8.9	28.8
2004/2005	400.4	190.8	107.7	39.0	119.6	106.3	10.5	8.2	12.5	28.7
2003/2004	413.3	91.1	68.2	32.2	75.1	97.7	8.2	8.0	8.6	24.9
2002/2003	380.5	78.1	71.4	29.7	117.2	60.0	6.7	8.8	12.5	23.3
2001/2002	410.4	111.6	89.1	33.4	162.2	51.8	4.2	9.9	12.7	15.7
2000/2001	429.8	82.1	79.4	18.8	130.6	64.6	2.7	8.9	9.5	11.8

数据来源：美国农业部(USDA)。

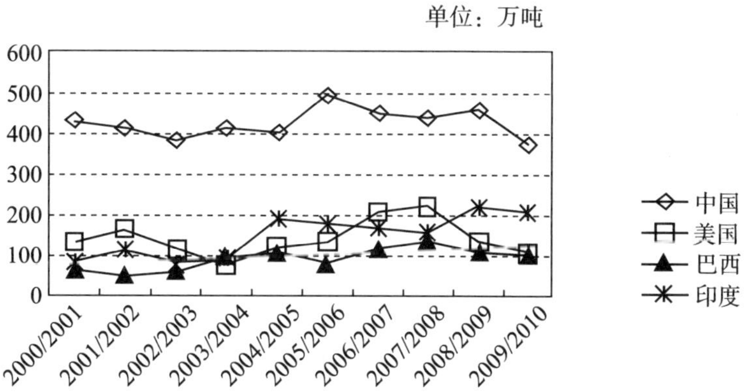

图 4—47 2000/2001 年度以来主要国家棉花期末库存变化

单位：万吨

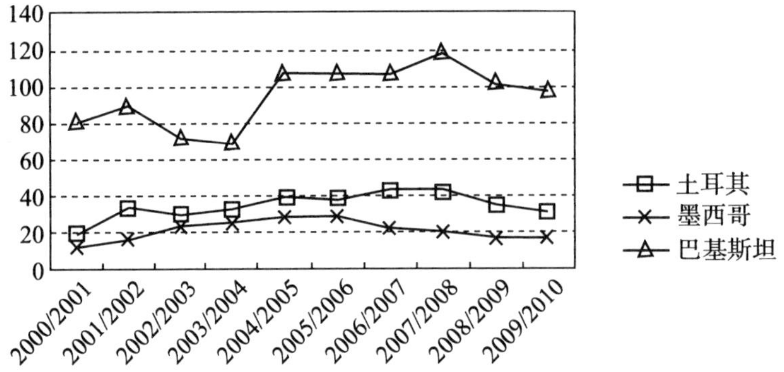

图 4—48 2000/2001 年度以来主要国家棉花期末库存变化

单位：万吨

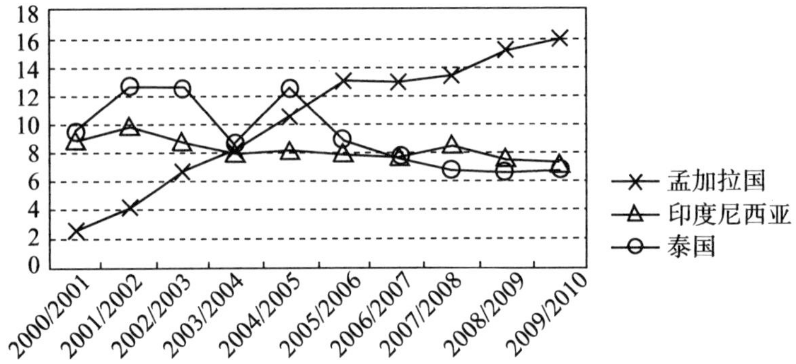

图 4—49 2000/2001 年度以来主要国家棉花期末库存变化

表 4—71 2008/2009 年度主要国家棉花产销存预测表

单位：万吨

国家和地区	期初库存	产 量	进口量	消费量	出口量	期末库存
全 球	**1365.8**	**2342.2**	**652.6**	**2419.0**	**647.8**	**1350.1**
美 国	218.7	279.0	0.0	78.1	289.1	138.0
中 亚	29.3	100.2	0.0	21.8	56.6	51.1
西 非	15.9	57.0	1.1	10.4	46.6	17.0
澳大利亚	13.1	32.7	0.0	1.0	26.1	20.2
巴 西	136.1	119.8	1.1	91.4	59.6	109.1
印 度	157.5	489.9	13.6	389.7	50.1	221.2
墨 西 哥	20.3	12.5	28.6	40.3	3.8	16.8
中 国	435.5	799.1	152.3	979.8	1.8	454.3
土 耳 其	42.4	42.0	62.9	108.9	3.0	35.5
巴基斯坦	117.3	196.0	47.9	250.4	9.3	101.0
印度尼西亚	8.5	0.7	43.5	43.5	0.4	7.6
泰 国	6.9	0.3	34.9	34.8	0.1	6.6
孟加拉国	13.4	0.9	82.7	81.6	0.0	15.2

数据来源：美国农业部(USDA)。

表4—72　2000/2001年度以来全球棉花种植面积和单产统计表

单位：亿亩、公斤/亩

年　度	种植面积	单　产	年　度	种植面积	单　产
2009/2010	4.5	49.3	2004/2005	5.4	49.4
2008/2009	4.6	50.8	2003/2004	4.8	43.5
2007/2008	4.9	53.1	2002/2003	4.6	42.9
2006/2007	5.2	51.0	2001/2002	5.1	42.5
2005/2006	5.2	48.8	2000/2001	4.8	40.4

数据来源：美国农业部(USDA)。

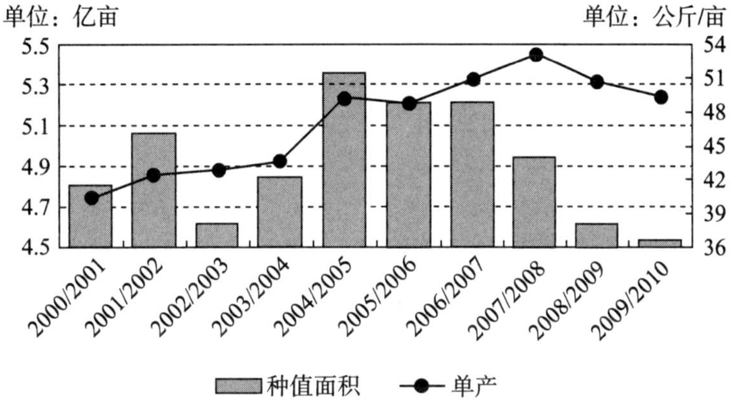

图4—50　2000/2001年度以来全球棉花种植面积和单产变化

表4—73　2004/2005年度以来美国洲际交易所期货近月合约均价与美棉出口量对比表

单位：万吨、美分/磅

年　度	美棉出口装运量	ICE期货近月合约价格
2008/2009	289.1	51.89
2007/2008	297.3	67.22
2006/2007	283.3	52.78
2005/2006	382.1	52.05
2004/2005	314.3	48.88

数据来源：美国农业部(USDA)、美国洲际交易所(ICE)。

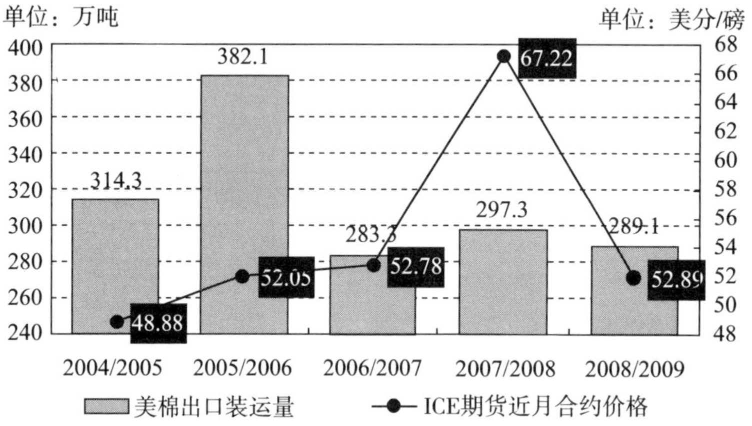

图 4—51　2004/2005 年度以来 ICE 期货近月合约均价与美棉出口量比较

表 4—74　2008/2009 年度美国棉花出口装运量分月统计表

单位：万吨

月　　份	美棉出口装运量	美棉对中国出口装运量	占比(%)
2008 年　9 月	22.29	9.43	42.3
2008 年 10 月	26.28	7.21	27.4
2008 年 11 月	20.92	8.26	39.5
2008 年 12 月	16.95	6.35	37.5
2009 年　1 月	20.13	4.95	24.6
2009 年　2 月	17.10	5.24	30.6
2009 年　3 月	20.99	6.45	30.7
2009 年　4 月	33.53	9.72	29.0
2009 年　5 月	29.51	8.45	28.6
2009 年　6 月	29.17	4.49	15.4
2009 年　7 月	31.18	5.43	17.4
2009 年　8 月	15.03	3.06	20.4

数据来源：美国农业部(USDA)。

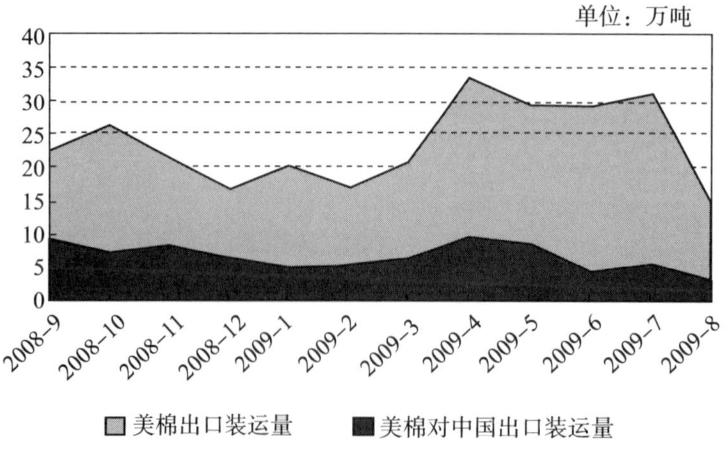

图 4—52　2008/2009 年度美棉出口装运量分月变化

表 4—75　2008/2009 年度美国纺织用棉量分月统计表

单位：万吨

月　　份	美国纺织用棉量	月　　份	美国纺织用棉量
2008 年 9 月	7.65	2009 年 3 月	5.88
2008 年 10 月	7.93	2009 年 4 月	5.70
2008 年 11 月	7.42	2009 年 5 月	6.13
2008 年 12 月	5.73	2009 年 6 月	6.01
2009 年 1 月	6.74	2009 年 7 月	6.38
2009 年 2 月	5.70	2009 年 8 月	6.28

数据来源：美国人口普查局。

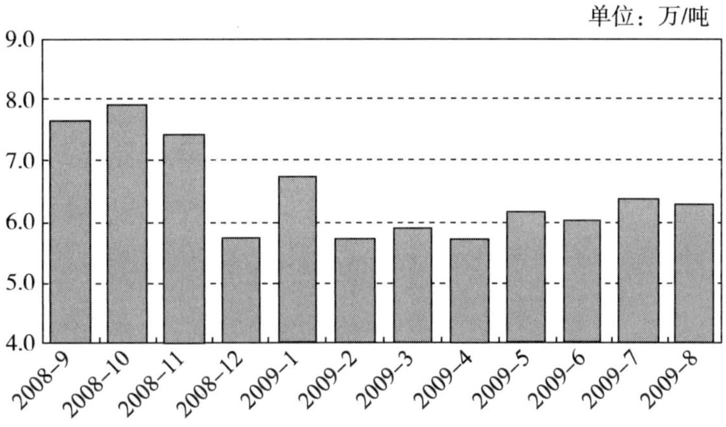

图 4—53　2008/2009 年度美国纺织用棉量分月变化

江苏省棉花交易市场
Jiangsu Cotton Exchange

江苏省棉花交易市场有限责任公司是江苏省供销合作社与华西集团共同组建的在华东地区最大的一个棉花交易市场。它坐落于华西物流商贸城---是专为纺织原料而设立的集仓储、质押、代储、销售、物流于一身的大型仓储公司。公司总投资1.5亿元人民币，占地500亩，仓储面积120000平方米，是华东地区最大的仓储基地。现有棉花专业库65000平方米，可一次性储存棉花150000吨，另有PTA指定交割库50000吨，PVC指定专用交割库50000吨。

- 全国棉花交易市场指定交割库
- 中国储备棉管理总公司代储库
- 国家棉花交易中心指定交收库
- 中国海关公共保税库
- 美国路易达孚棉花指定保管库
- 郑州交易所棉花期货指定交割库
- 郑州交易所PTA期货指定交割库
- 大连交易所PVC期货指定交割库

江苏省棉花交易市场，本着“以经营棉花为主业，以建设国家化大型物流企业为发展方向”的经营思路，通过与郑州期货交易所、全国棉花交易市场、新疆棉生产基地等链接，依托江阴港和华西村的区位与政策优势，常年供应各种新疆优质棉及一般地产棉，服务于整个棉纺企业。

地址：江苏省江阴市华西商贸城物流园　邮编：214420
联系人：桑先生13961683090　唐先生15061777526
电话：0510-86060879，86060880
传真：0510-86060500

诚信勤勉

泰山牌®

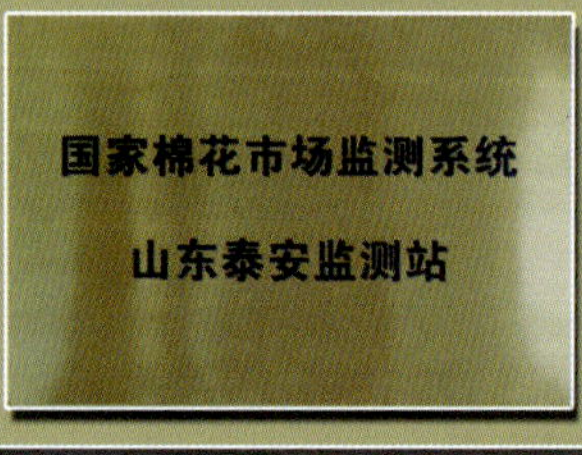

泰安市华源棉业有限责任公司

泰安市华源棉业有限责任公司于2002年6月经泰安市政府批准，在原泰安市棉麻公司的基础上整体改制而来。公司占地面积150亩，资产总额3亿余元，下设机构：泰安市天成棉业有限公司、泰安市东平泰山棉业有限责任公司、新疆阿克苏华源棉业有限责任公司。公司配有400型大型打包机及整套先进的棉花加工设备，公司质检中心具有完备的检验检测设备。公司仓储中心近邻津沪铁路及京福、京沪高速公路，交通便利，辐射能力强。

公司主营棉花，包括籽棉收购加工、皮棉购销、新疆棉代理、仓储物流，并在新疆合作经营棉花的收购加工业务。公司注册的“泰山”牌皮棉，为全国知名棉花品牌 。

公司坚持诚信为本的经营理念：重品质、塑品牌、树形象，打造出一支和谐的团队。曾先后被评为：“全国供销总社和劳动人事部先进单位”、“山东省供销系统先进单位”、“泰安市管理示范单位”、“依法纳税先进单位”、“泰安市流通行业最佳效益企业”、“重合同守信用企业”、“市级文明单位”。

“诚信勤勉”是公司的宗旨，“完全履约”是公司的承诺，把市场作为我们的工作现场，最大限度的满足客户需求将是华源棉业永远的追求！

电 话：0538-6318088 传 真：0538-6309512 地址：泰安市高新区北天门大街2505号

武汉银帆顺达棉花有限公司

法人：朱俊华

武汉银帆顺达棉花有限公司位于湖北省武汉市黄陂区甘棠街甘中路18号。公司占地面积达3.5万平方米，加工厂房0.21万平方米，仓库面积0.75万平方米，货场0.18万平方米。并有先进检验仪器的棉花检验中心，办公楼、员工宿舍和餐厅等基础设施齐全。

公司是棉花检验体制改革过程中经国家发改委立项、批准并验收合格的400型棉花加工企业，拥有目前我国最先进的烘干、轧花、清花、清弹、剥绒和打包整套棉花加工生产线，年生产加工皮棉9800吨，并生产相应的棉副产品。

公司秉承“诚信是根本、质量是生命”的企业理念，欢迎各商家使用我公司的产品。

湖北省武汉市黄陂区甘棠甘中路18号　　邮编430300

法人代表：朱俊华　13871523858

电子邮箱：whyfmh2009@163.com

联系人：彭国顺13971272908

电话：027-85080132

传真：027-85082236

联系方式

电　　话：022-60536677
传　　真：022-60536678
联系地址：天津市河北区建国道1号龙门大厦E区4层

天津宏棉股份有限公司是1999年9月经天津市人民政府批准正式注册成立的股份制企业。公司由市供销合作总社所属五家企业投资，注册资金4388万元。公司现有棉花流通、仓储物流、资产经营、餐饮等业态，是一个综合性企业。经过多年潜心经营和整合，公司的资产优势逐渐显现，目前有三个直属仓库，占地600余亩，库房面积约83000平方米；两个酒店以及10000多平方米商业店铺等优质资产可供对外租赁经营。

棉花流通业：主要从事棉花现货流通、电子撮合等相关业务。公司以诚信为宗旨，搭建棉花加工企业和棉纺织企业之间沟通和流通的桥梁，为双方提供快捷、优质的服务。

仓储物流业：由三家大型现代化专业仓库组成，仓库总占地面积近39万平方米，库房面积83000平方米，仓库具备优良的储存、运输、办公条件，具备完善的管理、服务、安全体系，24小时全天候理货，适合大宗物资储存和大型物流经营。公司旗下杨柳青仓库是国家储备棉代储库、期货棉交割库、电子撮合棉交割库，已成为专业棉花承储库。在2009年国储棉代储库安全、业务评比中获得“安全管理先进单位”、“业务管理优秀库”的称号。

资产经营：主要从事自有房屋，包括写字间、经营用门店及房屋住宅的租赁、管理、服务业务。公司以“客户的需求就是经营的目标”为宗旨，管理严谨、服务优良，企业发展迅速。

餐饮业：由两家中型酒店和一家快餐公司组成。经过多年经营，快餐公司形成独具特色的“津门快餐”品牌，取得较好的社会效益和经济效益。

近年来，公司凭借自身优势，在合资合作、物流经营、项目开发等方面取得突出进展，公司愿与社会各界致力于合作事业发展的企业真诚合作，携手共绘企业发展宏图。

天津宏棉股份有限公司

沙雅富力棉花有限责任公司 成立于2002年6月18日，注册资金2000万元，注册地址：新疆沙雅县铁热克西街4号，法人代表：滕世敏。公司主要经营范围：籽棉收购加工、皮棉经营、纺织品、棉籽、短绒、五金建材、农副产品(专项除外)、农业开发，是农工贸一体化的企业。公司所属托依堡轧花厂位于沙雅县托依堡镇东1公里处林场村，占地面积54260平方米，固定资产投资规模1500多万元，功能设施齐全。公司引进国内棉花加工先进设备，年加工能力皮棉15000吨。2006年，公司经国家批准进行棉花加工设备更新改造，在生产经营过程中，积极推进棉花体制的改革及实践，得到政府及社会的一致好评。

主要产品：“富力”牌优质细绒棉、“富力”牌优质长绒棉、优质棉籽、棉短绒。

经营宗旨：以质量为基础，诚信为生命、棉农为上帝、服务为根本。

经营策略：规模经营、薄利多销、联合协作、共同发展。

管理方针：抓管理、抓团队、抓市场、抓服务、树形像、创品牌、增效益。

公司主要成绩：我公司的产品于2006年1月通过国家商标局的验收，取得“富力”牌棉花国家注册商标。2006年3月“富力”牌产品通过了ISO9000系列认证，与国际市场成功接轨。公司在2003年、2004度被评为“AA级诚信企业”；2003年成为“三农工作典范”；2003年、2004年连续两年被评为“守合同、重信用企业”；2003年被授予“先进私营企业”的光荣称号。

公司实施“富力”品牌战略，使“富力”牌产品走出新疆，畅销全国，走向世界。未来本公司将本着大农业的思想和为农服务的宗旨，大力发展农业项目的开发与利用，向节水农业和科技示范农业的方向发展，为全面构建和谐社会的宏伟目标和为沙雅县的县域经济发展做出我们应有的贡献。

服务热线：0997-8322110〔传真〕，**手机**：13909973009

公司全体员工在滕世敏董事长带领下，竭诚为广大棉农朋友与新老客户服务。

沙雅富力棉花有限责任公司

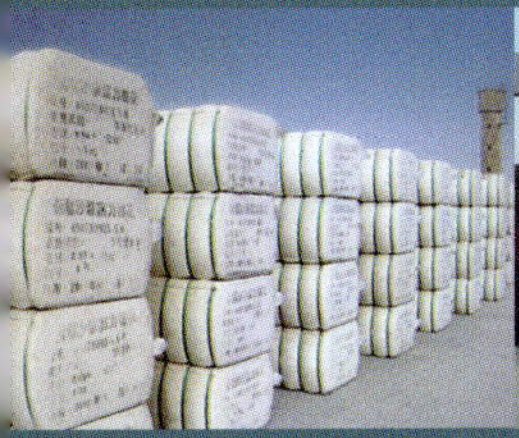

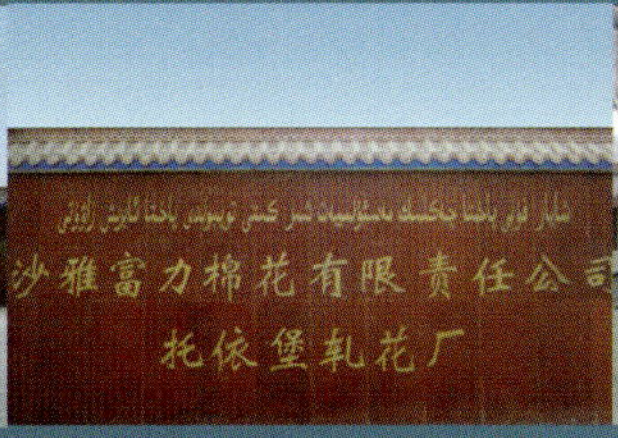

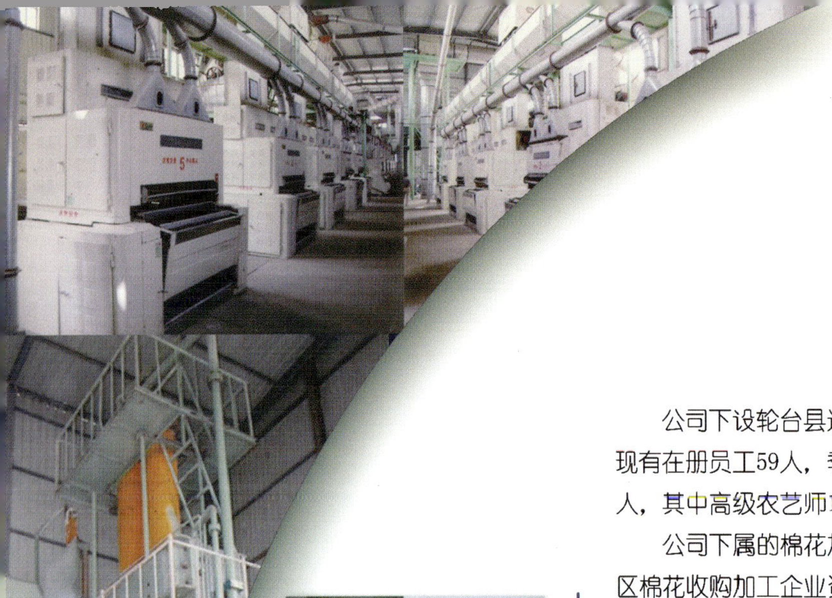

轮台县远江

农工贸有限责任公司

法人：徐远江

轮台县远江农工贸有限责任公司于2001年3月成立。

注册资本：1000万元人民币

经营范围：籽棉收购及加工；
皮棉经营；
絮棉制品加工。

销　　售：农作物种植，优质棉良种繁育加工，家畜养殖，土石方工程承揽；农副产品收购、滴灌带、地膜生产及销售。

经营期限为30年。

公司+基地+农户

公司下设轮台县远江农工贸有限责任公司良棉农场、棉花加工厂两个分支机构。现有在册员工59人，季节性农工400余人，大专学历以上20人，农业专业技术人员6人，其中高级农艺师1人，中级农艺师2人。

公司下属的棉花加工厂于2003年9月成立，2003年9月19日获得新疆维吾尔自治区棉花收购加工企业资格证书（证号XD11009054）。位于轮台县哈尔巴克乡阿克肯农场，占地面积300亩。2005年企业响应国家政策号召，进行了棉花加工厂的技术改造工作，配置了400型打包机和MY－96型轧花机，配套了条码信息系统，实行了仪器化公检体制，年加工皮棉10000吨以上。

公司下属的良棉农场于2003年9月成立，位于轮台县哈尔巴克乡开发区。现有可耕种土地一万余亩，以优质棉种生产、繁育为主。自2004年起全部采用了高压节水滴灌技术，为了加大轮台县棉花产业深层次开发力度，提高农户种植棉花的积极性，实现棉花加工厂向规模化和产业化发展，我们以科技为先导，以市场为导向，以资源为基础，以现代化管理为手段，采用“公司+基地+农户”的管理模式，努力打造“远江”棉花品牌，做大做强企业，以达到我们企业向产业化、规模化的方向发展之目的。

2005年，企业生产的“远江”牌皮棉经中国市场消费指导委员会综合评定，被冠予“中国市场优质放心棉”的荣誉称号；2006年，企业生产的“远江”牌皮棉经中国行业发展调查评价中心评定，荣获“中国棉花行业著名畅销品牌”；2006年，公司经中国棉花协会棉花加工分会评定为“棉花质量检验体制改革，优秀更新改造棉花加工企业30强”。产品主要销往国内市场，几年来无一质量投诉事件发生。2005年被中国农业发展银行自治区分行评定为信用等级A级企业。

我公司2004年与中国棉花研究所联手进行优质棉良种繁育，在农场建立了优质棉种示范区，通过引种、繁育、大田栽培、田间科学管理等一系列科技手段，年产优质棉种3500吨，同时，每年安置农村富余劳动力400余人。为促进当地棉花产业的发展，带动当地农业增效、农民增收，为加快当地社会主义新农村建设做出了应有的贡献。开拓棉花产业市场，壮大棉花产业的发展之路坎坷崎岖，任重而道远，但远江公司全体员工有充分的心理准备并始终坚信：“希望与困难同在，机遇与挑战并存”。远江公司将通过“公司+基地+农户”的管理模式，带动我县优质棉的种植，提高棉花单产，计划在五年内将优质棉种植面积扩大到30万亩，成为我县棉花的龙头企业，实现新疆资源优势向产业优势和经济优势的转化，促进农业增效，农民增收。逐步把“远江”牌棉花发展成我区的名牌产品，是远江人矢志不渝，孜孜以求的企业理想。

希望与困难同在，机遇与挑战并存

联系电话：0996-4681589　传　真：0996-4681089
地　址：轮台县博斯坦路农业局三楼

巴州丰润棉业有限责任公司

公司地址：新疆库尔勒市哈拉玉宫乡铁丝干　邮　编：841000　电　话：0996-2115788　传　真：0996-2115788

巴州丰润棉业有限责任公司，始建于2005年7月，位于库尔勒市哈拉玉宫乡铁丝干库一普公路35.5公里处，属股份制企业。轧花厂占地面积101.8亩，经营主体为棉花加工厂，是巴州计划发展委员会立项，州、市有关部门批准建立的棉花企业，主要从事籽棉收购、加工、皮棉及棉花副产品销售业务。公司法定代表人朱延亚，总经理郭玉。经营管理体系下设：财务部、生产部、质量保障部、总务部、安全部。公司现有员工65人，取得本科学历15人，专科30人，专业技术人员20人。公司立足当地良好的棉花资源优势，在设备选择上，着眼于当今国内高、精、尖设备；在设备选型上均选择通过国家许可、认证，在同类产品中生产、工艺、技术含量比较先进，如南通越江400型打包机，山东天鹅牌轧花机等，经过市场验证，有着良好口碑。皮棉年加工量20000吨，于2009年实现销售收8300余万元，创净利润1200余万元。

总经理：郭玉

我公司在总经理郭玉同志的领导下，棉花加工厂规划合理、正规，收购、检验、加工流程严格规范，同时，提高了公司的社会信誉，创造了自己的优良品牌，打开了市场。

本公司本着以棉为本，以科技为先导创优质，以质量为根本创名牌，以人才规模求发展，以市场需求为导向，拓宽经营网络，诚信经营，在同行业中树立了良好的企业形象，受到了各主管单位及社会各界的广泛赞誉。

新野县诚德贸发有限公司

电话：0377 66300096 传真：0377 66300088
地址：河南省新野县纺织工业区南端

新野县诚德贸发有限公司董事长黄荣显

公司是河南省高成长型民营企业、南阳市农业产业化重点龙头企业，图为市委书记黄兴维在市县有关领导陪同下到公司检查指导工作。

诚德公司棉业储备交易中心被全国棉花交易市场指定为交割仓库，是全国十大先进交割仓库之一。

公司是全国棉花交易市场指定交割仓库，拥有国内唯一的单仓库容达万吨的仓库，图为公司交割仓库的一角。

公司MDY-400型生产线全部采用自动控制，图为公司技术人员在操作机械。

公司通过ISO9001国际质量体系认证，注册商标"雪中玉"商标已经获国家工商行政管理总局商标局的注册，并于2007年被评为河南省名牌农产品。

新野县诚德贸发有限公司，是经河南省人民政府批准的集棉花收购、加工、贸易、仓储、物流于一体的民营股份制企业。公司下辖一个棉业储备交易中心和两个MDY400型棉花加工厂、一条长绒棉加工生产线及一个200型棉花加工厂。注册资本2080万元，固定资产5000万元，总资产3.68亿元，主厂位于新野县纺织工业园区，总占地330亩。

公司成立于2001年，实行董事会领导下的总经理负责制。近十年来，公司秉承"诚信厚德，和谐繁荣"的经营理念，坚持科学经营，力求创新，不断发展壮大。

公司两个MDY400型棉花加工厂分别位于新野县纺织聚集区和新疆库尔勒市，形成了以新野为主的内地区域和以南疆库尔勒市为主的新疆区域两大生产基地。公司年收购加工皮棉三万余吨，带动棉农植棉20万余亩，安排农村富余劳动力和下岗职工就业2000余人。棉业储备中心以5万吨的库容能力和年15万吨的流转量与现代化的棉花加工设备联体经营，实现了棉花流通业规模化综合经营优势。该中心于2006年被全国棉花交易市场指定为交割仓库，2008年度被评为全国十家先进交割库之一。

公司连年来多次受到省、市、县政府有关部门的表彰，2006年通过IS09001：2000质量体系认证，公司自主打造的"雪中玉"牌细绒棉于2007年被省政府命名为河南省"河南省名牌农产品"，该品牌是生产高档精梳纱的上乘原料，并于2009年经国家工商总局注册登记。公司以"公司+基地+农户"的模式在新野县五个乡镇建立了10万亩的棉花种植基地，于2008年被南阳市人民政府授予南阳市农业产业化重点龙头企业。2009年被河南省人民政府命名为"高成长型民营企业"。董事长黄荣显先后被评为南阳市"十佳"道德模范、河南省建国60周年功勋企业家等荣誉称号，并当选为新野县政协常委。

物竞天择、追求无限。而今，诚德贸发有限公司全体员工正以突出服务功能，做强做大全国性现代化，规模化的知名棉花流通企业为目标坚持不懈地努力拼搏着。

公司主营棉花收购、加工、仓储，图为公司籽棉垛基和仓库的俯视图。

诚德贸发有限公司正门平面

电话：0533-3197801　传真：0533-3165437　地址：淄博市张店区华光路83号　邮编：055031

山东中外运弘志物流有限公司是中国外运股份有限公司的直属企业，注册资金1800万，是经国家商务部批准的一级国际货运代理企业，是中国国际货运代理协会会员。公司拥有齐全的大型集装箱装卸专用设备，其中，80余部集装箱专用拖车全部配备了先进的GPS卫星定位系统，可随时准确查询货物方位。

公司自1993年成立以来，坚持“弘扬正气、志在发展、求实创新、追求卓越”的企业精神，艰苦创业，锐意进取，已形成集海运、陆运（铁路）、空运进出口货运代理、集装箱场站、公路集装箱汽车运输、大宗散杂货储运、大件运输及仓储、报关报验、海关预录入、金融物流以及物流配送等于一体的综合物流企业。2009年，公司代理货物运输量超过780万吨，代理进出口集装箱92027TEU，实现营业收入4.49亿元。

公司于2004年取得交通部批准的无船承运人资格，是青岛首批适用海关AA类管理的代理报关企业。2009年，公司被中国报关协会评为“全国优秀报关企业”。同时，公司也是山东省交通厅、山东军分区战备车队。在2008年的抗震救灾中，公司先后派出14批、69车次、158人次前往灾区运送救灾物资，及时将政府的关怀送到了灾区，圆满完成了政府交给的任务，为国家抗震救灾工作做出了一定贡献。

在充满挑战与机遇的新世纪，我们将依托中外运遍布海内外的网络优势和服务体系，始终秉承“以客户为中心”的服务理念和“以降低客户的经营成本为目标”的服务宗旨，一如既往地为客户提供安全、迅速、准确、节省、方便、满意的物流服务，与社会各界朋友携手并进，共创美好未来！

山东中外运弘志物流有限公司

无为县华龙棉业有限公司

Wuwei County Hualong Cotton Industry Co., Ltd.

无为县华龙棉业有限公司始建于2001年，是一家纳入国家规划登记的现代棉花加工企业，2009年9月获得ISO9001：2008质量管理体认证。公司座落在无为县陡沟镇凤凰桥经济开发区，交通便捷，面貌整洁，管理规范，是无为县大型棉花加工企业之一，公司占地面36000平方米，其中建筑面积5718.01平方米。公司注册资金380万元，拥有一台400型打包机和四台98型轧花机成套设备生产流水线，加工能力10000吨皮棉，收购籽棉25000吨。公司取得了一定的经济效益和社会效益，招收农民工150人以上，使其人均纯收入达10000，带动农户4500户以上，更对特困户和贫困户优先安排，使90％以上的特困户和贫困户摆脱了贫困，维护了一方社会稳定。2003年被凰桥乡党委、政府评为“光彩之星”、2004年被巢湖市文明办等单位评为“优秀诚信私营企业”、2005年和2008年分别被巢湖市、县府评为“市级龙头企业”和“县级龙头企业”、2006年至2009年分别被省农发行评为AA级信用企业、2006年至2009年被安徽省银行业会评为“银行诚信客户”、2005-2009年被县工商局评为“守合同重信用”单位、2007年至2008年度被陡沟镇党委、政府评为“优秀营企业”和“先进党支部”。总经理吴学祥同志2003年被县政府评为“县农村百佳致富带头人”；2005年被中共无为县共青团委员评为“十大杰出青年”，并当选为巢湖市共青团第一次代表大会代表；2005年被中共无为县共青团委员会评为首届农村青年“创业之”；2008年分别被陡沟镇党委评为优秀党员和优秀党务工作者。

公司始终坚持以“诚信为本，质量第一”的经营念，坚持科学发展观，将进一步发挥自身优势，苦内功，视产品质量为企业生命力，以一流的产品质迎接新老客户的惠顾光临。

联系电话：0565-6550666

传真：0565-6550666

地址：安徽省无为县陡沟镇庙后小农场

河北省棉花收购加工质量

一级企业

河北省棉花加工

五十强企业

沧州市农业产业化

重点龙头企业

董事长：门万华

吴桥银海棉业有限责任公司的前身是吴桥县城关油棉厂，始建于1958年，2002年改制组建新公司。吴桥银海棉业有限责任公司是集棉、绒、油生产、经营、棉花储存于一体的综合性企业。公司占地面积154亩，注册资本455万元。

公司地理位置资源环境优越，座落在104国道、京福高速公路、385省道和京浦铁路附近，交通便利，是棉花经营储存中转的理想场所。

公司基础设施配套齐全，拥有先进的轧花、剥绒、榨油生产流水线。年产皮棉能力1万吨，短绒1400吨，油脂2800吨。主要设备有96片锯齿轧花机4台，400型打包机一台，141A型剥绒机8台，200—A型榨油机8台，120万大卡导热油炉1部，以及相应配套的辅助设备。

公司设有棉花专用储存仓库，库区占地面积120亩，永久性库房建筑面积12126平方米，其中轻钢结构仓库6500平方米，库区设有垛台16个，面积3700平方米，总储量为1.5万吨。公司消防设施齐全，布局合理，管理制度完善，苫垫器材、装卸设施完备，具备先进的管理模式。

公司坚持“为人至诚、为业至精；质量第一，用户至上”的经营理念。公司注册的“兴华”牌皮棉、短绒和“群首”牌食用油，以始终如一的质量保证，赢得了广大客商的信赖和满意。是河北省优秀棉花加工50强企业，河北省棉花收购加工质量一级企业，市、县农业产业化重点龙头企业。

总经理门万华携全体员工，欢迎新老朋友前来洽谈业务，与您携手合作，共创吴桥银海棉业美好的明天。

吴桥银海

棉业有限责任公司

联系电话：13803235089　传真：0317—7215159　地址：河北省吴桥县铁城镇西关

湖北三湖天星棉花有限公司是一个集棉花收购、加工、销售于一体的股份责任有限公司。公司地处宜黄高速公司丫角南端10公里，东达省城武汉，西临古城荆州，地理条件优越，交通运输便利，棉花资源丰富。

公司占地面积13.6万平方米，现有员工59人，下设两个棉花收购站、一个棉花加工厂，拥有目前我国最先进的“98-17”型棉花轧花机3台套及剥绒、回收、除尘一条龙的先进生产线，公司现有产品基地6万多亩，年收购籽棉15000多吨，年加工皮棉6000多吨，年创社会总产值8000多万元。公司注册生产的“天星”牌优质棉全面符合GB1103-2007棉花细绒棉标准，产品畅销全国，深受广大客户的好评。

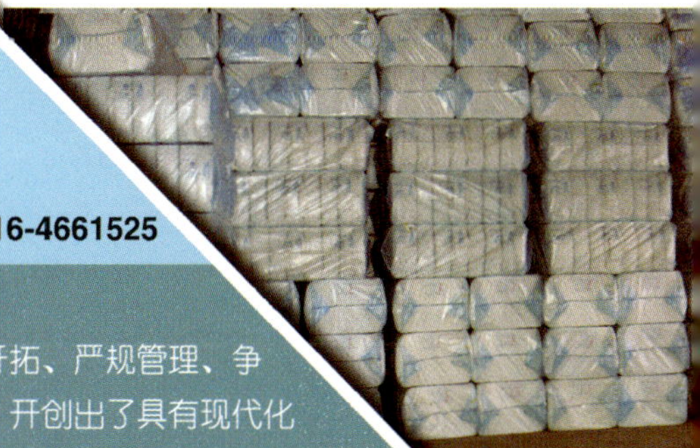

湖北三湖天星棉花有限公司

地址：湖北省江陵县三湖农场天星街 邮编：434108 电话：13886590266 传真：0716-4661525

改制以来，湖北三湖天星棉花有限公司大力发扬“团结务实、勇于开拓、严规管理、争创一流”的企业精神，坚持走“靠科技兴企、创精品名牌”的发展之路，开创出了具有现代化的“五个一”新局面。

一、拥有全国一流的加工设备。2005年以来，公司先后投入资金300多万元进行加工设备改造，建成了现代化程度高、产品性能强、轧花质量好的先进棉花加工生产线，成为全省一流的棉花加工企业。

二、打造了一流的棉花品牌。公司狠抓产品质量，杜绝棉花“三丝”，并率先在全省农垦系统注册棉花商标，产品的各项质量指标经省、市纤检部门检测全面达到优质棉的质量标准，公司注册的“天星”牌优质棉因产品质量好、信誉好，多年来俏销全国，深受棉企业的青睐。

三、拥有一流的优质棉基地。公司全面发展订单农业，建成了我省规模最大的优质棉产品基地，公司的6万多亩的优质棉基地已被湖北省政府列为全省重点科技推广项目，全面走出了“公司+基地+农户”的订单农业道路，公司与全场2800家农户长期签订了棉花产品的购销合同，保证了棉农的利益，发挥出了订单农业的优势。

四、拥有一流的安全设施。公司始终保持“警钟常鸣、安全第一”的高度警惕，配有消防泵5台套，专用消防车一辆，建立了一支经县消防大队专业训练的专职消防队伍，配备了消防预警系统和安全网络系统。

五、拥有一流的绿化环境。公司全面加强对环境、绿化的投入和精心建设，现在建造绿化面积5000多平方米，种植香樟、碧柏、广玉兰、桂花等绿化树300多棵，培育花卉品种150多钵，形成了厂房明净、池水清澈、垂柳倒映、绿树常青、四季飘香的花园式企业。

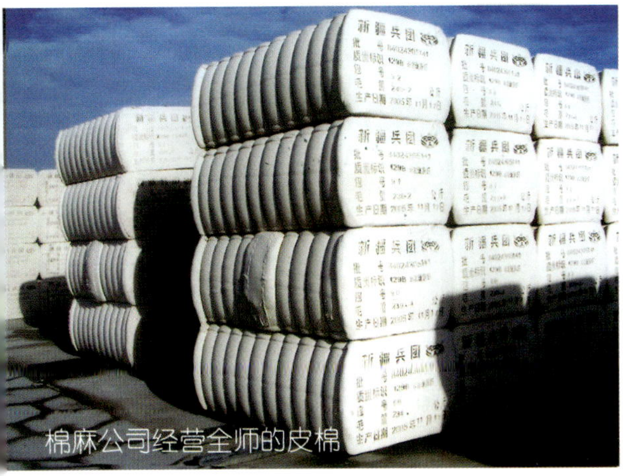
棉麻公司经营全师的皮棉

永兴农场渠道畅通

永兴供销社办公大楼

永兴恒温库是花园式单位

孔雀河棉花品牌

永兴宾馆一角

奋进的永兴轧花厂

轧花厂卸花现场

新疆兵团农二师永兴供销有限责任公司(农二师供销社)，兵团农业产业化重点龙头企业，成立于1992年2月。2003年改制为国有控股企业，下设棉麻一分公司、棉麻二分公司、土产日杂分公司和轧花厂、恒温库、小农场及永兴宾馆七个直属企业，主要经营棉花、农副土特产、烟花爆竹、果品等产品。拥有4800平方米办公楼、9800平方米的综合仓库、1045亩土地的农场，2003年以来新建加工能力1万吨的轧花厂以及2000吨恒温库。作为农二师棉花集团主体，承担全师每年40万亩棉花、5万吨皮棉的收购检验及营销工作，公司注册的“孔雀河”牌棉花以质量赢得了国内众多纺织企业的青睐。

新疆兵团农二师永兴供销有限责任公司

公司改制以来坚持把“构建诚实守信的基础，打造合格的人品产品”作为经营理念，坚决推行“制度+不落实=零”、“执行力+细节=实”的管理责任。精心培育企业文化，通过“创建学习型企业、争做知识型员工”的活动，打造团队精神，提升员工的综合素质，促进了企业经济建设的稳步发展。

公司陆续荣获全国供销合作社系统先进集体、全国精神文明建设先进单位、中华全国供销系统“百强企业”、自治区“AAA”级信用企业和“重合同、守信用”企业等荣誉称号。

地址：新疆库尔勒市人民西路88号　邮编：841000　电话：0996-2022690　传真：0996-2022690

中心党委书记、总经理张贵良

中心副总兼仓库主任刘纪平

库区大门

整齐垛位

我库建于1984年，位于邢台市区南部，西邻京广铁路和107国道，东邻京珠和青银高速，占地面积264亩，建有库房17栋，建筑面积1.7万平方米，每库房可容2千吨，仓库总容可达5万吨。

我库现有管理人员9人，专职安全员33人，业务员11人等共60人，配有微机、传真、棉检等技术力量。库区安装有视频监控系统，与市桥东分局联网，有消防车一部、消防水池7座（总容1050吨）、消防栓22座、65毫米水带88盘、8公斤ABC干粉灭火器272具、120千瓦发电机组一套、避雷针9座、避雷网一套，有电子、手摇和烟雾报警装置。装卸队30人，可同时6班作业，有CPC30E夹包机5台、10米上垛机7台、复包机1台，日出入库量最高1千吨。

多年来，我库坚决贯彻落实科学发展观，坚持“预防为主、防消结合”、“安全第一”，实施规范化管理，从未发生任何事故。先后被上级评为“安全达标先进单位”“五好棉库”、“内保治安防范先进单位”、“消防安全重点单位”。

办公楼大门

邢台邦力工贸购销中心棉花仓库

地址：河北省邢台市龙泉东大街325号　邮编：054001　电话：0319-3161636　传真：0319-3161895

青县棉麻有限责任公司

河北省棉花加工50强

棉花二级企业 沧州市重点龙头企业

青县棉麻有限责任公司是我县唯一的一家大型棉花收购、加工、调销、仓储企业。主营业务为棉花收购、加工、棉麻制品、销售、棉油加工，兼营农副产品（不含粮食）、小包装棉种、农药（杀虫剂除外）等。本公司于2006年被省纤检局评为棉花二级企业、河北省棉花加工50强企业，于2007年被沧州市政府评为重点龙头企业。各种证照齐全：

河北省发改委颁发的《棉花加工资格认定书》，证号为：[0879]；

营业执照号码：1309222000283；

组织机构代码证：75545134—4；

地税务登记证号码：130922755451344；

国税务登记证号码：130922755451344。

青县棉麻有限责任公司

联系人：骆树江　手机：13513489498　电话：0317-4317658

地址：河北省青县南环东路41号　邮编：062650

河北滏澧纺织有限公司

河北邢台市隆尧县牛桥乡开河村（055350） 联系人：张晓煜 电话：0319-6637999 0319-6637111

河北滏澧纺织有限公司始建于1989年，注册资本2000万元，位于河北隆尧县牛桥乡开河村东，占地面积70亩，现有职工490人，资产总额1.1亿元，是隆尧县乃至周边县市规模较大的收购、加工、纺织一体化企业。

公司经营20年以来，以讲诚信、守合同的原则，赢得了大量的客户，企业连续三年获得省工商行政管理局颁发的“重合同守信用单位”称号，2006年被认定为“市级农业产业化重点龙头企业”，2006年被河北省中小企业局授予“质量信得过产品”称号。

公司目前拥有400型棉花加工生产车间（40台皮辊轧花机，4台锯齿轧花机）、采用赛络紧密纺技术的10万锭纺纱车间、1200头的气流纺纺纱车间，年产皮棉2万吨，棉纱8000吨。

公司2004年通过ISO9001国际质量体系认证，在现场管理中推行起源于日本的“6S管理”方法，公司以“实施精品战略，创建行业名牌”为质量方针，生产的“滏澧”牌皮棉及棉纱已被国内市场认可。

籽棉收购区外景

400吨皮棉加工车间

《中国棉花年鉴》（2009/10卷）正式征订

《中国棉花年鉴》（精装本）由中储棉花信息中心会同业内专家共同编写，为国内唯一的棉花行业年鉴，每年一卷。2003/04、2004/05、2005/06、2006/07、2007/08、2008/09卷已经顺利编辑发行，广受业界好评，2009/10卷现已开始征订。

《中国棉花年鉴》（2008/09卷）内容简介

2008/2009年度是棉花产业历史上极不平凡的一年，是国家储备棉调控力度最大的一年。《中国棉花年鉴2008/2009》用详实的文字和数据记录了这一历史瞬间。年鉴主要包括当年度行业发展概况、主要产棉省区概况、年度报告、统计资料、大事记、政策法规和附录七个部分，涉及棉花生产、加工、检验、购销、价格、进出口、消费、库存等各环节的基本情况。内容丰富，数据详实，印制精美，是涉棉业内人士案头不可或缺的珍贵资料，具有极高的馈赠、典藏价值。

历年年鉴订购价格

- 2008/09卷：480元人民币/本（含中国境内邮寄费）
- 订购全套《中国棉花年鉴》（精装本）（即2003/04卷、2004/05卷、2005/06卷、2006/07卷、2007/08卷、2008/09卷），2000元/套（含中国境内邮寄费）。

国家棉花交易中心

STATE COTTON EXCHANGE

Company Profile

公司简介

合肥国家棉花交易中心有限责任公司由深圳市农产品股份有限公司（股票代码：000061）、中国储备棉管理总公司全资子公司中储棉花信息中心和安徽省棉麻有限责任公司等共同出资设立，以独立运作国家棉花交易中心项目。

国家棉花交易中心是经有关部门批准设立的、以“网上交易、现货交收”为主要特点的电子化棉花批发市场，运营和结算中心设在安徽省合肥市，交易和交收业务辐射国内各棉花主产区和主销区。

国家棉花交易中心以国家棉花产业政策为导向，以网上交易为手段，以现货交收为目的，充分发挥投资各方在棉花行业和电子商务领域的优势，搭建设施完善、功能齐全、服务高效的棉花交易平台，面向全国涉棉企业组织棉花的即期及中远期现货交易，促进国内棉花资源的合理配置和有序流通。

Trading Mode

交易模式

●撮合交易

是指在交易中心组织下，会员通过交易中心交易平台订立商品棉电子交易合同，交易系统按“价格优先、时间优先”的原则自动对交易指令撮合成交的交易方式。

●拍卖交易

是指在交易中心组织下，卖方会员通过交易中心交易平台将棉花销售信息预先公告后挂牌报价，买方会员自主加价，交易系统按“价格优先、时间优先”原则，以最高买价成交并进行实物交收的交易方式。

●招标交易

是指在交易中心组织下，买方会员通过交易中心交易平台将棉花需求信息预先公告后挂牌报价，卖方会员自主减价，交易系统按“价格优先、时间优先”原则，以最低卖价成交并进行实物交收的交易方式。

●即期交易

是指在交易中心组织下，通过交易中心交易平台，卖方会员挂牌销售棉花或买方会员挂牌买入棉花时，买卖双方会员自主报价，在约定的交易时间内以“价格优先”原则成交的交易方式。

Matching System

配套体系

客服电话:0551-2117788
传　　真:0551-2117799
公司网址:www.chinacotton.com
公司邮箱:sce@chinacotton.com
邮　　编:230011
公司地址:合肥市新站区胜利路光大国际广场B座15层

大事记

第五部分

国　内　棉　花

农发行安排部署2008/2009棉花年度收购信贷工作

2008年8月31日,中国农业发展银行总行下发了《关于做好2008棉花年度收购信贷工作的意见》,全面部署2008/2009棉花年度收购信贷各项工作,要求农发行各级行正确认清形势、准确把握政策、加强组织领导,确保棉花收购信贷工作的顺利开展。

全国棉花工作电视电话会议在北京举行

2008年9月25日,全国棉花工作电视电话会议在北京举行。会议由国家发展改革委、财政部、农业部、工商总局、质检总局、供销总社和农发行七部门联合召开。会议的主要任务是总结2007/2008年度棉花工作,分析2008/2009年度棉花市场形势。

2008'国际棉花棉纺织高层论坛暨供需洽谈会在济南举行

2008年10月13日—14日,2008'国际棉花棉纺织高层论坛暨供需洽谈会在山东省济南市隆重举行。涉棉人士在会上共同分析了国际棉花、棉纺织市场的发展趋势,探讨了中国与国际企业合作共赢模式,并为中国棉花、纺织企业走出困境提出应对策略和解决方案。

国家收储22万吨新疆棉

经国家有关部门批准,2008年10月21—24日中国储备棉管理总公司通过北京全国棉花交易市场以公开竞价方式收储22万吨2008/2009年度新疆棉花。

国家决定增收100万吨储备棉

2008年10月29日,国家有关部门发布公告,决定增加100万吨收储计划,由中国储备棉管理总公司通过北京全国棉花交易市场公开收储。截至12月23日,收储内地2008/2009年度棉花33.8万吨,收储新疆棉花67.0万吨。

国家棉花市场监测系统开展400型棉花加工企业数据报送工作

2008年12月11日,为进一步做好国家棉花收储工作,确保棉花收储工作的顺利开展,根据国家有关部门指示精神,中国储备棉管理总公司发布公告,决定通过国家棉花市场监测系统平台,全面开展新体制棉花加工企业棉花收购加工及公检数据统计工作。

国家决定再次增收150万吨储备棉

经国务院批准,决定自2008年12月24日起,按照公开、公平、公正的原则通过北京全国棉花交易市场收储2008年度棉花150万吨,其中,内地棉90.6万吨,新疆棉65.4万吨,由中国储备棉管理总公司具体负责国家储备棉收储的组织实施工作。截至2009年4月10日,第三批收储计划顺利完成网上交易程序。

中央一号文件利好棉花产业

2009年2月1日,《中共中央、国务院关于2009年促进农业稳定发展农民持续增收的若干意见》出台。其中,要求加大棉花良种补贴力度,提高补贴标准,实现全覆盖;扩大棉花储备,适时启动临时收储;加强新疆棉花外运协调,继续实行相关运费补贴和减免政策,支持销区企业到产区采购。

国家棉花交易中心正式开业

2009年2月26日,位于安徽省合肥市的国家级大型电子化棉花交易市场——国家棉花交易中心正式开业。国家棉花交易中心由深圳市农产品股份有限公司、中国储备棉管理总公司全资子公司中储棉花信息中心和安徽省棉麻有限责任公司等共同出资设立，是以“网上交易、现货交收”为主要特点的电子化棉花批发市场、运营和结算中心。

农业部、财政部公布2009年棉花良种补贴实施指导意见

2009年3月5日，为贯彻落实2009年中央一号文件精神，进一步加强良种补贴项目管理，充分发挥政策效应，提高资金使用效益，保护和调动农民生产积极性，农业部、财政部联合印发《2009年中央财政农作物良种补贴项目实施指导意见》。

国家轮出152.3万吨储备棉

为满足纺织用棉需要，稳定棉花市场，国家自2009年5月22日至9月1日累计销售152.3万吨储备棉，其中2003年度储备棉31.3万吨，2004年度储备棉21万吨，2008年度储备棉100万吨。

国　内　纺　织

广交会纺织服装类产品成交额大幅下降

2008年10月15日，第104届广交会在广州琶洲国际会展中心隆重拉开序幕，此次由以往的“两馆两期”改为“一馆三期”，展会规模跃居世界第一，纺织服装类产品在第三期参展。此届广交会出口成交总额34.2亿美元，较上届下降31.5%，其中，纺织纱线、面料及制成品成交额16.3亿美元，较上届下降23.7%；服装成交额17.7亿美元，较上届下降27.8%。

2009年4月15日至5月7日，第105届广交会召开，取消了多年来针对内地采购商的采购或入场相关禁令，采取外贸内销并举的措施，与企业共同抵御金融危机的冲击。此届广交会出口成交总额262.3亿美元，较上届减少16.9%，其中，纺织服装成交额32.3亿美元，较上届减少11.7%。

纺织业振兴规划出台　出口退税率提至15%

2009年2月4日，国务院总理温家宝主持召开国务院常务会议，审议并原则通过纺织工业和装备制造业调整振兴规划。会议认为，加快振兴纺织工业必须以自主创新、技术改造、淘汰落后、优化布局为重点，推进结构调整和产业升级，巩固和加强对就业和惠农的支撑地位，推进我国纺织工业由大到强转变。会议决定将纺织品服装出口退税率由14%提高至15%，对基本面较好但暂时出现经营和财务困难的企业给予信贷支持。加大中小纺织企业扶持力度，减轻纺织企业负担。

上海“华交会”纺织品服装成交额下降三成

2009年3月1—5日，第19届中国华东进出口商品交易会（简称“华交会”）在上海召开，出口总额22.4亿美元，较上届下降39.1%，其中，纺织服装类成交额12.5亿美元，较上届下降32.47%。

纺织出口退税率提至16%

2009年3月27日，财政部、国家税务总局共同发布《关于提高轻纺、电子信息等商品出口退税率的通知》，明确提出将纺织品、服装的出口退税率提高到16%。

国　际　市　场

国家质检总局对境外棉花供应商登记管理

2008年8月，针对近年来中国进口棉花屡屡出现质量问题，为了加强进口棉花检验检疫监督管理，防止进口棉花以次充好、掺杂掺假等贸易欺诈行为，保障进口棉花质量，国家质检总局决定对输入中国大陆的境外棉花供货企业实施登记管理。

金融危机爆发　棉花市场大变脸

2008年9月14日，美国雷曼兄弟公司宣布申请破产保护成为全球金融危机爆发的导火索，全球经济陷入恐慌，失业人数不断增加，消费市场一片低迷。在此背景之下，ICE棉花期货价格大幅下跌，棉农播种意向明显下降。

多家国际棉商破产

2008年10月，瑞士保罗·赖因哈特有限公司(PRAG)在美国的子公司——达拉斯·赖因哈特有限公司申请破产保护；2008年11月，威尔兄弟棉花公司宣布于2010年年初终止棉花业务；2009年8月6日，美国达利文公司和艾仑宝针对爱仑宝收购达利文公司事宜进行磋商。

欧美对中国纺织品配额限制结束

2008年12月31日，《中国入世工作组报告》第242段纺织品特别保障措施以及中美、中欧纺织品备忘录到期，世贸组织成员将不能再引用第242段对中国纺织品出口实施限制，商务部自2009年1月1日起将不再实行输美纺织品出口数量及许可证管理和输欧纺织品出口许可证管理。

WTO宣布美棉补贴违法

2009年6月，世界贸易组织(WTO)就美国和巴西之间的棉花补贴争端作出最终裁决，认定美国政府为棉花种植者提供的补贴是不公平竞争手段，导致美国棉花产量和出口上升，人为降低了世界棉花价格。这是世贸组织关于农业补贴问题的第一例终裁，对发展中国家具有里程碑意义。

宏　观　经　济

十大产业振兴规划出台

2009年1月2日，国务院总理温家宝在山东省视察时首次提出了“十大产业振兴规划”；2009年1月14日，国务院审议并原则通过了汽车产业与钢铁产业调整振兴规划；2009年2月4日，纺织工业和装备制造业的产业振兴规划出炉；2009年2月11日，船舶工业调整振兴规划得到国务院审议并原则通过；2009年2月18日，电子信息产业调整振兴规划获国务院审议并原则通过；2009年2月19日，国务院审议并原则通过了轻工业和石化产业调整振兴规划；2009年2月25日，国务院审议并原则通过了有色金属业和物流业调整振兴规划。其中，纺织工业振兴规划提出了纺织工业调整和振兴的基本原则，即坚持开拓国际市场与扩大内需相结合，坚持扶持骨干企业与带动中小企业相结合，坚持自主创新、技术改造与淘汰落后相结合，坚持发挥市场机制作用与加强政策引导相结合。纺织工业振兴规划还制定了2009年至2011年的产业发展目标。物流业振兴规划则强调必须加快发展现代物流，建立现代物流服务体系，以物流服务促进其他产业发展。

银行间债券发行规模门槛限制取消

2009年1月7日，中国人民银行发布公告，取消了在银行间债券市场交易流通的债券发行规模须超过5亿元才可交易流通的限制条件，为中小企业通过发债进行小额融资创造了较好的政策条件。

十一届全国人大二次会议召开

2009年3月5—13日，十一届全国人大二次会议召开，温家宝作政府工作报告，提出2009年政府工作的主要任务是以应对国际金融危机、促进经济平稳较快发展为主线，统筹兼顾，突出重点，全面实施促进经济平稳较快发展的一揽子计划。

国家外汇管理局发布《关于2009年度金融机构短期外债指标核定情况的通知》

2009年3月17日，国家外汇管理局发布《关于2009年度金融机构短期外债指标核定情况的通知》，适当上调金融机构短期外债指标，强调增量部分全部用于支持境内企业进出口贸易融资，促进对外贸易健康平稳发展。

中国人民银行执行适度宽松货币政策

2009年3月18日，中国人民银行、中国银行业监督管理委员会联合印发《关于进一步加强信贷结构调整，促进国民经济平稳较快发展的指导意见》(银发[2009]92号)，要求人民银行系统和各金融机构深入贯彻落实党中央、国务院关于进一步扩大内需、促进经济增长的十项措施和《国务院办公厅关于当前金融促进经济发展的若干意见》(国办发[2008]126号)精神，认真执行适度宽松的货币政策，促进国民经济平稳较快发展。

20国集团金融峰会在伦敦召开

20国集团金融峰会于2009年4月2日在伦敦落下帷幕，20国集团领导人达成了为国际货币基金组织(IMF)和世界银行等多边金融机构提供总额1.1万亿美元资金，以帮助陷入困境的国家；打击避税天堂，同意向拒绝签署经济合作开发组织(OECD)规章的避税天堂实施制裁，并公布黑名单；促进全球贸易，推出高达2500亿美元的贸易融资方案；刺激经济，G20国家预计在2010年年底前支出5万亿美元以刺激经济等多项共识。

国家发展改革委上调油价

2009年5月18日，国家发展改革委发布《关于提高航空煤油出厂价格的通知》，决定根据国际市场原油价格变化情况，从5月19日零时起适当提高航空煤油出厂价格。5月25日，国家发展改革委发出《关于调整国内成品油价格的报告》，决定从5月28日零时起，将汽、柴油价格每吨均提高400元，测算到零售价格每升分别提高0.3元和0.34元。6月25日，国家发展改革委决定，根据国际市场原油价格上涨情况，为避免提价幅度过大引发下游行业连锁反应，拟按不超过去年历史最高价格水平的原则将汽、柴油每吨均提高600元。

鼓励汽车、家电“以旧换新”

2009年6月1日，国务院批准了国家发展改革委等部门《促进扩大内需，鼓励汽车、家电“以旧换新”实施方案》，并以国办文件正式印发，要求各地、各部门贯彻实施。根据《实施方案》，2009年财政安排20亿元资金，用于家电“以旧换新”补贴。补贴产品确定为电视机、电冰箱、洗衣机、空调、电脑5类家电产品。

国家财政部进一步提高部分商品出口退税率

国家财政部决定，自2009年6月1日起，将合金钢异性材等钢材、钢铁结构体等钢铁制品、剪刀等商品的出口退税率提高到9%。

部分产品出口关税调整

为稳定外需，调整出口结构，2009 年 6 月 22 日财政部网站公布通知，经国务院关税税则委员会审议，并报国务院批准，自 2009 年 7 月 1 日起，我国对部分产品的出口关税进行调整，取消小麦、大米、大豆等粮食产品以及硫酸、钢丝等工业品的出口暂定关税，降低微细目滑石粉，中小型型钢，部分氟化工品，部分钨、钼、铟等有色金属及其中间品等产品的出口暂定关税。

新疆发生“七五”事件

2009 年 7 月 5 日，新疆乌鲁木齐发生打砸抢烧严重暴力犯罪事件。事件发生后，党和政府果断决策，妥善处置，控制了事态发展，生产生活逐步恢复正常。

跨境贸易人民币结算业务启动

2009 年 7 月 6 日，中国银行正式启动首笔跨境贸易人民币结算业务，这意味着人民币在国际贸易结算中的地位将从计价货币提升至结算货币，我国跨境贸易人民币结算业务即将进入实质运作阶段。

温家宝主持召开国务院常务会议，研究部署促进中小企业发展

2009 年 8 月 19 日，国务院总理温家宝主持召开国务院常务会议，研究部署促进中小企业发展。会议提出，当前要继续落实促进中小企业发展的政策措施，在此基础上进一步采取新的扶持措施：(一)完善政策法律体系，为中小企业发展营造公开、公平竞争的市场环境和法律环境；(二)切实缓解中小企业融资难，鼓励各地建立小企业贷款风险补偿基金，对金融机构小企业贷款按增量给予适度补助；(三)加大对中小企业的财税扶持；(四)加快中小企业技术进步和结构调整；(五)支持符合条件的中小企业参与家电、农机、汽车摩托车下乡和家电、汽车以旧换新等业务。落实出口退税等政策，支持中小企业开拓国际市场；(六)加强和改善对中小企业的服务。

国务院常务会议研究部署抑制部分行业产能过剩和重复建设

2009 年 8 月 26 日，国务院总理温家宝主持召开国务院常务会议，研究部署抑制部分行业产能过剩和重复建设，引导产业健康发展。会议指出，目前部分产业结构调整进度不快，一些行业产能过剩、重复建设问题仍很突出，要重点加强对钢铁、水泥等行业发展指导，进一步加强钢铁等产能过剩行业项目审批管理。严格核发螺纹钢、线材、水泥等产品生产许可证。国务院要求实行严格的有保有控的金融政策。按重点产业调整和振兴规划以及相关产业政策要求发放贷款，并严格发债、资本市场融资审核程序；此外，对不符合产业政策和供地政策的项目，一律不批准用地。

注：宏观经济部分时间范围为 2009 年 1 月 1 日至 8 月 31 日。

政策文件

第六部分

张晓强在全国棉花工作电视电话会议上的讲话

加强调控 促进棉花生产 保证市场供应 切实做好新年度棉花工作

国家发展改革委副主任 张晓强

（2009年9月27日）

同志们：

新的棉花年度已经开始。经国务院批准，今天国家发展改革委、财政部、农业部、工商总局、质检总局、供销总社、农业发展银行七个单位联合召开全国棉花工作电视电话会议。这次会议的主要任务是，总结2008年度棉花工作，分析2009年度棉花形势，并部署工作。下面我讲四点意见。

一、2008年度棉花工作简要回顾

2008棉花年度（2008年9月至2009年8月），我国棉花产销面临的形势与以往有很大不同，棉花调控也经历了不平凡的过程。棉花产量与上年持平，但受国际金融危机影响，纺织出口下滑，棉花需求下降。国家通过加强调控，加大储备吞吐力度，严格控制进口，保护了棉农利益，保障了纺织用棉需要，保持了市场运行基本平稳。一年来，国务院各有关单位和地方各级人民政府共同努力，重点做了以下三方面的工作：

（一）保持总量平衡。据国家统计局统计，2008年全国棉花播种面积8640万亩，同比减少240万亩；棉花产量750万吨，同比减少12万吨。根据新疆棉外运情况看，新疆棉花实际产量比公布数量多50万吨左右，全国棉花实际产量800万吨左右，与上年持平，仍是丰产年。受国际金融危机影响，2008年度我国纺织出口下滑，棉花需求减弱。2008年度，全国纱产量2266万吨，同比增长7.1%，增速同比下降3.9个百分点；纺织品服装出口1711亿美元，同比下降5.6%，其中2009年1—8月下降11.8%。由于纺织外需萎缩，加上化纤等非棉纤维用量增加，据有关方面测算，全年度棉花消费量900万吨左右，比上年度下降150万吨左右。2008年度棉花产需缺口100万吨左右。根据棉花总量平衡情况，为了防止价格下跌，影响农民收益，国家严格控制棉花进口，2009年共发放棉花进口配额129.4万吨，比上年减少220万吨。2008年度进口棉花145万吨，同比减少99万吨，其中2009年1—8月进口棉花97.6万吨，同比减少66.4万吨。在保持总量平衡、满足纺织需要的同时，优先保证了国产棉销售。到2009年8月底，棉花企业手中的棉花已基本销完，农发行实现贷款和利息“双结零”。

（二）稳定棉花市场。去年四季度新棉大量上市后，受国际金融危机影响，棉花购销各方信心不足，市场一度低迷。针对这种情况，为稳定市场棉价，国家充分发挥储备吞吐调节的作用，在去年10月下旬至2009年4月上旬棉花集中上市期间，加大收储力度，共收储棉花272万吨，收储数量是历史上最多的一年。从2009年5月下旬开始，为保障年度后期市场供应，满足纺织需要，向市场投放部分储备棉，截至9月底已销售167万吨，这些调控措施取得明显成效。籽棉收购截至2009年4月份基本结束，内地籽棉交售均价2.6元/斤左右，新疆在2.5元/斤左右，均比最低时回升0.4元/斤；皮棉销售价格2009年5月份以来基本稳定在13000元/吨左右，比上年底回升2400元/吨。由于储备棉投放及时，数量充足，年度后期市场平稳，新老棉花年度实现平稳过渡。工商、质检部门加强市场和质量监管，棉花流通秩序较好。

（三）推进质检改革。按照国务院批准的《棉花质

量检验体制改革方案》，有关部门和产棉区人民政府扎实工作，加大宣传力度，认真落实改革各项配套政策，积极引导棉花加工企业按照规划布局开展更新改造，加快建设仪器化检验实验室。截至目前，已有2044家棉花加工企业按照棉花质量检验体制改革要求完成了技术改造，占规划数的85%；全国已建成87家仪器化检验实验室，分布于全国各主要棉花产区，检验能力达到530万吨。2008年度经仪器化检验大包棉427万吨，是上年度检验量（166万吨）的2倍多，超过全国棉花产量的一半。参加改革的大包棉加工企业规模大、技术水平高、辐射面广，在国家通过加大收储力度稳定棉花市场、保护棉农利益中发挥了重要作用。

过去的一个年度，我们在棉花工作中有以下几点体会：

兼顾各方利益、促进协调发展是做好棉花工作的根本原则。棉花产业涉及棉农、纺织和流通企业，各环节都发挥着重要作用，各方利益都需要统筹兼顾，才能实现棉花和纺织产业的协调可持续发展。在去年新棉大量上市棉价下跌时，综合考虑棉农生产成本和纺织承受能力以及棉花收购加工企业适当利润，施行了国家储备棉临时收储及皮棉收储价格与籽棉收购价格挂钩政策，切实保护棉农利益，棉农生产积极性有所恢复，棉花生产预期大幅下滑的势头得到一定遏制。在储备棉出库销售时，为缓解纺织企业生产经营困难，合理确定了竞拍底价。

准确把握形势、审慎灵活出台措施调控是做好棉花工作的重要手段。棉花市场化改革以来，尤其是去年国际金融危机爆发后，国内外棉花市场面临复杂多变的形势，要求我们准确把握调控的方向、重点、时机和节奏，及时采取相应措施，实现精准调控。如在储备棉吞吐和配额发放问题上，我们根据国内外棉花市场和纺织需求变化情况，有针对性地采取增加临时收储计划、把握储备棉投放节奏、增加发放一部分加工贸易进口配额等措施，保持了市场的基本平稳，满足了纺织用棉需要。

及时会商沟通、部门协同配合是做好棉花工作的重要保障。棉花工作政策性强，涉及面广，需要各部门和地方加强协调配合。在组织储备棉出库销售过程中，有关部门和行业协会建立了会商联席会议制度，协商确定储备棉出库销售的库点安排、投放节奏、代理交易等问题，及时研究解决发现的问题。铁道部、农发行、中储棉公司和交易市场等有关部门和单位克服困难，扎实工作，确保了会商确定的各项调控措施落实到位。

在充分肯定成绩的同时，我们也要看到存在的问题：一是混等混级收购加工棉花仍较普遍，棉花中混入异性纤维的现象有所抬头；二是质检改革地区间进展不平衡，仪器化检验指标还没有为纺织企业普遍使用；三是稳定棉花生产难度大。因棉价偏低，种棉效益低，棉农生产积极性下降，但与国际棉价相比，我国棉花价格已比进口棉成本高1500—2000元/吨（按1%关税测算），在纺织外需下降、资金紧张的情况下，内外棉价相差过大，纺织企业生产经营面临较大困难并影响到出口竞争力。

二、2009年度棉花工作面临的形势

近一个时期，我们和有关部门、行业协会对新年度的棉花市场形势进行多次分析和研究，通过多种方式对江苏、山东、河南、湖北和新疆等棉花主产区情况进行了调研。总的来看，预计2009年度国内棉花产量下降，纺织生产出口逐步好转，棉花产需缺口有所扩大，棉价总体将高于上年，但新棉大量上市后一些主产区仍存在价格下行压力。

（一）棉花产量下降。据农业部门最近调查统计，2009年全国棉花种植面积7592万亩左右，同比减少1000万亩左右，减幅10%以上。2009年棉花前期苗情总体较好，8月下旬到9月上旬长江流域连续出现灾害性天气，对棉花生长造成一定影响。目前全国棉花长势与上年基本持平，如近期天气正常，加强中后期管理，有望获得较好收成，预计全国棉花产量700万吨左右。受2009年主产棉区气温偏低影响，包括新疆在内的大部分主产区棉花大量上市要到9月底10月初，比常年推迟十天左右。

（二）棉花需求企稳回升。近几个月以来，美国、欧盟、日本等我国纺织品出口主要目的地的经济出现回升迹象，其国内纺织品需求预计仍将稳步增长。随着国家扶持纺织发展系列政策措施的逐步落实和国际经济向好，从2009全年度看，我国纺织行业生产和出口逐步回暖，对棉花需求的增长稳步回升，棉花产需缺口将比上年度有所扩大。

（三）国际市场棉花供求基本平衡。据国际棉花咨询委员会（ICAC）最新预测，2009年度全球棉花产量2325万吨，同比减少12万吨；消费量2359万吨，同比增加50万吨；期初库存1237万吨，同比增加24万吨，属历史较高水平。国际市场棉花供需基本平衡。

（四）2009年度新棉大量上市后仍存在价格下行压力。从整个年度看，棉花减产，棉花产需缺口扩大，棉农对棉花收购价格的期望值较高，棉价总体预计将高于上年度，但在新棉大量集中上市后国内市场棉价仍存在下行压力，特别是新疆棉花上市集中度较高，棉价下行压力较大。主要原因是目前国际经济回暖的基础尚不牢固，纺织品消费短期内难以恢复到金融危机前的水平，2009年后几个月纺织出口形势仍不乐观，加上纺织企业资金普遍比较紧张，难以消化过高棉价。

三、切实做好2009年度棉花工作

当前国际、国内经济形势复杂多变，影响棉花市场稳定运行的不确定因素较多，做好新年度棉花工作的任务十分艰巨。但另一方面，国家储备棉库存充裕，国际市场棉花资源状况好转，库存水平较高，只要我们准确研判形势，适时灵活调控，保持新年度棉花总量平衡和市场基本平稳是完全能够做到的。新年度棉花工作的总体要求是：抓好新棉购销，保持市场平稳；加强宏观调控，保证市场供应；调动农民积极性，促进棉花生产；强化质检改革，确保棉花质量。重点要做好以下几项工作：

（一）切实抓好新棉购销。要加强信息披露和政策引导，客观宣传我国棉花产销形势，引导棉农积极交售棉花，棉花企业积极入市收购。各级农业发展银行要在切实防范贷款风险的前提下，支持贷款企业及时足额兑付棉农收购款。鼓励商业银行等金融机构积极开展棉花收购信贷业务，各金融机构在新疆收购贷款额度要力争不低于上年。中国棉花协会和棉纺织行业协会要加强行业自律，引导企业切实防范市场风险。为保障新疆棉花收购顺利进行，有关职能部门和单位要帮助新疆加强与内地的购销衔接。国务院有关部门、新疆自治区人民政府要密切关注新疆棉花收购、销售和价格走势，及时协调解决出现的问题。

（二）加强市场和质量监管。要继续贯彻落实《棉花加工资格认定和市场管理暂行办法》，依法严厉打击无证无照经营行为，严肃查处销售、购买非法加工棉花的行为，切实加强棉花市场监管，维护棉花市场秩序。要加大棉花质量检查力度，依法加强收购加工环节质量监督管理，打击棉花掺杂使假等质量违法行为。要继续贯彻原国家计委等五部门制定的《避免在棉花采摘、交售、加工过程中混入异性纤维的暂行规定》的各项要求，引导棉农做好“四分”（分摘、分晒、分存、分售），抓好各环节排除异性纤维工作，确保棉花收购和加工质量。

（三）加强宏观调控。要按照既有利于稳定棉花生产，又有利于维护纺织正常生产经营的原则，进一步加强调控，保持棉花价格基本稳定和市场平稳运行。一是做好棉花储备调控预案。如新棉大量上市时棉价过度下跌，及时通过公开竞价方式收储部分棉花。考虑新疆棉购销可能出现的问题，有关部门已经提前做好了收储新疆棉的准备工作。如市场棉价过快上涨，则及时抛储，稳定棉价，保证纺织用棉需要。鼓励有条件的省区建立省级棉花储备，积极发挥储备吞吐作用，稳定当地棉花市场。二是调控好棉花进口。密切跟踪纺织生产出口形势，按照国内棉花产需缺口确定进口配额数量，适时均衡发放，满足市场需要。三是加强新疆棉花运销协调。要引导新疆棉花企业收购加工后抓紧销售和向内地移库运输。铁路等有关部门要继续组织好新疆棉外运，增加棉花出疆运力，满足销售和移库需要。四是进一步加强棉花产需数据统计。要完善统计局棉花和纺织统计体系，发挥有关部门和行业协会在棉花生产、消费、库存、市场运行等方面的监测补充作用。五是加强调控制度建设。在现有部门沟通会商的基础上，要建立棉花调控会商联席会议制度，加强沟通，进一步做好棉花总量平衡和市场调控工作。

（四）促进棉花生产。从发展趋势看，随着纺织生产出口的逐步好转，我国棉花产不足需的矛盾仍将长期存在，必须稳定发展国内棉花生产。要切实保护农民种棉积极性，防止棉花生产滑坡。要继续加大棉花生产投入，加强优质棉生产基地建设，大力推进棉花高产创建活动，着力提高棉花单产和品质。切实落实好棉花良种补贴政策，进一步完善棉花良种补贴方式，尽快解决棉花品种“多、乱、杂”问题，并为准确核实棉花种植面积提供参考。要加快棉花优良新品种选育和简化栽培等技术的研究、示范、推广工作，扩大优质棉花种植规模。近期，有关部门及行业组织正在开展棉花产业发展战略相关研究，探索建立稳定发展我国棉花生产的长效机制。

（五）维护纺织行业持续健康发展。继续落实好纺织工业调整振兴规划和国家已出台的出口退税等方面的扶持政策，着力解决纺织行业当前面临的资金紧张等问题，切实缓解企业困难。加快纺织行业结构调整，继续支持纺织企业新技术、新材料、新装备的研发，引导纺织企业加快技术改造和产业升级，提高产品技术含量和附加值。培育自主品牌，提升我国纺织品服装档次和竞争力，使我国纺织行业由数量扩张型向质量效益型转变。

四、继续深化棉花质量检验体制改革

棉花质量检验体制改革是我国棉花流通体制改革的重要组成部分，也是完善棉花市场体系、发展棉花现代物流的关键。推进棉花质量检验体制改革，对提高棉花流通效率，降低棉花流通成本，确保棉花质量，增强我国纺织品国际竞争力，都具有十分重要的意义。2009 年度是棉花质检体制改革五年过渡期的最后一年，也是关系到改革能否顺利完成的关键一年。各地、各有关部门要进一步提高认识、增强信心、攻坚克难、扎实推进，力争各项改革任务圆满完成。为此，要重点抓好以下三个方面的工作：

一是优化棉花加工业规划布局。近年来，棉花生产区域布局出现了一些新变化，棉花生产正逐步向生态条件适宜、比较效益高、生产潜力大、竞争优势强的优势区域转移。各地要在对棉花加工业更新改造规划布局进行全面清理的基础上，根据新的生产格局优化调整棉花加工企业规划布局。适当削减棉花面积萎缩地区的企业数量，相应增加集中产区的企业数量；剔除原纳入规化但没有改造或已破产转产的企业，支持改造意愿强又有资金实力的企业；既要避免棉花加工企业在一些主产地区过于集中，又要兼顾非主产地区棉花加工企业的布点需求，方便农民售棉。

二是大力推进棉花仪器化公证检验。各地要进一步加大宣传力度，引导加工企业履行质量义务，积极参与仪器化公证检验。纤检机构要按照满足加工企业检验需求的原则，进一步加快设备购置和改造步伐，增加承检网点，规范仪器化检验工作程序，健全完善内部管理和仪器化检验考核管理制度。要继续完善棉花质量标准体系，尽快出台中国棉花色特征图及实物标准，不断提高检验技术能力和水平。要抓住仪器化检验大包棉数量增加的有利时机，加快建设棉花质量信息管理系统，力争覆盖全国所有产棉区，在国家宏观调控和市场流通中发挥信息基础作用。有关单位要积极改进大包棉花的包装捆扎材料，优化装运方式，加强棉花回潮率检测，消除棉包在装运、储存中可能产生的安全隐患。

三是加大力度促使小包棉及其加工企业退出市场。继续执行只收储经仪器化公证检验的大包棉、铁路部门优先运输大包棉、农业发展银行给改革企业优先贷款等促进大包棉发展、小包棉退出的政策措施。从 2010 年 9 月起，铁路部门停止小包棉花运输，农业发展银行停止对小包型棉花加工企业提供贷款，取消小包棉加工企业的棉花加工资格。郑州商品交易所、全国棉花交易市场近期将发出公告，2010 棉花年度起，停止小包棉花进入期货和电子撮合交易市场。我委将会同有关部门加强调研，进一步完善小包棉及其加工企业在过渡期后退出市场的机制和实施办法。

同志们，2009 年度棉花工作任务十分繁重。各地区、各有关单位要认清形势，明确任务，各司其职，密切配合，共同做好工作。产棉区发展改革委要在当地人民政府的领导下，切实加强对棉花工作的组织协调，及时解决棉花工作中出现的新情况、新问题，圆满完成 2009 棉花年度各项工作任务，促进我国棉花产业的健康稳定发展。

张少春在全国棉花工作电视电话会议上的讲话

加大财政支持力度　促进棉花产业健康发展

财政部副部长　张少春

（2009年9月27日）

同志们：

刚才张晓强副主任总结了2008年度棉花工作，分析了当前棉花市场形势，对2009年度棉花工作做了部署，我完全同意。下面我就财政系统上年度棉花工作情况，以及新的年度如何继续做好棉花工作，谈几点意见。

一、2008年度财政棉花工作回顾

财政部门一贯高度重视棉花工作，认真贯彻党中央、国务院支持棉花产业发展的各项方针政策，积极参与宏观调控。特别是面对国际金融危机、需求疲软的不利局面，2008年度财政持续加大支持力度，通过补贴、储备、税收等调控手段，维护国内棉花市场稳定，保护广大棉农和棉纺企业利益，有效促进了各项棉花工作。

（一）实施棉花良种补贴全覆盖，全面提高棉花品质。我国耕地面积有限，保障粮食安全是首要任务，提高棉花产量主要依靠技术进步以提高单产水平。为引导和鼓励农民在生产中使用棉花优良品种，提高棉花良种覆盖率，2007年中央财政启动实施了棉花良种补贴政策。实施以来，覆盖范围不断扩大，资金规模大幅度增加。2007—2008年，中央财政按照每亩补贴15元的标准，共安排棉花良种补贴资金10亿元。2009年进一步加大了支持力度，实施棉花良种补贴全覆盖，使全体棉农都能够享受到国家优惠政策。为支持做好春耕备耕工作，2009年3月9日，中央财政就预拨了河北、新疆等27个省（自治区）以及新疆生产建设兵团棉花良种补贴资金13.33亿元，比2008年增长167%。棉花良种补贴政策的连续实施及全覆盖，对进一步激发农民植棉积极性，加快推广优质棉种，稳定棉花种植面积发挥了重要作用。

（二）支持棉铃虫监测，减轻灾害损失。近几年，棉铃虫等农作物病虫害偏重发生，对棉花生产构成严重威胁。为及时准确地监测预报棉铃虫发生趋势和动态，2008—2009年中央财政安排了棉铃虫监测专项经费，用于支持有关地区做好棉铃虫监测工作，指导农民科学防治，以减轻灾害损失，提高棉花质量和产量。

（三）支持粮棉油高产创建活动，提高棉花单产。按照国务院领导批示精神和中发[2009]1号文件关于“深入推进粮棉油高产创建活动”的要求，2009年中央财政安排粮棉油高产创建示范补助资金5亿元，支持粮食作物、油料作物和棉花高产创建万亩示范片2600个，用于提高农民科学种田技术水平，促进粮棉油生产稳定发展和农民持续增收。其中，中央财政在全国范围内共安排棉花高产创建万亩示范片200个，对于提高棉花单产水平，全面提升棉花综合生产能力，降低生产成本，解决棉花种植技术推广“最后一公里”问题将发挥重要的作用。

（四）加大棉花保险补贴支持力度，降低植棉风险。棉花生产是一个自然再生产过程，容易受到自然灾害侵袭。因此，增强棉农保险意识，引导棉农参加保险，采取市场化手段规避风险，是一条有效的解决途径。目前棉花保险补贴已由最初的江苏、湖南、新疆三省区扩大到江苏、湖南、新疆、河北、河南、安徽、江西7个省区。保费补贴政策自2007年实施以来，棉花保险覆盖面不断提高，在新疆等棉花主产区，棉花保险覆盖率已超过80%。棉花保险补贴政策，有

效提高了棉农投保积极性，在防范棉花生产风险，保障棉农收入方面发挥了积极作用。

（五）继续发挥税收政策作用，促进国内棉花产业和纺织行业健康发展。2009年我们继续对配额外一定数量的进口棉实行滑准税，滑准税率水平与2008年底持平。尽管2009年没有适用滑准税的棉花进口，但滑准税项下的棉花进口价格对国内棉花市场起到了有力的引导作用，成为国内棉花定价的重要参考因素。另外，受国际金融危机影响，我国棉纺织品、服装出口下滑，为了缓解纺织服装企业困难，增强纺织服装企业国际竞争力，2008年下半年以来，我国已经四次提高纺织品、服装的出口退税率，由原来的11%提高到现在的16%。据相关部门统计数据显示，目前我国纺织、服装行业已出现企稳回升迹象，带动了国内棉花需求。

（六）大力支持棉花质量检验体制改革。棉花质量检验体制改革是我国棉花流通体制改革的一项重要工作，有利于提高我国棉花产业竞争力，也有利于维护市场秩序。为保证棉花质量检验体制改革的顺利进行，中央财政从1998年起安排专项资金用于棉花公证检验，2008年9月—2009年8月，中央财政共计安排棉花公证检验费用3.9亿元。同时，中央财政每年还安排棉花质量检验体制改革专项经费2.56亿元，支持纤检机构改善检验技术条件。

（七）实施出疆棉及棉纱移库费用补贴政策，促进新疆棉花产业发展。新疆是我国最大的棉花产区，棉花收入约占全区农民人均收入的三分之一，促进新疆棉花产业发展，既有利于增加新疆农民收入，也有利于稳定国内棉花供给。考虑到新疆远离棉花消费区，出疆成本较高，为增强新疆棉花市场竞争力，保护新疆发展棉花产业的积极性，促进新疆棉花销售，2008年财政部商有关部门后，出台了出疆棉移库费用补贴政策，当年拨付补贴资金10.07亿元，共计补贴708家企业，252万吨出疆棉。同时，为促进新疆地区棉花产业发展，中央财政又实施了出疆棉纱补贴政策，比照出疆棉政策，每吨定向补贴400元。

（八）加大储备调控力度，稳定国内棉花市场。2008棉花年度，棉花产业发展面临复杂多变的全新形势，国家陆续出台调控措施，适时利用储备手段，灵活调控市场，达到了调控棉花市场价格、保护棉农和纺织企业各方利益的效果。一是受国际金融危机、需求疲软影响，去年新棉集中上市时，国内棉价持续下跌，出现棉农卖棉难问题，国家及时出台272万吨棉花收储政策，并严格控制棉花进口，有力支撑了国内棉花市场，后期棉花收购价格稳中有升，有效保护了棉农利益；二是为保证年度后期市场供应，保证纺织用棉需要，国家及时投放储备棉，缓解了纺织行业困难。

我国是农业大国，农业基础薄弱，棉花生产的基础还不牢固，需要国家财政和有关方面的大力支持，2008年度国家实施了更加积极的棉花财政政策，各级财政部门做了大量工作和应有的贡献，我在此表示衷心的感谢。

二、切实做好2009棉花年度的财政工作

受国际金融危机的影响，2009年度国内外棉花市场形势依然复杂，我国棉花产业的发展仍面临着诸多困难。做好新年度棉花工作，对于贯彻落实党中央、国务院关于“保增长、保民生、保稳定”的战略方针，对于贯彻落实国家棉花政策，增加棉农利益，保障企业用棉需要具有重要的意义。各级财政部门要采取切实有效措施，综合运用各种调控手段，确保国内棉花市场供需平衡，做到既合理保护棉农利益，又有效支持纺织工业健康发展。

（一）积极贯彻落实各项财政政策，稳定棉花生产，维护棉农利益。据有关部门调查，今年棉花种植面积减少约1000万亩，减幅10%以上，新年度棉花缺口将有所扩大。为调动农民生产积极性、维护棉农利益，中央财政将继续实施棉花良种补贴以及农业保险保费补贴等政策，支持粮棉油高产创建示范，改善棉花品质，降低棉花生产风险，提高棉花单产水平，促进棉花生产稳定发展。

（二）密切跟踪及时分析市场形势，进一步提高棉花市场调控水平。在国内棉花产量下降的形势下，应进一步加强市场调控，统筹考虑棉农和纺织企业利益，用好储备、进口、税收等调控政策手段，保持国内棉花供求基本平衡和市场平稳运行。一是密切关注国际棉花市场及国内纺织品服装出口形势，并依市场形势继续完善执行棉花滑准税政策，控制好棉花进口数量和价格，把握好节奏，确保国内棉花市场稳定。鼓励企业用好出口退税政策，促进纺织品服装出口尽快走出低谷。二是密切跟踪国内棉花市场信息，按照有利于稳定棉花生产，有利于保护棉农利益，有利于维护纺织企业正常生产经营的原则，及时做好调控预案，适时启动收储和抛售工作，及时应对棉花集中上市价格过度下跌及可能出现的价格波动过大问题。三是重点关注新疆棉花市场动态，一旦出现棉农卖棉难问题，及时启动收储预案。同时，充分利用出疆棉移库费用补贴和出疆棉纱运输费用补贴政策，引导企业强化市场意识，及时入市收购，加快新疆棉和棉纱运销进度，以稳定新疆棉花产业发展。四是尽快完善棉花产需统计体系，提高棉花统计数据的科学性，为国家宏观调控决策提供准确数据。

（三）研究完善促进棉花产业健康发展的长效机制。棉花产业的健康发展事关我国经济社会稳定发展全局，事关广大棉农和纺织工人的切身利益，也是我国传统产业健康发展的基础。各级财政部门要高度重视棉花产业发展问题，认真总结经验，积极探索深化棉花流通体制改革，积极支持统计预测、质检监测等基础工作建设。不断研究探索新路子、新办法、新措施，推动形成促进棉花产业稳定发展的长效机制。

同志们，支持棉花产业发展，不仅是加快解决“三农”问题、促进城乡协调发展的重要内容，也是加快公共财政建设、构建和谐社会的客观要求，是关系民生的大事。希望各级财政部门高度重视，扎实工作，加强与有关部门的协调协作，共同做好2009年度棉花财政工作，为棉农增产增收、为棉花产业健康发展做出新的成绩。

陈萌山在全国棉花工作电视电话会议上的讲话

狠抓关键环节　落实关键措施　力争棉花生产稳定发展

农业部总经济师　陈萌山

（2009年9月27日）

同志们：

刚才，张晓强副主任全面分析了当前棉花产销形势，对做好新年度棉花工作提出了明确要求，希望各地农业部门认真贯彻落实。下面，我就促进棉花生产稳定发展问题，讲三点意见。

一、准确把握2009年棉花生产形势

2009年棉花生产主要有以下几个特点：一是种植面积减少。受国际金融危机影响，我国纺织品出口增速放缓，棉花需求减弱，市场价格下跌，棉农收益减少，致使2009年棉花生产下滑。据我部农情调度，2009年棉花种植面积7592万亩，比去年减少1000万亩左右，下降10%以上。其中，长江流域棉区减少297万亩，下降13%；黄河流域棉区减少310万亩，下降9%；西北内陆棉区减少271万亩，下降11%。二是长势基本正常。2009年全国棉花前期长势普遍较好，但7月下旬长江流域部分棉区遭遇低温阴雨，8月份湖南、湖北部分地区又出现高温干旱，目前这一区域棉花长势比去年略差，黄河流域棉区，除山东、河北局部地区受8月下旬至9月中旬连续阴雨影响棉花蕾铃脱落外，其他地区棉花长势与上年相当，西北内陆棉区棉花生长中期受低温影响，生育推迟。总的

来看,2009 年全国棉花长势接近常年,预计收获期推迟十天以上。三是单产有望保持上年水平。若后期没有大的自然灾害,通过加强田间管理和抗灾减灾工作,促进棉花吐絮和纤维成熟,提高单产仍有潜力。综合分析,预计 2009 年棉花总产量同比减少 10%左右。

尽管 2009 年棉花生产呈下滑趋势,但形势比年初预计的要好,这关键得益于国家强农惠农政策的有力推动,得益于有关部门的大力支持,得益于各级农业部门卓有成效的工作。

(一)积极落实良种补贴政策。2009 年国家加大了棉花良种补贴力度,补贴省份由 8 个扩大到 25 个,补贴面积由 3000 多万亩扩大到全覆盖。各级农业部门积极配合财政部门,充分听取专家、农民和企业的意见,选择补贴方式、制定补贴方案、推介优良品种,全力抓好政策落实,有效保护和调动了棉农生产积极性,遏制了生产大幅下滑的势头,面积降幅较年初意向调查缩小了 5 个百分点。

(二)大力开展棉花高产创建。2009 年农业部在全国启动了棉花高产创建活动,在优势区域内的 198 个 15 万亩以上的大县安排 200 个万亩示范片,集成技术、集约项目、集中力量,促进良种良法配套,挖掘单产潜力。各地按照农业部的部署要求,强化责任落实,狠抓关键环节,落实关键技术,搞好现场观摩,带动大面积平衡增产。据统计,2009 年共培训 170 多万人次,发放技术资料 150 多万份,示范区基本实现子标准化生产和 100%测土配方施肥、100%良种供应、100%专业化防治。经严格测产验收,200 个示范片亩产比所在县(市)平均亩产高 50%以上。

(三)加强技术指导服务。各级农业部门抓住良种补贴扩大的有利时机,大力推广良种良法。目前,转基因抗虫棉在黄河流域棉区种植比例达 97%以上,长江流域棉区 70%以上,杂交棉面积扩大到 2500 多万亩,占全国棉花面积的 33%。同时,2009 年农业部提出推行"杂交棉增密"措施,各地狠抓落实,指导棉农合理安排种植密度。据调查,2009 年全国植棉密度同比增加 4.9%,为稳定棉花单产奠定了基础。

二、切实加强后期管理,力争 2009 年棉花获得较好收成

当前,棉花生长已进入关键时期,各级农业部门要针对 2009 年棉花生育期推迟、自然灾害频繁、异性纤维混杂现象有所抬头等情况,进一步加强后期田间管理和防灾减灾工作,强化棉花采摘指导服务,全力争取 2009 年棉花生产有一个较好收成。

(一)狠抓后期田间管理。各地要密切关注天气变化,组织专家和技术人员深入田间地头,分类指导,加强技术服务,指导农民及时摘除空果枝和无效花蕾,改善棉田通风透光条件,防止大量烂桃。对生育期推迟的棉区,要采取促早熟措施,适当喷洒催熟剂,促使秋桃早日吐絮。继续加强病虫监测和预报,重点抓好长江流域棉区第四代棉铃虫和烟粉虱、西北内陆棉区秋蚜等主要病虫害防治。

(二)狠抓棉种生产和加工。由于 2009 年棉花生长后期雨水多,致使棉花含水量高,棉种成熟受到影响。各级农业部门要指导农民切实加强种子繁殖田的后期管理,及时采摘和晾晒,有关良种棉加工厂要切实搞好收购、加工、精选,加强棉种生产全过程的质量控制,确保棉种数量充足、质量安全。

(三)狠抓采摘技术服务。要采取多种形式,加强对农民的宣传培训,提高质量意识,强化质量责任。指导棉农科学收获,尽可能做到分摘、分晒、分存、分售,避免混等混级,严格控制异性纤维混入,切实提高棉花质量。此外,拾花工输出和输入地区的农业部门都要积极配合相关部门,加强技能培训,强化法律法规、安全生产、卫生防疫等方面的教育,维护拾花工合法权益,保障拾花工有序流动,确保棉花采摘顺利进行。

(四)狠抓棉花产销促进。各地农业部门要加强棉花政策和市场信息的宣传,引导棉农正确认识棉花产销形势,适时交售棉花。同时,要积极配合有关部门,做好新棉收购的组织协调工作,切实维护广大棉农的利益。

三、及早谋划,全力促进明年棉花生产稳定发展

当前,纺织工业生产和纺织品出口逐步回暖,棉

花需求企稳回升，稳定发展棉花生产存在不少有利因素。同时，我们也要看到，我国棉花生产基础薄弱、技术储备不足、生产成本上升、资源约束日益趋紧，稳定发展生产的难度也在增加。各级农业部门要站在全局和战略的高度，认清形势，及早谋划，统筹安排好明年的棉花生产。坚持以满足国内纺织品消费用棉需求为目标，按照“优化布局、主攻单产、提高效益”的要求，加大工作力度，狠抓政策落实，强化科技支撑，力争明年棉花面积有所恢复，促进棉花生产稳定发展。重点做好以下几方面工作。

（一）加大政策落实力度。明年国家将继续实施棉花良种补贴政策，各级农业部门要认真总结近几年实施的经验，进一步完善补贴方式，确保国家惠农政策落实到位。要加强政策宣传，发挥政策激励作用，充分调动棉农的植棉积极性。同时，要抓住实施良种补贴的机遇，大力开展优良品种展示示范，做到良种良法配套，增强良种补贴政策实施效果。

（二）努力恢复棉花面积。各地特别是主产省（区）农业部门要在深入分析当前棉花生产形势基础上，研究制定明年棉花生产的指导意见，通过政策和信息引导，努力恢复棉花面积。长江流域棉区要推广间作套种、多熟高效种植等生产模式，提高复种指数，力争恢复到2100万亩左右，黄河流域棉区要粮棉统筹兼顾，加大盐碱地改良开发力度，植棉面积力争恢复到3500万亩左右，西北内陆棉区要发挥资源优势，大力推广节水技术，力争棉田面积稳定在2400万亩左右。

（三）深入推进高产创建。明年农业部将较大幅度扩大棉花高产创建规模，进一步强化示范带动效应。各地要按照农业部的统一部署，以集成推广高产、轻简、高效的棉花生产技术模式为重点，努力实现“五个100%”的目标任务；切实加强组织领导，确保高产创建示范片落实到田，工作责任落实到人，技术指导落实到户；强化宣传引导和工作督导，充分发挥示范带动作用，确保创建活动取得显著成效，努力探索棉花生产优质高产高效的发展路子。

（四）加强棉种调剂和市场监管。各地要根据生产需要，及早做好棉种调剂，对异地调种要强调品种的生态适应性，防止由于品种选用不当给棉花生产造成损失。要加强棉种市场监管，认真开展种子市场专项检查，依法查处制售假劣种子等违法行为，切实保障用种数量和质量安全。

同志们，我们要认真贯彻落实这次会议精神，扎扎实实做好棉花工作，为力争2009年棉花生产好收成，促进明年棉花生产稳定发展做出贡献。

刘玉亭在全国棉花工作电视电话会议上的讲话

加强棉花市场监管　维护棉花市场秩序

国家工商行政管理总局副局长　刘玉亭

（2009年9月27日）

同志们：

今天，我们召开全国棉花工作电视电话会议对于做好2009年的棉花工作，具有十分重要的指导意义。各级工商行政管理机关一定要按照会议的部署和要求，认真履行职责，扎实做好监管服务。下面，我讲几点意见：

一、2008年度工商行政管理部门扎实推进棉花市场监管工作取得成效

2008年度，全国工商行政管理系统按照国务院的统一部署和要求，认真履行市场监管职责，不断加大监管执法力度，有效确保棉花生产农资安全，切实

维护棉花市场秩序。围绕棉花生产，各级工商行政管理机关以棉种、化肥和农药为重点，深入开展“红盾护农”行动，严厉查处制售假冒伪劣农资坑害棉农的行为，不断完善“主体准入、市场监管、消费维权”为重点的综合监管机制，有效维护棉农合法权益，有力保障棉花生产稳定。全系统共查处涉及棉花生产的假冒伪劣农资违法案件 8973 件，为农民挽回经济损失 974 万元。围绕棉花收购，各地以清理棉花经营主体和规范经营行为为重点，深入开展专项整顿，严厉查处违法经营，有力规范了棉花市场秩序。共查处棉花违法案件 2248 件，违法案件比上年明显减少，棉花市场秩序持续好转。

二、立足监管，切实保障棉花市场稳定有序

各级工商行政管理机关在充分肯定棉花市场监管工作成效的同时，要清醒地看到，个别地区无照收购、加工棉花的现象依然存在，侵害棉农利益、破坏市场秩序的违法违规行为仍有发生，加强市场主体准入、规范市场经营、维护棉农权益的任务依然艰巨。各级工商行政管理机关要充分认识到，棉花市场秩序关系广大棉农切身利益，关乎棉花产业健康发展，影响农村社会稳定，涉及国民经济安全运行，履行监管职责，维护市场秩序，是工商行政管理部门服务社会经济发展的重要任务和光荣使命，广大工商干部要切实增强使命感和责任感，扎实做好棉花市场监管，努力为棉花产业健康发展提供良好市场环境。

一是把好准入关口，实现棉花市场主体规范发展。要进一步落实《棉花加工资格认定和市场管理暂行办法》规定，严厉查处无照经营、超范围经营和非法加工等违法违规行为，建立无照经营查处规范工作机制，确保棉花市场主体资格合法有效；要进一步完善市场主体登记管理制度，细化准入登记程序，逐步建立健全棉花收购和加工的准入、退出机制；要运用市场准入职能，大力扶持棉花收购、加工企业做大做强，培育壮大棉花龙头企业，提高市场竞争力；要积极配合有关部门加快棉花加工企业更新改造进度，鼓励先进，淘汰落后，优化结构，不断促进棉花产业健康发展。

二是强化执法监管，切实维护棉花市场秩序。当前，正值棉花收购关键时期，各地特别是重要产棉区、加工区的工商行政管理机关要进一步加大日常巡查力度，对重点区域、重点部位实施重点检查；要进一步加大棉花市场监管执法力度，重拳出击，从重从快查办大要案件，严厉查处违法违规经营棉花的行为，严厉打击流通领域掺杂使假、以次充好的行为，严厉查处棉花收购者提供虚假信息或误导性宣传的行为，切实维护棉花市场秩序。

三、突出服务，积极促进棉花稳定增产和棉农持续增收

各级工商行政管理机关要结合贯彻落实党中央、国务院和地方政府关于应对国际金融危机的部署，充分发挥职能作用，进一步增强工作积极性和主动性，按照监管与发展、服务、维权、执法相统一的要求，切实维护农民利益，积极促进农民增收，努力服务产业发展。

一是大力培育和发展棉花经纪人促进棉花生产与市场需求衔接。要加强服务指导，注重规范发展，积极扶持和引导农村经纪人守法诚信经营，大力培育和发展懂法律、重信誉、精业务、善营销、具备市场竞争力的高素质棉花经纪人，不断提高棉花经纪人的业务素质和服务技能。要以服务地方经济发展和维护社会和谐稳定为重点，加大对产棉区特别是新疆地区棉花经纪人的培育和规范力度，帮助当地解决摘棉难、收棉难和卖棉难的问题。

二是规范棉花订单合同，切实维护合同双方合法权益。要充分发挥合同监管职能，积极开展合同帮扶工作，大力推行以龙头企业和商标为依托的棉花订单合同，加强棉花订单合同的监管，不断提高合同履约率。要充分发挥行政调解职能，认真解决棉花交易过程中发生的合同纠纷，严厉查处合同欺诈行为，确保订单农业取得实效。

此外，各级工商行政管理机关要大力推进棉花商标战略实施，积极运用商标、地理标志，不断提升品牌棉花的市场竞争力；要积极运用股权出资、出质等手段帮助棉花收购企业和纺织企业解决融资难题，协助企业做好棉花收购工作。

四、完善机制，着力建设棉花市场监管长效机制

各级工商行政管理机关在加大执法力度，提升服务水平的同时，要围绕提高监管效能、巩固执法成效不断完善棉花市场监管的长效机制。

一是要不断创新监管方式。要以落实监管责任为重点，着力完善市场巡查制、市场预警制等监管方式，明确基层干部监管责任和监管范围，细化日常巡查任务和巡查标准，努力做到事前防范到位、事中监管有力、事后处置及时，不断推进棉花市场监管执法职能到位。要以提升监管效率为重点，大力推行棉花收购、加工主体信用分类监管制度，诚信经营的要扶持和鼓励，违法失信的要予以警示或限期整改，多次违法违规、信用差的要向社会公布并加强监管，对情节严重的要责令退出市场。要以完善监管手段为重点，建立信息公示制度，完善企业信用档案，通过监管信息公开，借助舆论手段和社会信用，加强对企业的规范和引导。要以加强社会参与为重点，进一步加大政策法规宣传力度，深入市场、农村和棉花收购企业，宣传棉花收购加工的法规政策，增强棉农自我保护意识，强化企业守法经营理念，要充分发挥12315申诉举报网络的作用，发动广大群众配合监管执法，共同维护棉花市场秩序。

二是要进一步加强协调配合。各级工商行政管理机关要在当地党委、政府的领导下，进一步加强与发展改革委、财政、农业、质检、供销等部门的协作配合，加强信息通报，开展联合执法，实现资源共享，努力完善各部门协同配合、齐抓共管的工作机制，不断提高监管执法的整体合力。

同志们，棉花市场监管工作任务光荣而艰巨。各级工商行政管理机关要认真学习贯彻本次会议的精神，明确工作重点，履行监管职责，努力维护良好的棉花市场秩序，为促进棉农增产增收和棉花产业健康发展做出更大的贡献。

蒲长城在全国棉花工作电视电话会议上的讲话

加强质量监督 推进质检改革 切实做好2009年度棉花质量工作

国家质检总局副局长 蒲长城

（2009年9月27日）

同志们：

今天，国家发展改革委等七部门在这里联合召开全国棉花工作电视电话会议，张晓强副主任等领导在讲话中分析了当前棉花产销形势，部署新年度棉花工作，非常重要。各级质监部门和纤检机构要认真学习会议精神，抓好落实。在上一个棉花年度中，各级质检部门和纤检机构加大棉花质量监督管理力度，全力以赴推进棉花质检体制改革，一手抓监督和服务，一手抓规划和发展，做了大量工作，棉花企业质量诚信意识、棉花公证检验覆盖面和检验能力、棉花质量水平都有了稳步提高。下面，我结合质检工作职能，就做好2009年度棉花质量工作，讲两点意见。

一、认清形势，大力强化棉花质量监督管理

2009年，棉花生长后期受气候灾害影响，全国籽棉整体质量较上年有所下滑，纺织工业回暖的基础尚不牢固，国内外经济形势复杂多变，棉花质量形势较为严峻。各级质检部门和纤检机构要高度重视2009年的棉花质量工作，切实提高工作的紧迫感和责任感，密切关注新棉购销情况，及时分析判断可能出现的质量问题，

排查潜在隐患，做好各项应对准备，确保棉花质量不出问题。具体要做好以下几个方面的工作：

（一）加大检查力度，促进棉花企业提高质量意识。籽棉收购全面展开以来，收购主体大量增加，流动性较大，收购统花、编织袋装花现象屡禁不止，这些都是造成当前对纺织企业影响最大的异性纤维、混等混级问题的重要根源。2009年棉花质量形势不容乐观，异性纤维、混等混级问题可能会有所抬头。各级质检部门和纤检机构要重点加强对棉花加工环节监督检查力度，督促棉花加工企业强化企业是质量第一责任人的责任，采取有效措施做好分级分垛，加工前排除异性纤维。对于在检查中不按标准分级分垛、排除异性纤维的违法行为，要坚决依法予以查处。要认真分析当前棉花企业收购加工中存在的质量问题，严厉打击伪造条码、更换样品、编造回潮率数据等质量违法行为。要积极扶持并引导企业提高质量管理水平，督促落实各项质量义务，促进企业提高质量意识，确保棉花加工质量不出现大的滑坡。

（二）加大执法力度，严防棉花质量出现大的波动。新棉上市后，要组织力量进行调查摸底，及时掌握重点地区和重点对象，发现苗头，迅速打击。要继续保持高压态势，对区域性棉花掺杂使假案件要迅速查处，严厉打击。要进一步严密监控"两小一土"多发易发区域，发现情况，及时通报地方政府，联合相关部门进行综合治理。要注意方式方法，妥善化解矛盾，充分发挥舆论监督作用，重视对"两小一土"危害性的宣传教育，有效防止棉花质量出现区域性问题。

（三）加大审查力度，严把棉花加工资格准入关。各级专业纤检机构要依据国家发展改革委、国家工商总局、国家质检总局联合下发的《棉花加工资格认定与市场管理暂行办法》的要求，继续做好棉花加工企业质量保证能力审查工作，严把市场准入关。要严格按照棉花加工资格审核认定程序要求，规范操作，严格审核，落实责任，促使审核通过的每一家棉花加工企业，场地、人员、设备、制度等质量保证能力符合规定要求。对于质量保证能力达不到规定要求的企业，要及时反馈协调相关资格认定部门，撤销其棉花加工资格证书。

（四）加大服务力度，积极推进棉花质量诚信体系建设。新的棉花年度里，各地要把监管和服务工作结合起来，从帮助企业提高质量水平出发，加大服务力度，积极推进棉花加工企业质量信用分类监督管理工作。要继续完善棉花加工企业质量信息档案，根据不同的质量信用类别采取不同的监管方式和检查措施。要发挥企业质量诚信的带动作用，加强与农发行系统的沟通交流，主动反馈贷款企业的棉花质量情况，促进企业质量诚信水平的提高，实现优胜劣汰，促进优良诚信企业做大做强。

（五）加大管理力度，进一步发挥棉花公证检验作用。各地要严格按照棉花国家标准和有关棉花公证检验的各项规章制度，严格依法施检，确保公证检验结果客观、公正、准确、及时。要继续完善对公证检验工作组织实施和监督管理，巩固并扩大公证检验工作在控制棉花质量、以质论价、公平交易、维护市场流通秩序方面的作用。进一步完善公证检验的相关检验规程和制度建设。继续加强对公证检验数据的细化分析，发布中国棉花质量公告，为国家宏观调控提供基础数据支持，进一步增强公证检验服务于国家宏观调控的作用。

二、扎实工作，继续推进棉花质检体制改革

推行棉花质检体制改革以来，在国家发改委精心组织和各部门密切配合下，这项工作取得了显著的工作成效。专业纤检机构承担的棉花仪器化公证检验工作进展顺利，适应新体制的仪器化检测体系逐步完善，成果不断显现，越来越多的加工企业参与到了新体制中来。2009年是改革推行阶段的最后一年，各级质检部门和纤检机构一定要加倍努力，扎实工作，巩固工作成果，继续推动棉花质检体制改革取得新的进展。

（一）认真做好新年度棉花仪器化公证检验工作。新棉上市后，各地要把握好加工企业的更新改造进度，引导企业按照程序申报新体制棉花公证检验。要组织好岗位人员培训，保持HVI运行状态优良，温、湿度环境稳定。要按照岗位规范要求严格开仪器化公证检验，在样品交接验收、感官检验、样品平衡、样品检验等各环节保证工作规范执行到位。进一步加强与媒体的合作，广泛宣传改革进展情况和相关棉花

质量信息。要根据棉花加工企业实际检验需求，进一步提高仪器化公证检验能力。

新疆是我国棉花生产最大产区，仪器化公证检验任务也最繁重，为了确保新疆地区棉花质量安全，我们从全国抽调有经验的技术人员成立了新疆棉花仪器化公证检验服务队，将深入基层、深入实验室，广泛开展技术服务工作，进一步推进新疆地区棉花质量检验体制改革工作深入发展。

（二）继续完善棉花质量标准体系。建立与国际接轨的棉花国家标准体系是棉花质量检验体制改革的重要任务。棉花色特征分级体系研究是进一步完善棉花国家标准体系的关键课题。几年来，棉花国家标准体系不断得到完善，棉花色特征分级体系研究取得了一定进展。新年度，纤检机构要会同农业、棉花协会、纺织协会等相关部门共同推进项目研究向深入开展。抓紧将棉花色特征分级研究成果在棉花生产、收购、加工、检验、纺织和贸易各环节进行验证，尽快抓出成效。

（三）积极推进仪器化检验指标应用纺织配棉系统的研发。加快自主品牌建设，提高企业竞争实力是《纺织工业调整和振兴规划》的主要内容。引导纺织企业采购使用经仪器化检验的大包棉花，发挥 HVI 检测指标的作用，优化配棉，节约棉花资源，是提高纺织企业核心竞争力的必然选择。质检部门从 2005 年就开始了仪器化检验指标应用纺织配棉系统的研发。新年度，要继续加大对纺织企业的调研力度，掌握纺织企业对 HVI 检验指标组批配棉的精确需求，会同相关的研发单位、纺织企业，做好仪器化检验指标应用纺织配棉系统的验证工作，力争取得更大的突破。

（四）做好棉花质检体制改革相关工作的总结。2009 年国家将对棉花质检体制改革推行工作进行全面总结，并提出下一阶段工作思路。各级质检部门和纤检机构要全面回顾总结纤检机构恢复建设 30 周年以来棉花质量监督管理和检验工作的巨大变化，尤其要认真做好棉花质检体制改革工作的总结，认真研究棉花质检体制改革过渡期结束后需要衔接落实的各项工作，圆满完成仪器化公证检验新体制的建设任务。

同志们，2009 年的棉花形势不容乐观，质量监督工作任务繁重，质检体制改革进入冲刺阶段，各级质检部门和纤检机构要认真贯彻落实此次会议精神，全力以赴，扎实工作，确保 2009 年度棉花质量工作顺利完成。

赵显人在全国棉花工作电视电话会议上的讲话

发挥优势 深化改革 全力做好 2009 年度棉花购销工作

中华全国供销合作总社理事会副主任 赵显人

（2009 年 9 月 27 日）

同志们：

新棉收购工作正陆续展开。在国家宏观政策调控下，上年度虽然遭遇全球金融危机，但国内棉花市场基本稳定，产业发展呈现积极态势，新旧棉花年度实现了平稳衔接。今天，按照国务院的要求，国家发改委等部门联合召开电视电话会议，部署 2009 年度棉花工作。刚才，张晓强副主任和其他部门的负责同志做了发言，我完全同意。在新年度棉花工作中，供销合作社系统棉花企业要积极发挥优势，努力承担责任，加快改革步伐，全力做好 2009 年棉花购销工作。

一、2008 年度供销社棉花工作概况

刚刚过去的 2008 棉花年度，是极不寻常的一年。面对自上世纪大萧条以来最为严峻的挑战，我国涉棉各方都经受了考验和洗礼，全国棉花产量与上年度持平，是本世纪以来又一个丰收年。但受全球金融危机

影响，中国纺织业产销低迷，出口受阻，产品积压，需求减弱。去年四季度新棉大量上市时，棉花价格持续大幅下跌，国务院迅速出台棉花收储政策，规模之大，力度之强，是前所未有的，对稳定急速下跌的棉花市场，发挥了关键作用。去年12月以来，国内棉花市场价格止跌企稳，逐步回升，收购进度逐步加快，减少了棉农损失，缓解了流通企业困难，确保了纺织企业良性运转。2008年度，中国棉花价格指数328级年度均价为12084元/吨，年度末(8月31日)达到13011元/吨，价格企稳回升。

在国家宏观调控政策引导下，供销合作社棉花企业积极入市收购，在保护农民利益、满足纺织需要方面，发挥了应有的作用。截至2008年度末，供销社系统棉花企业累计收购皮棉400万吨以上，超过全国棉花总产量的50%。其中，新疆自治区和新疆生产建设兵团供销社棉花企业收购皮棉201.2万吨，占全区收购总量的61%，交售储备棉82.8万吨，占全区入储量的53.7%。同时，供销社系统棉花企业还积极投入质检体制改革，截至目前，有1269家棉花加工企业参加了质检体制改革，占全国参改企业的65%，其中新疆供销社系统参加改革的企业有656家，占全区的79%。供销合作社棉花企业成为落实国家棉花质检体制改革的主要力量。

二、努力做好2009年度棉花工作

2009年全国棉花种植面积比上年减少1000万亩左右。春播以来，局部地区遭受干旱、低温、雨涝等灾害，但从全国范围看，气象灾害及病虫害发生总体较轻，棉花长势较好。8月中下旬，一些棉区遭受阴雨低温，对棉花产量质量有所影响。目前看，全国棉花总产将在700万吨左右，比上年度减少约100万吨。纺织生产和出口逐步回暖，棉花需求将出现恢复性增长，产需缺口有所扩大。新棉上市前，有关部门深入棉区调查研究，宏观调控酝酿早、决心大、准备充分。刚才张晓强同志讲，2009年国家对棉花政策的总体思路是：抓好新棉购销，保持市场平稳；加强宏观调控，保证市场供应。这为我们做好2009年棉花购销工作奠定了有力的基础，创造了良好的环境。

但是也应该看到，影响2009年棉花购销工作的不确定因素也有不少：国际经济发展尚未走出金融危机阴影，经济回暖的基础还不牢固；我国纺纱产量虽增，但企业亏损面仍大，纺织品服装出口短期内难以恢复到金融危机前的水平；2009年棉农对价格期望值较高，而纺织企业还在艰难爬坡阶段，难以承受较高棉价，流通企业面临两难境地；新疆“七五”事件后，新疆棉花采摘、收购、运销面临多重压力。

关于做好2009年棉花购销工作，我谈几点意见：

(一)掌握政策，顺应市场，抓好棉花购销关键环节的工作。各级供销社棉花企业要发扬为农服务的优良传统，发挥多年形成的设施、技术、人员优势，努力在棉花购销中发挥积极的引导作用。一方面，要紧跟国家宏观政策导向，及早筹措落实收购资金，增强服务意识，积极入市收购，切实维护棉农和纺织企业的利益。要积极创造条件，通过增加收购网点和上门收购、流动收购等方法，方便棉农交售；另一方面，要高度重视可能出现的市场变化，合理定价、加快周转，谨防盲目抢购，确保能购得进、销得出、不亏损。

2009年度是棉花质检体制改革五年过渡期的最后一年，小包型棉花将逐步退出流通市场，其加工企业面临集中关停，国内棉花流通将进入一个新的发展阶段。国家有关部门将加强调研，进一步完善小包棉及其加工企业在过渡期的退出机制和实施办法。尚未参加质检体制改革的供销社棉花企业，要按照国家部署，实现平稳过渡。已完成质检体制改革的棉花企业，要抓住时机，找准定位，积极入市收购，增加市场份额，提高为农服务能力。

(二)增强诚信意识，严把棉花质量关。棉花市场放开以后，混等混级、异性纤维等质量问题始终未得到根本解决。而纺织企业近年来普遍提高了技术水平和产品档次，对棉花原料的质量要求越来越高。2009年产需缺口增大，收购秩序、棉花质量都面临挑战。供销社系统棉花企业要把诚信意识、质量意识放在首位，在收购环节，要注意引导棉农和棉农经纪人搞好“四分”(分摘、分晒、分存、分售)；在加工环节加强管理，层层把关，确保皮棉的一致性。要下大气力解决异性纤维问题，通过科技攻关、人工挑拣等各种办法，努力解决异性纤维顽疾。要按照国家五部门联合制订的《避免在棉花采摘、交售、加工过程中混入异性纤维的暂行规定》，实行严格的质量岗位责任制和质量责任追究制，维护供销社棉花企业的质量声誉。

（三）加大行业服务力度，打造产业发展平台。各级供销合作社要继续加强对本系统涉棉组织、企业的管理和指导，在棉花行业协调管理、培育龙头企业、推进棉花产业化经营等方面，发挥重要作用。

中国棉花协会和各级地方协会，应建立更加紧密的工作联系机制，共同构建信息平台，建立覆盖全国的棉花信息预警系统，真实客观反映行业呼声，向政府和有关部门提出产业发展建议。要推进行业自律建设，加快制定贸易规则，倡导诚信经营，促进公平竞争。

全国棉花交易市场要严格按照国家棉花宏观调控的总体要求，认真做好储备棉交易的服务组织工作，为参与企业做好服务；要在农发行的大力支持下，积极推进和认真组织实施农发行贷款棉花的第三方监管工作，确保信贷资金安全；要大力发展棉花专业仓储，加快棉花物流体系建设。

中华棉花集团、中棉工业公司及各地供销社棉花龙头企业，要增强社会责任感，在稳定市场、诚信自律、参与质检体制改革、推进产业化经营等方面，发挥骨干作用。

（四）听指挥、顾大局，确保完成新疆棉花购销任务。新疆自治区和新疆生产建设兵团供销社系统棉花企业，要努力克服乌鲁木齐“七五”事件带来的不利影响，在自治区党委、政府的领导下，从维护边疆稳定大局出发，以高度的政治责任感，全力以赴做好2009年度棉花工作。要提早制定安保预案，把各项措施落到实处，切不可有丝毫松懈。供销社和棉花企业的领导要深入收购工作第一线，了解第一手情况，在第一时间解决问题，要积极与当地农发行和其他金融机构协调，足额落实收购资金，敞开收购棉花，不留收购空白点，不向农民“打白条”；要加强棉花销售的组织领导，增强市场和竞争意识，积极做好与内地的产销衔接，尽早落实棉花流向，加快棉花销售和向内地移库的进度；要严格落实安全生产责任制，加强对轧花厂、棉花仓库等重要地点以及重点部位的防火、防盗、防破坏的巡防检查，及时防范和排除隐患，严防各类事故的发生。

同志们，棉花收购旺季即将到来。供销社系统棉花企业要认真贯彻这次会议精神，认清肩负的责任，坚持为“三农”服务宗旨，在各级党委、政府领导下，在有关部门支持下，全力投入到新年度棉花购销工作中去，为推进棉花产业协调健康发展做出新的贡献。

尉士武在全国棉花工作电视电话会议上的讲话

做好2009年度棉花收购信贷工作 支持棉花产业健康发展

中国农业发展银行副行长 尉士武

（2009年9月27日）

同志们：

今天国家发改委等部门联合召开电视电话会议，全面安排部署2009年度棉花工作。刚才国家发改委、财政部、农业部、国家工商总局、国家质检总局和供销总社的领导都作了重要讲话，各级农发行要认真学习，结合实际抓好落实。下面，我讲几点意见。

一、认清形势，高度重视新年度棉花收购信贷工作

2009年度，农发行棉花收购信贷工作面临的形势总体说应当是平稳的，但有些情况将是复杂的。一是棉花产量有所下降，棉农价格预期高，有惜售心理。

国内纺织行业经营困难，用棉需求增幅有限，价格承受能力弱。二是国内政治经济形势比较特殊。2009年收购旺季正值建国60周年大庆，尤其是棉花主产区新疆的收购形势，可能受“七五”事件影响而趋于复杂化，对我们的工作提出了更高要求。三是棉花质检体制改革进入最后一年，在支持棉花收购和存量贷款安全的基础上，我行进行客户结构调整的任务还较为艰巨。与此同时，我们也要看到，国家宏观调控手段增强。目前国家具有储备棉收储、抛售及进口配额等多项有效调控手段，对市场的调控能力增强，这是确保市场稳定的关键。

因此，各行要认请形势，增强政治意识和大局意识，正确处理好执行政策与防控风险的关系。积极支持收购，确保棉花收购资金供应工作平稳有序进行。

二、准确把握信贷政策，强化管理，积极支持棉花收购

为做好2009年度棉花收购信贷工作，总行已下发了《关于做好2009年度棉花收购信贷工作的意见》，并召开了2009年度棉花收购信贷会议进行具体部署。请各行结合这次会议精神认真贯彻落实。

（一）做好企业贷款资格认定和收购资金供应点布局工作。各行要根据收购资金供应点布局和贷款管理的要求，配合国家棉花质检体制改革，认真做好企业收购贷款资格认定，严把贷款准入关。

收购资金供应点布局要避免出现空白点。对于可能出现的空白点，所在地分行要提前向当地政府和上级行报告，及时研究解决；同时要充分发挥大型重点棉花流通企业的作用，支持其设点收购。

（二）及时核定贷款额度，保证收购资金供应。各行要根据所在区域棉花产量、企业加工能力、往年收购量、贷款上限、企业的风险承受能力等及时核定企业收购贷款额度。皮棉的贷款额度不得超过总行公布的贷款上限，合理控制棉籽占用收购贷款的额度；棉花深加工企业的收购贷款额度原则上不得超过企业年用棉量所需的资金。

各行要足额安排信贷规模，做好贷前调查、贷款审查和审批、借款合同签订等前期准备工作。收购开始后，要适时发放贷款，确保收购。在收购旺季，要加强与人民银行、贷款企业的沟通，确保现金供应，特别是国庆节期间的现金供应。各行要根据收购进度和市场形势适时投放贷款，促进棉花收购市场的平稳运行。各行要在保证收购工作顺利进行的前提下，引导棉农和经纪人使用牡丹金山卡、网上银行等非现金结算方式，同时加强支付环节的监管。

（三）继续实施贷款上限和贷款风险控制线政策。为配合国家宏观调控，有效防范市场风险，报经发改委同意，总行决定，2009棉花年度继续实施收购贷款上限和以中国棉花价格指数为基准设立的贷款风险控制线政策。各级行要严格执行贷款上限和贷款风险控制线政策。收购期间若棉花购销市场行情发生较大变化，总行将根据实际情况适时做出调整。

（四）积极推行担保贷款方式。各行要结合当地实际，在保证收购资金有效供应的同时，积极推行抵押担保、质押担保、保证担保等担保贷款方式，减少风险敞口。有条件的地区可采取“前期资金启动，棉花质押跟进，全程第三方监管，不留风险敞口”的贷款投放方式，实现风险可控。

（五）继续推行棉花库存第三方监管。各行要逐步推广仓单质押、动产质押等监管模式，加强对贷款形成物资的控制。我行贷款形成的棉花库存有下列情况之一的，原则上要实施第三方监管：一是等级为A+级（含）以下企业收购调入的棉花；二是异地保管的棉花；三是未完成质检体制改革的流通企业收购调入的棉花。对于积极配合实行第三方监管且无不良信用记录的企业，在落实有效资产全额抵押的基础上，可适当降低企业自筹资金、风险准备金和经营者风险担保金。

（六）继续加强对“企业自筹资金、风险准备金、经营者风险担保金”的管理。各行要督促企业不断积累和补充自有资金，用自有资金参与棉花收购，逐年提高自有资金比例，提高企业风险承受能力。2009棉花年度企业参与收购的自有资金应在2008棉花年度的基础上至少增加10%，考虑到新疆特殊的形势，对新疆企业我们可放宽至5%。企业销售货款回笼后，要先收回贷款本息，企业不得提前抽走自筹资金。企业风险准备金必须是企业自有资金，经营者风险担保金必须是企业经营者个人及其家庭的合法财产，在本年度贷款本息未全额收回前，企业和经营者个人不得动用。风险准备金和风险担保金的缴纳必须在我行专户存储并在借款合同中约定作为对我行收购贷款的担保，依法保障我行权益。

（七）强化贷款期限管理。各行要继续强化收购贷款期限管理，促进企业均衡销售和我行约期收贷，提高企业均衡销售的主动性和自觉性。要帮助企业树立赚取行业平均利润的经营理念，对不计成本、赌后市的企业要强化管理并及时予以淘汰。对2009年度发放的棉花收购贷款，无论是购销企业还是纺织企业，原则上至2010年3月末，收贷率要高于50%，5月末高于70%，年度结束，要全额收回。

（八）积极组织贷款企业实施棉花供需衔接。为了规范供需衔接，总行在上半年专门发了文件。各行要按照“企业自主、强化服务、合同管理、封闭运行”的要求，做好供需衔接工作；要摆正位置，本着企业自愿合作和市场定价的原则，以企业购买和销售棉花的实际需求为基础，积极组织和引导我行贷款企业开展供需衔接合作；要有重点、有选择性地开展供需衔接，对于参与供需衔接的棉花供需双方，特别是棉花需求方，要择优选择，优中选优；要将调销贷款和用于供需衔接的产业化龙头企业流动资金贷款，全部纳入供需衔接进行管理。

三、几点工作要求

（一）及时传达贯彻会议精神。各行要将这次全国棉花工作电视电话会议精神迅速传达到各有关地市分行和县支行，及时贯彻落实，并将贯彻落实情况上报总行。

（二）加强组织领导。各行要充分认识2009棉花年度面临的特殊形势，将棉花收购信贷工作作为当前工作的重中之重，高度重视，各级行一把手和分管行领导要亲自抓，精心组织，切实加强组织领导。要深入基层，结合实际开展调查研究，对新年度收购中出现的新情况新问题，要及时掌握，准确分析，妥善解决。

（三）加强沟通协调。各行要在当地政府的统一领导下加强与有关部门、行业协会的沟通协调，加强和新闻媒体的有效沟通，积极宣传我行信贷政策。对于重大敏感问题，要及时向当地政府和上级行汇报。

同志们，新棉收购已经开始，做好2009年的棉花收购信贷工作，任务艰巨，责任重大，各行一定要以高度的政治责任感和使命感，开拓创新，扎实工作，不断开创棉花收购信贷工作的新局面，为中国棉花产业的健康发展做出新贡献，以实际行动迎接建国60周年大庆。

国务院关于当前稳定农业发展促进农民增收的意见

【发布单位】 国务院
【发布文号】 国发[2009]25号
【发布日期】 2009年5月10日

各省、自治区、直辖市人民政府，国务院各部委、各直属机构：

近年来，党中央、国务院不断加强强农惠农政策，加大投入力度，保持了农业连续丰收、农民收入较快增长的好形势，为促进经济平稳较快发展、维护社会和谐稳定做出了重大贡献，也为应对国际金融危机奠定了坚实基础。2009年，农业生产开局良好，但在农业连续丰收、农产品供给充裕的情况下，有的方面、有的地区对“三农”的关注度有所减弱，忽视农业的倾向有所抬头。当前，国际金融危机持续蔓延，对我国农业和农村经济的负面影响逐步显现。国际市场主要农产品需求萎缩、价格回落，部分农产品出口受阻，加上国际金融危机造成国内经济增速放缓、内需减弱，导致国内农产品价格下行压力较大，农业生产效益下滑，农民工就业数量与收入出现“双下降”，保持农业稳定发展和农民增收困难加大。农产品生产是保证市场供应的基础，也是农民就业的主要渠道、农民收入的重要来源，一旦出现滑坡，几年内难以恢复。各地区、各部门必须从全局和战略高度重视“三农”工作，当前要在落实好党中央、国务院已经出台的各项强农惠农政策措施的基础上，按照远近结合、内外统筹、区别对待的原则，进一步采取更加有针对性、更强有力的举措，加强市场调控，扩内需、促出口、稳价格，推动农业生产调结构、上水平、增后劲，保护农民生产积极性，稳定农业发展；通过保就业、重民生、促增收，维护农村稳定。现提出以下意见：

一、抓好粮食等大宗农产品生产

（一）抓好春耕春管。当前是春耕生产的关键时期，各地区和有关部门要按照全国春季农业生产工作会议的各项部署与要求，加强田间管理，做好病虫害防控、气象灾害防范和农业科技服务，做好春耕各项工作。

（二）加大补贴力度。各地区要按规定落实好粮食直补、农资综合补贴、良种补贴、农机具购置补贴等政策，对中央已经提前拨付的各项补贴资金，要及时足额落实到位、兑现到户。启动实施马铃薯原种补贴，中央财政对马铃薯原种生产每亩补贴100元，财政部要会同农业部尽快研究具体实施方案并开展试点。

（三）做好农资生产供应。做好化肥生产原料的供应保障工作，落实好扶持化肥生产流通的各项优惠政策，春耕期间继续控制化肥出口，合理安排淡季商业储备化肥出库。加强对农资市场的监督检查和化肥、农药生产企业日常生产经营情况的监测，建立产销存情况通报制度。研究建立农药淡季储备制度。

（四）加快农业结构调整和发展方式转变。在稳定粮食、油料、糖料生产的基础上，支持优势产区发展棉花生产，避免棉花种植面积大幅缩减；发展农业产业化经营，加快发展规模化、标准化生产，提高蔬菜、水果质量和市场竞争能力。

（五）加强农业生产能力建设。2009年继续增加中央预算内投资用于农业生产能力建设。加快大型灌区节水改造、排涝泵站更新改造等建设，改善农田水利设施条件。启动实施全国新增1000亿斤粮食生产能力规划，加大投入力度，加强投资整合，提高粮食综合生产能力。继续支持建设棉油糖生产基地、旱作农业示范区，推进农业结构调整。有关建设项目要早安排，中央投资计划要早下达，地方配套资金要早落实。

（六）加大金融对农业生产的支持。各类金融机构要加大对农业开发和农村基础设施建设、农业科技成果转化和产业化等项目的金融信贷支持。有关部门要进一步完善农业保险财政补贴政策，逐步扩大保险范围。

二、促进畜牧业稳定发展

（七）加大生产投入。抓紧落实已出台的生猪和奶牛良种冻精补贴、能繁母猪补贴、生猪调出大县奖励等扶持政策，2009年继续安排30亿元中央建设投资支持生猪和奶牛标准化规模养殖小区建设，促进饲养方式转变，提高畜牧养殖水平。

（八）加强市场调控。认真执行国务院批准的《防止生猪价格过度下跌调控预案（暂行）》，适时启动相应的调控措施。增加部分中央建设投资支持冷链物流设施建设，扩大社会冰鲜冷冻储藏能力。继续实施奶粉临时收储政策，进一步扩大国产奶粉收储规模。将原料奶收购贷款财政贴息政策实施期限延长至2009年12月底。

（九）加强疫病防控。加强动物疫病防控工作，落实畜禽防疫经费，依法对畜禽实施强制免疫，所需经费由同级财政预算安排。严厉查处屠宰加工检疫、防疫疫苗销售以及运输中间环节的乱收费行为。

三、做好大宗农产品收储

（十）加大收储力度。继续落实好粮食最低收购价政策，及早制定并印发2009年小麦、稻谷最低收购价执行预案。将东北地区国家临时存储大豆收购期延长至2009年6月底，有关地方政府要切实采取措施引导农民降低大豆水分。按照略高于市场价格的原则，继续在主产区对油菜籽实行国家临时收储，保障农民基本收益。继续做好棉花收储预案，稳定棉农生产预期。安排好国家储备和临时存储粮油跨省移库和调运，充实销区和库存薄弱地区的库存。按照保证市场供应和不打压市场价格的原则，择机安排临时存储的粮油棉糖销售。各地区要按国家规定抓紧充实地方粮油储备。有关部门要及时研究增加天然橡胶国家收储的方案。

（十一）加强仓储设施建设。进一步加大对大宗农产品储备、物流设施建设的支持力度，缓解仓储设施不足的矛盾。今明两年要安排中央建设投资，建设粮食储备仓容1500万吨、储备油罐175万吨、中央直属食糖储备库40万吨、棉花储备库50万吨。从2009年起，安排中央补助投资建设资金，实施农户科学储粮专项，为主产区农户改善储粮条件，减少粮食产后损失。地方各级政府要对马铃薯储藏设施建设给予资金补贴，支持农民联户新建标准化的储藏窖。

四、支持农产品加工和龙头企业发展

（十二）扶持壮大龙头企业。结合产业调整和振兴规划，安排中央预算内投资，支持农产品深加工企业技术进步，推动农产品加工产业结构和布局调整。现有支持中小企业发展的专项资金（基金）要向农产品加工企业适当倾斜，积极推进农业产业化经营，鼓励农产品加工和纺织企业巩固和开拓国内外市场。

（十三）加大金融支持力度。各类金融机构要对农产品加工、优势农产品出口加大信贷支持力度。在风险可控前提下，按照市场化原则，对信用记录较好、有订单但暂时出现经营或财务困难的农业产业化龙头企业和农产品加工企业，在贷款展期、续贷和项目贷款宽限期等方面继续给予支持。

（十四）完善农产品加工财税政策。财政部和税务总局要会同有关部门抓紧研究扶持政策，提高玉米深加工企业开工率；尽快研究并完善现行农产品增值税及酒精消费税征收有关政策，促进农业生产发展和农产品流通。通过中央财政给予适当贴息补助等方式，鼓励纺织加工骨干企业增加厂丝储存。

五、促进农产品流通发展

（十五）搞好农产品流通。继续支持骨干农产品批发市场进行升级改造，加快培育大型农产品流通企业，支持大型连锁超市开展“农超对接”。加快培育农产品经纪人，提高流通组织化程度，促进解决农民“卖难”问题；积极推广涉农合同示范文本，严格监管合同履行。

（十六）降低流通成本。继续落实鲜活农产品绿色通道政策，推进在全国范围内免收整车合法装载鲜活农产品的车辆通行费，逐步有序取消政府还贷二级公路收费。针对农产品流通环节检验检疫费用过多过重问题，发展改革委、财政部近期要会同有关部门进行专项清理，坚决取消地方出台的不合法、不合理的收费项目。商务部要会同有关部门采取切实措施，解决水产等鲜活农产品进大型超市费用过多过高问题。

（十七）加强消费引导。各级政府和有关部门要及时、客观、公正地向社会发布食品质量检验方面的信息，正确引导消费，提振消费信心。对一些以个别质量不安全事例进行炒作给消费者信心带来负面影响的行为，要坚决制止并向社会澄清。要严格执行对转基因大豆（油）、菜籽（油）等产品以及生产加工过程中使用复原乳的液态奶进行标识的有关规定，切实保障消费者知情权。近期，农业部、质检总局要按照部门职责分工，分别会同有关部门对标识制度的落实情况开展专项检查，严肃查处违规行为。

六、加强农产品进出口调控

（十八）合理引导农产品进出口。财政部要会同有关部门尽快出台相关措施，支持优势农产品出口。加强进出口农产品质量安全体系建设，全面提高我国检测技术和能力，严格进出口商品质量监管，确保质量安全。

七、采取有力措施促进农民工就业

（十九）落实农民工就业扶持政策。切实落实中央促进农民工就业的政策措施，积极扶持中小企业、劳动密集型产业和服务业，拓宽农民工就业的主渠道。发展改革委、人力资源社会保障部、财政部、工业和信息化部等有关部门要研究完善对中小企业吸纳农村劳动力转移就业的扶持政策。

（二十）加强农民工就业技能培训。人力资源社会保障部要会同发展改革委、财政部等有关部门研究制定加强农民工培训工作的意见，统筹规划农民工培训，增加资金投入，提高培训效益。当前，要特别加强对失去岗位的农民工再就业提供技能培训。

（二十一）多渠道促进农民工就业。要发挥政府投资项目对农民工就业的引导作用，发挥十大产业调整和振兴规划对农民工就业的吸纳作用，发挥大型企业稳定农民工就业的带头作用，发挥有能力的农民工返乡创业和新生代农民工投身新农村建设的开拓作用，发挥组织劳务输出、发展家政服务、建设劳务基地、开展国际劳务对农民工就业的支持作用。加强乡镇公共服务基层平台建设，对自主创业的农民工给予小额担保贷款等方面的扶持。

八、搞好农村民生工程和基础设施建设

（二十二）加强农村民生工程建设。2009 年新增中央投资中，安排 650 亿元用于农村“水电路气房”、重大水利工程以及农村教育、卫生等基础设施建设。今后，要继续把农村民生工程和基础设施作为中央投资的重点。要通过相关项目的实施，改善农村水、电、交通、通信等基础设施条件，提升农村基础设施水平和公共服务能力，改善农村消费环境，降低农民消费成本。要把支持农民建房、改善居住条件作为今后一段时期扩大农村消费的重要着力点，扩大农村消费市场，拉动内需增长。

国家发展改革委关于 2009 年粮食、棉花进口关税配额数量、申请条件和分配原则的公告

【发布单位】 国家发展和改革委员会
【发布日期】 2008 年 9 月 26 日

根据《农产品进口关税配额管理暂行办法》，制定了《2009 年粮食、棉花进口关税配额数量、申请条件和分配原则》，现予以公告。

附件 1

2009 年粮食、棉花进口关税配额数量、申请条件和分配原则

根据《农产品进口关税配额管理暂行办法》（商务部、国家发展和改革委员会令 2003 年第 4 号），现将 2009 年粮食、棉花进口关税配额数量、申领条件和分配原则公布如下：

一、2009 年粮食、棉花进口关税配额量为：小麦 963.6 万吨，国营贸易比例 90%；玉米 720 万吨，国营贸易比例 60%；大米 532 万吨（其中：长粒米 266 万吨，中短粒米 266 万吨），国营贸易比例 50%；棉花

89.4万吨，国营贸易比例33%。

二、企业通过一般贸易、加工贸易、易货贸易、边境小额贸易、援助、捐赠等贸易方式进口上述农产品均需申请农产品进口关税配额，并凭农产品进口关税配额证办理通关手续。由境外进入保税仓库、保税区、出口加工区的产品，免予申领农产品进口关税配额证。

三、农产品进口关税配额申请者的基本条件为：2008年10月1日前在国家工商管理部门登记注册（需提供企业法人营业执照副本）；具有良好的财务状况和纳税记录（需提供2007年及2008年有关资料）；2006—2008年在海关、工商、税务、检验检疫方面无违规记录；2007年企业年检合格；没有违反《农产品进口关税配额管理暂行办法》的行为。

在具备上述条件的前提下，进口关税配额申请者还必须符合下列条件之一：

（一）小麦

1. 国营贸易企业；

2. 具有国家储备职能的中央企业；

3. 2008年有进口实绩的企业；

4. 日加工小麦400吨以上的生产企业；

5. 2008年无进口实绩，但具有进出口经营权并由所在地外经贸主管部门出具加工贸易生产能力证明、以小麦为原料从事加工贸易的企业。

（二）玉米

1. 国营贸易企业；

2. 具有国家储备职能的中央企业；

3. 2008年有进口实绩的企业；

4. 以玉米为原料，年需要玉米5万吨以上的配合饲料生产企业；

5. 以玉米为原料，年需要玉米10万吨以上的其他生产企业；

6. 2008年无进口实绩，但具有进出口经营权并由所在地外经贸主管部门出具加工贸易生产能力证明、以玉米为原料从事加工贸易的企业。

（三）稻谷和大米（长粒米和中短粒米需分别申请）

1. 国营贸易企业；

2. 具有国家储备职能的中央企业；

3. 2008年有进口实绩的企业；

4. 具有粮食批发零售资格，年销售额1亿元人民币以上的粮食企业；

5. 粮食年进出口额2500万美元以上的贸易企业；

6. 2008年无进口实绩，但具有进出口经营权并由所在地外经贸主管部门出具加工贸易生产能力证明、以稻谷和大米为原料从事加工贸易的企业。

（四）棉花

1. 国营贸易企业；

2. 2008年有进口实绩的企业；

3. 纺纱设备5万锭以上的棉纺企业。

四、上述农产品进口关税配额将根据申请者的申请数量、历史进口实绩、生产能力和其他相关商业标准进行分配。

（一）如进口关税配额量能够满足符合条件申请者的申请总量，则按申请者申请数量分配关税配额量。

（二）如进口关税配额量不能满足符合条件申请者的申请总量，则有进口实绩的申请者，可优先获得配额；无进口实绩的申请者，将以其加工能力或经营数量等为主要依据，按比例分配进口关税配额量。其中申请数量低于按比例分配数量的，则按申请数量分配。

五、2009年粮食、棉花进口关税配额申请时间为2008年10月15日至30日。申请者可到国家发展改革委授权机构领取，或从国家发展改革委网站（http://www.ndrc.gov.cn）下载《农产品进口关税配额申请表》（见附件2），并如实填写。

六、国家发展改革委授权机构负责受理属地范围内的企业申请，并于2008年11月30日前将符合公布条件的申请送达国家发展改革委，同时抄报商务部。

七、国家发展改革委于2009年1月1日前通过授权机构将农产品进口关税配额分配给最终用户。

附件 2

农产品进口关税配额申请表

申请企业盖章： 企业法人代表签字：

<table>
<tr><td colspan="6">企业名称：</td></tr>
<tr><td colspan="2">申请农产品配额名称：</td><td>□2008 年有该农产品一般贸易进口实绩者</td><td colspan="2">□2008 年有该农产品加工贸易进口实绩者</td><td>□2008 年无该农产品进口实绩者</td></tr>
<tr><td rowspan="2">一般贸易</td><td colspan="2">申请数量：</td><td rowspan="2">加工贸易</td><td colspan="2">申请数量：</td></tr>
<tr><td colspan="2">报关口岸：① ②</td><td colspan="2">报关口岸：① ②</td></tr>
<tr><td colspan="6">企业注册地址：</td></tr>
<tr><td colspan="2">注册资本：</td><td colspan="2">工商注册号：</td><td colspan="2">联系电话：</td></tr>
<tr><td colspan="6">企业性质： □国有 □股份制 □民营 □外商投资</td></tr>
<tr><td colspan="6">企业类型： □生产企业 □贸易企业</td></tr>
<tr><td colspan="6">以下由生产企业填写：</td></tr>
<tr><td colspan="2" rowspan="4">2008 年企业产品及
生产能力
（注：棉花填纺锭数）</td><td colspan="2">产品名称：</td><td colspan="2">所需进口农产品名称：</td></tr>
<tr><td colspan="2">日产量（吨）：</td><td colspan="2">日需要量（吨）：</td></tr>
<tr><td colspan="2">年产量（吨）：</td><td colspan="2">年需要量（吨）：</td></tr>
<tr><td colspan="4">该产品年销售额（万元）：</td></tr>
<tr><td colspan="6">以下由有加工贸易进口实绩的企业填写：</td></tr>
<tr><td colspan="2" rowspan="2">2007 年加工贸易配额</td><td>申领到配额量（吨）：</td><td colspan="2" rowspan="2">2008 年加工贸易配额</td><td>已申领到配额量（吨）：</td></tr>
<tr><td>实际进口量（吨）：</td><td>已完成进口量（吨）：</td></tr>
<tr><td colspan="6">以下由有一般贸易进口实绩的企业填写（不包括代理进口）：</td></tr>
<tr><td colspan="2" rowspan="3">2007 年一般贸易配额</td><td>分配量（吨）：</td><td colspan="2" rowspan="3">2008 年一般贸易配额</td><td>分配量（吨）：</td></tr>
<tr><td>实际进口量（吨）：</td><td>预计进口量（吨）：</td></tr>
<tr><td>调整期退回量（吨）：</td><td>调整期退回量（吨）：</td></tr>
<tr><td colspan="6">以下由具有粮食批发零售资格的企业填写</td></tr>
<tr><td colspan="3">2007 年粮食贸易年销售额（万元）：</td><td colspan="3">2007 年粮食进出口额（万美元）：</td></tr>
<tr><td colspan="3">2008 年粮食贸易完成销售额（万元）：</td><td colspan="3">2008 年粮食完成进出口额（万美元）：</td></tr>
<tr><td colspan="6">是否同意对国外和国内应询提供本企业配额申领数量 □是 □否</td></tr>
<tr><td colspan="6">授权机构审核意见：</td></tr>
</table>

填表说明：1.“2008 年企业产品及生产能力”：指以申请进口农产品为主要原料生产的产品及生产能力。

2.“日、年产量”及“日、年需原料量”：指企业 2008 年日、年产量及对进口农产品的日、年需要量。

3. 棉花申请企业在“日需要量”一栏填纺纱设备的锭数。

国家发展改革委、商务部关于2009年农产品进口关税配额再分配公告

【发布单位】 国家发展和改革委员会、商务部
【发布文号】 2009年第9号
【发布日期】 2009年8月13日

根据《农产品进口关税配额管理暂行办法》，特制定《2009年农产品进口关税配额再分配公告》，现予以公布。

根据《农产品进口关税配额管理暂行办法》（商务部、国家发展和改革委员会令2003年第4号，以下简称《暂行办法》）、《2009年粮食、棉花进口关税配额数量、申请条件和分配原则》（国家发展和改革委员会公告2008年第61号，以下简称《分配原则》）、《2009年食糖进口关税配额申请和分配细则》（商务部公告2008年第74号，以下简称《分配细则》）：

一、持有2009年小麦、玉米、稻谷及大米、食糖、棉花进口关税配额的最终用户，当年未就全部配额数量签订进口合同，或已签订进口合同但预计年底前无法从始发港出运的，均应将其持有的关税配额量中未完成或不能完成的部分于9月15日前交还所在地的省（自治区、直辖市、计划单列市）发展改革委、商务厅（外经贸厅）。国家发展改革委、商务部将对交还的配额进行再分配。对最终用户9月15日前没有交还且年底前未充分使用的配额，国家发展改革委、商务部在分配下一年农产品进口关税配额时按比例相应扣减。

二、获得本公告第一条所列商品2009年进口关税配额并全部使用完毕（需提供进口报关单复印件）的最终用户，以及符合《分配原则》、《分配细则》中所列申请条件但在年初前分配时未申请2009年进口关税配额的新用户，可以向所在地省（自治区、直辖市、计划单列市）发展改革委、商务厅（外经贸厅）提出农产品进口关税配额再分配申请。

三、申请者需在9月1日至15日以书面形式向所在地省（自治区、直辖市、计划单列市）发展改革委、商务厅（外经贸厅）递交关税配额再分配申请。申请格式依照附件《2009年农产品进口关税配额再分配申请表》的有关规定填写。

四、各省（自治区、直辖市、计划单列市）发展改革委、商务厅（外经贸厅）对申请者的申请进行初步审核后，于9月1日开始将符合条件的申请通过农产品进口关税配额计算机管理系统分别进行申报，并于9月20日前将申请按时间顺序汇总后，以书面形式分别上报国家发展改革委、商务部。

五、国家发展改革委、商务部按照网上申报的顺序对用户交回的配额进行再分配。10月1日前将关税配额再分配的结果通知到最终用户。

当符合条件的申请数量总和小于关税配额再分配量时，每个申请者的申请均可获得满足；当符合条件的申请数量总和大于关税配额再分配量时，根据《分配原则》、《分配细则》中的有关规定，按照先来先领的原则进行再分配。

六、再分配关税配额的有效期等其他事项按照《暂行办法》、《分配原则》、《分配细则》执行。

七、小麦、玉米、稻谷及大米、棉花进口关税配额的再分配，由国家发展改革委会同商务部以及各省（自治区、直辖市、计划单列市）发展改革委组织实施；食糖进口关税配额再分配，由商务部以及各省（自治区、直辖市、计划单列市）商务厅（外经贸厅）组织实施。

附件

2009年农产品进口关税配额再分配申请表

申请企业盖章：　　　　　　　　　　　　　　　　　　　　　　企业法人代表签字：

<table>
<tr><td colspan="6">企业名称：</td></tr>
<tr><td colspan="2">申请农产品配额名称：</td><td>□2008年有该农产品一般贸易进口实绩者</td><td>□2008年有该农产品加工贸易进口实绩者</td><td colspan="2">□2008年无该农产品进口实绩者</td></tr>
<tr><td rowspan="2">一般贸易</td><td colspan="2">申请数量：</td><td rowspan="2">加工贸易</td><td colspan="2">申请数量：</td></tr>
<tr><td colspan="2">报关口岸：①　　　　②</td><td colspan="2">报关口岸：①　　　　②</td></tr>
<tr><td colspan="6">企业注册地址：</td></tr>
<tr><td colspan="2">注册资本：</td><td colspan="2">工商注册号：</td><td colspan="2">联系电话：</td></tr>
<tr><td colspan="6">企业性质：□国有　□股份制　□民营　□外商投资</td></tr>
<tr><td colspan="6">企业类型：□生产企业　□贸易企业</td></tr>
<tr><td colspan="6">以下由生产企业填写：</td></tr>
<tr><td colspan="2" rowspan="4">2008年企业产品及生产能力
（注：棉花填纺锭数）</td><td colspan="2">产品名称：</td><td colspan="2">所需进口农产品名称：</td></tr>
<tr><td colspan="2">日产量（吨）：</td><td colspan="2">日需要量（吨）：</td></tr>
<tr><td colspan="2">年产量（吨）：</td><td colspan="2">年需要量（吨）：</td></tr>
<tr><td colspan="4">该产品年销售额（万元）：</td></tr>
<tr><td colspan="6">以下由有加工贸易进口实绩的企业填写：</td></tr>
<tr><td colspan="2" rowspan="2">2008年加工贸易配额</td><td>分配量（吨）：</td><td rowspan="2">2009年加工贸易配额</td><td colspan="2">分配量（吨）：</td></tr>
<tr><td>实际进口量（吨）：</td><td colspan="2">已完成进口量（吨）：</td></tr>
<tr><td colspan="6">以下由有一般贸易进口实绩的企业填写（不包括代理进口）：</td></tr>
<tr><td colspan="2" rowspan="2">2008年一般贸易配额</td><td>分配量（吨）：</td><td rowspan="2">2009年一般贸易配额</td><td colspan="2">分配量（吨）：</td></tr>
<tr><td>实际进口量（吨）：</td><td colspan="2">已完成进口量（吨）：</td></tr>
<tr><td colspan="6">以下由具有粮食批发零售资格的企业填写</td></tr>
<tr><td colspan="3">2008年粮食贸易年销售额（万元）：</td><td colspan="3">2008年粮食进出口额（万美元）：</td></tr>
<tr><td colspan="3">2008年粮食贸易完成销售额（万元）：</td><td colspan="3">2009年粮食完成进出口额（万美元）：</td></tr>
<tr><td colspan="6">是否同意对国外和国内应询提供本企业配额申领数量　□是　□否</td></tr>
<tr><td colspan="6">授权机构审核意见：</td></tr>
</table>

填表说明：1.“2008年企业产品及生产能力”：指以申请进口农产品为主要原料生产的产品及生产能力。

2.“日、年产量”及“日、年需原料量”：指企业2008年日、年产量及对进口农产品的日、年需要量。

3. 棉花申请企业在“日需要量”一栏填纺纱设备的锭数。

商务部关于2008年度输美纺织品第三次协议招标的公告

【发布单位】 商务部纺织品出口招标委员会
【发布日期】 2008年10月30日

根据2008年输美纺织品协议数量使用情况，招标委员会决定进行第三次协议招标。有关事项公告如下：

一、投标资格

具备2008年输美第一次和第二次纺织品协议投标资格的企业均可参加此次招标。

二、各类别投标总量、最低投标量、最高可投标量

根据各类别投标总量（见附件1）、上述企业各类别2007年1—12月出口业绩（可参见2008年度输美纺织品第一次和第二次协议招标公布业绩），并按照《纺织品出口管理办法（暂行）》中的计算公式计算得出各企业相关类别最高可投标量（见附件2）。各企业相关类别最高可投标量须大于等于各类别规定的最低可投标量（见附件1），如各企业相关类别最高投标量低于该类别规定的最低投标量，则该企业该类别可投标量为零。

企业可在具备投标资格的类别上，在本企业该类别最高投标量和最低投标量之间自主决定投标数量。本次协议招标如企业未投标或投标数量低于其最高投标量，则视为全部放弃或部分放弃其可投标数量。企业所放弃的数量不再保留在该企业名下，由招标委员会按照有关管理规定另行处置。

三、投标资格审核

1. 附件2所列企业信息不全的（缺少企业13位进出口代码或中文名称），企业如需投标，须于11月1日前，向当地商务主管部门提出补充企业信息申请，并同时出具企业营业执照复印件、进出口企业资格证书或对外贸易经营者备案登记表或外商投资企业批准证书的复印件、海关自理报关证书复印件及其他相关证明文件。

2. 附件2所列企业，如符合以下三种情况，需申请数量合并计算的，必须于11月1日前，向当地商务主管部门提出数量合并申请，并同时出具企业营业执照复印件、进出口企业资格证书或对外贸易经营者备案登记表或外商投资企业批准证书的复印件、海关自理报关证书复印件及其他相关证明文件：

情况一：一家企业有两个以上海关编码的（各海关编码下企业名称相同）；

情况二：相同海关编码下企业名称不同的；

情况三：企业名称不同且海关编码也不同但13位进出口企业代码相同的。

对上述三种情况以外的数量合并申请不予处理。

3. 请各地商务主管部门严格审核上述申请企业提交的书面材料。如需进一步核对的，可要求申请企业提供其他证明文件。审核通过后，请各地商务主管部门于11月3日中午12点前将审核通过的企业名单以传真件形式报纺织品招标办公室复核（申请合并数量的企业须列明合并前后有关企业的海关编码、企业代码、企业名称）。审核工作完成后，申请企业提交的所有书面材料由各地商务主管部门统一封存备查。

4. 在2007年11月1日前办理电子投标密钥的企业，因电子密钥中CA证书有效期为一年，如需参加此次投标，须更新电子密钥中的CA证书。请更新

企业于2008年11月2日前将原有的电子密钥、新填写并加盖公章的纺织品招投标电子密钥申请表、责任书及必要资料(企业营业执照复印件、进出口企业资格证书复印件或进出口企业备案登记表复印件或外商投资企业批准本证书的复印件、法人身份证复印件和申请人身份证原件和复印件)报送至中国国际电子商务中心当地代表处,由中国国家电子商务中心当地代表处核实企业身份,并保留企业提交资料的复印件,在2个工作日内为企业更新电子密钥的CA证书。

如需投标但未办理电子投标密钥的企业,请按照本公告附件4《电子投标技术操作指南》规定的程序,向中国国际电子商务中心当地代表处申领并安装电子密钥。企业须在11月4日下午5:00前通过"电子招标企业信息服务系统"录入企业电子信息并通过当地商务主管部门的审核,从该系统上获得中国国际电子商务中心发放的"电子投标软件V3.0"程序使用许可号,逾期不予办理。

四、投标价格

各类别2008年度输美纺织品第二次协议招标价格即为本次协议招标投标价格(见附件1)。

五、投标方式

本次协议招标采用电子投标方式进行。附件2中具备投标资格企业应在11月5日上午9:00至11月6日下午5:00之间通过"电子投标系统"将电子标书发送至招标办公室,并在11月7日前将本企业相关类别全额投标保证金(由企业根据本企业投标类别、投标数量及投标价格计算加总得出投标保证金)以同城信汇、异地电汇方式一次性交纳到(到账)指定银行账户。相关技术问题可参见《2008年输美纺织品第二次协议招标公告》。

六、中标和弃标

具备投标资格的企业,按照本公告规定,在上述规定时间内完成电子投标、交纳投标保证金两项要件,并经招标办公室审核电子标书与所交投标保证金数额一致的,即为中标。

下列情况将被视为废标或自动放弃本次协议招标:

(一)无相关类别投标资格的企业所投的标书;

(二)高于最高投标量或低于最低投标量的标书;

(三)低于投标价格的标书;

(四)纸面标书等未按本公告规定的形式发送的标书;

(五)未在规定时限内发送的电子标书或在规定时限内发送两次及两次以上的电子标书;

(六)未在规定时限内将投标保证金交纳到(到账)指定银行账户的;

(七)投标保证金不是一次性交齐的;

(八)根据电子标书合计的投标保证金和实际交纳的投标保证金数额不一致的;

(九)由其他企业、组织或自然人代交投标保证金的;

(十)以同城信汇、异地电汇之外其他方式交纳投标保证金的。

(十一)不符合《办法》和本公告规定的其他情况。

七、中标结果

待企业在限定时间内发送的电子标书和交纳的中标保证金审核无误后,招标办公室预计于11月14日公布初步中标结果。正式中标结果由招标委员会在商务部网站上公布(www.mofcom.gov.cn)。

八、中标金

正式中标结果公布后,中标企业交纳的投标保证金自动转为中标金,企业无需再交纳。无论中标数量使用情况如何,中标金不予退还。未中标企业交纳的投标保证金予以退还。

九、招标办公室联系电话(略)

本公告由招标委员会负责解释。

附件 1

各类别第三次协议招标总量、最低投标量及投标价格

金额单位：人民币

	类　别	单　位	协议招标总量	最低投标量	投标价格
协议招标类别	338/9	打	808158	200	7.00
	340/640	打	1126643	200	6.00
	347/8	打	508859	200	13.00
	349/649	打	9101062	200	2.30
	638/9	打	424330	200	9.00
	647/8	打	609374	200	11.00
	847	打	11320361	200	4.50

附件 2(略)(网上查询)

附件 3

业绩分配各类别 M1、M2

类　别	M1	M2
338/9	987464034	5259501397
340/640	395499993	1255010236
347/8	1394370529	8080452942
349/649	386382588	570752973
638/9	441330391	2189962830
647/8	564063663	1768500179
847	619346771	200118395

附件 4

电子投标技术操作指南

一、电子投标软件安装

(一)已参加过电子投标的企业

对于已参加过电子投标且符合投标条件的企业直接使用已有的电子密钥，电子密钥中 CA 证书的有效期为一年，如果发现电子密钥中的 CA 证书过期，请及时与中国国际电子商务中心当地代表处联系更新。需要更新证书的企业，请将原有的电子密钥、新

填写并加盖企业公章的纺织品招投标电子密钥申请表、责任书及其他必要资料(企业营业执照复印件、进出口企业资格证书复印件或进出口企业备案登记表复印件或外商投资企业批准证书的复印件、法人身份证复印件和申请人身份证原件和复印件)报送至中国国际电子商务中心当地代表处,由中国国际电子商务中心当地代表处核实企业身份,并保留企业提交资料的复印件,在3个工作日之内为企业更新电子密钥中的CA证书。

(二)未参加过电子投标的企业

对于未参加过电子投标且符合投标条件的企业按以下流程向各地商务主管部门提出投标申请并安装“电子投标软件V3.0”:

1. 向中国国际电子商务中心当地代表处(驻各地代表处联系电话公布在中国国际电子商务网上)提交加盖企业公章的纺织品招投标电子密钥申请表、责任书及其他必要资料(企业营业执照复印件、进出口企业资格证书复印件或进出口企业备案登记表复印件或外商投资企业批准证书的复印件、法人身份证复印件和申请人身份证原件和复印件),由中国国际电子商务中心当地代表处核实企业身份,并保留企业提交资料的复印件,在3个工作日之内为企业制作完成纺织品投标专用电子密钥。企业在中国国际电子商务网(www.ec.com.cn)下载并安装电子密钥驱动程序。

2. 登入中国国际电子商务网(www.ec.com.cn)上的“电子招标企业信息服务系统”,录入企业各项信息,上报至当地商务主管部门,并打印输出“投标企业信息登记表”。

3. 将打印出的“投标企业信息登记表”、营业执照复印件、进出口企业资格证书复印件或进出口企业备案登记表复印件或外商投资企业批准证书的复印件、海关自理报关证书复印件、企业法人委托书、材料申报人身份证复印件等六份材料提交各地商务主管部门进行审核。上述六份材料均须加盖申请企业公章。

4. 申请企业在“电子招标企业信息服务系统”内录入的企业电子信息和上述六份书面材料经当地商务主管部门审核通过后,即可从“电子招标企业信息服务系统”上获得中国国际电子商务中心发放的“电子投标软件V3.0”程序使用许可号。

5. 企业从中国国际电子商务网上下载“电子投标软件V3.0”,完成安装后,输入获得的程序使用许可号,激活程序的各项功能。同一台计算机只能安装一套电子投标软件且只能用于一家企业投标。

二、电子投标操作

(一)中国国际电子商务网会员企业

中国国际电子商务网会员企业可通过专网拨号方式进行电子投标。

(二)非中国国际电子商务网会员企业

非中国国际电子商务网会员企业可以先上公网(Internet),再通过中国国际电子商务中心公布的免费临时VPN通道登录到专网进行投标(限于采用Win2000/XP操作系统用户)。连接VPN所用服务器地址为:vpnfree.ec.com.cn,免费VPN用户名、密码(略)。

三、注意事项

(一)企业在规定的截标时点前只能投一份电子标书,当同一企业送达的电子标书出现两份以上(含两份)时,该企业的投标视为无效。

(二)企业完成投标操作10分钟后,可登录到中国国际电子商务网上的“电子招标企业信息服务系统”查询标书是否已被主机成功接收。对截标前30分钟内投标企业提交的查询,系统不能保证反馈所投标书是否被主机成功接收的信息。

(三)详细的用户手册和帮助,请登录中国国际电子商务网(www.ec.com.cn)下载查看。

(四)2008年的许可数量转受让使用中国国际电子商务网(www.ec.com.cn)的“纺织品临时出口许可数量转受让平台”进行操作。

四、联系方式(略)

商务部关于公布2008年度输美纺织品第三次业绩分配可申请数量的通知

【发布单位】 商务部
【发布日期】 2008年11月7日

根据《纺织品出口管理办法(暂行)》(以下简称《办法》)、《纺织品出口临时管理商品目录》,现公布输美国纺织品全国经营者2008年度第三次业绩分配可申请数量。有关事项通知如下:

一、本次分配中,对输美200/301、222、229、352/652、359S/659S、363、443、447、619、620、622、345/645/646、666类实行业绩分配。

二、根据各类别分配总量(见附件1)、企业各类别2007年1—12月出口业绩(可参见2008年度输美纺织品第一次和第二次业绩分配公布业绩),并按照《办法》中的计算公式计算得出各企业相关类别最高可申请量(见附件2)。各企业相关类别最高可申请量须大于等于各类别规定的最低可申请量(见附件1),如各企业相关类别最高可申请量低于该类别规定的最低可申请量,则该企业该类别可申请量为零。

三、请各地商务主管部门尽快通知本地区经营者按照本文附件2下达的可申请数量提交申请,如实填报下达附件中缺少企业13位进出口代码或中文名称的数据,对因以下三种情况:(1)一家企业有两个以上海关编码的(各海关编码下企业名称相同);(2)相同海关编码下企业名称不同的;(3)企业名称不同、企业海关编码也不同,但13位进出口企业代码相同,而需合并可申请数量的,须向当地商务主管部门提出可申请数量合并申请,并同时出具企业营业执照复印件、进出口企业资格证书或对外贸易经营者备案登记表或外商投资企业批准证书的复印件、海关自理报关证书复印件及其他相关证明文件。

各地商务主管部门应于11月13日前将本地区经营者的申请报告及电子数据汇总上报商务部(请通过纺织品出口临时管理签证系统接受并上报电子数据)。

四、商务部将根据各地商务主管部门汇总上报的书面申请及相关电子数据下达正式分配方案,正式分配方案另文通知。商务部下达的正式分配方案将作为各地签证机关为相关经营者签发《纺织品出口临时许可证》的依据。

五、请各地商务主管部门将本通知转发本地区相关经营者,并告知相关出口业绩、可申请数量均可在商务部政府网站外贸司子站“纺织品出口信息”栏目中查阅。

六、相关经营者应配合各地商务主管部门的确认工作,在规定的时间范围内提交申请。凡在规定日期之后上报的申请,均视为无效申请。

七、请中国国际电子商务中心做好相关技术准备工作。

附件 1

2008 第三次业绩分配总量和最低可申请数量

类　　别	单　　位	第三次分配总量	最低可申请量
200/301	公斤	740174	2000
222	公斤	2035031	2000
229	公斤	7455534	2000
352/652	打	2612315	200
359－S/659－S	公斤	843035	2000
363	条	4083436	5000
443	套	95908	1000
447	打	56451	200
619	平米	7406761	2000
620	平米	18120302	2000
622	平米	6100686	2000
345/645/646	打	1527008	200
666	公斤	628241	2000

附件 2(略)(网上查询)

附件 3

业绩分配各类别 M1、M2

类　　别	M1	M2
200/301	102741194	708640692
222	95441895	1474639025
229	130009074	577824880
345/645/646	436239066	1657182332
352/652	320114636	1453379400
359S/659S	158971823	377521355
363	236587989	589061590
443	64149320	260804556
447	28320536	51431490
619	43925631	502422640
620	41544249	424120720
622	51528597	111322808
666	358377	77023

商务部关于公布2008年度输美纺织品第四次业绩分配可申请数量的通知

【发布单位】　商务部外贸司

【发布日期】　2008年11月17日

根据《纺织品出口管理办法(暂行)》(以下简称《办法》)、《纺织品出口临时管理商品目录》,现公布输美国纺织品全国经营者2008年度第四次业绩分配可申请数量。有关事项通知如下:

一、本次分配中,对输美345/645/646、666、332/432/632A(B)类实行业绩分配。

二、具备2008年输美第三次纺织品业绩分配资格的企业均可参加此次分配。根据各类别分配总量(见附件1)、企业各类别2007年1—12月出口业绩,并按照《办法》中的计算公式计算得出各企业相关类别最高可申请量(见附件2)。各企业相关类别申请量须大于等于各类别规定的最低申请量(见附件1),不得高于最高申请量,如各企业相关类别申请量低于该类别规定的最低申请量或高于最高申请量,则该企业该类别申请量为零。

三、各地商务主管部门应于11月20日前将本地区经营者的申请报告及电子数据汇总上报商务部(请通过纺织品出口临时管理签证系统接受并上报电子数据)。

四、商务部将根据各地商务主管部门汇总上报的书面申请及相关电子数据下达正式分配方案。商务部下达的正式分配方案将作为各地签证机关为相关经营者签发《纺织品出口临时许可证》的依据。

五、请各地商务主管部门将本通知转发本地区相关经营者,并告知相关可申请数量均可在商务部政府网站外贸司子站“纺织品出口信息”栏目中查阅。

六、相关经营者应配合各地商务主管部门的确认工作,在规定的时间范围内提交申请。凡在规定日期之后上报的申请,均视为无效申请。

七、请中国国际电子商务中心做好相关技术准备工作。

八、经我部会同中国纺织品进出口商会和有关地方商务主管部门核查,对通过核查的企业恢复其出口业绩(本次业绩分配总量不含这部分数量,具体参见2008年度输美纺织品第一、二次业绩分配通知)。对未通过核查的企业,商务部将通知其所在省(市)商务主管部门。

附件1

第四次业绩分配总量和最低申请数量

类　别	单　位	第四次分配总量	最低可申请量
332/432/632－A	打双	4559815	500
332/432/632－B	打双	2563172	500
345/645/646	打	176045	200
666	公斤	177850	2000

附件 2(略)(网上查询)

附件 3

业绩分配各类别 M1、M2

类　别	M1	M2
332/432/632A	10559338	17509408
332/432/632B	345350045	854114956
345/645/646	436239066	1657182332
666	358377	77023

商务部关于 2008 年度输美纺织品第四次协议招标的公告

【发布单位】 商务部纺织品出口招标委员会
【发布日期】 2008 年 11 月 17 日

根据 2008 年度输美纺织品第三次协议招标情况和核查工作情况，招标委员会决定进行第四次协议招标。有关事项公告如下：

一、投标资格

具备 2008 年输美第三次纺织品协议投标资格的企业均可参加此次招标。

二、各类别投标总量、最低投标量、最高可投标量

根据各类别投标总量(见附件 1)、上述企业各类别 2007 年 1—12 月出口业绩，并按照《纺织品出口管理办法(暂行)》中的计算公式计算得出各企业相关类别最高投标量(见附件 2)。各企业相关类别投标量须大于等于各类别规定的最低投标量(见附件 1)，不得高于最高投标量，如各企业相关类别投标量低于该类别规定的最低投标量或高于最高投标量，则该企业该类别中标量为零。

企业可在具备投标资格的类别上，在本企业该类别最高投标量和最低投标量之间自主决定投标数量。本次协议招标如企业未投标或投标数量低于其最高投标量，则视为全部放弃或部分放弃其可投标数量。企业所放弃的数量不再保留在该企业名下，由招标委员会按照有关管理规定另行处置。

三、投标价格

各类别 2008 年度输美纺织品第三次协议招标价格即为本次协议招标投标价格(见附件 1)。

四、投标方式

本次协议招标采用电子投标方式进行。附件 2 中具备投标资格企业应在 11 月 17 日上午 9:00 至 11 月 18 日下午 3:00 之间通过“电子投标系统”将电子标书发送至招标办公室，并在 11 月 20 日前将本企业相关类别全额投标保证金(由企业根据本企业投标类别、投标数量及投标价格计算加总得出投标保证金)以同城信汇、异地电汇方式一次性交纳到(到账)指定银行账户。

投标保证金缴纳账户信息(略)。

五、中标和弃标

具备投标资格的企业,按照本公告规定,在上述规定时间内完成电子投标、交纳投标保证金两项要件,并经招标办公室审核电子标书与所交投标保证金数额一致的,即为中标。

下列情况将被视为废标或自动放弃本次协议招标:

(一)无相关类别投标资格的企业所投的标书;

(二)高于最高投标量或低于最低投标量的标书;

(三)低于投标价格的标书;

(四)纸面标书等未按本公告规定的形式发送的标书;

(五)未在规定时限内发送的电子标书或在规定时限内发送两次及两次以上的电子标书;

(六)未在规定时限内将投标保证金交纳到(到账)指定银行账户的;

(七)投标保证金不是一次性交齐的;

(八)根据电子标书合计的投标保证金和实际交纳的投标保证金数额不一致的;

(九)由其他企业、组织或自然人代交投标保证金的;

(十)以同城信汇、异地电汇之外其他方式交纳投标保证金的;

(十一)不符合《办法》和本公告规定的其他情况。

六、中标结果

为方便企业出口,招标委员会决定采用分批方式公布中标企业,即由招标办公室及时审核保证金到账企业并予以公布。

七、中标金

正式中标结果公布后,中标企业交纳的投标保证金自动转为中标金,企业无须再交纳。无论中标数量使用情况如何,中标金不予退还。未中标企业交纳的投标保证金予以退还。

八、招标办公室联系电话(略)

九、其他

经我部会同中国纺织品进出口商会和有关地方商务主管部门核查,对通过核查的企业恢复其出口业绩(本次招标总量不含这部分数量,具体参见2008年度输美纺织品第一、二次协议招标公告)。对未通过核查的企业,商务部将通知其所在省(市)商务主管部门。

附件1

各类别第四次协议招标总量、最低投标量及投标价格

金额单位:人民币

	类别	单位	协议招标总量	最低投标量	投标价格
协议招标类别	338/9	打	1641885	200	7.00
	340/640	打	584031	200	6.00
	347/8	打	861894	200	13.00
	349/649	打	5096344	200	2.30
	638/9	打	492492	200	9.00
	647/8	打	688040	200	11.00
	847	打	10876800	200	4.50

附件 2(略)(网上查询)

附件 3

业绩分配各类别 M1、M2

类　别	M1	M2
338/9	987464034	5259501397
340/640	395499993	1255010236
347/8	1394370529	8080452942
349/649	386382588	570752973
638/9	441330391	2189962830
647/8	564063663	1768500179
847	619346771	200118395

商务部、中国海关总署发布暂停加工贸易保证金台账“实转”的公告

【发布单位】 商务部、中国海关总署
【发布文号】 公告 2008 年第 97 号
【发布日期】 2008 年 11 月 21 日
【实施日期】 2008 年 12 月 1 日

按照国务院部署，为保持外贸稳定增长，现调整加工贸易限制类政策，有关事项公告如下：

一、暂停《商务部、海关总署 2007 年第 44 号公告》(下称 44 号公告)限制出口类目录 1853 个海关编码商品以及限制进口类目录轻纺类 272 个海关编码商品保证金台账“实转”政策。A 类和 B 类企业暂停银行保证金台账“实转”，实行“空转”管理；C 类企业仍实行 100%“实转”管理。

二、对 44 号公告所列限制进口类目录中的 122 个海关编码商品开展加工贸易业务，A 类企业暂停银行保证金台账“实转”，实行“空转”管理；B 类企业实行 50%“实转”；C 类企业实行 100%“实转”管理。

三、中西部地区 A 类和 B 类企业仍按 44 号公告规定实行“空转”管理。

四、将家具从加工贸易限制类目录中剔除。

五、对 2008 年 12 月 1 日之前已经商务主管部门批准并向海关申请备案的限制类商品加工贸易业务，仍按 44 号公告有关规定执行。企业在规定期限内加工成品出口并办理核销结案手续后，保证金及利息予以退还。

六、限制类商品管理措施不适用于出口加工区、保税区等海关特殊监管区域。

七、在相关信息化系统调整前，海关按照手工操作予以办理。

八、本公告自 2008 年 12 月 1 日起执行，44 号公告关于新增企业及业务变更的有关规定暂停执行。本公告附件所列商品，在实施过程中以海关商品编码为准。

商务部关于2008年度输美纺织品第五次协议招标的公告

【发布单位】 商务部对外贸易司

【发布日期】 2008年11月27日

根据2008年度输美纺织品第四次协议招标情况，招标委员会决定进行第五次协议招标。有关事项公告如下：

一、投标资格

具备2008年度输美纺织品协议投标资格的企业均可参加此次招标。

二、各类别投标总量、最低投标量、最高可投标量

根据各类别投标总量（见附件1）、上述企业各类别2007年1—12月出口业绩，并按照《纺织品出口管理办法（暂行）》中的计算公式计算得出各企业相关类别最高投标量（见附件2）。各企业相关类别投标量须大于等于各类别规定的最低投标量（见附件1），不得高于最高投标量，如各企业相关类别投标量低于该类别规定的最低投标量或高于最高投标量，则该企业该类别中标量为零。

企业可在具备投标资格的类别上，在本企业该类别最高投标量和最低投标量之间自主决定投标数量。本次协议招标如企业未投标或投标数量低于其最高投标量，则视为全部放弃或部分放弃其可投标数量。企业所放弃的数量不再保留在该企业名下，由招标委员会按照有关管理规定另行处置。

三、投标价格

各类别2008年度输美纺织品第四次协议招标价格即为本次协议招标投标价格（见附件1）。

四、投标方式

本次协议招标采用电子投标方式进行。附件2中具备投标资格企业应在11月28日上午9:00至12月1日下午3:00之间通过“电子投标系统”将电子标书发送至招标办公室，并在12月3日前将本企业相关类别全额投标保证金（由企业根据本企业投标类别、投标数量及投标价格计算加总得出投标保证金）以同城信汇、异地电汇方式一次性交纳到（到账）指定银行账户。投标保证金缴纳账户信息（略）。

五、中标和弃标

具备投标资格的企业，按照本公告规定，在上述规定时间内完成电子投标、交纳投标保证金两项要件，并经招标办公室审核电子标书与所交投标保证金数额一致的，即为中标。

下列情况将被视为废标或自动放弃本次协议招标：

（一）无相关类别投标资格的企业所投的标书；

（二）高于最高投标量或低于最低投标量的标书；

（三）低于投标价格的标书；

（四）纸面标书等未按本公告规定的形式发送的标书；

（五）未在规定时限内发送的电子标书或在规定时限内发送两次及两次以上的电子标书；

（六）未在规定时限内将投标保证金交纳到（到账）指定银行账户的；

（七）投标保证金不是一次性交齐的；

（八）根据电子标书合计的投标保证金和实际交纳的投标保证金数额不一致的；

（九）由其他企业、组织或自然人代交投标保证金的；

（十）以同城信汇、异地电汇之外其他方式交纳投标保证金的；

（十一）不符合《办法》和本公告规定的其他情况。

六、中标结果

为方便企业出口，招标委员会决定采用分批方式公布中标企业，即由招标办公室及时审核保证金到账企业并予以公布。

七、中标金

正式中标结果公布后，中标企业交纳的投标保证金自动转为中标金，企业无须再交纳。无论中标数量使用情况如何，中标金不予退还。未中标企业交纳的投标保证金予以退还。

八、招标办公室联系电话（略）

附件 1

各类别第五次协议招标总量、最低投标量及投标价格

金额单位：人民币

	类　别	单　位	协议招标总量	最低投标量	投标价格
协议招标类别	338/9	打	2677299	200	7.00
	340/640	打	626716	200	6.00
	347/8	打	1922648	200	13.00
	349/649	打	5236398	200	2.30
	638/9	打	829889	200	9.00
	647/8	打	1219339	200	11.00
	847	打	10883450	200	4.50

附件 2（略）（网上查询）

附件 3

业绩分配各类别 M1、M2

类　别	M1	M2
338/9	1021413309	5683010545
340/640	398533097	1255013731
347/8	1465662176	8860076891
349/649	389958317	572967740
638/9	457745924	2276402969
647/8	581023522	1836014662
847	619720128	200858938

财政部、国家税务总局关于提高纺织品服装出口退税率的通知

【发布单位】 财政部、国家税务总局

【发布文号】 财税[2009]14号

【发布日期】 2009年2月5日

各省、自治区、直辖市、计划单列市财政厅(局)、国家税务局,新疆生产建设兵团财务局:

经国务院批准,从2009年2月1日起,将纺织品、服装出口退税率提高到15%。具体商品清单见附件。

具体执行时间以"出口货物报关单(出口退税专用)"海关注明的出口日期为准。

特此通知。

附件

提高出口退税率的商品清单

章	商品代码	商品名称	提高到%
50章	5004000000—5007909099	丝纱线等	15
51章	5106100000—5108101100	毛纱线及其机织物	15
	5108101990	非供零售用粗梳其他动物细毛纱线(按重量计其他动物细毛含量≥85%)	15
	5108109090	非供零售用粗梳其他动物细毛纱线(按重量计其他粗梳动物细毛含量<85%)	15
	5108201100	非供零售用精梳山羊绒纱线(按重量计山羊绒含量≥85%)	15
	5108201990	非供零售用精梳其他动物细毛纱线(按重量计其他动物细毛含量≥85%)	15
	5108209090	非供零售用精梳其他动物细毛纱线(按重量计其他精梳动物细毛含量<85%)	15
	5109101100—5109909000	羊毛纱线等	15
	5110000090—5113000000	毛纱线及其机织物	15
52章	5204110000—5212250090	棉纱、棉机织物	15
53章	5306100000—5311009099	其他植物纺织品	15
54章	全部税号	化纤长丝	15
55章	全部税号	化纤短纤	15
56章	全部税号	絮胎及无纺织物等	15
57章	全部税号	地毯及纺织材料的其他铺地制品	15
58章	全部税号	特种机织物等	15
59章	全部税号	涂布等工业用纺织制品	15
60章	全部税号	针织物及钩编织物	15

续表

章	商品代码	商品名称	提高到%
61 章	全部税号	针织物及钩编的服装等	15
62 章	全部税号	非针织物或非钩编的服装等	15
63 章	6301100000—6308000090	其他纺织制成品等	15
	6310100010—6310900090	其他纺织制成品等	15
94 章	9404290000	其他材料制褥垫	15
	9404301090	其他羽毛或羽绒填充的睡袋	15
	9404309000	其他睡袋	15
	9404901090	其他羽绒和羽毛填充的其他寝具〔含类似品〕	15
	9404902090—9404909000	其他寝具	15

财政部等发布关于减免出口农产品和纺织服装产品出入境检验检疫费的通知

【发布单位】 财政部、国家发展改革委、国家质检总局

【发布文号】 财综[2009]25 号

【发布日期】 2009 年 4 月 24 日

各省、自治区、直辖市财政厅(局)、发展改革委、物价局、各直属出入境检验检疫局：

根据《国务院办公厅关于保持对外贸易稳定增长的意见》(国办发[2008]135 号)的规定，现就减免出口农产品和纺织服装产品的检验检疫费有关问题通知如下：

一、继续对出口农产品减免出入境检验检疫费，具体减免政策仍按照《财政部、国家发展改革委、国家质检总局关于出口农产品减免出入境检验检疫费的通知》(财综[2007]54 号)规定执行。

二、对出口纺织服装产品按现行征收标准的70%收取出入境检验检疫费，具体实施减免的出口纺织服装产品目录见附件。

三、上述减免规定执行期限暂定 1 年，自 2009 年 1 月 1 日起执行至 2009 年 12 月 31 日止。

附件

减免出入境检验检疫费的出口纺织服装产品目录

H.S编码范围	产品类别
第 61 章	针织或钩编的服装及衣着附件
第 62 章	非针织或非钩编的服装及衣着附件

财政部、国家税务总局关于进一步提高部分商品出口退税率的通知

【发布单位】　财政部、国家税务总局
【发布文号】　财税[2009]88号
【发布日期】　2009年6月3日

各省、自治区、直辖市、计划单列市财政厅(局)、国家税务局,新疆生产建设兵团财务局:

经国务院批准,提高部分商品的出口退税率。现就有关事宜通知如下:

一、电视用发送设备、缝纫机等商品的出口退税率提高到17%。

二、罐头、果汁、桑丝等农业深加工产品,电动齿轮泵、半挂车等机电产品,光学元件等仪器仪表,胰岛素制剂等药品,箱包,鞋帽,伞,毛发制品,玩具,家具等商品的出口退税率提高到15%。

三、部分塑料、陶瓷、玻璃制品,部分水产品,车削工具等商品的出口退税率提高到13%。

四、合金钢异性材等钢材、钢铁结构体等钢铁制品、剪刀等商品的出口退税率提高到9%。

五、玉米淀粉、酒精的出口退税率提高到5%。

六、本通知自2009年6月1日起执行。具体执行时间,以“出口货物报关单(出口退税专用)”海关注明的出口日期为准。

财政部关于推进省直接管理县财政改革的意见

【发布单位】　财政部
【发布文号】　财预[2009]78号
【发布日期】　2009年6月22日

各省、自治区、直辖市财政厅(局):

根据《中共中央国务院关于地方政府机构改革的意见》(中发[2008]12号)、《国务院关于编制2009年中央预算和地方预算的通知》(国发[2008]35号)以及《中共中央国务院关于2009年促进农业稳定发展农民持续增收的若干意见》(中发[2009]1号)中关于“推进‘省直管县’财政管理方式改革,充实内容和形式,加强县(市)财政管理”和“将粮食、油料、棉花、生猪生产大县全部纳入改革范围”的要求,现就进一步推进省直接管理县财政改革提出如下意见。

一、总体思路

推进省直接管理县财政改革,要以邓小平理论和“三个代表”重要思想为指导,深入贯彻落实科学发展观,按照社会主义市场经济和公共财政的内在要求,理顺省以下政府间财政分配关系,推动市县政府加快

职能转变，更好地提供公共服务，促进经济社会全面协调可持续发展。

推进省直接管理县财政改革，必须坚持因地制宜、分类指导，各地要根据经济发展水平、基础设施状况等有关条件，确定改革模式、步骤和进度，不搞“一刀切”；必须坚持科学规范、合理有序，要按照分税制财政体制的要求，进一步理顺省以下政府间事权划分及财政分配关系，增强基层政府提供公共服务的能力；必须坚持积极稳妥、循序渐进，保证市县既得利益，尊重实际情况，妥善处理收支划分、基数划转等问题，确保改革的平稳过渡和顺利运行；必须坚持协调推进、共同发展，充分调动各方发展积极性，增强县域发展活力，提高中心城市发展能力，强化省级调控功能，推动市县共同发展。

改革的总体目标是，2012 年底前，力争全国除民族自治地区外全面推进省直接管理县财政改革，近期首先将粮食、油料、棉花、生猪生产大县全部纳入改革范围。民族自治地区按照有关法律法规，加强对基层财政的扶持和指导，促进经济社会发展。

二、主要内容

实行省直接管理县财政改革，就是在政府间收支划分、转移支付、资金往来、预决算、年终结算等方面，省财政与市、县财政直接联系，开展相关业务工作。

（一）收支划分。在进一步理顺省与市、县支出责任的基础上，确定市、县财政各自的支出范围，市、县不得要求对方分担应属自身事权范围内的支出责任。按照规范的办法，合理划分省与市、县的收入范围。

（二）转移支付。转移支付、税收返还、所得税返还等由省直接核定并补助到市、县；专项拨款补助，由各市、县直接向省级财政等有关部门申请，由省级财政部门直接下达市、县。市级财政可通过省级财政继续对县给予转移支付。

（三）财政预决算。市、县统一按照省级财政部门有关要求，各自编制本级财政收支预算和年终决算。市级财政部门要按规定汇总市本级、所属各区及有关县预算，并报市人大常委会备案。

（四）资金往来。建立省与市、县之间的财政资金直接往来关系，取消市与县之间日常的资金往来关系。省级财政直接确定各市、县的资金留解比例。各市、县金库按规定直接向省级金库报解财政库款。

（五）财政结算。年终各类结算事项一律由省级财政与各市、县财政直接办理，市、县之间如有结算事项，必须通过省级财政办理。各市、县举借国际金融组织贷款、外国政府贷款、国债转贷资金等，直接向省级财政部门申请转贷及承诺偿还，未能按规定偿还的由省财政直接对市、县进行扣款。

三、工作要求

为确保顺利推进省直接管理县财政改革，各地要认真开展相关工作，妥善处理好各方面的利益关系。省级财政要会同有关部门抓紧调整管理制度，积极创新管理机制，将有关工作延伸到县；要逐步建立县级基本财力保障机制，加大对财力薄弱县的支持力度，实现“保工资、保运转、保民生”的目标；要规范财政预算外资金管理，全面清理预算外分配事项，理顺政府间预算外资金管理和分配关系；要加强财政管理信息化建设，构建省级与市、县的财政信息化网络，提高工作效率。市级财政要继续关心和帮助县级财政发展，加强对县乡财政工作的指导。县级财政要积极、主动配合省、市级财政做好有关改革工作，增强自我发展、自我约束意识，认真落实财政改革各项措施，提高财政管理的科学化、精细化水平。

省直接管理县财政改革涉及财政利益调整，政策性强，牵涉面广，各级财政部门要树立大局意识，加强组织领导，积极、主动、稳妥地推进改革，细化方案，精心实施。已经全面实行改革的地区，要密切跟踪改革进展，进一步规范和完善。正在进行试点的地区，要总结经验，加快推进。尚未开展试点的地区，除民族自治地区外，要尽快制定试点方案，积极推进改革。

以上意见，请遵照执行。

财政部关于《出疆棉移库费用补贴审核细则》的补充规定

【发布单位】 财政部驻新疆财政监察专员办事处

【发布文号】 财驻新监[2009]42号

【发布日期】 2009年6月30日

各出疆棉移库费用申报企业：

为进一步做好审核2008年度出疆棉移库费用补贴工作，现对《出疆棉移库费用补贴审核细则》做以下补充规定：

一、上报书面和电子材料时，必须将企业所在地省市县及企业名称明确注明。例如：省（自治区）市（地区）县市公司。

二、在发放2007年度出疆棉移库费用补贴时，个别出疆棉移库企业提供的电子资料账号有误，致使发放出疆棉移库费用补贴不能及时入账。申报出疆棉移库费用补贴的企业，必须提供准确的银行入账账号，今后凡账号出现错误，由企业自行承担责任。同时企业未领到补助资金前不得更改企业名称和银行账号。

三、在上报2008年度出疆棉移库费用补贴的书面申报材料时，企业将申报表一、二打印一式两份，一份装订在上报材料里，一份交给审核人员核对录入。

四、申报有所变化，对出疆棉销售和移库分别填列表格。出疆棉销售的填销售情况表，出疆棉移库填移库情况表，具体见附件。

五、在填列出疆棉移库申报表时，企业必须按照销售合同或者移库合同进行汇总合计，以便审核人员进行审核。

六、在准备的材料中，要提供铁路装运清单。企业在申报资料时，按照每批出疆棉的码单、检验证书、销售发票或移库入库清单、铁路货运单和铁路装运清单的顺序进行排列装订上报。

七、依据财政部、国家税务总局《关于增值税若干政策的通知》（财税[2005]165号）文件第七条"运输发票抵扣问题，第（一）、（二）条规定：铁路货票中备注栏注有该纳税人名称作为进项税额抵扣凭证，纳税人在生产经营过程中所支付的运输费用，允许计算抵扣进项税额"的规定，要求购销合同中必须明确注明铁路运费由谁负担，铁路货票上必须注明增值税由谁进行增值税抵扣。

八、对出疆棉移库企业上报我办和全国棉花交易市场的电子邮件进行先后排序，并将审核企业名单和审核时间在我办的网站上进行公布，原则上申报企业按照公布的审核时间来我办进行书面审核。

九、初次书面审核时，为了防止企业重复申报，还将对申报企业的电子资料输入数据库进行核对，核对无误后确定审核通过。如发现企业有重复申报的行为，我办将根据《出疆棉移库费用补贴审核细则》进行严肃处理。

十、各申请出疆棉企业请及时关注新疆专员办和全国棉花交易市场网站，及时了解出疆棉移库补贴相关信息。我办的网址是：www.mof.gov.cn/bennyzhu_xinjiang。

附件

年度出疆棉移库费用补贴申报明细表(销售、移库)

申报企业：　　　　　　　　　　　　　　　　企业组织机构代码：

识别码(帮助)：　　　　盖　章　　　　　　　企业登记所在省(区、直辖市)：

	收购加工码单						棉花质量检验证书						增值税发票(销售)					乌鲁木齐铁路局货票									移库仓储(移库)						账务
序号	棉花产地	加工单位	批号	件数	公定重量	加工日期	质检证编号	出证单位	签证日期	批号	件数	公定重量	票号	批号	票联名称	开票日期	数量(吨)	货票号	批号	票联名称	托运人名称	收货人名称	发站	到站	承运日期	件数	仓储合同号	入库单号	批号	实收件数	数量(吨)	入库日期	会计凭证号

备注：1. 一个棉花批号请填写一行，棉花产地指新疆某县或兵团某团场，加工单位填写规范全称。

2. 铁路货票栏、增值税发票栏和移库仓储栏内的棉花批号由申报企业根据运输、销售和移库实际情况据实填写。

3. 没有仓储合同号和入库单号的，可填写是否有仓储合同和入库单，有用“有”表示，没有用“无”表示。

4. 表中每栏数据原则上必须一一对应，不一致的必须用加盖公章的文字材料予以说明。

财政部关于做好2008棉花年度出疆棉移库费用补贴申报工作的通知

【发布单位】 财政部驻新疆财政监察专员办事处
【发布日期】 2009年8月4日

各出疆棉移库费用补贴申报企业：

根据《财政部关于印发〈出疆棉移库费用补贴管理暂行办法〉的通知》（财建[2008]396号）和新疆专员办《关于印发〈出疆棉移库费用补贴审核细则〉的通知》（财驻新监[2008]64号）文件精神，为了方便出疆棉移库补贴申报企业的申报工作，进一步做好2008棉花年度出疆棉移库费用补贴审核工作，现将有关事项通知如下：

一、审核时间和地点

经财政部批准，我办将于2009年8月先行对疆外申报企业进行异地审核，疆内申报企业于2009年9月进行审核（审核具体时间和要求，将另行通知）。

为方便疆外申报企业就近审核，2009年8月初至8月底，我办在全国棉花交易市场设立出疆棉移库费用补贴审核办公室，开展疆外申报企业2008棉花年度出疆棉移库费用补贴审核工作。各疆外申报企业将申报书面材料汇总装订后，邮寄或送达：北京西城区金融街33号通泰大厦C座12层新疆专员办出疆棉移库费用补贴审核办公室，邮编100140，联系电话：010－88087263/88086705

二、疆外申报企业申报方式和要求

（一）鼓励在线提交补贴信息

为了简化审核流程，减少重复申报，我办鼓励疆外申报企业在http://yk.cnce.com专用网站进行在线申报2008棉花年度出疆棉移库费用补贴信息，为了加快网上申报时间，一家申报企业可同时通过多台上网电脑进行信息申报。

（二）在线提交补贴信息要求

1. 疆外申报企业上http://yk.cnce.com专用网站后，根据网站提示首先进行注册登记（免费），进入网站后务必认真填写企业相关信息，网上申报内容主要围绕补贴细则的表一《年度出疆棉移库费用补贴企业情况表》、表二《年度出疆棉移库费用补贴申报表》及表三《年度出疆棉移库费用补贴申报明细表》。如企业信息登记错误，导致补贴发放延误，由企业自行承担责任。为了补贴发放准确，疆外申报企业必须标明企业的所在地的省市县及企业名称，不得缩写或简写。例如：省（自治区、直辖市）市（地区）县公司。企业在未领到补贴资金前请勿更改企业的名称和银行账号。

2. 按批填写信息和申报。疆外申报企业进入申报流程后，请按批填写申报信息和提交，提交后系统自动返回申报受理号，疆外申报企业接到申报受理号后，根据提示按批打印单据。在填写信息过程中，如属于新体制棉花，在质检证书编号处请填写“包包检”；如属于自行销售棉花，则“移库仓储”栏无须填写；如属于移库仓储的棉花，“增值税发票”栏无须填写；各单据重量不一致，请按实际重量填写，最后补充说明；如多张增值税发票对应一个批次，发票号之间用“，”隔开，例如：“09001，09005，09008…”；如发票连号，则用“－”连接，例如：“09001－09010”。

（三）书面材料的要求

1. 疆外申报企业通过在线申报网站打印表一《年度出疆棉移库费用补贴企业情况表》、表二《年度出疆棉移库费用补贴申报表》及表三《年度出疆棉移库费用补贴申报明细表》，具体申报明细材料按照在线申报打印的具体批次单据作为首页，附属证明的材料请按购销合同、码单、检验证书、销售发票或移库清单、铁路货票和铁路装运清单的顺序进行排列装订，如一份购销合同包括多批次，请将购销合同放在相关批次前按顺序装订，在第一批次后附有关说明即可。其中，铁路装运清单必须提供。

2. 在上报2008棉花年度出疆棉移库费用补贴的书面申报材料时，企业将表一《年度出疆棉移库费用补贴企业情况表》、表二《年度出疆棉移库费用补贴申报表》打印一式两份，一份装订在上报材料里，一份交给审核人员核对。

3. 依据财政部、国家税务总局《关于增值税若干政策的通知》(财税[2005]165号)文件第七条"运输发票抵扣问题，第(一)、(二)条规定：铁路货票中备注栏注有该纳税人名称作为进项税额抵扣凭证，纳税人在生产经营过程中所支付的运输费用，允许计算抵扣进项税额"的规定，要求购销合同中必须明确注明铁路运费由谁负担，铁路货票上必须注明由谁进行增值税抵扣。

三、相关事项

(一)初次书面审核时，为了避免重复申报，我办还将对申报企业的申报资料输入数据库进行核对，核对无误后确定审核通过，如发现企业有故意重复申报的行为，我办将根据《出疆棉移库费用补贴审核细则》进行严肃处理。

(二)各申请出疆棉企业请及时关注新疆专员办和全国棉花交易市场"2008年度出疆棉移库费用补贴"专栏，及时了解出疆棉移库补贴审核相关信息。我办的网址：

http://www.mof.gov.cn/bennyzhu_xinjiang

全国棉花交易市场专栏网址：

http://www.cottonchina.org/special/gnykbt/index2.php

特此通知。

国家税务总局关于开展出口退税业务提醒工作的通知

【发布单位】 国家税务总局

【发布文号】 国税函[2009]448号

【发布日期】 2009年8月20日

各省、自治区、直辖市和计划单列市国家税务局：

为进一步加强出口退税管理，优化退税服务，国家税务总局对出口退税审核系统进行了升级完善，增加了生成出口退税业务提醒信息的功能(有关应用说明随升级软件一并下发)，现将开展出口退税业务提醒工作有关事项通知如下：

一、出口退税审核系统生成的出口退税业务提醒信息有：

(一)出口企业退税申报时间、退税所属期、申报退税额；

(二)出口企业退税审核通过时间、退税所属期、审核退税额；

(三)出口企业退库时间、退库所属期、退库税额(如本地退库业务不在出口退税审核系统内办理，且数据尚未与税收征管系统数据同步，则不能生成此项提醒信息，可在今后数据同步后生成提醒信息)；

（四）出口企业已出口但尚未到税务机关办理出口退税申报且已接近超过相关文件规定申报期限的出口情况；

（五）出口企业已办理出口退税申报但出口货物报关单或代理出口货物证明纸质单证尚未收齐的出口情况；

（六）出口企业已办理出口退税申报但核销单尚未收齐的出口情况。

二、各地税务机关要本着企业自愿的原则，将上述出口退税业务提醒信息及时提供给出口企业，具体可以选择以下方式：

（一）借助各地税务系统的纳税服务短信平台以发送短信形式将信息提供给出口企业；

（二）在出口企业办理退税申报时，通过企业申报数据介质（数据光盘、移动硬盘、软盘等）将信息提供给出口企业；

（三）采取电话通知的形式将信息提供给出口企业；

（四）通过发送电子邮件的形式将信息提供给出口企业。

三、各地税务机关无论采取何种形式向企业提供提醒信息，均不得向企业收取任何费用。

四、各地税务机关要按照税务总局要求制定开展出口退税业务提醒工作的具体方案，抓紧实施，并将有关工作情况和建议于2009年9月30日前上报国家税务总局（货物和劳务税司）。

农业部办公厅关于报送棉花高产创建活动方案的通知

【发布单位】　农业部办公厅
【发布文号】　农办农[2009]1号
【发布日期】　2009年1月14日

各省、自治区、直辖市农业（农牧、农林、农垦）厅（局、委），新疆建设兵团农业局：

根据《农业部办公厅关于印发〈2009年全国粮棉油高产创建工作方案〉的通知》（农办农[2008]146号）精神，为切实抓好棉花高产创建活动，请按以下要求和分配名额（附件），抓紧制定本省（区、市）的工作方案，并选定全国棉花高产创建活动的示范片。

一、选点原则

筛选推荐全国棉花高产创建活动示范片的县（市、旗、区、场）须考虑以下原则：

一是规模优先原则。在棉花优势区域，选择植棉效益优势明显的棉花生产大县创建示范片，示范片所在县近3年（2005—2007年），年均棉花种植面积达15万亩以上（新疆生产建设兵团可适当放宽标准）。

二是自愿申报原则。筛选示范片要坚持自愿的原则，要推荐县（市、区）政府重视棉花生产、技术推广服务能力强、农民种棉积极性高的县。

三是交通便利原则。为充分发挥高产创建示范片的辐射带动作用，筛选示范片要兼顾交通条件，便于组织交流参观。

二、创建活动主要内容

（一）示范主推品种。承担棉花良种补贴项目省份示范棉花良种补贴品种；非良补项目省份示范省市主推品种。示范片良种统供率达到100%。

（二）集成高产优质高效技术。根据高产优质、节本增效、资源节约、环境友好的原则，在高产创建示范片，集中展示示范精量播种、无土育苗移栽、测土配方施肥、节水灌溉等先进技术，以及轻简栽培模式和高效套种模式，因地制宜集成、配套、创新高产优质高效栽培技术体系。示范片测土配方施肥要力争达到100%。

（三）开展专业化统治。坚持"公共植保、绿色植保"的理念和"预防为主、综合防治"的植保方针，对棉花枯黄萎病、棉铃虫、棉蓟马、烟粉虱等重点病虫害，加强预测预报，开展综合防治和专业化统治。示范片力争100%专业化防治。

（四）加强质量管理。通过宣传、培训、示范等措施，指导棉农在收获、晾晒、包装、运输等环节采取全程质量控制，防止"三丝"混入，全面提高棉花收获质量。示范片的棉花"三丝"要100%达到国家标准。

（五）促进订单生产。引导棉花加工企业和纺织企业与高产创建示范片合作，实行订单生产，促进产销衔接。示范片要力争实现100%订单生产。

三、有关工作要求

各省农业行政主管部门要高度重视棉花高产创建活动，加强组织领导，认真制定工作方案，责任到人，狠抓落实。筛选推荐示范片时，要严格把关，按照分配名额等额推荐。各示范县要因地制宜提出万亩连片高产创建目标和方案，做到"三定"，即定地块，落实到乡、村、户的田块位置；定技术，制定示范生产技术方案；定责任人，明确行政负责人和技术负责人。

请于2009年2月10日前将省级工作方案和示范片情况报送至我部种植业管理司。联系人：龙熹，电话：010－59192811，传真电话：010－59192856，地址：北京农展南里11号农业部种植业司经作处，邮编：100125，电子邮箱：zzyjzc@agri. gov. cn。

附件

全国棉花高产创建活动示范片名额分配表

地　区	示范片数（个）	其中：农垦
天　津	4	—
河　北	25	—
山　西	3	—
江　苏	12	1
安　徽	12	1
江　西	3	—
山　东	39	—
河　南	34	1
湖　北	13	2
湖　南	4	1
陕　西	3	—
甘　肃	4	—
新　疆	30	—
新疆生产建设兵团	14	—
合　计	200	

农业部办公厅、财政部办公厅关于印发2009年中央财政农作物良种补贴项目实施指导意见的通知

【发布单位】 农业部办公厅、财政部办公厅
【发布文号】 农办财[2009]20号
【发布日期】 2009年3月3日

为贯彻落实2009年中央一号文件精神，进一步加强良种补贴项目管理，充分发挥政策效应，提高资金使用效益，保护和调动农民生产积极性，现将《2009年中央财政农作物良种补贴项目实施指导意见》印发，请遵照执行。

附件

2009年中央财政农作物良种补贴项目实施指导意见

为贯彻落实2009年中央一号文件精神，中央财政进一步加大农作物良种补贴力度，实行水稻、小麦、玉米、棉花良种补贴全覆盖，扩大大豆良种补贴范围。为确保良种补贴政策落到实处，提高资金使用效益，保护和调动农民种粮积极性，稳定粮棉种植面积，提高作物产量和品质。制定实施意见如下：

一、指导思想

坚持以科学发展观为指导，结合实施《全国优势农产品区域布局规划（2008—2015年）》，以“稳定面积、提高单产、优化结构、改善品质”为出发点，按照“全面覆盖、整体推进、因地制宜、补贴农民”的思路，对农民种植水稻、小麦、玉米、大豆、棉花等作物进行良种补贴，鼓励农民使用优良品种，加快优质良种推广步伐，促进农业稳定发展和农民持续增收。

二、主要目标

通过实施良种补贴项目，力争2009年粮食面积稳定在16亿亩左右，总产保持在10000亿斤以上，单产水平进一步提高，结构进一步优化，品质进一步改善；稳定棉花生产，力争棉花面积保持在8500万亩左右，产量稳定在750万吨。

三、基本原则

（一）坚持整体推进的原则。2009年，对水稻、小麦、玉米、棉花良种补贴实行全覆盖；大豆补贴范围扩大到整个东北地区。项目覆盖区按照实际种植面积全部补贴。

（二）坚持品种择优的原则。各地主导品种的筛选由省级农业部门具体负责，在符合国家有关扶持政策的前提下，优先选择生态适应性好、符合生产需要、市场前景较好的品种。禁止选择未经审定、审定不通过或过期淘汰的品种。

（三）坚持公开推介的原则。主导品种确定后，省级农业部门要通过各种渠道公开向社会发布，并将推介品种随实施方案上报农业部备案。严禁省级以下农业部门进行品种推介活动。

（四）坚持农民自愿的原则。各地农业部门要在

充分尊重农民意愿基础上，根据品质优先、市场需求和生产需要，积极引导农民选择使用推介的良种，不得采取强制手段干预农民自愿选种。

四、实施规模及补贴标准

（一）补贴范围：水稻、小麦、玉米、棉花在全国31个省（区、市）实行良种补贴全覆盖；大豆在辽宁、吉林、黑龙江、内蒙古等4个省（市、自治区）实行良种补贴全覆盖。

（二）补贴对象：对生产中使用农作物良种的农民（含农场职工）给予补贴。

（三）补贴标准：2009年良种补贴的执行标准为早稻10元/亩；中晚稻、棉花15元/亩；小麦、玉米、大豆10元/亩。

五、工作内容及要求

（一）严格落实种植面积。各地要按照整体覆盖、逐级推进的原则，首先由农户据实向村委会申报种植面积和品种。由村委会登记、核实、公示后上报乡镇人民政府。乡镇人民政府汇总审核后，将本辖区种植面积和品种上报县财政、农业部门。最后省级财政、农业部门将各县上报的补贴面积和品种汇总审核后上报财政部、农业部。

（二）科学选择补贴方式。良种补贴资金采取现金直接补贴或售价折扣补贴方式。水稻、玉米良种补贴采取现金直接补贴的方式，实行良种推介、自愿购种、直接发放。小麦、大豆、棉花良种补贴可以采取售价折扣补贴的方式补贴农民，也可以采取现金直接补贴的方式，各省（区、市）农业、财政部门可结合本地实际和作物品种特点从中选择确定补贴方式，并随实施方案上报财政部、农业部备案。

（三）严格补贴资金发放程序。采取补贴资金直接发放的，实行公开推介良种，落实种植面积，农民自愿购种。乡镇财政所直接向补贴对象兑付补贴资金，有条件的地方，可通过“一卡通”直接发放给农民；采取售价折扣补贴方式的，省级财政、农业部门组织招标采购良种，中标单位实行统一供种，良种补贴实行售价折扣，购种农民按折扣价付款，供种单位登记销售折扣清册，购种农民签字确认。严禁省级以下财政或农业部门组织招标。

（四）据实拨付项目资金。各省财政、农业部门在本意见下达后15日内，组织编制良种补贴实施方案，联合向财政部、农业部上报备案，申请中央财政补贴资金。实施方案主要包括推介品种、补贴方式、补贴面积和补贴金额等有关内容，并附分县的补贴面积和补贴金额表。对于全覆盖的补贴品种，中央财政实行预先拨付、年终据实结算的方式。中央财政根据各地申请，预拨良种补贴资金。到年底，再根据当年实际面积进行结算，如果出现结余资金将结转下年使用。中央直属垦区直接向财政部、农业部申报。各省（区、市）垦区，由省农垦主管部门统一向省农业主管部门申报，也可按农场的隶属关系，由农垦主管部门统一向当地同级农业主管部门申报，并由省财政厅和省农业厅联合向财政部、农业部申报。实行招标采购统一供种方式的补贴资金，省级财政部门在开标后按招标确定的供种量预拨70%补贴资金，根据财政、农业部门逐级审核确定的供种清册和农业部门确认的无种子质量问题书面意见与供种单位结算其余30%的补贴资金。各省财政、农业部门年底前将当年补贴政策落实情况认真总结并上报财政部和农业部。

（五）健全良种补贴档案。各地要加强良种补贴项目管理，建立健全良种补贴明细档案，实现县级有区域图、乡级有落实表，村级有到户清册。乡级面积落实表一式两份，分别由乡镇农技站和县农业局保管。实行统一供种的地区，村级分户清册要一式三份，由供种单位印刷，分别用于编制计划、行政公示和财政报账。采取直接发放补贴的地区，清册一式两份，用于行政公示和补贴资金发放时农民签字确认。

六、保障措施

（一）强化协调配合。各级要高度重视良种补贴项目，切实把该项目作为稳定粮食生产、增加农民收入的重要举措来抓，加强领导，明确分工，落实责任，密切配合，形成强大合力，推动项目顺利实施。财政部门负责落实补贴资金预算、拨付工作；农业部门负责项目组织实施、制定方案、良种推介、技术服务等工作。其他各部门也要各司其职，各负其责，为良种补贴项目搞好服务。

（二）强化项目公示。实行良种补贴村级公示制，公示内容要包括农户良种补贴面积、补贴标准、补贴金额等，公示时间不少于7天。各级财政、农业部门设立良种补贴监督电话，并在当地媒体予以公布，接受群众监督。

（三）强化资金管理。项目资金要专款专用，切实按照国家规定严格使用。任何地方、单位和个人都不得虚报良种补贴面积，不得套取、挤占、挪用补贴资金。地方各级财政部门应安排所需配套推广工作经费，保证补贴品种推介展示、补贴面积核实、补贴资金发放、补贴档案建立和项目实施监督检查等管理支出，严禁挤占挪用中央下拨的补贴资金用于工作经费。

（四）强化监督检查。省级农业和财政部门要对项目实施情况进行不定期抽查，通过实地走访基层干部和农户，认真了解项目区面积落实、种子质量和价格、补贴资金发放等有关情况，及时纠正项目实施过程中出现的各种问题，确保良种补贴政策不走样，农民实惠不减少。

（五）强化种子市场监管。各级农业部门要会同工商、质检、公安等部门，加强农作物种子市场监管，坚决打击坑农、害农等违法行为，做好良种市场供应，防止假冒伪劣种子进入生产领域，切实保障种子供应市场渠道畅通、规范有序。

（六）强化政策宣传。各地要通过电视、报纸等多种媒体向广大农民群众、基层干部宣传良种补贴政策，提高农民群众对农作物良种的认识，充分调动农民使用优良品种、发展粮棉生产的积极性，营造良好的社会氛围。

农业部办公厅、财政部办公厅关于印发2009年全国粮棉油高产创建项目实施指导意见的通知

【发布单位】　农业部办公厅、财政部办公厅
【发布文号】　农财办[2009]96号
【发布日期】　2009年8月14日

各省（自治区、直辖市）农业（农牧、农经、农林）厅（局、委）、财政厅（局）：

为切实发挥高产创建在粮棉油生产稳定发展中的重要推动作用，保障国家粮食安全，2009年中央财政安排粮棉油高产创建补助资金，在更大规模、更广范围、更高层次上开展粮棉油高产创建活动。为扎实有效开展粮棉油高产创建活动，提高专项资金使用效益，根据财政专项资金管理有关规定和《2009年全国粮棉油高产创建工作方案》（农办农[2008]146号），制定了项目实施指导意见，现通知如下：

一、指导思想

坚持以科学发展观为指导，以粮棉油生产稳定发展和农民持续增收为目标，集约项目，集中力量，集成技术，主攻单产，改善品质，提高效益，通过典型示范，促进平衡增产，全面提升我国粮棉油作物综合生产能力。

二、目标与任务

在全国选择粮棉油生产大县，建设2600个粮棉油高产创建万亩示范片，其中粮食作物2050个，油料

作物350个，棉花200个（详见附件1）。通过推广良种、普及高产技术，进一步提高粮棉油单产和品质水平，提高种植效益。具体目标与任务如下：

（一）粮食作物

水稻：选择300个主产县，建设600个高产创建万亩示范片，每县2个。创建目标：万亩集中连片单季稻亩产700公斤，双季稻亩产900公斤。

小麦：选择300个主产县，建设600个高产创建万亩示范片，每县2个。创建目标：万亩集中连片亩产600公斤。

玉米：选择300个主产县，建设600个高产创建万亩示范片，每县2个。创建目标：万亩集中连片亩产800公斤。

大豆：选择150个主产县，建设150个高产创建万亩示范片，每县1个。创建目标：带动示范县大豆亩产较上年增5%以上。

马铃薯：选择100个主产县，建设100个高产创建万亩示范片，每县1个。创建目标：万亩集中连片亩产2000—3000公斤。

（二）油料作物

油菜：选择250个主产县，建设250个高产创建万亩示范片，每县1个。创建目标：带动示范县油菜亩产较前三年平均亩产增5%以上。

花生：选择100个主产县，建设100个高产创建万亩示范片，每县1个。创建目标：带动示范县花生亩产较前三年平均亩产增5%以上。

（三）棉花

选择200个主产县，建设200个高产创建万亩示范片，每县1个。创建目标：万亩集中连片亩产100—150公斤。

三、基本原则

高产创建是新时期推动粮棉油生产发展的重大举措，也是农业部门推动工作的重要抓手，是集成推广先进实用技术的重要载体。各地应以科学发展观为指导，依靠行政推动，强化科技支撑，严格项目管理，规范操作程序，创新运行机制，推动高产创建活动持续深入开展。具体坚持以下五个原则：

（一）坚持行政推动，实行部省县三级联创的原则。充分发挥行政领导在高产创建中推动和指挥作用，加强部门协同作战能力，实行部、省、县三级联创，以县为主的创建原则。在农业部成立高产创建领导小组基础上，各省、项目县都要建立高产创建领导小组、实施小组，着重指导好项目县加强高产创建组织领导和行政推动工作。形成政府主导、部门联动、分工明确、紧密合作、层层负责、上下联动的高产创建行政组织领导体系。

（二）坚持资源整合，实行项目化运行管理的原则。严格按照财政专项资金管理要求，规范项目资金使用，提高资金使用效益。同时，要整合良种补贴、测土配方施肥、病虫害防治、重大技术项目推广以及优粮工程等农业项目资源，向高产创建项目区倾斜，形成多项目带动、多单位参与、协调配合、共创高产的局面。

（三）坚持突出优势，推进主产区规模生产的原则。要根据农业部下发的《2009年全国粮棉油高产创建工作方案》中创建任务要求，以《优势农产品区域布局规划（2008—2015年）》确定的重点县为基础，优先考虑国家、省级大型商品粮基地县、粮食生产先进县（场），科学选择高产创建万亩示范片实施区域。万亩高产创建示范片建设要具有区域代表性，规模连片达万亩以上，农技推广网络健全，逐步实现由村到乡、到县逐步推进，以整建制乡镇、县场为单位，逐步扩大创建规模，辐射推动大面积生产发展。

（四）坚持科技兴农，发展专业化推广服务的原则。高产创建既是促进粮棉油生产发展的一项重要工作措施，也是一项农业重大技术推广专项行动，更是落实科技兴农方针的一项重大举措。项目实施要充分发挥农业科研、教学推广队伍的专家人才优势，层层成立高产创建专家指导组，充分依靠各级专家组，筛选并集成应用适宜不同区域、不同品种类型、不同种植模式的高产创建技术体系。要建立专家包片挂钩指导制度，将专家与示范片技术负责人挂钩，与示范片创建任务挂钩，落实责任与任务。在万亩示范片培育一批接受能力强、技术水平高、带动作用大的科技示范户和大户，每个示范户和大户带动10—20

个农户，通过层层培训、指导、示范，形成万亩片建设的主体和主力，使万亩片户户都有明白人，技术应用到位率达到95%以上，全面提高万亩片农民科学种田技术水平，扎实打好科技兴农的群众基础。各万亩示范片要建立各类专业化技术推广服务组织，大力开展专业化、社会化技术推广服务，努力提升万亩示范片技术服务水平。

（五）坚持科学评价，建立规范化考核机制的原则。建立科学、规范的考核评价机制与奖惩激励机制，是推动高产创建活动持续深入开展的重要保障。我部将制定全国性的高产创建活动考核评估与奖惩办法，各地应结合具体工作实际，从高产创建全过程、各环节、各层次，因地制宜制定科学评价与激励办法，充分调动和激发农业行政、科研教学、推广服务、示范农户等各层次、各部门的积极性。

四、项目实施内容

（一）编制项目实施工作方案。农业部已下发《2009年全国粮棉油高产创建工作方案》，各地应结合本地实际，从推进粮油生产稳定发展的角度，组织专家论证并编制高产创建工作方案。明确万亩示范片地点，集成推广的关键技术体系，技术宣传与培训指导计划，创建目标任务与考核办法，奖惩与激励办法等，推动高产创建工作有序开展，确保各项工作与措施落实到位，并取得成效。

（二）明确项目实施技术路线。高产创建活动的核心是先进适用农业新品种、新技术、新模式的集成与推广应用，应提前明确项目实施技术路线。一是明确主导优良品种。结合各地选建万亩示范片的生态特点，因地制宜选择优良新品种进行集中展示推广。二是集成组装高产技术。按照良种良法配套的要求，对现有先进实用技术进行组装配套，建立适宜不同地区、不同作物的高产栽培技术体系。三是综合防控病虫草害。坚持“预防为主、综合防治”的方针，做好示范片病虫草害监测与预报，科学制定防控预案，开展病虫害统防统治，提高专业化、社会化服务水平。四是普及测土配方施肥。按照土壤养分构成和作物需肥规律，在项目区内全面实行测土配方施肥，提高肥料利用效率，促进节本增效。五是推进全程机械化生产。大力推广农机作业技术，促进农机农艺结合，开展农机社会化服务，提高粮棉油生产的综合机械化水平。六是落实抗灾应变技术。各项目区在监控生物性灾害的同时，对旱、涝、渍、风、雹、霜等灾害性天气，制定处置预案，及时应对自然灾害。

（三）开展技术培训与推广指导。高产创建能否取得成效，关键在于技术推广是否到位。农业部将强化技术培训与指导，落实专家包片、包点指导制度，充分发挥农业部高产创建专家指导组的作用，分区域负责领衔指导。各省的专家组成员要落实指导任务到县。各项目县的专家组成员要落实到万亩示范片。基层农技人员要联村包片、定点服务，做到万亩有技术专家、千亩有技术骨干、百亩有技术标兵。在综合分析示范片土壤、水源、气候等各项基本条件的基础上，因地制宜提出具体栽培管理措施、关键农时技术指导工作的具体安排，以及应对不良天气、突发病虫害等紧急情况的技术措施，将专家的试点产量变成大面积农田产量。

（四）加强宣传发动与典型引导。要充分发挥电视、网络、报纸和广播等现代主流媒体的作用，加大对高产创建重大意义、先进典型的宣传与示范，引导各级政府、部门和农技人员、种植大户等社会各方面共同关注高产创建，营造高产创建良好的社会舆论氛围。要通过适当形式，标明示范片区域范围、面积规模、产量目标、种植品种、关键技术、指导专家、技术负责人、实施单位、工作责任人、示范片编号等内容，方便农民学习，接受社会监督。

（五）规范示范片建设与管理。切实规范万亩片建设与管理，建立健全项目实施档案，为项目督察、考核、验收提供依据。具体内容包括以下四个方面：一是设计一张标示图，注明示范片位置、涉及乡镇村组、田块编号、面积等；二是建立一本工作记录，把高产创建活动有关的文件、方案、田间记录、测产结果、总结等及时立案建档；三是编印一套技术资料，编制高产创建技术培训材料、技术挂图、光盘等，发放给示范片农户；四是建立一个数据库，农业部负责研制开发全国高产创建网络信息采编与共享系统，提高万亩示范片建设的数据采集与利用水平。

五、资金使用范围

项目资金在使用范围上，要紧紧围绕粮棉油高产创建目标，重点用于技术推广补助、专业化服务补助、物化补助、信息服务和项目考核补助等。具体如下：

（一）技术推广补助。主要用于对项目区开展多种层次的技术培训，编制集成技术体系及技术实施方案，编印技术培训及宣传资料。

（二）专业化服务补助。主要用于支持专业化服务组织开展统一耕种收、病虫草害防治等专业化服务。

（三）物化补助。主要用于对示范户应用优良品种和先进实用技术的关键环节物化技术产品补助。

（四）信息服务和项目考核补助。主要用于为项目区提供品种、技术、产销等各项信息服务，促进技术普及，提高项目效益；用于测产验收、资料归档、工作考评等。

六、项目组织与资金监管

（一）项目组织与实施。农业部成立以危朝安副部长为组长的粮棉油高产创建领导小组。设立全国粮棉油高产创建工作办公室，负责全国粮棉油高产创建活动日常工作和成效宣传。设立粮棉油高产创建督导组，负责高产创建重要农时季节的生产督导。各省成立高产创建领导小组，协调相关单位和人员，组织开展创建工作。高产创建示范县成立专门实施小组，主要领导亲自抓、负总责，协调各方力量，农业部门要抓好各项措施落实，确保高产创建项目顺利实施。

（二）项目申报。省级农业部门会同财政部门编制本辖区的总体实施方案（参考格式见附件2），并指导本辖区各项目实施单位编制具体实施方案（参考格式见附件3），于8月31日前将项目省和项目县实施方案联合上报到农、财两部审核、备案（一式三份）。中央直属垦区通过农业部农垦局上报。

（三）项目资金拨付与使用。财政部将项目资金直接拨付到省级财政部门，省级财政部门要及时将项目资金下拨到各项目实施县。各地要严格资金管理与监督，确保项目资金专款专用。

（四）项目监督检查与考核验收。农业部将联合财政部开展项目检查与督导工作，各级农业和财政部门要加强对高产创建工作的监督检查，对项目县实施情况进行抽查，及时发现问题。省级农业部门会同财政部门制定具体的项目考核工作方案，做好考核验收工作。

附件1

2009年全国粮棉油高产创建资金分配表

单位：个、万元

	合计	水稻	小麦	玉米	大豆	马铃薯	油菜	花生	棉花	补助金额
合　计	**2600**	**600**	**600**	**600**	**150**	**100**	**250**	**100**	**200**	**50000**
北　京	4	—	1	3	—	—	—	—	—	77
天　津	10	—	3	3	—	—	—	—	4	192
河　北	163	2	63	57	4	2	—	10	25	3134
山　西	50	—	15	26	3	3	—	—	3	967
内蒙古	88	2	12	43	13	11	7	—	—	1692
辽　宁	65	15	—	43	3	2	—	2	—	1250

续表

	合计	水稻	小麦	玉米	大豆	马铃薯	油菜	花生	棉花	补助金额
吉　林	93	15	—	65	9	2	—	2	—	1788
黑龙江	135	23	3	58	47	4	—	—	—	2596
上　海	4	3	1	—	—	—	—	—	—	77
江　苏	156	52	53	8	5	—	23	3	12	3000
浙　江	29	20	1	—	1	1	6	—	—	558
安　徽	178	45	60	12	15	—	29	5	12	3423
福　建	21	17	—	—	1	1	—	2	—	404
江　西	84	62	—	—	2	—	14	3	3	1615
山　东	223	3	91	60	4	6	—	20	39	4288
青　岛	16	—	8	5	—	—	—	3	—	308
河　南	309	13	148	59	9	2	18	26	34	5942
湖　北	144	44	24	9	3	3	44	4	13	2769
湖　南	119	80	—	5	2	2	24	2	4	2288
广　东	49	37	—	3	1	1	—	7	—	942
广　西	57	40	—	9	2	3	—	3	—	1096
海　南	6	5	—	—	—	—	—	1	—	115
重　庆	42	15	4	9	1	6	6	1	—	808
四　川	151	44	29	25	5	8	35	5	—	2904
贵　州	63	14	4	15	2	11	17	—	—	1211
云　南	66	20	8	23	2	9	4	—	—	1269
西　藏	2	—	1	—	—	—	1	—	—	38
陕　西	67	2	24	22	3	5	7	1	3	1288
甘　肃	54	—	19	10	2	13	6	—	4	1038
青　海	12	—	4	—	—	1	7	—	—	231
宁　夏	15	2	5	5	—	3	—	—	—	288
新　疆	60	2	14	11	1	1	1	—	30	1154
黑龙江农垦	45	23	2	10	10	—	—	—	—	865
新疆兵团	20	—	3	2	—	—	1	—	14	385

附件 2

粮棉油高产创建项目实施方案
(供项目省填写)

项目组织单位(盖章):______________________

联系人/电话:______________________

通讯地址/邮编:______________________

电子邮件地址:______________________

填制日期:______________________

中华人民共和国农业部制

二〇〇九年八月

一、项目实施背景

高产创建的工作基础及可行性分析。

二、项目实施目标与考核指标

总体目标、分作物创建目标与考核指标等。

三、项目工作内容

详细说明项目主要开展的工作及进度安排。

四、项目资金与使用

项目资金分配应明确到县、到示范片、到作物,明确创建任务及资金分配等。

五、项目组织与任务分工

项目组织和管理方式,主要参加单位及具体分工等。

六、项目保障措施

项目实施的扶持政策、技术支持、宣传发动、资金投入、考核奖励等。

附件 3

粮棉油高产创建项目实施方案
(供项目县填写)

项目实施单位(盖章):______________________

联系人/电话:______________________

通讯地址/邮编:______________________

电子邮件地址:______________________

省级主管部门（盖章）：________________

联系人/电话：________________

通讯地址/邮编：________________

填制日期：________________

中华人民共和国农业部制

二〇〇九年八月

一、项目实施背景

全县及项目区创建作物生产及科技推广应用现状，高产创建的必要性、可行性与工作基础等。

二、项目实施目标与考核指标

细化项目实施目标和具体考核指标，其中对产量、面积、单产、效益、关键技术推广应用等提出具体量化指标。

三、项目内容与技术路线

（一）项目实施地点（万亩示范片区域基本情况、自然资源、技术基础、创建作物生产情况等）

（二）项目关键技术与技术实施路线

（三）项目工作主要内容

（四）项目实施计划进度

四、项目单位情况

（一）单位类型、隶属关系、职能业务范围

（二）技术设备条件、财务收支资产状况、内部管理制度建设情况

（三）有无不良记录（财政部门及审计机关处理处罚决定、行业通报批评、媒体曝光等）

五、项目单位分工与人员保障

（一）项目单位与分工

参与单位名称	项目任务分工	备　　注

（二）项目主要参加人员

姓　　名	工作单位	职务/职称	项目分工	联系电话

六、项目资金及使用预算

支出内容	金额(万元)	支出标准、数量及测算	备　注
技术推广补助			
专业化服务补助			
物化补助			
信息服务和项目考核补助			
合　计		—	—

七、申报意见表

项目实施单位 意　见	负责人签名：　　(单位公章) 年　月　日
省级主管部门 意　见	负责人签名：　　(单位公章) 年　月　日
备　注	

中纤局等部门发布关于进一步加强国家储备棉质量监督检查有关问题的公告

【发布单位】 中国纤维检验局、中国储备棉管理总公司、北京全国棉花交易市场

【发布日期】 2009年3月13日

各经国家有关部门研究决定，对国储棉质量按以下原则处理：

一、纤检机构进一步加强国储棉入库核查及抽查工作，对在入储环节发现交储棉花存在严重质量问题弄虚作假行为的加工企业一经查实，对该企业进行通报曝光处理，中储棉公司将对其经济处罚，纤检机构依据《棉花质量监督管理条例》对其处罚。

二、自3月6日起，对交储的棉花进行个样抽查，小批抽查三包、大批抽查五包，如发现质量问题，承检机构须对该批棉花按不低于10%的比例取样检验。

三、为确保收储棉花质量，防止因回潮率过高造成棉花品质严重变异，并造成严重亏重，对现场抽查回潮率单只样品抽查结果新疆为8.0%—9.0%（含9.0），内地为8.5%—9.5%（含9.5），中储棉公司按交货价收储，不再支付净重补贴；单只样品抽查结果新疆超过9.0%，内地超过9.5%的，按退储处理；单只样品抽查结果超过10.0%（含）的，按违约处理。

现场抽查回潮率符合收储要求的，实际过磅净重小于条码净重的按实际过磅净重结算，实际过磅净重大于条码净重的按条码净重结算。

四、异性纤维检测批内随机抽样，一批中含异性纤维样品数量占所抽样品总数的比例在8%及以上，按违约处理。

五、质量抽查实物品级与证书不符，抽查结果与证书结果相比，有两个及以上样品出现降级的，按违约处理。

六、质量抽查实物马克隆值与证书不符，抽查结果与证书相比，有一个及以上样品出现C1的，按违约处理；有两个及以上与原结果相差0.5以上的，按违约处理。

七、现场抽查交储棉花存在涂改唛头的不再收储。

八、批内捆扎法和套包法两种包装混合组批的不再收储。现场抽查机采棉、手摘棉混合组批的不收储。

对现场抽查发现存在质量问题的企业前期已入库的棉花，要加大比例严格抽查。对所有已入库棉花按一定比例抽查，如有质量问题，按以上原则处理。建立质量追究机制，储备棉出库时发现质量问题，将追究交储企业的相关责任。

中纤局关于发布《2008年度国家储备棉出库公证检验实施方案》的公告

【发布单位】中国纤维检验局、中国储备棉管理总公司

【发布日期】2009年5月27日

经国家有关部门研究决定，由中国储备棉管理总公司轮出部分国家储备棉。轮出部分储备棉检验按照《2008年度国家储备棉出库公证检验实施方案》执行。

附件

2008年度国家储备棉出库公证检验实施方案

按照国家有关部门要求，为做好2008年度国储棉出库公证检验工作，特制定本方案。

一、检验项目

中国纤维检验局（以下简称“中纤局”）负责组织检验机构对轮出2003、2004年度储备棉实施公证检验，按批抽样检验，检验项目品级、长度、马克隆值（其中已公证检验的国产棉重新检验品级），件数和重量不再检验，按入库公检和商检结果挂牌交易。本年度临时收储的棉花不再公证检验，按入库公证检验数据

挂牌交易。

二、相关单位职责

(一)中纤局职责

1. 根据中国储备棉管理总公司(以下简称“中储棉”)提供的棉花存放地点及数量,做好各项准备工作,确定承检机构。

2. 根据中储棉公司通知时间,及时通知承检机构赴库开展检验工作。

3. 负责向有关部门提供检验进度和检验情况,并就检验中出现的本方案未能涵盖的新问题、新情况及时与有关单位沟通、协调解决。

(二)承检机构职责

1. 按照中纤局要求,提前做好各项准备工作。

2. 根据中纤局通知要求,及时与承储仓库联系接洽,确定开展国储棉出库公证检验工作所需的工作条件、可以入库检验的时间,按时到库检验。

3. 负责核实出库棉花的批次,按批抽样,完成出库棉花的质量检验,出具公证检验证书。

4. 配合仓库做好各项安全防范工作。

(三)中储棉公司职责

1. 负责提供出库棉花的存放地点、数量、入库台账明细及承储仓库通讯录。

2. 负责通知承储仓库做好国储棉出库公证检验的各项准备工作,并抄报中纤局。

3. 负责协调仓库确保配合国储棉出库公证检验的作业能力、配备满足现场检验要求等必配的硬件设备,对因仓库原因影响检验进度的及时协调解决。

(四)承储仓库职责

1. 负责做好配合国储棉出库公证检验的各项准备工作,配备满足现场检验等必配的硬件设备,配合承检机构做好国储棉出库公证检验的各项工作,指定专人负责解决国储棉出库公证检验期间的相关事宜。

2. 按照国储棉出库打捆销售信息合理安排承检机构入库检验,负责将打捆棉批码垛详情告知检验机构,保障现场检验安全。

3. 负责现场抽样棉包的回包、回垛整理等工作。

三、公证检验工作程序和检验规程

(一)现场检验

1. 现场检验包括核实批号、抽样、加盖验讫印章。

2. 核实批号:依据入库台账与棉花实物核对批号是否一致,如不一致及时与仓库方确认是否为本次出库棉花,经确认,确为本次出库棉花,将实物批号记录备注栏。

3. 抽样:根据棉花码放情况,现场抽样可采用棉垛甩包和垛上抽样两种方式,抽样比率及抽样方法按棉花国家标准规定(GB 1103—2007),按每批棉花实际包数随机抽样,抽样棉包的选定由承检机构独立完成。采用棉垛甩包抽样方式,须将棉包放置在干净地点,采用垛上抽样方式,须全面掌握棉包码放结构情况后抽样,确保人身安全。

4. 加盖验讫印章:对抽样棉包加盖验讫印章,字迹清晰可辨认,对无法加盖印章的抽样棉包(如塑料材质包装)须标注便于本单位辨认的标识。

印章内容包括:验讫标志、承检机构代码和中储棉公司英文简称(CNCRC)。印章形状为圆形,直径6厘米。印章第一行内容是中储棉公司英文名称缩写,即CNCRC,第二行内容是承检机构代码,第三行内容是验讫标志。

5. 运送样品:抽取的样品以批为单位包装、捆扎,不得混批,抽样后及时将样品和文书送回实验室检验。

6. 业务交接:现场抽样结束后,承检机构及时与仓库就现场检验已结束的棉批办理交接手续。

(二)实验室检验

实验室检验按棉花国家标准及相关技术规范,其中品级检验依据中纤局2008年度发布的口岸本实物标准。

(三)出具证书及反馈检验结果

现场抽样结束后2日内,承检机构须将该批棉花检验结果报中纤局,将公证检验证书提供承储仓库,同时办理证书交接手续。

《国家储备棉出库公证检验证书》一式四联,其中第一联承储单位留存，第二联随货同行。

(四)复检规定

1. 复检项目品级、长度、马克隆值，购棉方(与中储棉公司签署合同的买方)如对检验结果有异议，可在到货后2日内向棉花所在地的省级纤维检验机构或中纤局申请复检。

2. 复检原则上只对留样进行。考虑到此次国储棉出库公证检验因场地限制，无法做到全部倒垛随机抽取样品，如已购买到货棉花未曾动用，复检可申请重新抽样。

3. 复检后由复检单位出具《棉花国家公证检验复检证书》，原公证检验证书作废。

4. 一次复检为终局复检，复检棉花按复检结果结算。对超出规定时限的复检申请不予受理。

5. 复检结果与原公证检验结果一致的(含主体品级一致的)，由复检申请方交纳检验费，具体收费标准按国家有关规定执行；复检结果与原公证检验结果不一致的，免交检验费。

中国储备棉管理总公司关于收储有关问题的公告

【发布单位】 中国储备棉管理总公司

【发布日期】 2008年9月5日

各涉棉企业：

为解决新疆棉花卖难问题，国家决定收储部分新疆棉。根据国务院有关部门《关于下达2007年度国家储备棉收储计划的通知》(发改经贸[2008]2200号)文件精神，自8月21日至31日，中国储备棉管理总公司(以下简称“中储棉公司”)通过全国棉花交易市场竞买交易平台收储了部分新疆2007年度生产的棉花。现将有关事项公告如下：

一、关于收储2007年度新疆棉的有关问题

1. 入库期限。交储企业接到中储棉公司《预入库通知》后要积极组织运输，在通知规定期限内办理入库手续，同时提供相关单据。如有特殊情况，应及时与中储棉公司驻库人员联系。

2. 退货时限。由于部分新疆企业对仪器化公证检验相关规定理解有误，将普通大包棉花当做仪器化公证检验的棉花交储，经请示国家有关部门同意，这些棉花将按照退货处理，以书面形式通知卖方。请供货方接到通知后按规定时间办理退货，超过规定时间后即按违约处理。

二、中储棉公司今后收储及轮换的质量标准和组批要求

为便于棉花企业以后能够严格按国家规定交售棉花，现对收储的质量标准提出如下要求：

1. 质量标准。收储的棉花必须是当年度生产并经仪器化公证检验的锯齿细绒棉，品级要求为1—4级，长度要求为28毫米以上(含28毫米)，马克隆值要求为A级、B级和C级C2档。加工时在线回潮率应不超过8.0%，异性纤维含量低于L档(含L档)。

2. 包装标准。棉花包装要符合棉花包装国家标准(GB6975－2007)，其中棉包外形尺寸、重量及允许偏差符合I型棉包要求；棉包标志须符合逐包检验的棉包标志要求，每个棉包必须附有棉包条码；棉包必须使用新包布，且无污染和炸包。

3. 组批要求：棉花组批应按公证检验后的品级组批，且每批为93包或者186包。

中国储备棉管理总公司等关于收储2008年度新疆棉的公告

【发布单位】 中国储备棉管理总公司、北京全国棉花交易市场
【发布日期】 2008年10月16日

各新疆棉花企业：

为稳定棉花市场，国家决定公开收储部分新疆棉。本次收储以轮换的方式轮入新疆2008年度生产的棉花，数量22万吨。由中国储备棉管理总公司（以下简称“中储棉公司”）通过全国棉花交易市场（以下简称“交易市场”）公开竞价方式收储。经有关部门批准现将有关事项公告如下：

一、新疆棉收储交易按有关部门批准的《2008年度新疆棉收储交易办法》和《2008年度新疆棉竞价收储办法》执行（相关办法另行发布）。

二、此次收储的新疆棉必须是2008年度新疆生产并经仪器化公证检验的锯齿细绒棉，品级要求为1—4级，长度要求为28毫米以上（含28毫米），马克隆值要求为A级、B级和C级C2档。加工时在线回潮率应不超过8.0%，异性纤维含量低于L档（含L档）。

三、棉花包装及组批要求：

1. 棉花包装要符合棉花包装国家标准（GB6975－2007），其中棉包外形尺寸、重量及允许偏差符合I型棉包要求；棉包标志须符合逐包检验的棉包标志要求，每个棉包必须附有棉包条码；棉包必须使用新包布，且无污染和炸包。

2. 交储棉花需组批交货，每批数量为93包或186包，每批棉包必须是同一品级。

四、标准级（328级）每吨按12600元作为收储的最高到库价格，其他等级棉花的收储价格按照3%的品级差率、1%的长度差率计算。实际成交价格为送至中储棉公司指定仓库货场的交货价。为支持棉花质量检验体制改革，经过仪器化公证检验的新疆棉按净重结算，净重结算价格在相应等级棉花公定结算价基础上每吨加400元。

五、此次收储库点另行公告，每个指定仓库每日收储数量以交易市场公布的详细资料为准。

六、参加此次收储交易的供货方（卖方）须是交易市场交易商，且限定为在新疆登记注册的棉花企业。如果供货方不是交易市场交易商，可以申请成为交易市场交易商，也可委托现有交易市场交易商为其代理。

七、为方便新疆区内棉花企业交易，新疆棉收储交易时间暂定为2008年10月21日至2008年10月31日（不包括双休日），每日16:00开始交易，16:30开始2分钟倒计时，17:00开始1分钟倒计时，直至闭市。

八、成交后，供货方（卖方）与中储棉公司通过交易市场签订《购销合同》，交易市场见证。

九、此次收储经过仪器化公证检验的棉花不再进行质量检验，由中国纤维检验局（以下简称中纤局）确认是否符合收储质量标准，对符合要求的棉包重新称重并按净重结算。

十、供货方将棉花运到指定仓库并经过初验后，符合报验条件的由中储棉公司预付80%的货款。完成公证检验称重后，按公证检验结果据实结算。当供货方根据结算单据提供增值税发票后，中储棉公司将余款付清。

已入指定仓库并经过公证检验后不符合收储条件的棉花由供货方自行处理。

十一、为确保履约，交易市场交易商参与交易前，须在交易市场预存不少于20万元的保证金，以保证

交易的进行。交易市场对交易商的保证金实行实时监控，根据成交数量按每吨300元进行实时扣划，交易商预存保证金出现赤字，交易系统自动关闭该交易商交易终端，直到补足保证金后方可开通其交易终端。请交易商根据资金余额和预计交易数量预存足额保证金，确保交易正常进行。如交易商拟将存放于交易市场其他账户上的保证金划转到新疆棉收储交易保证金账户，须本单位出具同意划转的书面传真，并加盖单位公章和财务专用章。

十二、交易市场按10元/吨向卖方和中储棉公司分别收取成交手续费。

十三、为了让更多企业及时了解新疆棉收储交易信息，交易市场通过中国棉花信息网政策棉交易专栏播发新疆棉收储交易实时行情。

十四、为使交易商熟悉新疆棉收储竞买交易平台，交易市场将于2008年10月20日13:00开始进行模拟交易。

十五、为方便新疆交易商及时办理有关手续，新疆区内交易商可直接与交易市场新疆办事处联系办理合同确认和合同打印等事宜。

中国储备棉管理总公司关于发布《2008年度新疆棉竞价收储办法》的公告

【发布单位】　中国储备棉管理总公司
【发布日期】　2008年10月17日

各新疆棉花企业：

为稳定棉花市场，国家决定由中国储备棉管理总公司通过全国棉花交易市场公开竞价收储部分2008年度新疆棉。本次新疆棉收储有关事项按照《2008年度新疆棉竞价收储办法》(见附件)执行。

附件

2008年度新疆棉竞价收储办法

第一章　总　则

第一条　中国储备棉管理总公司(以下简称中储棉公司)为实现国家宏观调控目标，按照公开、公平、公正的原则进行储备棉竞价采购，根据国家有关部门规定，特制订本办法。

第二条　新疆棉竞价收储是指通过全国棉花交易市场(以下简称“交易市场”)交易平台竞价成交，经交易市场见证。

第三条　中储棉公司作为储备棉竞买业务的买方，棉花交售企业作为卖方，卖方必须符合以下条件：

(1)经国家工商行政管理部门登记注册的企业法人，且注册地在新疆自治区内；

(2)棉花收购、加工、经营企业；

(3)具备一般纳税人资格。

第四条　采购的储备棉需经中国纤维检验局(以下简称中纤局)进行公证检验。

第五条　此次收储的新疆棉必须是2008年新疆生产，并经仪器化公证检验的锯齿细绒棉。

第二章　采购程序

第六条　中储棉公司根据国家有关部门规定的收储要求，通过中国棉花信息网、中国棉花网等媒体对外发布公告。

第七条　中储棉公司通过交易市场每日发布采购指定仓库、最高到库价和数量。买卖双方根据交易规则向交易市场预存一定数量的保证金。

保证金是指买、卖双方按照交易市场规定标准交纳的资金，专门用于储备棉收储交易的履约保证。

第八条　储备棉竞价采购是按照国家有关部门公布的收储价格通过交易市场"竞价交易系统"竞价采购，卖方自主减价，最终以最低卖价成交，并签订《国家储备棉购销合同》，交易市场做第三方见证。

第九条　中储棉公司确定若干指定仓库作为交货仓库。成交棉花由卖方负责运输，在运达指定仓库货场前的一切费用由卖方自行承担。

第十条　成交价为标准级（328 级）锯齿细绒棉送至中储棉公司指定仓库货场的交货含税价格。

第十一条　竞买结束后，中储棉公司根据实际成交数量，按照国家相关规定和标准向交易市场支付交易手续费。

第十二条　除非法律或有管辖权的法院、法庭、仲裁庭明确要求，交易市场负有为交易双方资料保密的责任。

第三章　合同的签订

第十三条　储备棉采购交易使用经国家工商行政管理部门登记备案的《国家储备棉购销合同》，并具有法律效力。竞价采购成交后，卖方与中储棉公司签订《国家储备棉购销合同》，交易市场加盖见证章。

第十四条　卖方在竞价成交后 3 个工作日未签订合同的视为违约，交易市场将按违约进行处理。

第四章　交货流程及入库初验

第十五条　签订《国家储备棉购销合同》后，中储棉公司根据成交先后顺序和承储库每日接收能力制定入库计划，根据入库计划为卖方开具《预入库通知书》，卖方按照《预入库通知书》要求在规定期限内将交售棉花均衡发运至指定仓库。

第十六条　卖方接到中储棉公司《预入库通知书》后，方可在规定时间内办理入库手续。如卖方未按规定期限送货而造成指定仓库接货延迟的，相应损失由卖方自行承担。

第十七条　卖方在《预入库通知书》规定的最后期限仍未将棉花运至指定仓库的，交易市场从卖方保证金中每超过 1 天扣减每吨 50 元作为违约金，直至扣完为止，合同不再执行。

第十八条　卖方运至中储棉公司指定仓库的棉花要提供完整、清晰的公证检验证书，做到货证同行。经仪器化公证检验的棉花还需提供每包棉花的小样及条码。卖方需按照中纤局要求填制《申报入储公证检验表》（附后）并将电子版一并交承储库。

第十九条　交储棉花需按公证检验后品级组批交货，每批件数为 93 包或者 186 包，（根据铁道部要求开展棉花装运试点工作的库点每批件数 91 包或者 182 包）平均包重 227 公斤（允差幅度为±10 公斤）。

第二十条　棉包包装、包型要符合棉花包装国家标准（GB 6975－2007）规定，且必须使用新包布。棉包刷唛要按照"GB1103－2007 棉花细绒棉"国家标准，做到内容齐全、字迹清晰。

第二十一条　出现下列情况之一的棉花不符合收储条件，如已运到指定仓库货场，由卖方自行处理：

（1）品级低于 4 级；

（2）长度级低于 28 毫米；

（3）马克隆值级为 C 级 C1 档；

（4）含杂率超过 2.5％；

（5）加工时在线回潮率低于 2.5％（含）或超过 8.0％；

（6）异性纤维含量超过 L 档；

（7）炸包、散包件数占总件数超过 3％；

（8）露白棉包包数占总包数超过 10％；

（9）货证不符的，棉包没有条码或条码不符的；

（10）严重污染、霉变、水残、雨淋的；

（11）混有地脚棉、回收棉等。

第二十二条　卖方棉花入库前或入库过程中发

现炸包、散包件数小于该批总件数的3%，可以正常入库，但卖方应负责按原件数给予复包，相应费用由卖方自行承担。如难以按原件数复包的，相应剔除，由卖方自行处理。

第二十三条 入库棉花露白件数不超过该批总件数10%的，可以入库，由承储库负责整理，卖方需承担相应整理费用。

第二十四条 入库棉花发现污染、霉变、水残、水渍等异常情况棉花件数小于该批总件数5%的，剔除异常棉包后可以正常入库和初验；大于5%的，该批棉花不得入库和初验。

第二十五条 到库棉花经过中储棉公司初验后，合格部分按初验数量和合同单价预付80%货款。不符合收储条件的棉花，由卖方在10个工作日内将棉花自行移库，并承担到库后发生的各项费用。卖方未能在规定期限内移库，由承储库负责为其投保，相关费用由卖方承担。

第二十六条 交易市场凭中储棉公司的书面通知释放或退还卖方履约保证金。

第五章 公证检验和纠纷处理

第二十七条 由中国纤维检验局负责(以下简称中纤局)确认是否符合收储质量标准和包装要求，对符合要求的棉包重新称重并按净重结算。

第二十八条 中储棉公司初验合格后将报验单和公证检验证书等材料向中纤局报验和承检机构报验。

第二十九条 中纤局接到申报后3个工作日内安排相应纤维检验机构入库公检，并在现场检验完成后2个工作日内将检验结果反馈给中储棉公司和供货方。

第三十条 公证检验结果作为卖方提供的棉花是否符合交货条件的标准，卖方和中储棉公司按中纤局出具的检验结果结算货款。

第三十一条 买卖双方如对公证检验结果有异议的，按照《棉花质量监督管理条例》的规定向中国纤维检验局提出复检申请，中国纤维检验局按照规定程序进行复检，双方按照复检结果结算；对复检结论仍有异议的，可以申请仲裁或依法向人民法院提起诉讼。

第三十二条 卖方棉花出现掺杂使假，由中纤局按照国家有关规定进行处理。

第六章 货款结算

第三十三条 仪器化公证检验的棉花在指定仓库交货时的实际货款计算公式为：〔成交价×(1±等级差率)+净重结算补贴〕×每包净重。

第三十四条 品级和长度差率按有关规定执行。

第三十五条 中储棉公司根据《国家储备棉购销合同》和《储备棉公证检验证书》出具《储备棉货款结算表》并传真卖方。卖方按《储备棉货款结算表》所示金额开具增值税发票，中储棉公司于收到增值税发票3个工作日内向卖方付清余款。

第三十六条 公证检验不符合收储条件的棉花，由卖方在收到《储备棉货款结算表》10个工作日内将中储棉公司预付的货款退回后，棉花自行移库处理，并承担到库后发生的各项费用。超过10个工作日仍未退款的，中储棉公司有权将该批棉花通过交易市场公开拍卖，所得货款用于冲抵中储棉公司预付货款、入库费用、超期保管费、保险费等相关费用，如有余款，退还卖方。

第三十七条 中储棉公司应在规定时间内及时给卖方付款。超过期限仍未付款的，每超过1个工作日，中储棉公司按应付金额的同期贷款利息的双倍给予卖方补偿；超过规定期限7个工作日，中储棉公司仍未能付款，则按三倍利息给予补偿，直至货款付清为止。

第三十八条 卖方运至中储棉公司指定仓库的实际数量(公检合格的)应与其卖出邀约数量相当，相差数量以不拆批为限。

第三十九条 交易市场在竞价采购工作结束15个工作日内将履约保证金和卖方违约金一并退回中储棉公司。

第七章 附 则

第四十条 中储棉公司有权根据国家有关部门规定对本办法相关规定作出调整，所有调整将以公告形式对外发布。

第四十一条 本办法由中储棉公司负责解释和修订，自发布之日起执行。

中国储备棉管理总公司等关于收储2008年度新疆棉有关问题的公告

【发布单位】 中国储备棉管理总公司、北京全国棉花交易市场
【发布日期】 2008年10月29日

各新疆涉棉企业：

为稳定棉花市场，国家决定由中国储备棉管理总公司（以下简称“中储棉公司”）通过全国棉花交易市场公开收储部分2008年度新疆棉。现对2008年10月21日至24日期间竞拍22万吨新疆棉相关要求公告如下：

一、严格按照中储棉公司通知时间入库。入库工作要求在2008年12月30日完成，具体入库时间按照《预入库通知书》要求执行，各交储企业严格按照规定时间组织运输，逾期将按照违约处理。

二、严格按照成交库点交储棉花。由于前期部分交储企业盲目抢拍，造成成交库点和实际交储库点不一致，影响了各库点的收储计划，属于违约行为，原则上合同及成交库点不得变更。

中国储备棉管理总公司等关于第二批棉花收储计划的公告

【发布单位】 中国储备棉管理总公司、北京全国棉花交易市场
【发布日期】 2008年10月29日

各涉棉企业：

为稳定棉花市场，保护棉农利益，国家决定增加100万吨收储计划，由中国储备棉管理总公司（以下简称“中储棉公司”）通过全国棉花交易市场（以下简称“交易市场”）公开收储。为防止利用国家收储进行投机，经商国家有关部门同意，对收储2008年度棉花新增计划有关要求补充公告如下：

一、近期将收储部分内地棉。在第二批收储100万吨计划中国家将安排一部分计划用于收储内地棉花。收储的棉花必须是2008年度生产并经仪器化公证检验的锯齿细绒棉，品级要求为1—4级，长度要求为28毫米以上（含28毫米），马克隆值要求为A级、B级和C级C2档。加工时在线回潮率应不超过8.0%，异性纤维含量低于L档（含L档）。交储棉花需按公证检验后品级组批交货，每批件数为93包或者186包，平均包重227公斤（允差幅度为±10公斤）。

新疆棉收储自2008年10月29日开始（交易时间见《2008年度新疆棉收储交易办法》），每天收储库点和数量另行公告。

二、合同标的。为满足不同交储企业需要，加快现场公证检验和结算进度，将储备棉交易标的调整为

200吨和400吨，请拟交储企业根据加工能力和出厂公证检验进度，选择交易。

三、严格按照规定时间组织入库。2008年10月28日之后成交棉花自成交之日起7天之内运至指定仓库，由中国储备棉管理总公司（以下简称“中储棉公司”）进行初验，初验合格及时预付80%货款。逾期未运到指定仓库的按照违约处理，扣除履约保证金，合同作废。中储棉公司定期在中国棉花网和中国棉花信息网等平面媒体公布违约企业名单。

交储企业成交后及时与交储仓库和中储棉公司驻库人员联系入库事宜，在7天内均衡发运至指定仓库。

四、严格限制合同及成交库点变更。为规范企业交易行为，防止交储企业盲目抢拍，成交合同及库点一律不予变更，交售企业需按成交合同执行，否则视为违约。

中国储备棉管理总公司等关于严格规范棉花收储交易和交储行为的公告

【发布单位】　中国储备棉管理总公司、北京全国棉花交易市场

【发布日期】　2008年10月29日

各新疆涉棉企业、交易商：

根据《关于收储2008年度新疆棉的公告》（第1号）和《关于发布〈2008年度新疆棉收储交易办法〉的公告》（第6号）规定，参与此次新疆棉收储的交储方必须为工商注册地在新疆自治区内的棉花企业，参与交易的卖方必须是全国棉花交易市场（以下简称“交易市场”）交易商，如果不是交易市场交易商，可以申请成为交易市场交易商，也可委托交易市场交易商代理交易。为进一步规范收储和代理交易行为，确保后续收储交易和交储工作的顺利进行，根据有关部门会议精神，特做如下规定：

一、严格规范代理交易行为

1. 工商注册地无论是在内地还是在新疆自治区的交易商，其代理工商注册地在新疆自治区内的棉花企业参加收储交易前，须先向交易市场提供其与被代理新疆棉花企业之间的《2008年度新疆棉收储委托代理关系确认书》（以下简称《关系确认书》，格式见附件1）。

2. 代理交易商在交易成交后，须在1个工作日内向交易市场提供《2008年度新疆棉收储交易代理委托书》（以下简称《代理委托书》，格式见附件2）。

3. 交易市场严格按照《代理委托书》上的委托关系打印并见证被代理的新疆棉花企业与中国储备棉管理总公司（以下简称“中储棉公司”）签订购销合同。

4. 代理交易商在成交后提供的《代理委托书》须和其参加交易前提供的《关系确认书》保持一致，否则该笔合同按违约处理。购销合同签订后，不得变更代理的新疆棉花企业（供货方）名称，否则，按卖方（代理交易商）违约处理。

5. 交易市场只接受来自交易商汇来或商品棉电子撮合账户划转过来的资金作为收储保证金。为确保收储工作的顺利进行和交易商往来资金安全，交易市场严格按照交易商入市登记的银行账号出入保证金，不接受交易商银行账户以外的保证金的往来要求。交易商如需要将未占用保证金划回入市登记的银行账户时，须向交易市场提交有资金调拨人签字的《资金调拨单》。交易市场不接受不同交易商之间的资金划转申请。

二、严格按照规定期限签订购销合同

根据《2008年度新疆棉收储交易办法》第九条第(六)款规定,卖方交易商或其代理的新疆棉花企业在成交后3个工作日内未签订合同的,将按卖方交易商违约处理。

三、已成交合同不得转让

交易商未提供《关系确认书》和《代理委托书》不得代理新疆棉花企业参与交易和交储,已成交合同不得转让,一经发现,取消该交易商交易资格,并按该部分合同违约处理。

以上规定自即日起施行。

附件1

2008年度新疆棉收储委托代理关系确认书

甲方(委托人):
乙方(被委托人):

依照《2008年度新疆棉收储交易办法》及相关规定,甲方委托乙方(具有全国棉花交易市场交易商资格)办理2008年度新疆棉收储的代理交易事宜,成交后的购销合同由甲方与中国储备棉管理总公司签订。

双方约定代理交易的费用标准:　　　　元/吨。

甲方(章):　　　　　　　　　　乙方(章):

法定代表人:　　　　　　　　　　法定代表人:

注:略。

附件2

2008年度新疆棉收储交易代理委托书

甲方(委托人):
乙方(被委托人):
签约地点:
签约时间:

依照《2008年度新疆棉收储交易办法》及相关规定,甲方委托乙方(具有全国棉花交易市场交易商资格)办理新疆棉竞买相关事宜,合同由甲方签订。

委托签订合同编号:

其他约定事项:

甲方（章）：　　　　　　　　　　乙方（章）：

法定代表人：　　　　　　　　　　法定代表人：

注：为方便签订合同，请填写甲方详细资料信息：

地址：

邮编：

电话：

委托人：

开户行：

账号：

纳税人识别号：

注：略。

中国储备棉管理总公司等关于发布《2008年度收储新疆棉公证检验实施方案》补充内容的公告

【发布单位】　中国储备棉管理总公司、中国纤维检验局、北京全国棉花交易市场

【发布日期】　2008年10月31日

各新疆棉花企业：

为加快2008年度收储新疆棉公证检验进度，经商有关部门同意，对《2008年度收储新疆棉公证检验实施方案》补充以下内容：

一、承检机构可根据现场条件，选择方案A或方案B任意一种方式开展现场检验。

方案A：对初验合格棉包按合同号、批号逐包扫描条码，专用软件自动判断有无该棉包仪器化公证检验结果，如数据库有该棉包仪器化检验结果，系统自动判断其是否符合收储要求，判断合格后承检机构过磅称重。如数据库无该棉包仪器化公证检验结果则剔除处理。

方案B：承检机构将条码明细表电子文件（.txt或.xls）导入专用软件，按照收储要求系统自动分为“合格棉包”和“不合格棉包”两类，承检机构打印“合格棉包信息表”赴现场进行重量检验，对“不合格棉包信息表”的棉花按剔除处理。

二、复检后，批次品级结果不是同一品级的不予收储。

中国储备棉管理总公司等关于收储内地2008年度棉花有关要求的公告

【发布单位】 中国储备棉管理总公司、北京全国棉花交易市场
【发布日期】 2008年11月3日

各内地涉棉企业：

为稳定棉花市场，保护棉农利益，国家决定增加100万吨收储计划，其中将安排收储部分2008年度内地生产的棉花。现将收储时间、质量标准和组批等要求公告如下：

一、竞拍时间。内地生产的棉花的收储交易自2008年11月3日(星期一)开始，交易时间见《2008年度新疆棉收储交易办法》，每天收储库点和数量另行公告。

二、交储企业要求。内地生产的棉花交储企业必须是棉花收购加工企业。为此，交储企业在签订合同前须向全国棉花交易市场提供棉花加工资格许可证的复印件。

三、收储价格。标准级(328级)每吨按12600元作为收储到库(中储棉公司指定仓库)价格，其它等级棉花的收储价格按照3%的品级差率、1%的长度差率计算。

为支持棉花质量检验体制改革，经过仪器化公证检验的棉花按净重结算，净重结算价格在相应等级棉花公定结算价基础上每吨加400元。

四、质量要求。此次收储的内地生产的棉花必须是2008年度生产并经仪器化公证检验的锯齿细绒棉，品级要求为1—4级，长度要求为28毫米以上(含28毫米)，马克隆值要求为A级、B级和C级C2档。加工时在线回潮率须不超过8.5%，异性纤维含量低于L档(含L档)。

五、组批要求。内地交储棉花需按公证检验后品级组批交货，每批棉包必须是同一品级，每批件数为46包或者92包，平均包重227公斤(允差幅度为±10公斤)。

六、入库时间。成交棉花必须自成交之日起10天之内运至指定仓库，由中国储备棉管理总公司进行初验，初验合格及时预付80%货款。逾期未运到指定仓库的按照违约处理，扣除履约保证金，合同作废。中储棉公司定期在中国棉花信息网和中国棉花网等平面媒体公布违约企业名单。

交储企业成交后应及时与交储仓库和中储棉公司驻库人员联系入库事宜，在10天内均衡发运至指定仓库。

未尽事宜参照新疆棉收储有关办法和规定执行。

中国储备棉管理总公司等关于加强棉花收储质量管理等问题的公告

【发布单位】　中国储备棉管理总公司、北京全国棉花交易市场、中国纤维检验局

【发布日期】　2008 年 11 月 26 日

各有关单位：

为了确保储备棉质量符合国家规定标准，严厉打击质量违规违纪违法行为，规范收储交易行为，经商国家有关部门同意，现将有关事项公告如下：

一、建立储备棉有奖举报制度

1. 公开设立举报电话。对于小包改大包，私自调换送检棉样，私自更换包头标识等行为，可向中国纤维检验局、中储棉公司举报。对倒卖交易合同指标行为，可向全国棉花交易市场和中储棉公司举报。对承储仓库乱收费行为，可向中储棉公司举报。

中国纤检局举报电话：010－64235331

中储棉公司举报电话：010－58519385

交易市场举报电话：010－88087137

2. 核实。对于提供材料（包含并不限于相关协议、合同、照片、影像等）的举报线索，将根据举报内容由相关部门牵头，有关部门参加进行核实。例如：举报小包改大包线索，由中纤局、承储仓库和中储棉公司驻库代表三方在场的情况下，每批次可抽取三包查验，发现质量不一致即违规。

3. 处罚。举报线索一经核查属实，则该批合同作废，没收本合同保证金。质量问题还要扩大该企业已入库储备棉的抽查面。如一个企业发现两次以上的违规违纪违法行为，在本棉花年度内实行市场禁入，不得参与棉花收储的交易行为。

4. 奖励。对于个人举报属实，按没收保证金的10％给予奖励，单次奖励最高不超过 10 万元。单位举报属实，如该单位符合交储企业相关规定，则将违规违纪违法合同数量直接划转举报单位。

对于举报人和奖励方式，有关部门将采取有效措施，严格保密，确保举报人的合法权益。

二、严格按国家棉花包装标准（GB6975－2007）要求加工

近期在入库验收棉花时，发现个别企业使用的打包铅丝不合要求，包布稀疏不符合标准，刷唛不清或不全，不符合储备棉包装质量要求。决定自公告之日起成交的棉花，凡存在上述问题的，一律不得入库，各驻库代表、承储仓库要严把棉花包装质量关。

包头刷唛内容必须齐全，棉布包装 2 侧刷唛清晰，塑料套包 2 侧要有粘贴不干胶标签。刷唛内容中批号、质量标识和异性纤维代码要求如下：

1. 批号。批号由 11 位数字或字母组成，前面1—5位是仪器化检验加工厂代码，其次 2 位是年度，最后 4 位是批号。例如，批号 34011081001，其中 5 位加工厂代码“34011”，2 位年度“08”，4 位批号“1001”。

2. 质量标识。质量标识根据公检结果按包刷唛，例如，该批棉花按 3 级组批，根据公检结果每包棉花刷唛应为“328”、“329”、“330”等字样。

3. 异性纤维代码。每个棉包刷唛上必须要有相应的异性纤维代码。

三、禁止承储仓库乱收费

未经中储棉公司书面批准，禁止承储仓库以各种

名义收取费用。目前有棉花交储企业反映，个别仓库以倒库、补包、加班、提前入库等名义收取数额不等的费用，或变相收取押金等，增加了客户的负担，影响了储备棉收储的公正性。中储棉公司已经按合同支付相关费用，任何仓库不得另外增收费用。如经查实承储仓库乱收费，将由中储棉公司从应付的入库费和保管费中退还交储企业，情节严重的，将立即中止该仓库的承储合同，并按《储备棉保管合同》追究相应的经济责任。

中国储备棉管理总公司等关于发布2008年度棉花第三批收储计划及有关要求的公告

【发布单位】 中国储备棉管理总公司、中国纤维检验局、北京全国棉花交易市场

【发布日期】 2008年12月22日

各交储企业：

为稳定棉花市场，保护棉农利益，经国务院批准，决定再次增加收储部分2008年度生产的棉花，由中国储备棉管理总公司(以下简称"中储棉公司")具体负责国家储备棉收储的组织实施工作。经商国家有关部门同意，对收储2008年度棉花新增计划有关要求公告如下：

一、收储数量及方式

本次收储2008年度生产的国产棉150万吨。按照公开、公平、公正的原则在全国棉花交易市场(以下简称"交易市场")开设专场收储。为稳定市场棉价，本次收储的棉花实行按规定价格成交，暂不采取竞价方式。

鉴于目前棉农手中还有较多籽棉，交储企业先在交易市场竞得交储额度，挂牌收购籽棉，加工后再交储。每一交储企业累计竞得的交储额度不得超过其加工能力。

二、收储价格

标准级(328级)棉花以每吨12600元作为送至中储棉指定仓库货场的交货价。其他等级棉花的收储价格按照3%的品级差率、1%的长度差率计算。为确保棉农利益，建立收储价格与籽棉收购价格挂钩的机制。中储棉公司与交储企业签订经交易市场见证的《购销合同》中，依据皮棉收储价格为基础对交储企业收购农民籽棉的最低价格进行约束。从公告之日起，交储企业对在交易市场竞得的交储额度，要按不低于2.6元/斤挂牌收购农民交售的籽棉，交储时须提供相应的收购码单，随货同行，并作为初验的依据之一。

三、交储企业资格认定

参加收储交易的交储方限定为经有关部门批准，已经参与棉花质量检验体制改革的大包棉加工企业(以下简称"交储企业")。交易市场和中储棉公司要做好交储企业交储资格的审查工作，租赁、委托加工或加工企业为非独立法人的需提供相关委托代理证明，由交易市场和中储棉公司审核后公示，并接受公众监督。

四、质量要求

(一)本次收储的棉花为2008年度生产并经仪器化公证检验的锯齿细绒棉，品级要求为1—4级，长度要求为28毫米以上(含28毫米)，马克隆值要求为A级、B级和C级C2档。加工时在线回潮率

应不超过8.0%(新疆棉)和8.5%(内地棉),异性纤维含量低于L档(含L档),含杂率应不超过2.5%。

(二)棉花包装及组批要求:

1. 棉花包装要符合棉花包装国家标准(GB6975—2007),其中棉包外形尺寸、重量及允许偏差、捆扎材料机械性能、规格及捆扎根数应符合I型棉包要求;棉包标志须符合逐包检验的棉包标志要求,棉包质量标识应与仪器化公证检验结果相符;到库的棉花,每个棉包必须附有该棉包加工时生成的条码卡,条码卡上下两端须用结实的棉线固定在棉包的两头;棉包必须使用新包布,且无污染和炸包。考虑到国家储备棉存放时间较长,部分还需露天存放,而目前的塑料包装透气性差、塑料易老化,本次不再收储塑料包装的棉花;

2. 交储棉花需按品级组批交货,新疆库点按每批93包或186包组批,内地库点按每批46包或92包组批;

3. 每批必须是同一加工企业生产的相同品级棉包。

(三)交储企业要严格按照上述质量标准和包装组批要求提供货源,并提供完整、清晰的原验公证检验证书,做到货证同行,货证相符,保证加工过程中产生的条码信息及送检样品客观、真实。凡在入库环节经纤检机构验收不符合要求的棉花不能入储,单面取样、条码不全的棉包不能入储,由交储企业自行处理,所发生的费用一律由交储企业承担。

五、质量检验及验收

(一)此次收储的均是经过仪器化公证检验的棉花,不再进行品级检验,收储时由纤检机构确认是否符合收储质量标准和包装组批要求,对符合要求的棉包重新称重并按净重结算。为确保入库棉花质量,纤检机构可对拟入库和已入库的棉花进行质量抽查,对凡被举报的,可加大抽查比率或全部开包检查。凡发现实物与证书结果不符等质量问题的不能入储,终止合同,按违约处理。

(二)中储棉公司可对入库棉花进行抽查,如对质量有异议可向中纤局申请复验,复验结果作为结算依据。为便于中储棉公司抽查棉花质量,交储企业应将棉包加工时留样及条码随货同行,如果没有留样可以通过开包方式取样。

(三)中纤局负责组织相关承检机构,按规定要求完成入库公证检验工作,要做到棉花随申报随检验,加快检验进度,确保结算效率。

(四)中纤局在进行公证检验现场检验完成后2个工作日内,将检验结果反馈给中储棉公司和交储企业。

(五)交储企业对交储的棉花实行质量终身负责制,出库时发现掺杂使假等严重质量问题,由交储企业承担相应的经济和法律责任。

六、结算方式

在交储企业将棉花运到指定仓库并经过初验后,符合报验条件的由中储棉公司预付80%的货款。为支持棉花质量检验体制改革,经过仪器化公证检验的棉花按净重结算,净重结算价格在相应等级棉花公定结算价基础上每吨加400元。

待公证检验结束后,按公证检验结果据实结算。当交储企业根据结算单据提供增值税发票后,中储棉公司将余款付清。

已入指定仓库并经过公证检验后不符合收储条件的棉花由交储企业自行处理,所发生费用由交储企业自理。

七、交货时间

交货时间为自成交之日起30天内。

八、库点及数量

收储库点另行公告,每个指定仓库每日收储数量以交易市场公布的详细资料为准。成交库点一律不予变更,交储企业需按成交合同执行,否则视为违约。

九、交易时间

收储计划接上一批收储计划连续进行(不包括节

假日），每个交易日16:15开始。

十、合同签订

成交次日，由交易市场根据竞拍数量生成《购销合同》，并进行见证。

十一、交易保证金及手续费

为确保履约，交易商在参与交易前，须在交易市场预存不少于20万元的保证金，以保证交易的进行。交易市场对交易商的保证金实行实时监控，根据成交数量按每吨500元进行实时扣划，交易商预存保证金出现不足，交易系统自动关闭该交易商交易终端，直到补足保证金后方可开通其交易终端。请交易商根据资金余额和预计交易数量预存足额保证金，确保交易正常进行。

交易市场按10元/吨向交易商和中储棉公司分别收取成交手续费。

十二、无效及违约合同处理

中储棉公司和交易市场将定期对无效合同及违约合同进行公告。对于违约的合同将扣除相应数量的交易保证金，合同作废。

违约合同：

1. 未按规定时间入库的；

2. 交储企业未按籽棉每斤不低于2.6元公开挂牌向棉农收购并提供收购码单，有压级压价行为的；

3. 发现实物与证书结果不符等质量问题的；

4. 有改包、回包行为的；

5. 交储经中间商倒手的棉花；

6. 其他违约责任。

十三、监督检查

收储交易过程通过中国棉花网、中国棉花信息网等媒体向社会公开，接受公共监督。

中国纤维检验局会同有关方面对棉花收购、加工及交储质量进行随机抽查。

中储棉公司会同有关方面对交储企业收购棉农籽棉价格进行随机抽查。

交储企业每日成交后，需登录中国棉花网400型棉花加工企业报送平台（www.cncotton.com），按要求报送交储相关数据。

未尽事宜参照相关公告执行。

中国储备棉管理总公司等关于国家储备棉轮出和临时收储棉花出库销售的公告

【发布单位】 中国储备棉管理总公司、北京全国棉花交易市场

【发布日期】 2009年5月21日

各纺织用棉企业：

为满足纺织用棉需要，稳定棉花市场，有关部门研究决定，轮出部分国家储备棉和出库销售部分临时收储的棉花。现将有关事项公告如下：

一、时间和方式

自2009年5月22日起，通过全国棉花交易市场储备棉竞卖交易系统公开竞卖。具体交易时间为5月22日起的国家法定工作日下午2:00起，即下午2:00开始交易，2:30开始2分钟倒计时，3:00开始1分钟倒计时，直至闭市。

具体交易办法按有关部门批准的《国家储备棉竞卖交易办法》（见附件1）执行。

为减少中间环节，此次参与竞买方限定为纺织用

棉企业。尚未成为交易市场交易商的纺织用棉企业，可以申请成为交易市场交易商后参与竞买。交易市场将经过审核符合竞买者资格的纺织用棉企业名单及时通过中国棉花信息网“储备棉抛售专栏”对外发布，接受公共监督。

二、出库棉花

本批轮出2003年度、2004年度储备棉及2008年度临时收储的棉花。

三、竞卖底价

参考当前市场棉价，兼顾棉花生产、流通和纺织用棉企业各方利益，此次轮出的2003—2004年度储备棉存放时间较长，竞卖底价为12500元/吨(净重)；出库销售的2008年度临时收储的棉花竞卖底价为12900元/吨(净重)。每日实际上市数量和竞卖底价以交易市场公布的详细资料为准。

四、质量检验

此次销售的2003—2004年度储备棉由中国纤维检验局依据《国家储备棉公证检验实施办法》组织实施公证检验。2008年度临时收储的棉花不再进行公证检验，按入库时原检验结果挂牌交易。请交易商务必留意交易系统中储备棉详细资料中提示的该批储备棉的生产年度、国别、原商检结果、本次公证检验结果等信息。

五、保证金和货款

1. 为确保履约，符合竞买者资格的纺织用棉企业须在参加交易前，在交易市场预存不少于30万元的保证金，以保证交易的进行。竞卖交易中，交易市场从交易商预存保证金中根据成交数量按500元/吨暂扣履约保证金。交易商保证金不足将暂停交易，直至补足为止。请交易商根据资金余额和预计交易数量预存足额保证金，确保交易正常进行。交易市场预存国家储备棉竞卖交易保证金账户(略)。

如交易商拟将存放于交易市场其他账户上的保证金划转到国家储备棉竞卖交易保证金账户，须本单位出具同意划转的资金调拨单传真，并由资金调拨人签字和加盖单位公章及财务专用章。

按有关规定，交易市场不接受个人汇款作为交易履约保证金。

2. 交易市场根据成交结果出具《购销合同》，买方与中国储备棉管理总公司分别签字盖章，交易市场见证。随后，买方将成交货款汇至中国储备棉管理总公司“国家储备棉结算专户”账号(略)。为了加快结算速度，减少资金在途时间，建议买方严格按照合同金额汇款，并在汇款备注栏标注成交合同号。银行确认资金到账后，中国储备棉管理总公司即办理相关提货手续。

六、委托办理合同和其他手续

为方便参与交易的交易商及时办理成交合同签订、提货单办理等相关事宜，经与中国储备棉管理总公司协商，允许买方交易商授权委托代理人办理相关事务，即成交的买方交易商可以授权委托代理人在购销合同上签字，授权委托人到中国储备棉管理总公司直接领取提货单。

委托代理人由买方交易商自主确定，并向交易市场出具有关委托书(格式见附件2)。为方便买方交易商办理业务，交易市场免费为买方交易商提供交易市场工作人员作为其委托代理人的人选之一，一旦接受书面授权，这些工作人员可代表买方交易商在有关合同上签字并代办提货单领取、寄送等手续。为防止发生纠纷，买方交易商授权交易市场工作人员为委托代理人时，需针对每捆成交棉花分别出具委托书。买方交易商也可以委托任何单位的人员作为委托代理人。委托代理人可针对每捆成交棉花分别出具委托书，也可出具一份总的委托书。所有买方交易商授权委托代理人的委托书在交易市场备案。

七、其他

1. 中储棉公司将存放在同一仓库的储备棉打“捆”竞卖，具体打捆情况以实际公布的数据为准。

2. 中储棉公司通过中国棉花网和中国棉花信息网发布每天上市数据和相关公告。

3. 国家储备棉的出库费为22元/吨，由买方自行负担。

4. 为了让更多企业及时了解储备棉成交信息，交易市场为具备上网条件的棉花企业、纺织用棉企业以及其他对国家储备棉交易感兴趣的企业和个人免费提供实时行情服务，企业或个人可通过中国棉花信息网“储备棉抛售”专栏查看储备棉交易实时行情。同时，交易市场每日将成交结果通过中国棉花信息网对外公布，欢迎各界监督。

5. 为使未曾参加过储备棉竞卖交易的交易商熟悉储备棉竞卖交易办法及程序，交易市场定于2009年5月24日举办交易员业务培训，需要参加培训的交易商请于5月22日下午5:00前自愿报名参加。

6. 中储棉公司业务及财务联系电话：010－58519366、58519399

7. 未尽事项按《国家储备棉竞卖交易办法》执行。

附件1

国家储备棉竞卖交易办法
（征求意见稿）

第一章 总 则

第一条 为保证国家储备棉和临时收储棉花（以下简称“储备棉”）竞卖交易按照“公开、公正、公平”的原则进行，根据《中华人民共和国合同法》及有关规定，制订本办法。

第二条 本办法适用于2009年储备棉竞卖交易行为。

第二章 交易地点和时间

第三条 储备棉竞卖交易由国家有关部门委托全国棉花交易市场（以下简称“交易市场”）进行组织实施。

第四条 储备棉竞卖交易时间为每周星期一至星期五下午2:00起至倒计时结束（国家法定节假日及特殊情况除外）。

第三章 交易资格

第五条 储备棉竞卖交易的卖方为中国储备棉管理总公司（以下简称“中储棉公司”），买方为经资格审查符合条件的交易市场交易商（含会员单位，下同）。有关部门另有规定的，按照有关规定执行。

第六条 交易商通过远程网络参与交易。交易商应对其在交易市场的一切交易活动承担经济和法律责任。

第四章 交易方式

第七条 储备棉通过竞卖交易方式销售。

竞卖交易是指拟销售的储备棉质量和数量等基础数据通过交易市场预先公布后挂牌报价，由符合资格的买方自主加价，按价格优先、时间优先原则，以最高购买价成交，双方通过交易市场签订《购销合同》的交易方式。

第八条 竞卖交易实行倒计时制。即所有参与交易的买方对当日所有批次的储备棉在规定时间内不再提出任何新的报价，则全场结束竞价，自动成交。

第九条 竞卖交易底价由国家有关部门核定，交易市场公布和实施。买方在竞卖底价基础上自主加价，每次最小加价幅度为20元/吨。

第十条 竞卖交易使用经国家工商行政管理部门登记备案的《全国棉花交易市场棉花购销合同》（以下简称《购销合同》）。成交后，买方与中储棉公司签订《购销合同》，交易市场见证。

第十一条 竞卖交易的计量单位为“吨”，计价以“元/吨”为单位（含增值税）。

第五章　交易资料披露

第十二条　储备棉竞卖交易资源由国家有关部门委托中储棉公司负责组织和提交。具体办法由有关方面另行规定。

第十三条　中储棉公司按照有关部门规定的格式和时间向交易市场提供拟上市交易的储备棉生产年度、产地、存放仓库、质量、数量、上市日期等基础资料。

第十四条　储备棉在上市前由中国纤维检验局组织公证检验，检验证书作为参与交易和成交结算货款的质量、数量依据。有关部门另有规定的，按有关规定执行。

第十五条　上市交易的储备棉必须附有公证检验证书，实物必须与检验结果相符，包装完整，标识齐全。

第十六条　中储棉公司对其提供的储备棉数据负责。

第十七条　交易市场于上市交易24小时前对外公布拟上市竞卖的储备棉资料。

第十八条　交易市场为参与交易的交易商和客户提供实时行情服务。交易市场每日对外公布价格行情及成交量等信息。

第十九条　交易市场及时将成交情况报送国家有关部门和中储棉公司。

第六章　保证金、货款收付和手续费

第二十条　参加储备棉交易的交易商于交易前需在交易市场指定账户存放不少于30万元的保证金。

保证金是指买方交易商和中储棉公司按照交易市场规定标准交纳的资金，专门用于储备棉竞卖交易的履约保证。

第二十一条　交易过程中，如买方交易商保证金不足，将不能参与交易。

第二十二条　成交后，交易市场分别从买卖双方的保证金中根据成交数量，向成交双方按500元/吨的标准暂扣保证金作为履约保证。

第二十三条　交易市场可根据价格行情的变化，对买卖双方一次性暂扣的履约保证金标准进行调整，并至少提前3天公布。

第二十四条　买方必须在成交后3个工作日内签订《购销合同》，并在成交后5个工作日内按照合同规定的款额和账户汇款（以买方汇出凭证原件或复印件为准），否则视为买方违约，交易市场按合同规定扣除买方履约保证金。

第二十五条　中储棉公司在确认收到买方货款后2个工作日向买方开具《储备棉出库单》，同时向承储仓库发出出库通知。买方凭《储备棉出库单》到承储仓库办理提货手续。

第二十六条　交易市场凭中储棉公司开具的《储备棉出库单》释放买方履约保证金。

第二十七条　交易市场按10元/吨（含税）分别向成交双方收取交易手续费。

第七章　交货及提货

第二十八条　《储备棉出库单》开具后的10个工作日（含）内，买方须及时到承储仓库提货，承储仓库应及时办理出库有关事宜，不得无故拒绝、拖延、阻扰。储备棉在规定提货期限内，仓库的仓储、保险等相关费用由中储棉公司负责，逾期的仓储、保险等相关费用由买方负担。应由买方负担的仓储、保险等相关费用，由买方和承储仓库自行结算。承储仓库不得超过与中储棉公司约定的标准收取买方逾期的仓储、保险等费用。

第二十九条　应买方要求，承储仓库应在代办运输、申报车皮计划、搬倒、装运等方面提供必要协助。

第三十条　储备棉交货和提货过程中，所有票据的合法性和有效性由提供方负责。

第三十一条　储备棉出库费由国家有关部门统一规定，授权交易市场公布。除双方事先另有约定外，储备棉承储仓库不得额外收取任何费用，不得无故拒绝、拖延交货，不得强行要求买方使用指定的运输工具。

第八章　交易纠纷处理和质量保障

第三十二条　交易市场鼓励交易双方协商解决交易纠纷，协商不成可向交易市场申请调解。

第三十三条 在交易或提货过程中发现交易资料有误时，属于提供资料错误，由中储棉公司负责；属于交易市场数据处理错误，由交易市场负责。因上述原因造成的退货，不作买方违约处理。

第三十四条 买方和承储仓库的历史债务纠纷，不得与储备棉交易和提货业务挂钩。

第三十五条 除非另有规定，参与竞卖的储备棉的质量和重量以中国纤维检验局公证检验结果为准。除非发现以下情况，否则不予退货，如买方坚持退货，按500元/吨扣除买方履约保证金。

1. 掺杂使假；
2. 棉花包装内部有污染、霉变；
3. 小轧花机、土打包机加工的棉花。

第九章 其 他

第三十六条 中储棉公司收到买方货款5个工作日内向买方开具增值税专用发票。

第三十七条 交易市场于竞卖交易结束后向交易商交付各种费用清单和发票。

第十章 附 则

第三十八条 储备棉竞卖交易期间，交易市场每日对外公布价格行情、成交量、成交单位名单等信息。公布的价格行情主要包括最高价、最低价、加权平均价等。

第三十九条 根据有关部门规定，收储交易过程将通过各种媒体向社会公开，接受公共监督。具体按有关公告执行。

第四十条 本办法由交易市场负责解释和修订。

第四十一条 本办法经国家有关部门批准后实施。

附件2

委 托 书

甲方(委托人)： 签订地点：

乙方(被委托人)： 签订时间：

依照《国家储备棉竞卖交易办法》及相关规定，甲方委托乙方处理储备棉竞卖相关事务的办理，并授权乙方在竞卖购销合同上签字。甲方不允许乙方把委托处理的事务转委托给第三人处理。

乙方处理委托事务的权限与具体要求：签订竞卖成交后的《购销合同》、通知买卖双方货款汇达情况、办理提货单及增值税票事务。

委托捆号：____

____

其他约定事项：____

____

甲方(章)： 乙方(章)：

(骑缝章)

(乙方经办人居民身份证复印件粘贴处)

法定代表人： 签字留样处：

联系方式： 联系方式：

年 月 日 年 月 日

中国储备棉管理总公司等关于调整储备棉竞拍底价的公告

【发布单位】　中国储备棉管理总公司、北京全国棉花交易市场
【发布日期】　2009年5月31日

各纺织用棉企业：

根据国家有关部门指示，自2009年5月31日起调整2008年度储备棉竞拍底价为12600元/吨（标准级），其他等级棉花的竞拍底价按照3%的品级差率、1%的长度差率计算。

中国储备棉管理总公司等关于第二批国家储备棉轮出和临时收储棉花出库销售的公告

【发布单位】　中国储备棉管理总公司、北京全国棉花交易市场
【发布日期】　2009年8月14日

各纺织用棉企业：

为满足纺织用棉需要，稳定棉花市场，有关部门研究决定，增加轮出60万吨储备棉，其中2005年度进口入储的棉花10万吨，2008年度临时收储的棉花50万吨。

此次轮出的2005年度进口入储的棉花，竞卖底价为12500元/吨（标准级，下同）；出库销售的2008年度临时收储的棉花，竞卖底价为12600元/吨。2005年度棉花由中国纤维检验局按照《2008年度国家储备棉出库公证检验实施方案》组织实施公证检验。2008年度临时收储的棉花不再进行公证检验，按入库时原检验结果挂牌交易。

未尽事项按照现有规定执行。

中纺协关于进一步规范储备棉竞卖交易中代理行为的公告

【发布单位】 中国棉纺织行业协会、北京全国棉花交易市场
【发布日期】 2009年6月26日

各涉棉企业、交易商：

自6月8日起，有关部门商定允许纺织企业委托有实力的棉花流通企业交易商代理其竞拍储备棉。但是，在实际委托代理过程中，经中国棉纺织行业协会(以下简称"棉纺协会")审核，存在部分企业不符合参与资格条件而委托交易商参与竞卖交易。为进一步规范储备棉竞卖交易中的代理交易行为，现将有关事项公告如下：

1. 2009年6月26日起，棉纺协会负责对参与储备棉竞卖交易的企业资格进行审核。请拟参与储备棉抛储交易或委托交易商参与抛储交易的纺织企业将以下材料通过传真方式送达全国棉花交易市场(以下简称"交易市场")：(1)企业营业执照；(2)企业2008年的实际纱锭数量和年用棉量(加盖企业公章)；(3)《2009年储备棉竞卖交易委托代理关系确认书》(格式见第190号公告)。交易市场将在收到资料后当日给予反馈。对于棉纺协会审核未予通过的，请有关企业直接与棉纺协会联系。

2. 资格审核依据。棉纺协会将根据企业自行申报的产能、年用棉量以及国家相关部门的信息资料进行审核，对于审核通过企业将同时给予累计竞买国储棉的数量限制，限制标准为企业4个月(2009年7月至10月)的最大用棉量。

以前发布的公告与本公告规定不一致的，以本公告为准。

北京全国棉花交易市场关于发布《2008年度新疆棉收储交易办法》的公告

【发布单位】 北京全国棉花交易市场
【发布日期】 2009年10月20日

各新疆棉花企业、交易商：

经有关部门批准，国家决定自2008年10月21日起通过全国棉花交易市场先期收储22万吨2008年度新疆棉。有关交易按照《2008年度新疆棉收储交易办法》(见附件1)执行。

根据《2008年度新疆棉收储交易办法》有关规定，本次收储的新疆棉必须是2008年在新疆生产的并经仪器化公证检验的锯齿细绒棉，每次减价的最小变动单位为10元/吨，成交后一次性暂扣300元/吨保证金作为买卖双方的履约保证。

参与新疆棉收储的交储方必须为工商注册地在新疆自治区内的棉花企业。参与此次新疆棉收储交

易的卖方必须是交易市场交易商。如果不是交易市场交易商，可以申请成为交易市场交易商，也可委托交易市场交易商代理交易执行。

附件

2008年度新疆棉收储交易办法

第一章 总 则

第一条 为保证新疆棉按照公开、公正、公平的原则通过市场方式收储，根据《中华人民共和国合同法》及国家有关部门规定，制订本办法。

第二条 新疆棉收储是指由中国储备棉管理总公司(以下简称"中储棉公司")按照国家有关部门公布的收储价格，通过全国棉花交易市场(以下简称"交易市场")的新疆棉收储交易系统发布购棉邀约，由有交货能力的卖方自主减价，最终以最低卖价成交并签订《国家储备棉购销合同》，交易市场作为第三方见证，在中储棉公司指定仓库货场交货的交易方式。

收储的新疆棉必须是2008年在新疆生产的并经仪器化公证检验的锯齿细绒棉。

中储棉公司指定仓库于交易前由交易市场对外发布。

第三条 新疆棉收储交储方必须为工商注册地在新疆自治区内的棉花企业。参与交易的卖方必须是交易市场交易商。如果不是交易市场交易商，可以申请成为交易市场交易商，也可委托交易市场交易商代理交易。

第四条 申请成为交易市场交易商必须符合以下条件：

一、经国家工商行政管理部门登记注册的企业法人；

二、棉花收购、加工、经营企业；

三、具备一般纳税人资格。

第五条 新疆棉收储交易时间为2008年10月21日至2008年10月31日(不包括双休日)，每日16:00开始交易，16:30开始2分钟倒计时，17:00开始1分钟倒计时，直至闭市。如有变化，以交易市场发布的公告为准。

第二章 品种、质量、计量和计价单位

第六条 新疆棉收储的交易报价品种为328级锯齿细绒棉，卖方报价为送至中储棉公司指定仓库货场的公定重交货价格，其他等级棉花的收储价格按照3%的品级差率、1%的长度差率计算。实际交货的棉花品级要求为1—4级，长度要求为28毫米以上(含28毫米)，马克隆值要求为A级、B级和C级的C2档。所有交储的棉花加工时在线回潮率不超过8.0%，异性纤维含量低于L档(含L档)。

实际成交价格和货款根据公证检验结果据实结算。

第七条 所有收储的新疆棉均须符合棉花质量检验体制改革要求并已经过仪器化公证检验。不再进行品级检验，收储时由中国纤维检验局(以下简称中纤局)确认是否符合收储质量标准，对符合要求的棉包重新称重并按净重结算。

第八条 合同交易的计量单位为"吨"，合同交易的计价单位为"元/吨"(含税)，交易商每次减价的最小变动单位为10元/吨。

第三章 新疆棉收储交易的程序

第九条 新疆棉收储交易的程序：

(一)交易市场通过新疆棉竞买交易系统发布中储棉在各指定仓库接货的最高买价和数量，并根据中储棉公司预存保证金数额核定其最大购买数量权限。

(二)卖方参与交易前，向交易市场交纳一定数额的保证金，经交易市场确认后获得卖出数量权限，然后通过新疆棉收储交易系统对中储棉公司在各指定仓库的买价予以自主减价。

（三）上述交易指令输入交易系统并经确认后即为有效指令，自动计时存档。

（四）新疆棉竞买交易实行“倒计时”制度，并按倒计时结束时最低卖价成交。

（五）交易市场根据买卖双方成交结果生成经国家工商行政管理部门登记备案的《国家储备棉购销合同》，中储棉公司和卖方在3个工作日内签订，交易市场见证，并具有法律效力。

（六）卖方在竞价成交后3个工作日内未签订合同的视为违约，交易市场将按违约进行处理。

第十条 卖方和中储棉公司各自对其通过交易市场新疆棉收储交易系统发出的“邀约”指令承担全部经济和法律责任。

第十一条 卖方之间不得串通交易，不得串通操纵成交价格，误导价格走势。对违反此规定的交易商，交易市场有权视情节轻重分别给予口头警告、书面警告、暂停交易、终止交易商资格等处罚。

第四章 保证金和手续费

第十二条 交易市场于交易前向买卖双方收取保证金。中储棉公司的保证金根据其收储数量核定，卖方于交易前需在交易市场指定账户存放不少于人民币20万元的保证金。

保证金是指卖方和中储棉公司按照交易市场规定标准交纳的资金，专门用于新疆棉收储交易的履约保证。

第十三条 交易过程中，如交易商保证金不足，将不能发出“邀约”指令。

第十四条 成交后，交易市场分别向成交双方一次性暂扣300元/吨保证金作为履约保证。

第十五条 交易市场可根据价格行情的变化，对买卖双方一次性暂扣的履约保证金标准进行调整，并至少提前三天公布。

第十六条 交易市场凭中储棉公司出具的《新疆棉入库通知单》释放卖方交易保证金。

第十七条 交易市场凭中储棉公司出具的《资金收支审批单》释放其保证金。

第十八条 交易市场按10元/吨（含税）分别向成交双方收取交易手续费。

第十九条 除非法律或有管辖权的法院、法庭、仲裁庭或行政主管机关明确要求，交易市场负有为交易商交易资料保密的责任。

第五章 交货流程及货款结算

第二十条 中储棉公司确定若干指定仓库作为交易双方的交货库。成交棉花由卖方负责运输，在运达指定仓库货场前的一切费用由卖方自行承担。

第二十一条 卖方送至中储棉公司指定仓库棉花要提供完整、清晰的码单和证书，做到货证同行。经仪器化公证检验的棉花还需提供每包棉花的小样及条码。卖方需按照中纤局要求填制《申报入储公证检验表》并将电子版一并交承储库。

第二十二条 仪器化公证检验的棉花需组批交货，在新疆交储的每批数量为93包或者186包。根据铁道部要求开展棉花装运试点工作的数点每批数量为91包或182包。

第二十三条 棉包包装要符合棉花包装国家标准（GB 6975－2007）规定，其中棉包外形尺寸、重量及允许偏差应符合Ⅰ型棉包的要求，且必须使用新包布。棉包刷唛要按照“GB1103－2007 棉花 细绒棉”国家标准，做到内容齐全、字迹清晰。仪器化公证检验棉花每批包身刷唛的批号要一致。

第二十四条 卖方棉花入库前或入库过程中炸包、散包件数小于总件数3%，可以正常入库，但卖方应负责按原件数给予复包，相应费用由卖方自行承担。如难以按原件数复包的，相应剔除，由卖方自行处理。

第二十五条 卖方须接到中储棉公司通知后方可在规定时间内办理入库手续。如卖方未按规定期限送货而造成指定仓库接货延迟的，相应损失由卖方自行承担。

第二十六条 卖方在中储棉公司规定的最后期限仍未将棉花运至指定仓库的，交易市场从卖方保证金中每超过1天扣减每吨50元作为违约金，直至扣完为止，合同不再执行。

第二十七条 经仪器化公证检验的新疆棉在指定仓库交货时的实际货款计算公式为：{〔成交价×（1

±等级差率)〕+400 元}×每包净重。

卖方运至中储棉公司指定仓库的实际数量与其卖出邀约数量相比，相差幅度在 10%以内时据实结算。短重超过 10%部分，按 300 元/吨扣减卖方货款作为违约金；溢重部分中储棉公司可与卖方协商处理。

第二十八条 入库棉花露白数不超过该批总件数 10%的，可以入库，由承储库负责整理，卖方需承担相应整理费用。

第二十九条 出现下列情况之一的棉花不符合收储条件，如已运到指定仓库货场，由卖方自行处理：

1. 品级低于 4 级；
2. 长度级低于 28 毫米；
3. 马克隆值级为 C 级 C1 档；
4. 含杂率超过 2.5%；
5. 加工时在线回潮率低于 2.5%(含)或者超过 8.0%；
6. 异性纤维含量超过 L 档；
7. 炸包、散包件数占总件数超过 3%；
8. 露白棉包包数占总包数超过 10%；
9. 货证不符的，棉包没有条码或条码不符的；
10. 严重污染、霉变、水残、雨淋的；
11. 混有地脚棉、回收棉等。

第三十条 卖方棉花出现掺杂使假，按国家有关规定处理。

第三十一条 卖方已经过仪器化公证检验的棉花运至中储棉公司指定仓库，由中储棉公司初验合格后向中纤局报验。

中纤局应在接到申报后 3 个工作日内安排相应纤维检验机构入库公检，并在现场检验完成后 2 个工作日内将检验结果反馈给中储棉公司和卖方。

第三十二条 中纤局负责确认是否符合收储质量标准和包装要求，对符合要求的棉包重新称重并按净重结算。

第三十三条 公证检验结果作为卖方提供的棉花是否符合交货条件的标准，卖方和中储棉公司按中纤局出具的检验结果结算货款。

第三十四条 到库棉花经过中储棉公司初验后，合格部分按初验数量和合同单价预付 80%货款，公证检验完成后，中储棉公司根据《国家储备棉购销合同》和《储备棉公证检验证书》出具《储备棉货款结算表》，卖方按结算表所示金额提供增值税发票，中储棉公司于收到增值税发票 3 个工作日内向卖方付清余款。

第三十五条 新疆棉收储交易和交货过程中所有票据的合法性和有效性由提供方负责。

第三十六条 卖方应在收到中储棉公司《储备棉货款结算表》后即向中储棉公司开具增值税专用发票。

第六章 质量保障和纠纷处理

第三十七条 收储的新疆棉由中纤局按照有关规定实施公证检验，并出具相应的公证检验证书。公证检验结果作为卖方提供的棉花是否符合交货条件的标准。卖方和中储棉公司按公证检验证书出具的检验结果结算货款。

第三十八条 实际交货过程中，如卖方提供的棉花质量、数量不符合入储原则，无论棉花是否已运至中储棉公司指定仓库，均由卖方自行处理。

第三十九条 买卖双方如对公证检验结果有异议的，按照《棉花质量监督管理条例》的规定向中纤局提出复检申请，中纤局按照规定程序进行复检，双方按照复检结果结算；对复检结论仍有异议的，可以申请仲裁或依法向人民法院提起诉讼。

第四十条 公证检验不符合收储条件的棉花，由卖方在收到《储备棉货款结算表》10 个工作日内将中储棉公司预付的货款退回，棉花自行移库，并承担到库后发生的各项费用。超过 10 个工作日仍未退款的，中储棉公司有权将该批棉花通过交易市场公开拍卖，所得货款用于冲抵中储棉公司预付货款、入库费用、超期保管费、保险费等相关费用，如有余款，退还卖方。

第四十一条 卖方在中储棉公司《国家储备棉预入库通知》规定的最后期限仍未将棉花运至指定仓库的，每超过 1 天，扣减卖方 50 元/吨作为违约金，直至扣完为止。如卖方预扣保证金全部扣完而仍没有将成交棉花运至指定仓库货场，按卖方违约处理，合同不再执行。

第四十二条 中储棉公司应在规定时间内及时给卖方付款。超过期限仍未付款的，每超过1个工作日，中储棉公司按应付金额的同期贷款利息的双倍给予卖方补偿；超过规定期限7个工作日，中储棉公司仍未能付款，则按3倍利息给予补偿，直至货款付清为止。

第四十三条 合同违约，交易市场按300元/吨将违约方的违约金支付给另一方。

第七章 附 则

第四十四条 交易市场有权根据国家有关部门指示对本办法有关规定作出调整。所有调整以交易市场公告形式对外发布。

第四十五条 本办法由交易市场负责解释和修订。

第四十六条 本办法自国家有关部门批准之日起执行。

乌鲁木齐铁路安全监督管理办公室关于棉花铁路运输包装采用塑钢带打包的通知

【发布单位】 乌鲁木齐铁路安全监督管理办公室
【发布日期】 2009年5月6日

乌鲁木齐站、乌西站、乌鲁木齐车务段、哈密车务段、库尔勒车务段、阿克苏车务段、奎屯车务段、阿拉山口站：

新疆作为全国棉花种植大省，产量高，外运量巨大，且主要通过铁路运输。我局历来对棉花外运工作高度重视，一直将其作为重点物资保证运输，严格管理，全力组织，为确保管内棉花安全外运做出了贡献。

由于棉花具有易燃属性，如果在包装、发运装载环节存在隐患，将会引发严重的铁路交通事故。近年来，我局发运的棉花因包装原因发生多起铁路运输火灾事故，不仅造成货主财产的重大损失，而且严重干扰了铁路正常的运输秩序，直接威胁铁路客货运输安全。

随着全国铁路电气化改造的稳步推进，铁路客、货运输全面提速，货车最高时速已达120km/h，客车时速已达200—350km/h，一旦发生事故后果不堪设想。而且铁路电气化区段一旦发生火灾事故，该区域接触（供电）网被迫断电，势必造成事故枢纽区或站区行车完全中断，严重干扰铁路路网的正常运输秩序，甚至影响到旅客列车的安全，造成的经济损失和社会负面影响巨大。因此，铁道部对各路局提出了杜绝棉花火灾事故的命令，并将棉花火灾事故处理纳入了《铁路事故处理规则》，规定对所有棉花火灾事故一律按行车C类事故考核，对影响较大的棉花火灾事故还将给予提级处理，相关棉花火灾责任车站和铁路局将受到严厉的责任追究和经济考核。

为有效减少棉花运输火灾事故，近几年来，我局及铁道部货运专家组曾组织了多次联合调研，制定了包括车辆选型、车内衬垫、定型堆码装载及“棉花八不装”等一系列安全管理措施和办法，棉花火灾事故率虽有所下降，但仍未有效杜绝。据统计，2006年至2008年3年间，我局运输出疆棉花发生的火灾事故原因认定中，有84.2%是由于棉花包的铁丝或铁丝搭扣间相互摩擦起火所致。因此，棉包捆扎使用钢丝或铁丝是造成铁路棉花运输火灾事故的最主要因素。

为有效防止棉包铁丝摩擦造成的铁路运输火灾

事故，路局积极借鉴目前内地部分省份和兄弟铁路局使用塑钢带打包的先进经验。要求自即日起，全局范围内经铁路运输的棉花包必须使用塑钢带打包方式，现将具体要求通知如下：

1. 各棉花运输相关车务段、车站，要立即采取公告、通知等方式，通知各棉花加工、仓储和运输企业，立即着手改变目前棉包用铁线或钢丝打包的包装方法，经铁路运输的棉花包装必须统一使用塑钢带打包方式。

2. 要积极做好铁路运输棉包改用塑钢带打包方式重要意义的宣传、督导工作。通过使用棉包改变塑钢带打包方式，首先，能有效降低打包成本，实现互利双赢。改用塑钢带打包后，将改变目前棉花装车为避免摩擦起火而制定的衬垫、包扣间及与车厢板间保留安全距离的装载加固方案，可以节省每车数百元的防磨衬垫材料费，货物间及于车厢板间也可以做到紧密装载，充分利用棚车的有效容积，多装棉花，增加单车载重；同时，棉包上站、装车期间，可有效避免反复颠倒、翻转棉包以防止铁扣磨碰，节省人力和时间，大大提高上站、装车效率。其次，塑钢带打包方式符合国家《棉花包装标准》(BG6975－2007)，技术成熟，工艺简单，便于推广。第三，塑钢带打包方式能有效杜绝棉包铁丝摩擦火灾事故，确保铁路运输安全畅通。

3. 凡经铁路运输的棉包，其所选用塑钢带的规格、抗拉强度、伸长率及抗老化能力必须达到国家相关质量标准和《棉花包装标准》的技术要求，严禁使用劣质或低规格的塑钢带打包。

4. 各棉花装车站要进一步加强内部安全管理，严格落实各项棉花装车安全规定，确保装一辆重车保一路平安。

5. 对 2009 年 9 月 1 日以后打包的棉包(不包括此前已打包的棉花，具体以棉包头仪器化公检标签日期为准)，凡经铁路运输的必须是使用塑钢带打包的包型，否则严禁上站装车和受理运输。

6. 各站段要立即将本通知要求记名传达到相关作业岗位及棉花生产、仓储、运输企业，并做好相关要求的督促落实工作。

附　录

第七部分

附录1 主要涉棉机构通讯录

涉棉机构	通讯地址	电 话
国家发展和改革委员会经济贸易司	北京市西城区月坛南街38号	010－68502000
财政部经济建设司	北京市西城区三里河南三巷3号	010－68551114
商务部对外贸易司	北京市东长安街2号	010－65197420
农业部种植业司	北京市朝阳区农展馆南里11号	010－64193366
农业部农村经济研究中心	北京市西城区西四砖塔胡同56号	010－66115901
海关总署全国海关信息中心	北京市建国门内大街6号	010－65195623
国家统计局农村司	北京市西城区月坛南街57号	010－68783311
国家统计局工交司	北京市西城区月坛南街57号	010－68782859
中国农业发展银行	北京市西城区月坛北街甲2号	010－68081453
中国纤维检验局	北京市东城区安定门东大街5号	010－51106110
中国棉花协会	北京复兴门内大街45号主楼7层	010－66053900
中国棉花协会棉花加工分会	北京市西直门南大街2号成铭大厦	010－66118607
中国棉纺织行业协会	北京市东长安街12号	010－85229479
中国纺织品进出口商会	北京市朝阳区潘家园南里12号楼	010－67739316
中国储备棉管理总公司	北京市西城区华远街17号	010－58519365
中华棉花集团有限公司	北京市西城区(金融大街33号)通泰大厦C段11层	010－88086549
中棉工业有限责任公司	北京市西城区西直门内南大街2号成铭大厦B1座10b	010－66118619
中纺棉花进出口公司	北京市建国门内大街19号中纺大厦7层	010－85112255
国家棉花市场监测系统	北京市海淀区紫竹院路116号嘉豪国际中心B座15层	010－58931122
北京全国棉花交易市场	北京市西城区金融街33号通泰大厦B1218	010－88086622
郑州商品交易所	河南省郑州市未来路69号	0371－65610069
中国农科院棉花研究所	河南省安阳市开发区黄河大道38号	0372－2562200
安徽财经大学棉花工程研究所	安徽省蚌埠市宏业路255号	0552－3112124
合肥国家棉花交易中心	合肥市新站区胜利路光大国际广场B座15层	0551－2117788

附录2 国内主要棉花纤维检验机构

单位名称	地址	电话
中国纤维检验局	北京市东城区安定门东大街5号	010—51106110
北京市纺织纤维检验所	北京市朝阳区朝外八里庄西里甲15号	010—65585598
天津市纺织纤维检验所	天津市南开区科研西路2号增6号	022—23003336
河北省纤维检验局	河北省石家庄市工农路368号	0311—85236200
山西省纤维检验局	山西省太原市并州西街15号	0351—2024189
内蒙古自治区纤维检验局	内蒙古自治区呼和浩特市新城区内蒙展览馆东路	0471—4963542
辽宁省纤维检验局	辽宁省沈阳市和平区永安北路8号	024—23894057
吉林省纤维检验处	吉林省长春市卫星路7440号	0431—85315584
黑龙江省纤维检验局	黑龙江省哈尔滨市香坊区珠江路100号	0451—82309475
上海市纤维检验所	上海市长乐路1228号	021—62495305
江苏省纤维检验所	江苏省南京市石鼓路227号	025—84670510
浙江省纤维检验局	浙江省杭州市天目山路222号	0571—85123534
宁波市纤维检验所	浙江省宁波市海曙区石板巷19号	0574—87306976
安徽省纤维检验局	安徽省合肥市包河工业园国家质检中心园区内	0551—3356467
福建省纤维检验所	福建省福州市仓山区照屿路17号	0591—87893970
江西省纤维检验局	江西省南昌市高新技术开发区火炬大街188号	0791—8101480
山东省纤维检验局	山东省济南市经二路343号(济南二环北路18号)	0531—87911540
青岛市纺织纤维检验所	山东省青岛市延安三路123号	0532—83890032
河南省纤维检验局	河南省郑州市东明路北15号	0371—63297181
湖北省纤维检验局	湖北省武汉市武昌区公平路6号	027—88224867
湖南省纤维检验局	湖南省长沙市新建西路41号	0731—5350227
广州市纤维产品检测院	广东省广州市海珠区滨江中路草芳围35号之二	020—34402303
广西壮族自治区纤维检验所	广西南宁市新竹路12号	0771—5863293
重庆市纤维织品检验所	重庆市渝北区高新园云杉北路50号	023—89232606
四川省纤维检验局	四川省成都市蜀都大道少城路7号	028—86639111
贵州省纤维检验局	贵州省贵阳市云岩区头桥海马冲街45号	0851—6518084
云南省纤维检验所	云南省昆明市教场东路21号	0871—5191011
陕西省纤维检验局	陕西省西安市西八路尚平路18号	029—87444832
甘肃省纤维检验局	甘肃省兰州市金昌南路208号质检大楼	0931—8828553
青海省纤维检验局	青海省西宁市西关大街31号古城台青海质监大楼	0971—6111169
宁夏回族自治区纤维检验局	宁夏银川市兴庆区凤凰南街193号	0951—7860500
新疆维吾尔自治区纤维检验局	新疆乌鲁木齐市新华南路167号	0991—2823582

附录3 2008/2009年度全国新体制棉花加工企业名录

（全国统计1210家，时间截止到2009年7月31日）

序 号	棉花加工企业名称	序 号	棉花加工企业名称
新疆432家		28	喀什宏岳润丰棉业有限公司
1	莎车县叶尔羌棉业有限责任公司	29	阿克陶县鲁丰棉业有限责任公司
2	沙雅富力棉花有限责任公司	30	博州恒昌棉业有限责任公司
3	库尔勒利华棉业有限责任公司	31	奎屯瑞丰轧花有限公司
4	克州欣汇联实业有限公司	32	哈密协力棉业有限责任公司
5	阿克苏建光棉业有限责任公司	33	伊犁州奎屯银和棉业有限公司
6	阿克陶县金泰棉业有限公司	34	新疆鸿昌棉业有限公司
7	阿克苏地区金泰棉业有限责任公司	35	阿克苏天山棉业有限责任公司
8	新疆阿克苏地区友邦棉业有限责任公司	36	阿克苏立友棉业有限责任公司
9	库尔勒新丰普惠棉业有限责任公司	37	沙湾县天鹰棉花产业有限公司
10	库尔勒利华棉业有限责任公司第二棉花加工厂	38	温宿银丰棉业有限责任公司
11	新疆得力棉业有限公司	39	阿克苏西部棉业有限责任公司
12	疏勒县利云棉业有限责任公司	40	尉犁县棉麻公司县城收购站
13	阿克陶县奔达棉业有限公司	41	巴楚县嘉德棉业有限责任公司
14	博州亚东有限责任公司	42	阿克苏金土地棉业有限责任公司
15	沙雅益康油脂有限公司红旗轧花厂	43	阿克苏市同旺纺织有限责任公司
16	巴楚县光大棉业有限责任公司	44	轮台县远江农工贸有限责任公司棉花加工厂
17	库尔勒旭鑫棉花加工有限责任公司	45	麦盖提基地军联棉业有限责任公司
18	阿克陶县盛丰棉业有限责任公司	46	康达棉业纺织有限公司轧花厂
19	阿克苏地区顺通棉花加工有限责任公司	47	尉犁县棉麻公司塔里木收购站
20	新疆乌苏市星光棉麻有限责任公司	48	新疆新和县益康有限责任公司棉花轧花厂
21	阿克苏地区宏丰棉业有限责任公司	49	麦盖提县中联棉纺有限责任公司
22	阿克苏地区天泉棉业有限责任公司	50	奎屯世丰棉业有限公司
23	莎车县新龙棉业有限责任公司	51	克拉玛依市银祥棉麻有限责任公司第三棉花加工厂
24	莎车县利成海棉纺有限责任公司	52	温宿博嘉棉业有限责任公司
25	泽普县富强商贸有限责任公司	53	尉犁县诸旺农牧业有限公司
26	博乐市银博棉业有限责任公司	54	新疆银星棉花加工有限责任公司
27	尉犁县棉麻公司琼库勒收购站	55	博乐市康瑞棉花加工有限公司

续表

序　号	棉花加工企业名称	序　号	棉花加工企业名称
56	库尔勒利华棉业有限责任公司第三棉花加工厂	91	阿克陶县棉麻公司第一轧花厂
57	玛纳斯银天棉业有限公司乐土驿轧花厂	92	阿克苏天成棉业有限责任公司
58	柯坪县金泰棉业有限公司	93	托克逊县天马棉业有限责任公司
59	阿克苏久如棉业有限责任公司	94	喀什市实信棉业有限责任公司
60	库尔勒兴宇棉花加工有限公司统其克轧花厂	95	轮台县塔河棉业有限责任公司
61	克拉玛依市独山子华银棉花产业有限责任公司	96	巴楚县良种轧花厂
62	新疆喀什天利纺织原料有限公司	97	精河县托里棉花加工厂
63	疏附县良种轧花厂	98	呼图壁县新浙农业开发有限责任公司
64	巴州承天棉业有限责任公司	99	乌鲁木齐市米东区供销棉麻有限责任公司
65	沙湾县秦岭棉业有限责任公司	100	新和县永红有限责任公司棉花加工厂
66	哈密信合棉业有限公司	101	柯坪县汇隆棉业有限责任公司
67	克州百川棉业有限责任公司	102	库尔勒宝丰棉业有限责任公司
68	轮台县家家旺棉业有限责任公司	103	巴州丰润棉业有限责任公司
69	乌苏市杨帅棉花加工有限责任公司	104	阿克苏地区腾达棉业有限责任公司
70	巴楚县鑫鹏棉业有限责任公司	105	巴楚县震华棉纺有限责任公司
71	沙湾县棉花产业有限责任公司优质棉分公司	106	沙湾县棉花产业有限责任公司兴棉分公司
72	阿克苏地区金诚棉业有限责任公司	107	巴州鸿泰棉业有限公司轧花二厂
73	和硕县棉麻公司县城轧花厂	108	库车天润棉业有限公司
74	阿克苏兴昌棉业有限责任公司轧花厂	109	沙湾县元一棉业有限责任公司
75	哈密双银棉业有限责任公司大泉湾棉花加工厂	110	新疆沙湾棉花产业有限责任公司云棉分公司
76	尉犁县九九棉业有限公司	111	喀什海源棉业有限公司
77	巴州泰昌农业开发有限公司轧花厂	112	精河县贝正棉花加工有限公司
78	新疆乌苏市利达棉花加工有限责任公司	113	沙雅塔里木兴农棉花有限责任公司
79	且末县昆仑棉业有限责任公司棉花加工二厂	114	中棉集团新和棉业有限公司
80	库尔勒市良种棉轧花厂	115	新疆银通棉业有限公司哈拉玉宫轧花厂
81	和硕县清水河宏岳棉花加工有限责任公司	116	新疆沙湾棉花产业有限责任公司中棉分公司
82	沙雅新垦棉花有限责任公司	117	巴州鸿泰棉业有限公司轧花一厂
83	新疆千棉棉业有限责任公司墩阔坦轧花厂	118	温宿银花棉业有限责任公司
84	尉犁县中良棉业有限责任公司	119	新疆棉花产业集团麦盖提棉业有限责任公司库尔玛轧花厂
85	阿克陶县昌隆棉业有限公司	120	乌苏市光辉棉花加工有限责任公司
86	阿克苏地区友谊棉花加工有限责任公司	121	克拉玛依市银祥棉麻有限责任公司九公里棉花加工厂
87	精河县康瑞棉花加工有限公司	122	阿克陶县良种棉业有限责任公司
88	阿图什市海纳棉业有限公司	123	莎车县华东纺织有限责任公司
89	托克逊县工尚棉花加工有限责任公司	124	轮台鸿泰种业有限公司原种棉轧花厂
90	沙雅银花棉业有限责任公司	125	沙雅银鑫棉业公司县城一厂

续表

序 号	棉花加工企业名称	序 号	棉花加工企业名称
126	博乐银丰棉花加工有限责任公司	161	沙湾县棉花产业有限责任公司秦棉分公司
127	博湖宝丰棉业有限责任公司博斯腾湖棉花收购加工厂	162	托里县兵锦棉业有限公司
128	库车县白泉棉业有限责任公司	163	新疆银硕棉业有限责任公司
129	新疆库车县兴合棉花有限责任公司	164	尉犁县瑞华棉业有限责任公司
130	新疆沙湾棉花产业有限责任公司沙棉分公司	165	新疆和布克赛尔县夏孜盖棉花加工厂
131	巴楚县金谷棉业有限公司	166	新疆沙湾棉花产业有限责任公司丰棉分公司
132	库尔勒鑫福棉业有限责任公司	167	新疆棉花产业集团莎车棉业有限责任公司艾力西湖轧花厂
133	阿克苏市棉麻公司棉花加工七厂	168	中棉集团克州棉业有限公司
134	精河县精棉棉业有限责任公司八家户轧花厂	169	哈密双银棉业有限责任公司二堡棉花加工厂
135	新疆博尔塔拉蒙古自治州中亚有限责任公司	170	精河县天顺祥棉花加工有限公司
136	新疆奎屯云森纺织有限公司	171	克州富民棉业有限公司
137	新疆沙湾棉花产业有限责任公司恒棉分公司	172	新疆沙湾德盛棉业有限责任公司
138	呼图壁县万源棉业有限公司	173	新疆阿图什金泉商贸有限责任公司阿克陶县轧花厂
139	呼图壁县银丰棉业有限公司	174	新疆银通棉业有限公司库尔勒轧花厂
140	莎车县牌楼农场轧花厂	175	和静银星棉业有限责任公司县城棉花收购加工轧花厂
141	巴州国棉配送棉业有限公司	176	库尔勒市银翔棉业有限公司
142	新疆莎车县良种棉轧花厂	177	呼图壁县隆华棉业有限公司
143	玛纳斯新众棉业有限责任公司	178	新和县种业总公司良种棉轧花厂
144	精河县天福棉花加工有限责任公司	179	巴州德润商贸有限公司普惠棉花加工厂
145	呼图壁县金穗农业发展有限公司	180	库车县龟兹种业公司良种棉轧花厂
146	精河县精棉棉业有限责任公司大河沿子轧花厂	181	昌吉州多斯巴亿农业开发有限责任公司
147	麦盖提九九棉业有限公司	182	尉犁县棉麻公司孔雀收购站
148	吐鲁番同润棉业有限责任公司	183	新疆棉花产业集团莎车棉业有限责任公司依干其轧花厂
149	且末县昆仑棉业有限责任公司棉花加工一厂	184	精河县精棉棉业有限责任公司茫丁轧花厂
150	库车县棉麻公司草湖轧花十二厂	185	新疆金丰源种业有限公司良种棉加工二厂
151	精河县精棉棉业有限责任公司棉种轧花厂	186	库尔勒兴宇棉花加工有限公司
152	伊犁州伊欣棉业有限责任公司棉花油脂蛋白厂	187	和田银丰棉业有限责任公司
153	沙湾县棉花产业有限责任公司荣棉分公司	188	新和县银花棉业有限责任公司
154	尉犁县棉麻公司统其克第二收购站	189	博乐市协力棉花加工有限责任公司
155	新疆棉花产业集团莎车棉业有限责任公司阿瓦提轧花厂	190	乌苏市江华棉业有限责任公司
156	库尔勒市包头湖农场轧花厂	191	巴州德福农贸有限责任公司
157	库车中棉棉业科技有限公司	192	新和健鹰纺织有限公司玉奇哈特乡轧花厂
158	沙湾县华瑞棉业有限责任公司	193	库尔勒顺盛棉业有限责任公司
159	和田天王实业有限公司	194	库尔勒玖润棉业有限公司
160	沙雅九九棉业有限公司	195	玛纳斯银天棉业有限公司县城轧花厂

续表

序　号	棉花加工企业名称	序　号	棉花加工企业名称
196	库车银花棉业有限责任公司	230	巴州金运棉业有限公司
197	沙湾县康华工贸有限责任公司康华棉业分公司	231	呼图壁县嘉丰棉业有限公司
198	新疆阿克苏昌盛棉业有限责任公司	232	沙湾县思远棉业有限责任公司
199	昌吉市银洋棉麻有限责任公司老龙河轧花厂	233	中棉集团玛纳斯棉业有限公司
200	新疆棉花产业(集团)喀什棉业有限责任公司浩罕轧花厂	234	新疆棉花产业集团岳普湖棉业有限公司铁力木乡轧花厂
201	玛纳斯银天棉业有限公司北五岔轧花厂	235	新疆汇联实业有限公司
202	阿图什市供销合作社联合社棉麻公司	236	新疆棉花产业集团莎车棉业有限责任公司阿斯兰巴格轧花厂
203	精河县精棉棉业有限责任公司阿合其轧花厂	237	巴州亚中棉业有限公司迎宾路棉花收购加工厂
204	新疆曼福农业科技开发有限公司	238	阿克苏巨鹰棉业有限责任公司
205	托克逊县西域棉业有限责任公司	239	阿克陶县新陆棉业有限公司
206	新疆棉花产业(集团)莎车棉业有限责任公司伯什坎轧花厂	240	且末县昆仑棉业有限责任公司棉花加工三厂
207	新疆维吾尔自治区国家农作物原种场库尔勒哈拉苏轧花厂	241	吐鲁番市大林电气有限责任公司轧花厂
208	乌苏市新棉光辉棉业有限公司	242	呼图壁县鑫欧棉业有限公司
209	新疆中纺锦华棉业有限公司北戈壁棉花加工厂	243	温宿德丰棉花产业有限责任公司佳木轧花厂
210	精河县托里棉花加工厂二牧场轧花厂	244	呼图壁县天丰棉业有限公司
211	克拉玛依市天地农牧实业有限公司	245	哈密三达棉业有限责任公司
212	库车县龟兹种业公司比西巴格轧花厂	246	新疆沙龙棉业有限责任公司沙龙分公司
213	新疆棉花产业集团叶城棉业有限责任公司库其轧花厂	247	温宿德丰棉花产业有限责任公司青年加工厂
214	新疆鑫棉科技发展有限责任公司六户地镇轧花厂	248	沙雅银鑫棉业公司托依堡轧花厂
215	乌苏市银河棉业有限责任公司	249	新疆棉花产业集团伽师棉业有限公司卧里托呼拉克乡轧花厂
216	呼图壁县宏昌棉业有限公司		
217	新疆鲁泰丰收棉业有限责任公司第一加工厂	250	阿瓦提京棉配送棉花产业化棉业有限公司
218	乌什县供销棉麻公司二厂	251	和田县白金棉业有限公司
219	巴州正圣棉业有限公司	252	乌苏市古尔图锦纺棉业有限责任公司
220	昌吉鑫京园棉业有限公司	253	沙湾县鑫达有限公司
221	尉犁泰富棉业有限公司	254	阿克苏英达雅军垦农场棉业有限公司
222	新疆叶城县良种场轧花厂	255	新和县棉花公司加工二厂
223	沙雅富红棉业有限公司	256	新疆沙雅白云商贸有限责任公司努尔巴格轧花厂
224	精河县贝正棉花加工有限公司南方分公司	257	托里县顺志棉业加工有限公司
225	乌苏市明新棉业有限责任公司	258	新疆棉花产业集团伽师棉业有限公司玉代克力克乡轧花厂
226	新疆沙龙棉业有限责任公司柳毛湾分公司	259	昌吉市新禾良种棉加工有限责任公司
227	新疆棉花产业(集团)麦盖提棉业有限责任公司吐曼塔勒轧花厂	260	库车棉麻公司哈拉哈唐轧花三厂
		261	新疆丰汇棉业有限公司
228	疏勒县种子公司巴合齐乡良种轧花厂	262	玛纳斯县丰元棉花育种基地良种棉轧花厂
229	察布查尔县金泉棉业有限责任公司	263	巴州鸿泰棉业有限公司轧花四厂

续表

序 号	棉花加工企业名称	序 号	棉花加工企业名称
264	新疆棉花产业(集团)巴楚棉业有限责任公司阿克萨克马热勒轧花厂	297	新疆呼图壁县西域良种棉有限责任公司
265	呼图壁县红柳塘棉业有限公司	298	英吉沙县棉麻公司城镇加工厂
266	库车县棉麻公司英叶轧花十一厂	299	玛纳斯县金海利棉业有限公司
267	轮台县银恒棉业有限公司	300	乌苏市百泉棉业有限责任公司
268	库车县棉麻公司齐满轧花二厂	301	昌吉金西域棉业有限责任公司
269	新疆中纺锦华棉业有限公司大桥棉花加工厂	302	新疆云龙油脂有限公司轧花厂
270	轮台县永盛棉花工贸有限责任公司	303	莎车县叶尔羌棉业有限责任公司二厂
271	呼图壁县天鼎棉业有限公司	304	且末县新垦棉业有限责任公司
272	新疆棉花产业集团叶城棉业有限责任公司零公里轧花厂	305	陕西龙首油脂有限公司乌苏市棉业分公司
273	库车县棉麻公司阿拉哈格轧花七厂	306	呼图壁县新米棉业有限责任公司
274	乌苏市创锦棉业有限公司	307	昌吉市银洋棉麻有限责任公司第二轧花厂
275	巴州浩鑫棉业有限公司轧花厂	308	呼图壁县银弘棉业有限公司
276	乌苏市新棉车排子棉业有限责任公司	309	新疆乌苏市汇通棉花加工厂
277	麦盖提县种子公司良种轧花厂	310	新疆棉花产业集团叶城棉业有限责任公司加依提勒克轧花厂
278	库尔勒包头湖棉花加工有限责任公司	311	新疆棉花产业集团英夏尔棉业有限公司牙甫泉镇轧花厂
279	和布克赛尔县察和特开发区禹杰棉花加工厂	312	鄯善县新昱棉麻有限责任公司达浪坎棉花加工厂
280	乌苏市大生纺织有限公司城镇棉花加工厂	313	玛纳斯银天棉业有限公司包家店轧花厂
281	新疆棉花产业集团岳普湖棉业有限公司县城轧花厂	314	新疆阿克苏市广联实业有限公司
282	库车县恒丰棉业有限责任公司	315	新疆棉花产业集团麦盖提棉业有限责任公司克孜勒阿瓦提轧花厂
283	新疆棉花产业集团叶城棉业有限责任公司江格勒斯轧花厂	316	沙雅纵横棉花有限责任公司
284	新疆棉花产业集团莎车棉业有限责任公司吾达力克轧花厂	317	新疆棉花产业(集团)巴楚棉业有限责任公司色力布亚轧花厂
285	新疆棉花产业集团莎车棉业有限责任公司荒地轧花厂	318	沙雅银鑫棉业公司英买力轧花厂
286	新疆乌苏市振兴棉花加工厂有限责任公司	319	乌苏市锦泰棉花加工有限责任公司
287	新疆棉花产业(集团)麦盖提棉业有限责任公司尕孜库勒轧花厂	320	新疆棉花产业(集团)巴楚棉业有限责任公司群库恰克轧花厂
288	洛浦县玉河棉业有限责任公司恰尔巴格棉花收购加工厂	321	乌苏市新鑫棉业有限责任公司
289	新疆英吉沙县棉麻公司苏盖提加工厂	322	新疆棉花产业(集团)巴楚棉业有限责任公司下马力轧花厂
290	博乐捷福棉业有限公司贝乡轧花厂	323	阿克苏鸿泰棉业有限公司棉花加工厂
291	新疆华纺纺织有限公司	324	新疆英吉沙县棉麻公司克孜勒轧花厂
292	阿瓦提县大韵棉业有限责任公司	325	乌苏市甘家湖石杨棉花加工厂
293	克州宏健棉业有限责任公司	326	新疆棉花产业集团麦盖提棉业有限责任公司央塔克轧花厂
294	库车县棉麻公司东城轧花九厂	327	库车县纵横棉业有限责任公司
295	新疆西星实业投资有限公司阿图什市分公司		
296	巴楚县克拉克勤振兴轧花厂		

续表

序　号	棉花加工企业名称	序　号	棉花加工企业名称
328	库车县棉麻公司阿克斯塘轧花十厂	360	精河县精棉棉业有限责任公司黑树窝子轧花厂
329	新疆天洁棉业有限公司玛纳斯冬麦地轧花厂	361	新疆棉花产业(集团)巴楚棉业有限责任公司唐巴扎轧花厂
330	温宿县棉麻公司恰合拉克收购站	362	昌吉一通工贸有限公司
331	新疆恒诚棉业有限公司	363	巴州同庆丰棉业有限公司
332	昌吉市下巴湖棉花加工厂	364	喀什金盛棉业有限责任公司
333	乌苏市大生纺织有限公司阿克其棉花加工厂	365	新疆棉花产业(集团)巴楚棉业有限责任公司阿瓦提轧花厂
334	库车县棉麻公司玉奇吾斯塘轧花五厂	366	新疆国家棉花原原种繁殖基地库尔勒市阿瓦提乡轧花厂
335	乌苏市康隆棉业有限责任公司	367	新疆棉花产业(集团)巴楚棉业有限责任公司恰瓦克轧花厂
336	精河县精棉棉业有限责任公司托托轧花厂	368	新疆棉花产业集团莎车棉业有限责任公司依什库力轧花厂
337	吐鲁番市华泰棉业有限责任公司	369	沙雅银鑫棉业公司新垦农场轧花厂
338	昌吉市银洋棉麻有限责任公司第一轧花厂	370	新疆棉花产业集团泽普棉业有限公司县城轧花厂
339	察布查尔县正元棉业有限责任公司	371	新疆棉花产业集团泽普棉业有限公司依玛乡轧花厂
340	新疆棉花产业(集团)巴楚棉业有限责任公司英吾斯坦轧花厂	372	新疆棉花产业(集团)巴楚棉业有限责任公司城镇轧花厂
		373	新疆棉花产业集团英夏尔棉业有限公司英尔力克乡轧花厂
341	和布克塞尔蒙古自治县华丰有限责任公司察和特棉花加工厂	374	新疆棉花产业(集团)麦盖提棉业有限责任公司希依提
		375	新疆棉花产业集团英夏尔棉业有限公司阿拉甫轧花厂
342	新疆棉花产业(集团)喀什棉业有限公司多来提巴格轧花厂	376	洛浦县玉河棉业有限责任公司县城棉花收购加工厂
343	沙雅恒洋棉业有限责任公司	377	新疆棉花产业集团疏附县棉业有限责任公司英吾斯坦轧花厂
344	新疆棉花产业集团麦盖提棉业有限责任公司县城轧花厂		
345	喀什新宏棉花有限	378	库车县白金棉花油脂加工有限责任公司
346	新疆棉花产业集团莎车棉业有限责任公司再热甫夏提轧花厂	379	奎屯康瑞棉花加工有限公司
		380	新疆棉花产业集团疏附县棉业有限责任公司托克扎克轧花厂
347	库车县白钻石棉花油脂加工有限责任公司		
348	博乐捷福棉业有限公司套特轧花厂	381	呼图壁县银瑞棉业有限责任公司
349	沙湾县康瑞棉花加工有限责任公司	382	新疆棉花产业集团伽师棉业有限公司县城轧花厂
350	新疆中纺锦华棉业有限公司二十里店棉花加工厂	383	阿克苏地区兴盛棉业有限责任公司
351	博尔塔拉蒙古自治州华棉棉业有限责任公司	384	博乐捷福棉业有限公司乌镇轧花厂
352	伊宁市日泰棉麻有限责任公司	385	呼图壁县康瑞棉花加工有限公司
353	和静绒发棉业有限责任公司	386	新疆农佳乐新丰棉花加工有限责任公司
354	新疆阿瓦提县恒丰种业有限责任公司	387	沙雅银鑫棉业公司喀尔坤轧花厂
355	新和县棉花公司恰先比收购加工厂	388	新疆棉花产业集团泽普棉业有限公司阿克塔木乡轧花厂
356	温宿县棉麻公司佳木收购站	389	新疆棉花产业集团泽普棉业有限公司古鲁巴格乡轧花厂
357	新疆棉花产业(集团)巴楚棉业有限责任公司阿拉根轧花厂	390	乌苏市汇康棉业有限责任公司
358	阿克苏溢达农业发展有限公司	391	阿瓦提县卡尔墩农场新力棉花加工厂
359	新疆中纺锦华棉业有限公司祁家户棉花加工厂	392	若羌县棉麻公司吾塔木乡轧花厂

续表

序　号	棉花加工企业名称
393	新疆棉花产业集团伽师棉业有限公司夏普吐勒乡轧花厂
394	乌苏市海洋棉业有限责任公司
395	新疆棉花产业集团岳普湖棉业有限公司下巴扎乡轧花厂
396	沙雅银鑫棉业公司库勒代西轧花厂
397	哈密地区永兴高科技种棉加工厂
398	塔城市正大实业有限公司沙雅海楼棉业分公司
399	玛纳斯凤祥棉业有限公司
400	新疆库元棉业有限公司包头湖棉花加工厂
401	阿克苏市金田农场有限责任公司
402	新疆沙雅白云商贸有限责任公司央塔克巴什轧花厂
403	乌苏市石桥银翔棉业有限责任公司
404	阿瓦提县农科院丰元科技有限责任公司
405	巴州美华棉业有限责任公司普惠棉花加工厂
406	霍城县华盛棉麻有限责任公司
407	新疆棉花产业集团伽师棉业有限公司和夏瓦提乡轧花厂
408	呼图壁县天源棉业有限公司
409	新疆昌吉州棉麻有限责任公司二分公司
410	和田县英阿瓦提棉业有限责任公司
411	博湖县棉麻公司轧花厂
412	新疆棉花产业集团英夏尔棉业有限公司羊大曼轧花厂
413	阿克苏永兴棉业有限责任公司
414	莎车县良种场轧花厂
415	新疆阿瓦提富力棉业有限公司
416	吉木萨尔县庭州棉麻有限责任公司
417	新疆华孚纺织有限公司
418	策勒县雪峰棉业有限责任公司
419	阿瓦提县棉麻公司阿依巴格棉花收购加工厂
420	新疆维吾尔自治区于田农场轧花厂
421	巴州美华棉业有限责任公司托布力其棉花加工厂
422	阿克苏溢达棉业有限公司
423	拜城县赛里木棉业有限公司
424	呼图壁县农佳乐棉业有限责任公司
425	巴楚县华联棉业有限责任公司
426	阿瓦提银花棉业有限责任公司
427	于田县玉桥供销有限责任公司
428	阿瓦提县棉麻公司拜什艾口克棉花收购加工厂
429	和田巴格其棉业有限责任公司
430	和田县种子经营中心
431	墨玉县白金供销有限责任公司
432	新疆乌苏市哈图布呼农牧发展有限责任公司
建设兵团 163 家	
1	兵团农八师一二一团联合加工厂
2	新疆生产建设兵团农一师三团粮油加工厂
3	石河子总场泉水地加工厂
4	新疆赛里木现代农业股份有限公司塔斯尔海分公司
5	新疆赛里木现代农业股份有限公司霍热分公司
6	新疆生产建设兵团农一师一团棉花加工厂
7	新疆昆仑神农股份有限公司第一综合加工厂
8	农一师十三团综合加工厂
9	新疆生产建设兵团农五师九十团轧花厂
10	农一师十团加工厂
11	石河子一四三团联合加工厂
12	新疆锦棉棉业股份有限公司柳沟加工厂
13	农八师一五〇团加工厂一厂
14	图木舒克市四十四团中心团场齐干却勒加工厂
15	新疆西域彩棉股份有限公司一加工厂
16	新疆石河子一四七团联合加工厂
17	农三师四十九团综合加工厂
18	农三师四十五团轧花二厂
19	农八师一三三团加工厂
20	兵团农八师一四九团联合加工厂
21	石河子农八师一四一团加工厂
22	农一师十四团加工厂
23	新疆生产建设兵团农业建设第二师二十九团棉种加工厂
24	图木舒克市五十三团综合加工厂
25	新疆兵团农七师前山总场综合加工厂
26	农一师七团加工厂
27	农三师五十团综合加工厂
28	石河子一四四团加工厂
29	新疆生产建设兵团农六师新湖农场三场轧花厂

续表

序　号	棉花加工企业名称	序　号	棉花加工企业名称
30	新疆石河子农八师一三二团综合加工厂	64	新疆兵团农二师三十五团加工连
31	新疆昆仑神农股份有限公司第三综合加工厂	65	农三师四十八团综合加工厂
32	农八师一四九团棉花加工二厂	66	农一师六团加工厂
33	石河子沙门子农场	67	新疆生产建设兵团农一师一团沙井子民族农场
34	农一师塔里木灌区水利管理处轧花厂	68	新疆生产建设兵团农五师八十五团轧花厂
35	农二师三十三团加工厂	69	新疆生产建设兵团农二师三十一团加工厂
36	霍城县六十三团综合加工厂	70	新疆生产建设兵团农业建设第六师芳草湖农场三厂轧花厂
37	新疆塔里木农业综合开发股份有限公司南口加工厂		
38	农一师十一团粮油加工厂	71	新疆生产建设兵团农一师十二团棉花加工厂
39	新疆塔里木农业综合开发股份有限公司幸福城加工厂	72	五家渠天丰轧花厂
40	农一师十六团新开岭加工厂	73	石河子一四二团粮棉油加工总厂第四加工厂
41	新疆塔里木农业综合开发股份有限公司阿拉尔加工厂	74	农五师八十六团综合加工厂
42	石河子北泉联合加工厂北泉分厂	75	新疆生产建设兵团农业建设第六师芳草湖农场一场轧花厂
43	新疆生产建设兵团农五师八十三团轧花厂一分厂		
44	石河子一四二团粮棉油加工总厂第二加工厂	76	新疆生产建设兵团农业建设第六师芳草湖农场二场轧花厂
45	新疆生产建设兵团农六师新湖农场一场轧花厂		
46	石河子一三四团加工厂	77	新疆生产建设兵团农业建设第十三师火箭农场粮棉油加工厂
47	新疆生产建设兵团农五师八十三团轧花厂		
48	新疆生产建设兵团农业建设第二师三十团棉花加工一分厂	78	新疆生产建设兵团农五师种棉加工厂
49	图木舒克市五十一团综合加工厂	79	新疆呼图壁县锦源棉业有限责任公司
50	新疆生产建设兵团农业建设第十师一八四团场	80	新疆塔里木河种业股份有限公司塔里木种子加工厂
51	新疆兵团农二师三十团棉花加工二分厂	81	新疆五家渠一〇二团轧花厂
52	石河子农八师一二二团加工厂	82	伊犁农四师六十八团棉业有限公司
53	农二师三十三团乌鲁克机采棉花加工厂	83	新疆生产建设兵团农五师八十二团联合加工厂
54	农八师一五〇团加工二厂	84	农四师六十七团棉花加工厂
55	新疆锦棉棉业股份有限公司车排子加工厂	85	克拉玛依市共青镇农工商联合企业总公司
56	新疆生产建设兵团农业建设第六师芳草湖农场四场轧花厂	86	新疆兵团农二师 36 团加工厂
		87	新疆生产建设兵团农七师棉麻公司轧花厂
57	新疆兵团农七师高泉总场加工厂	88	新疆兵团农七师科克兰木总场加工厂
58	新疆生产建设兵团农四师六十四团加工厂	89	新疆华天种业有限公司
59	农三师四十二团加工厂	90	新疆生产建设兵团农一师八团棉花加工厂
60	新疆农二师二十九团棉花加工厂	91	巴州冠农棉业有限责任公司
61	农八师一五〇团加工三厂	92	新疆兵团农七师水利二处加工厂
62	新疆克拉玛依市五五农工商联合企业总公司加工厂	93	农四师六十二团综合加工厂
63	新疆生产建设兵团农业建设第二师三十四团轧花厂	94	奎屯天凯棉业加工有限责任公司

续表

序 号	棉花加工企业名称	序 号	棉花加工企业名称
95	新疆生产建设兵团农业建设第六师芳草湖农场六场轧花厂	127	新疆塔里木河种业股份有限公司金银川种子加工厂
		128	新疆丰达农业有限公司
96	新疆生产建设兵团农六师新湖六场轧花厂	129	奎屯创锦棉业有限公司
97	新疆西域彩棉股份有限公司二加工厂	130	农五师师直棉花加工厂
98	沙雅宏信棉花有限责任公司	131	奎屯惠民棉业有限公司
99	新疆生产建设兵团农十三师红星四场粮棉加工厂	132	新疆生产建设兵团农业建设第十三师红星三场棉花收购加工厂
100	石河子开发区银祥棉业有限责任公司		
101	新疆生产建设兵团农一师五团加工厂	133	新疆生产建设兵团农十四师皮山县农场加工厂
102	吐鲁番市雪绒棉业有限责任公司	134	新疆阿拉尔水利水电工程总公司工副业开发公司
103	克拉玛依市锦田棉业有限公司	135	新疆石河子八棉纺织有限公司
104	新疆昆仑神农股份有限公司第二综合加工厂	136	阿克苏地区天绒棉业有限责任公司
105	新疆生产建设兵团农业建设第六师芳草湖农场五场轧花厂	137	新疆生产建设兵团农业建设第十三师天元供销有限公司
		138	石河子石大教学实验农场
106	新疆生产建设兵团农业建设第六师一〇五团轧花厂	139	新疆兵团农十四师天骄棉麻有限公司
107	新疆生产建设兵团农五师九十一团轧花厂	140	阜康市阜北农工商联合企业公司
108	新疆生产建设兵团农六师新湖农场二场轧花厂	141	新疆生产建设兵团农业建设第六师芳草湖农场监狱轧花厂
109	新疆生产建设兵团农十三师红星一场粮棉油加工厂	142	农二师群克棉业有限公司
110	新疆兵团农业建设第十三师红星二场粮棉加工厂	143	新疆兵团农三师前海棉业有限公司草湖轧花厂
111	新疆生产建设兵团农六师一零六团加工厂	144	新疆西域彩棉股份有限公司三加工厂
112	尉犁银丰棉业有限公司	145	呼图壁县宏盛棉业有限公司
113	新疆昌吉枣园加工厂	146	阜康市科隆棉业有限责任公司
114	奎屯顺裕棉业有限公司	147	新疆兵团农三师前海棉业有限公司东风轧花厂
115	农六师共青团农场综合加工厂	148	石河子桃花农场加工总厂二分厂
116	克拉玛依一三六团联合加工厂	149	新疆生产建设兵团农业建设第十四师棉麻公司皮墨垦区综合加工厂
117	新疆巴州冠农棉业有限责任公司普惠轧花厂		
118	农三师四十九团综合加工二厂	150	新疆生产建设兵团农一师二团加工厂
119	新疆生产建设兵团农业建设第十三师黄田农场加工厂	151	新疆兵团农四师棉麻公司六十五团轧花二厂
120	奎屯天裕棉业有限公司	152	农一师十六团绿园镇棉花加工厂
121	和田德华棉业有限责任公司	153	新疆生产建设兵团农业建设第十三师红星二牧场棉花加工厂
122	新疆生产建设兵团农业建设第六师一〇一团轧花厂		
123	新疆生产建设兵团农业建设第一帅沙井子灌区水利管理处棉花加工厂	154	伊犁州奎屯河水利工程灌溉管理处加工厂
		155	克拉玛依市巍隆棉花加工有限责任公司
124	乌鲁木齐天翼通棉业有限责任公司	156	新疆兵团农三师前海棉业有限公司红旗轧花厂
125	新疆兵团农三师前海棉业有限公司叶莎轧花厂	157	新疆生产建设兵团农二师永兴供销有限责任公司棉麻二分公司
126	巴州天棉棉业有限责任公司		

续表

序　号	棉花加工企业名称	序　号	棉花加工企业名称
158	石河子市石城棉业有限公司棉花加工厂	29	广饶县胜源工贸有限责任公司
159	新疆生产建设兵团农业建设第十三师柳树泉绿柳加工厂	30	济阳良友棉业有限公司
160	石河子一五二团加工一厂	31	巨野益海棉业有限公司
161	新疆明瑞工贸有限公司	32	东营市庚泰棉业有限公司
162	石河子新安棉花加工厂	33	武城县鑫源棉业有限公司
163	新疆锦棉种业有限责任公司良种加工一厂	34	嘉祥县华强棉花经营有限责任公司
山东 134 家		35	武城县银达棉业有限公司
1	山东省武城县第一油棉厂	36	东营市富源棉业有限公司
2	武城县南洋棉花加工厂	37	武城县兴宏棉花加工厂
3	武城县华兴棉花加工厂	38	山东惠民通泰棉业有限责任公司
4	金乡县银利农贸有限公司	39	东营市润丰棉业有限公司
5	武城县银山棉花加工厂	40	德州市银源棉业有限公司
6	陵县银海物资贸易有限公司	41	山东武城天元棉业有限公司
7	武城县天宏棉业有限公司	42	山东金秋种业有限公司
8	武城县银兴棉花加工厂	43	武城县泰和棉花加工厂
9	夏津县德鑫棉业有限公司	44	山东惠民明达油棉有限公司
10	武城县银海棉花加工厂	45	山东省乐陵市鸿通棉油有限公司
11	武城华兴集团康桥棉业有限公司	46	东营市科腾棉业有限责任公司
12	山东省博兴县万达油棉有限公司	47	东营市瑞丰油棉加工有限责任公司
13	山东滨州亚光毛巾有限公司	48	东明县棉油加工一厂
14	武城华一棉业有限责任公司	49	滨州市玉海棉业有限公司
15	山东圣源棉业有限公司	50	山东曹县天元棉业有限公司
16	夏津丰润实业有限公司	51	东营市华茂棉花收购有限公司
17	武城县树国棉业有限公司	52	东营银海纺织有限责任公司
18	武城县聚鑫棉花加工厂	53	武城县银江油棉有限公司
19	武城县银恒棉业有限公司	54	利津县鲁翔油棉加工有限责任公司
20	山东鑫诚棉业有限公司	55	东营市海辰伟业工贸有限公司
21	金乡县众鑫商贸有限公司	56	山东五洋棉业有限公司
22	山东巨野鲁棉天元棉业有限公司	57	山东垦利天元棉业有限公司
23	金乡县恒昌商贸有限公司	58	定陶县创华棉花有限公司
24	武城县梁庄棉厂	59	山东高棉棉业有限公司
25	武城县杨庄供销社棉花加工厂	60	淄博银旭棉业有限公司
26	巨野县恒和棉业有限公司	61	高唐县福利棉业有限公司
27	夏津县新平棉业有限公司	62	菏泽市丰源棉业有限公司
28	成武县振兴棉业有限公司	63	广饶县宏硕棉业有限公司

续表

序　号	棉花加工企业名称	序　号	棉花加工企业名称
64	山东国信实业有限公司	99	山东大海集团有限公司
65	武城县金鑫棉花加工厂	100	武城县开元棉花加工厂
66	德州市银汇纺织原料有限公司	101	东营华孚纤维有限责任公司
67	利津县津盛源棉业有限公司	102	德州银龙集团有限公司
68	山东滨州地王种业科技有限公司	103	山东鸿润油脂有限公司
69	山东滨州鲁北棉业有限公司	104	山东光大日月油脂股份有限公司
70	利津县信益棉花加工有限责任公司	105	昌邑市明远棉花加工有限责任公司
71	高唐县锦泰棉业有限公司	106	山东省寿光市巨兴油棉有限公司
72	菏泽市科迪棉制品有限公司	107	泰安市华源棉业有限责任公司
73	邹平县盛龙棉织原料有限公司	108	东明县华鑫棉业有限公司
74	临清市鲁丰棉业有限公司	109	临清市忠义棉业有限公司
75	山东锦和棉麻有限公司	110	淄博万宝春油棉有限公司
76	山东惠民银花棉业有限责任公司	111	山东德利集团有限公司
77	武城县华源棉业有限公司	112	利津县棉花良种加工服务站
78	宁津县第九棉油加工厂	113	山东省惠民县聚鑫棉业有限责任公司
79	高青鑫利源油棉有限公司	114	无棣基德油棉有限公司
80	山东智德纺织有限公司	115	德州恒瑞棉业(集团)有限公司棉油加工厂
81	邹平县黄河油棉有限公司	116	山东天鹅棉业有限公司
82	陵县宋家油棉加工厂	117	广饶县华能油棉加工有限公司
83	广饶县华杰油棉加工有限公司	118	临邑县锦源纺织贸易有限公司
84	邹平福海科技发展有限公司	119	利津齐赛纺织有限责任公司
85	德州新新棉业有限公司	120	青州市东方棉业纺织有限公司
86	山东农兴种业有限责任公司	121	高青金汇棉业有限公司
87	巨野县祥达棉业加工有限公司	122	武城县国信棉业有限公司
88	滨州市大地棉油有限公司	123	山东利津雅美纺织有限公司
89	高唐金大地棉业有限公司	124	高唐县永恒棉业有限公司
90	武城县恒兴棉业有限公司	125	沂水盛旺棉花加工有限公司
91	蒙阴县油棉加工厂	126	郓城县恒世纺织有限公司
92	鱼台县鑫盛棉花加工有限公司	127	山东兴棉种业有限公司
93	东营市永信纺织有限公司	128	山东滨州环宇棉业有限公司
94	巨野县锦源棉花加工有限公司	129	陵县裕丰油棉加工厂
95	章丘市农益油棉有限公司	130	广饶县昊鑫工贸有限责任公司
96	临沭县供销棉麻有限公司	131	山东惠民浩瀚工贸有限公司
97	郯城宏祥棉业有限公司	132	夏津县三益纺化有限公司
98	山东菏泽天鹅棉花有限公司	133	宁津县庆丰棉业有限责任公司

续表

序　号	棉花加工企业名称	序　号	棉花加工企业名称
134	陵县德鑫物资贸易有限公司	34	冀州市中仁油棉加工厂
河北 92 家		35	东光县鸿昌棉业有限公司
1	故城县华泰棉业有限公司	36	冀州市宏远良棉有限责任公司
2	鸡泽县华正棉业有限公司	37	廊坊市中棉棉业有限公司
3	东光县龙鑫棉花加工厂	38	冀州市云山棉花加工厂
4	河北桦雪棉业有限公司	39	邯郸市腾龙棉业纺织股份有限公司
5	中棉集团辛集棉业有限公司	40	河北华脉种业有限公司
6	吴桥县西林棉业有限公司	41	东光县宏利棉业有限责任公司
7	冀州市鑫盛棉业有限责任公司	42	威县裕华棉业有限责任公司
8	沧州东鹏棉油有限责任公司	43	河北唐龙纺织集团有限公司
9	南宫市永益棉业有限公司	44	曲周县华盛棉业有限公司
10	冀州市欧尚棉业有限公司	45	衡水市棉麻总公司轧花厂
11	枣强县中泰棉业有限公司	46	东光县帛源棉业有限责任公司
12	石家庄市润泰棉花加工厂	47	邱县银雪棉业有限责任公司
13	河北其岭棉业有限公司	48	河北聚鑫棉业有限公司
14	深州市利达棉业有限公司	49	河北新宇棉业有限公司
15	河北魏县兴达实业有限公司	50	东光县于兴棉业有限公司
16	高阳县硕丰农产有限公司	51	河北宏润新型面料有限公司
17	东光县银瑞棉业有限公司	52	河北德宏棉业有限公司
18	东光县恒利棉业有限责任公司	53	枣强县枣花棉业有限公司
19	辛集市天苑良棉有限责任公司	54	河北伟胜种业有限公司
20	河北强达棉业有限公司	55	辛集市棉麻公司马庄棉油厂
21	中棉集团南宫棉业有限公司	56	文安县银丰棉业有限公司
22	冀州市三益棉花收购加工厂	57	河北雪峰棉业有限公司
23	河间市八达棉业有限公司	58	河北南虹棉业有限责任公司
24	吴桥银海棉业有限责任公司	59	河北滏澧纺织有限公司
25	河间市国欣棉花专业合作社	60	沧州市棉麻有限公司盐山分公司
26	广宗县塘町第一油棉加工厂	61	景县冀龙油棉有限公司
27	邯郸市昌盛棉业有限公司	62	河北省广宗县棉花加工厂
28	吴桥县保泰棉业有限公司	63	衡水银华集团景县龙华油棉有限公司
29	肥乡县常氏棉花购销有限公司	64	河北银田种业有限公司第一分公司
30	故城县联盟棉业有限公司	65	威县全财棉业有限公司
31	河北高环棉业集团有限公司	66	东光县力科纺织有限责任公司
32	河间市同心棉业有限公司	67	河北华银棉业纺织有限公司
33	深州市振兴棉业有限公司	68	冀州市洪杰农场棉花加工厂

续表

序 号	棉花加工企业名称	序 号	棉花加工企业名称
69	枣强县冀中棉业有限公司	11	广水市棉花有限责任公司双桥棉花加工厂
70	河北省景县中原油棉有限公司	12	湖北银海棉业有限责任公司北门分公司
71	南宫市双利棉花加工厂	13	枝江八亩良种棉业有限公司
72	衡水市棉麻总公司第二轧花厂	14	沙洋县李市兴隆棉花有限公司
73	河北新都棉业有限公司	15	枝江市白银纺贸有限责任公司江南棉花收购加工厂
74	河北三昌纺织有限公司	16	黄石市方辰棉业有限公司
75	河北荣坤棉业有限公司	17	昌丰棉麻有限公司天门小板分公司
76	冀州市日升棉花加工厂	18	昌丰棉麻有限公司天门汪场分公司
77	平乡县银海棉业有限公司	19	荆州市华盛棉业有限公司
78	曲周县华隆棉业有限公司	20	湖北银海棉业有限责任公司熊口分公司
79	献县天龙棉业有限公司	21	仙桃市江汉裕波棉花有限公司
80	沧州本斋棉花有限公司	22	沙洋县彭岭棉花有限公司
81	河北双庆棉业有限公司	23	公安县白银昌达棉业有限公司
82	蠡县九龙棉业有限公司	24	黄梅小池银丰棉花有限公司
83	深州市魏桥镇深发油棉厂有限公司	25	宜昌神燕棉花有限责任公司
84	冀州市鹏鑫棉源有限责任公司	26	钟祥市迎丰棉花有限公司
85	曲周县和祥棉业有限公司	27	钟祥市聚银棉业有限责任公司
86	邱县瑞丰棉花加工厂	28	潜江市源鑫纺织实业有限公司广华分公司
87	河北宏泰企业集团肥乡县佳诚棉业有限公司	29	公安县楚都棉贸有限公司
88	吴桥县良棉种业有限责任公司	30	沙洋县广银棉花有限公司
89	邱县城北棉花加工厂	31	洪湖市盛玉源棉业有限公司
90	邱县永兴棉花加工厂	32	潜江市恒发棉业有限公司
91	河北常山富达棉业有限公司	33	天门市银田棉麻布业有限公司
92	河间市跃进棉花购销有限公司	34	潜江市金城棉业有限公司
湖北 93 家		35	湖北省仙桃银丰棉花有限公司
1	汉川市祥杰农贸有限责任公司	36	松滋市天兴农贸有限公司
2	武汉恒丰达棉业有限公司	37	湖北新裕农业发展有限公司
3	天门市蒋湖龙升棉麻有限公司	38	武汉市盛发棉业有限公司
4	天门市恒鑫棉业有限责任公司	39	武汉市东西湖利东棉花有限公司
5	荆州新立基棉制品有限公司	40	湖北三湖天星棉花有限公司
6	湖北百盛棉花贸易有限公司	41	公安县银丰土产有限责任公司
7	应城市银海棉花有限公司	42	监利县银翔棉花有限公司
8	武穴市江隆棉业有限公司	43	湖北昌丰棉麻有限公司
9	天门市新建棉贸有限责任公司	44	昌丰棉麻有限公司天门多宝分公司
10	枝江市白银纺贸有限责任公司江北棉花收购加工厂	45	天门恒鑫棉业第二加工厂有限责任公司

续表

序　号	棉花加工企业名称	序　号	棉花加工企业名称
46	天门市天一棉花有限责任公司	81	浠水县兴鑫棉花有限责任公司
47	江陵县顺通棉业有限公司	82	荆州市西湖纺织有限公司
48	湖北银凌棉业有限责任公司	83	荆门市恒祥棉业有限公司
49	钟祥市红星棉花有限责任公司	84	宜城市万洋棉业有限公司
50	湖北顺昌粮棉发展有限责任公司	85	荆州市凌辉棉花加工有限公司
51	湖北银海棉业有限责任公司总口分公司	86	武穴市长江棉业有限公司
52	钟祥市永鑫工贸有限责任公司	87	老河口市银亿达棉业有限公司
53	武汉银帆顺达棉花有限公司	88	石首绣云安棉花有限责任公司
54	仙桃市华泰纺织有限公司	89	沙洋县华纬棉花有限责任公司
55	洪湖市三友棉花有限公司	90	枝江银丰棉业有限公司
56	沙洋县银鹏棉花有限公司	91	黄冈市富华棉纺织有限公司
57	潜江市巨发棉业有限公司	92	宜城市襄大棉业有限公司
58	湖北双马粮棉有限公司	93	石首市裕丰纺织制衣原料有限公司
59	荆州市瑞丰棉业有限责任公司	**江苏 64 家**	
60	江陵县中天棉业有限责任公司	1	海安县浦港棉业有限公司
61	监利县荒湖银丰棉业有限公司	2	东台市唐洋棉业有限公司
62	随州神农棉业有限责任公司	3	如东县新光棉花实业有限责任公司
63	天门市鸿源棉花有限公司	4	南通大盛棉业有限公司
64	天门景天棉业有限公司	5	江苏金棉棉业有限公司
65	武汉银汉棉花有限公司	6	南通万盛棉业有限公司
66	武汉市湘口棉花有限公司	7	兴化市众心棉业有限公司
67	荆州市昌丰棉麻有限责任公司	8	阜宁县鑫源轧花有限公司
68	湖北仙华棉业有限公司	9	江苏日升纺织有限公司
69	宜城市兴华工贸有限公司	10	大丰市恒兴棉业有限责任公司
70	武穴市鸿达棉花有限公司	11	南通永安纺织有限公司
71	黄冈市龙感湖银瑞棉业有限公司	12	东台市华棉业有限公司
72	湖北省枣阳市丰宝棉业有限公司	13	江苏拓翔粮油加工有限公司
73	天门市兴龙棉花有限公司	14	大丰市丰澄轧花剥绒有限责任公司
74	潜江市鑫成实业有限公司	15	启东市向阳棉业有限公司
75	松滋市金八宝棉业有限公司	16	江苏双山集团股份有限公司
76	武穴市新矶棉业有限公司	17	海安江海棉业有限公司
77	宜昌佳润棉花有限公司	18	启东市通兴棉业有限公司
78	松滋市银鑫棉花有限公司	19	江苏华诚棉业有限公司
79	黄梅县银源棉花有限责任公司	20	盐城市鑫鑫棉业有限公司
80	枣阳银信棉业有限公司	21	大丰市银利棉业有限公司

续表

序　号	棉花加工企业名称
22	南通新三维棉业有限公司
23	阜宁县聚鑫轧花油脂有限公司
24	丰县金丰棉业有限公司
25	如东县江海棉业有限责任公司
26	通州市银丰棉业有限公司
27	连云港大成棉业有限公司
28	东台市溱东棉业有限公司
29	江苏省方强农场加工厂
30	海门市四甲轧花厂
31	江苏银都集团银桥轧花纺织有限公司
32	上海市上海农场粮棉加工厂
33	射阳县临青棉业有限公司
34	启东市新港棉业有限公司
35	如东县东棉棉业有限公司
36	如东县佳丰棉种棉业有限公司
37	盐城市新利良种加工厂
38	射阳德翔棉纺有限公司
39	邳州市棉麻公司
40	大丰市恒质棉业有限公司
41	兴化市恒发棉业有限公司
42	大丰市华翔棉业有限公司
43	江苏银都集团银河轻纺有限公司
44	徐州思宏纺织有限公司
45	江苏弶港丹悦实业公司
46	兴化市伯祥棉业有限公司
47	姜堰市胜利轧花剥绒有限公司
48	徐州棉麻棉花加工有限责任公司
49	阜宁县众想棉业有限公司
50	大丰万达纺织有限公司
51	江苏盛源棉业油脂有限公司
52	江苏东华纺织有限公司
53	丰县良种轧花厂
54	兴化市振安棉业有限公司
55	大丰市气流纺厂
56	盐城市步凤轧花剥绒有限公司
57	徐州第二纺织厂
58	启东市澳兴棉业有限公司
59	江苏银花棉业有限公司
60	兴化市临源经贸有限责任公司
61	睢宁县比思特棉业有限公司
62	射阳县银港棉业有限公司
63	江苏荣华纺织有限公司
64	江苏五友棉业有限公司
河南 56 家	
1	邓州市银和棉业有限公司
2	新野县华星棉纺织有限责任公司金鹏分公司
3	河南省华鹏棉业有限公司
4	南阳市天骄汉冢棉业有限公司
5	社旗县华兴棉业有限公司
6	新野县诚德贸发有限公司
7	南阳裕麒棉业有限公司
8	唐河县皓月棉业有限公司
9	南阳裕升棉业有限公司
10	尉氏县天诚棉业有限公司
11	南阳金豪棉业有限责任公司
12	唐河县银都棉业有限公司
13	新野县三易棉业有限公司
14	国营河南省扶沟县农牧场棉花加工厂
15	南阳市宛城区银海棉花有限公司
16	新野县立兴棉业有限责任公司
17	扶沟县银佼棉花加工有限公司
18	南阳市兴合棉花有限公司丰棉分公司
19	南阳天骄鑫大丰棉业有限公司
20	南阳市天骄红泥湾棉业有限公司
21	虞城县汇鑫棉业有限公司
22	商丘市金地棉业有限公司
23	商丘市汇丰棉业有限公司
24	开封裕通棉业有限责任公司
25	河南华棉棉业有限公司
26	社旗县银基棉业有限公司

续表

序　号	棉花加工企业名称	序　号	棉花加工企业名称
27	河南中方棉业有限公司	5	池州市贵池华泽工贸有限责任公司
28	河南省南阳卧龙岗轧花总厂	6	安徽白云棉业股份有限公司
29	南阳市开运棉业有限公司青华轧花厂	7	安徽省阜阳市瑞华纺织品有限责任公司
30	邓州华信棉业有限责任公司	8	无为县万友棉业有限公司
31	杞县金明棉业有限公司	9	和县大江粮油棉有限责任公司
32	中棉集团南阳华棉实业有限公司	10	东至良种棉业有限责任公司
33	南阳市宛城区大丰棉业有限公司	11	池州市秋江棉业有限公司
34	河南省共赢棉业有限责任公司	12	安徽省无为县鑫洁棉业有限公司
35	商丘市大顺棉业有限公司	13	安徽天源棉花有限责任公司第三轧花厂
36	南乐县鑫地棉纺有限公司	14	安徽英特工贸有限责任公司
37	南阳大地棉业有限公司	15	安庆市江花棉业有限责任公司
38	漯河市科丰棉业公司	16	庐江县同大棉业有限公司
39	社旗县桥头棉花加工厂	17	安徽省无为县福临棉业有限公司
40	南阳市天野棉业有限公司	18	宣城市雄杰棉制品有限公司
41	开封县银海棉业有限公司	19	安徽省无为中兴棉业有限责任公司
42	河南省扶沟中棉棉花产业化有限公司	20	无为县新兴农贸有限责任公司
43	河南省万方棉业有限公司	21	宿松县皖农棉业有限责任公司
44	邓州市金丰棉业有限公司	22	安徽省无为县星源棉业有限公司
45	河南省中亨棉业有限公司	23	安徽省巢湖瑞丰棉业有限责任公司
46	永城市中州棉业有限公司	24	泗县南虹棉业有限公司
47	新野县丰达棉业有限公司	25	亳州市兴禾棉业有限责任公司
48	焦作市锦红棉业有限公司	26	安徽省金松棉业有限责任公司
49	虞城县万杰隆棉花加工有限公司	27	安徽华阳河银山棉业股份有限公司
50	商丘市九州纺织原料有限公司	28	安庆市永丰棉业有限责任公司太湖分公司
51	鄢陵东方粮油仓储有限公司	29	安徽天源棉花有限责任公司第二轧花厂
52	安阳市棉麻公司棉花加工厂	30	蒙城县板桥轧花厂
53	商丘市恒盛源棉业有限公司	31	望江县新丝路棉业有限责任公司
54	邓州市天祥棉业有限公司	32	安徽天源棉花有限责任公司第一轧花厂
55	社旗县晋庄棉花加工厂	33	诚成棉业发展(安徽)有限公司
56	许昌棉麻实业有限公司	34	安徽省鸿发棉业有限责任公司
安徽 52 家		35	六安市金安棉麻有限责任公司
1	安徽省含山振华棉业有限公司	36	繁昌县渡江棉麻有限责任公司
2	无为县华龙棉业有限公司	37	宣城市丁氏棉制品有限公司
3	东至县金湖工贸有限责任公司	38	安徽省银宇棉业发展有限公司
4	东至县江南棉业有限公司	39	蒙城县白云棉业有限责任公司

续表

序 号	棉花加工企业名称
40	无为县文昌棉业有限公司
41	宿松县松厦棉花有限公司
42	安徽省含山县运丰棉业有限公司
43	安徽桐城振兴棉业有限公司
44	全椒县新宇棉制品有限公司
45	安徽陵江棉业有限公司
46	铜陵县华丰农业有限责任公司
47	安徽大宏纺织有限公司第一轧花厂
48	宿州市宿禾棉业有限公司
49	亳州市心诚实业有限责任公司
50	安徽宿州润达纺织(集团)有限公司
51	安徽颍上县新运棉业纺织有限公司
52	宿州市鑫盛抗虫棉轧花有限公司
甘肃 46 家	
1	甘肃省敦煌种业股份有限公司金塔优质棉加工厂
2	敦煌种业安西县优质棉种繁育加工厂
3	敦煌联友棉业有限公司
4	瓜州银地棉业有限公司
5	瓜州县鼎盛棉业有限责任公司
6	敦煌市鑫棉实业有限责任公司棉花加工厂
7	敦煌市飞天棉业有限责任公司
8	金塔县永禄棉业有限公司
9	金塔县银鑫棉业有限公司
10	甘肃省高台县棉花公司
11	敦煌双银棉业有限公司
12	瓜州县常鸿棉业有限责任公司
13	瓜州县长兴棉业有限责任公司
14	金塔县巨龙棉花有限公司
15	敦煌市棉制品有限责任公司一分公司
16	敦煌市莫高棉业有限责任公司
17	敦煌(农场)大慧棉业有限公司
18	玉门市豫丰棉业纺织有限公司
19	甘肃金塔县金士顿棉花种业有限公司
20	民勤县华盛工贸有限公司棉花加工厂
21	甘肃省金塔县鼎元棉业有限责任公司
22	瓜州县金禾实业有限责任公司
23	金塔县益盛棉业有限公司
24	瓜州县宏祥棉业有限责任公司
25	金塔县金举棉业有限公司
26	敦煌市宏石棉花加工厂
27	玉门市花海银棉有限公司
28	瓜州县巨龙棉业有限公司
29	民勤县鑫盛草业发展有限公司
30	民勤县鑫源棉花加工有限责任公司
31	金塔县建兴棉花有限公司
32	民勤县德盛贸易有限责任公司
33	甘肃省国营勤锋农场棉花加工厂
34	玉门市华安棉花有限责任公司
35	甘肃省国营小宛农场棉花公司
36	玉门天玉棉业科技有限责任公司
37	甘肃聚棉棉业有限责任公司
38	民勤县弘康棉花商贸有限公司
39	临泽县棉花公司
40	敦煌市鸣沙棉业有限公司
41	中棉集团民勤棉业有限公司
42	民勤县泰荣棉花有限责任公司
43	金塔县龙腾棉业有限责任公司
44	民勤县阿里山棉业有限责任公司
45	金塔县航天棉业有限公司
46	玉门市花海三友棉业有限公司
湖南 40 家	
1	岳阳市华昌棉麻有限公司
2	湖南银华湘鄂棉业有限公司
3	岳阳瑞华景港纺织原料有限公司
4	华容县龙腾纺织品有限公司
5	华容县惠农棉业有限责任公司
6	澧县中兴棉业有限公司
7	湖南天恩棉业有限公司
8	湖南兆生棉业有限公司
9	湖南广益粮油棉有限公司

续表

序　号	棉花加工企业名称	序　号	棉花加工企业名称
10	澧县恒盛棉业有限责任公司	6	永修县三和棉花收购加工有限责任公司
11	华容力宇纺织原料有限公司	7	九江宝丰棉业有限公司
12	常德恒生棉业有限责任公司	8	江西宗伟棉花有限公司
13	津市市兴发棉业有限公司	9	九江市皖江棉业有限公司
14	安乡县长盛棉业有限责任公司	10	九江县新洲垦殖场棉业有限公司
15	沅江市虹光麻棉有限公司	11	江西省赣锦棉业有限公司
16	华容县鑫海棉业油脂有限公司	12	彭泽县和盛实业有限公司
17	桃源县新源棉花加工厂	13	新余市渝水区隆华棉麻有限公司
18	湖南华钦棉业有限责任公司	14	新余市温鑫床上用品有限公司
19	湖南华湘棉花产业有限公司	**山西 8 家**	
20	岳阳市岳阳楼区棉麻有限公司	1	临猗县鑫源棉业有限公司
21	沅江市银沅棉麻有限公司	2	运城市舜帝棉业有限公司
22	华容县华棉纺织原料有限公司	3	运城市盐湖区天久棉业有限公司
23	澧县益林棉业有限责任公司	4	运城市国磊棉麻有限公司
24	常德锦华棉业有限公司蒿子港分公司	5	运城市伟业棉花有限公司
25	常德市鼎城区万利达棉麻加工有限公司	6	临汾市棉麻实业中心北辛村棉加厂
26	桃源县维吾尔回族国钦棉业有限公司	7	临猗县顺发棉业有限公司
27	岳阳市江南棉麻土产有限公司三分店轧花厂	8	山西恒晟纺织有限公司
28	南县汇华纺织有限公司	**陕西 8 家**	
29	益阳普华纺织有限公司	1	陕西大荔金地棉业有限公司赵渡棉绒加工厂
30	安乡县亿棉棉业有限公司	2	大荔裕达棉业有限公司
31	岳阳华隆棉业有限责任公司	3	陕西大荔金地棉业有限公司安仁棉绒加工厂
32	安乡县金城棉花有限公司	4	陕西英考棉业有限公司
33	衡阳安邦农业发展有限公司	5	陕西金地棉业有限公司两宜棉绒加工厂
34	岳阳市华福棉业有限公司	6	陕西华棉实业有限公司
35	常德市湘农棉业有限公司	7	大荔县大地棉业有限公司
36	汉寿宏锦棉业有限公司	8	陕西大荔金地棉业有限公司韦林棉绒加工厂
37	湖南省沅江市南洞庭轧花厂	**天津 7 家**	
38	益阳市千山红棉麻有限公司	1	天津市宁河县正通棉业有限公司
39	临澧县永盛棉业有限公司	2	天津市嘉华棉业有限公司
40	华容东华棉业有限责任公司	3	天津胜利棉业有限公司
江西 14 家		4	天津市静宏棉花购销有限公司
1	彭泽县雷鸣棉业有限责任公司	5	天津瑞纺棉业有限公司
2	九江银丰棉业有限公司	6	天津市宁河县余鑫棉业有限公司
3	彭泽县黄岭棉业有限公司	7	天津市福港棉业有限公司
4	九江县新洲长发棉花工贸有限公司	**辽宁 1 家**	
5	彭泽县杨梓兴发棉业有限公司	1	朝阳红山棉业有限责任公司